高等院校工商管理类系列教材

市场调查与预测

MARKET SURVEY AND FORECAST

(第二版)

主　编　赖文燕　李伟只

副主编　吴娉娉　李　慧

微信扫描
获取配套资源

U0912940

南京大学出版社

内容提要

本书从适应远程开放教育及高职教材改革需要出发，按照“工学结合”人才培养模式的要求，以工作任务为导向进行课程设计。将教材内容分成10个具体任务单元，组成完整的市场调查与预测课程体系，内容包括：认知市场调查、制定市场调查方案、应用市场调查方法、掌握抽样调查技术、掌握问卷设计及资料整理分析技术、编写市场调查报告、认知市场预测、掌握定性预测法、掌握时间序列预测法、掌握回归分析预测法。本书既贯彻了高等职业教育理念，又注意了教材理论完整性，较好地实现了理论“必需、够用”的要求。

本书内容新颖，通俗易懂，案例贴近学生，生动有趣，注重理论联系实际，每个任务附有视频课堂（见二维码）、增值阅读、能力自测、案例分析、实践与操作。以相关链接和案例研究的方式穿插与所介绍原理相关的案例和故事，以便扩展视野，增强学生的学习兴趣，加深对理论知识的理解。

本书既可作为开放大学、高职高专院校、成人教育院校经济、管理、营销等专业相关课程的教材，又可以作为各种培训教材和市场调查、市场营销、咨询与策划等相关工作者的参考用书。

前　言

为了适应开放大学和高职学生的学习需要，培养与经济发展要求相适应的人才，也为了满足实践性教学的需要，我们根据远程开放教育与高职教育的特点和人才培养模式的要求，结合编者多年的教学经验编写了本书。通过市场调查与预测课程的学习，学生们可以快速地接受和领会市场调查与预测的基本理论和基本方法，掌握市场运行的规律，把握和预测市场的未来，提高认识问题、分析问题和解决问题的能力。

本书力求突出开放教育和高职教育的特点和要求，以强化基础、突出应用、加强管理实际操作能力的培养为原则，紧密联系工作实际，便于教师教学和学生动手实践，以达到提高学生素质和提升营销实践技能之目的。本书的总体设计思路和做法是，按照“工学结合”人才培养模式的要求，采用“基于工作过程导向”的设计方法，努力从方法和形式上有所突破和创新，力求探索一种“讲、读、研、用、练”一体化的复合型教材，以尽可能适应精讲多练、强调能力和能动性的新型教学方式的需要。与同类型的其他教科书相比，本书力求突出以下几个特点。

1. 定位明确

按照“工学结合”人才培养模式的要求，采用“基于工作过程导向”的设计方法，以工作过程为导向。以项目和工作任务为载体，进行课程设计。真正体现了“工学结合”、融“教、学、做”为一体及“以学生为主体”的高职教育理念。根据高等职业教育的特点，以理论必需、够用为原则，以培养学生的应用能力为目的。

2. 内容新颖

采用任务驱动模式的教材编写体例，并配套视频资源，在每章中都以完成一个任务为核心，插入相当多的相关链接，让学生在学习过程中不断思考。设计若干工具性栏目，如趣味阅读、相关链接、案例研究、增值阅读、任务小结、能力自测、案例分析、实践与操作等，充分体现本书的特色：将需要掌握的知识点进行最大限度地精炼，利用各种工具性栏目加强对市场调查与预测理论精髓的理解和把握。在教材内容上，我们注重课程思政，力图反映当代市场调查与预测的最新进展，吸收和反映本学科新的研究成果，力求做到内容新颖、重点突出、概念准确、简明扼要。

3. 通俗实用

本书将理论体系的严密性同教学上的简明通俗、由浅入深有机地结合起来，在内容编排、概念阐释、图表配备、案例选择等方面尽量与现实生活贴近。全书语言通俗易懂，层次清晰，内容选择尽可能从岗位的实际出发，最大限度地减少现有岗位不直接应用的理论知识，尽可能地增加应用知识和技能内容。

本书共10个任务单元，由赖文燕、李伟只担任主编，吴娉娉、李慧担任副主编，全书由赖文燕设计框架、拟定编写提纲、审稿、总纂和定稿，李伟只、吴娉娉、李慧参与审稿。各任务单元的编写分工如下：赖文燕编写任务1，李伟只编写任务2，黄清国编写任务3，李先鹏编写任务4，赖文燕、黄清国编写任务5，李慧编写任务6，李慧、赖文燕编写任务7，吴娉娉编写任务8，吴娉娉、赖文燕编写任务9，吴娉娉、李伟只编写任务10。本书是集纸质教材、视频资源(请扫描每章前面的二维码)、电子书为一体的融媒体教材，为了方便教学，配套有PPT电子课件和参考答案。

本书融入了我们多年的教学经验和成果，并参阅了相关学者们的专著、教材等，特附参考文献于后，谨对作者表示感谢！由于编者水平有限，加上时间仓促，不妥之处，敬请读者批评斧正。

编　者

2022年6月

目　录

任务 1　认知市场调查

请扫描二维码观看教学视频

知识目标

为了完成本任务，你需要的理论知识：

1. 市场调查的含义与作用
2. 市场调查的分类
3. 市场调查的内容
4. 市场调查的原则与程序

能力目标

通过完成本任务，你应该能够：

1. 对市场调查的类型进行判断
2. 根据市场调查的内容，开展市场调查工作
3. 运用市场调查的原则
4. 具备按照规范程序开展市场调查的能力

项目任务

1.1　认识市场调查的含义与作用
1.2　掌握市场调查的分类与内容
1.3　明确市场调查的原则与程序

◆ 任务导入
◆ 案例研究
◆ 相关链接
◆ 增值阅读
◆ 任务小结
◆ 能力自测
◆ 案例分析
◆ 实践与操作

任务导入

趣味阅读

两个推销员

这是营销界人尽皆知的一个寓言故事:两家鞋业制造公司分别派出了一个业务员去开拓市场,一个叫杰克逊,一个叫板井。在同一天,他们两个人来到了南太平洋的一个岛国,到达当日,他们就发现当地人全都赤足,不穿鞋!从国王到贫民、从僧侣到贵妇,竟然无人穿鞋子。当晚,杰克逊向国内总部发了一封电报:“上帝呀,这里的人从不穿鞋子,有谁还会买鞋子?我明天就回去。”板井也向国内总部发了一封电报:“太好了!这里的人都不穿鞋。我决定把家搬来,在此长期驻扎下来!”

两年后,这里的人都穿上了鞋子……

许多人常常抱怨难以开拓新市场,事实是新市场就在你的面前,只不过你没有发现这个市场机会而已。市场调查是企业获取市场信息的重要途径,是市场研究工作的必要手段之一,是科学的市场预测及理性决策的基础和前提。任何企业经营管理的成功,都离不开充分、准确的市场信息。掌握完全的市场信息,是企业走向成功的第一步。习近平新时代中国特色社会主义经济思想要求我们要坚持市场在资源配置中起决定性作用,因此只有充分认识市场,了解市场需求,对市场做出科学的分析判断,在此基础上做出的决策才具有针对性,才有助于企业拓展市场,使企业兴旺发达。下面我们一起来认知市场调查,掌握市场调查的一些基本知识。

1.1　认识市场调查的含义与作用

1.1.1　市场调查的含义

1. 市场调查的含义

市场调查是运用科学的方法,系统地、有目的地收集、记录、整理和分析市场信息资料,为使用者提供完整、全面、有序的市场加工信息的过程和活动。从时间的角度看,市场调查着重分析市场过去和现在的表现,并在长期的研究中认识市场规律。市场调查也是一种以顾客为中心的研究活动。这一定义重在了解市场情况,捕捉市场信息,认识市场以及市场信息的基本加工处理方面,强调市场调查最基本或最初级的作用。美国市场营销协会将市场调研定义为:一种借助信息把消费者、顾客及公共部门和市场联系起来的特定活动——这些信息用以识别和界定市场营销的机会和问题,产生、改进和评价营销活动,监控营销绩效,增进对营销过程的理解。

随着市场调查实践活动的深入和全面展开以及市场调查学科的逐步建立和完善,人们对市场调查的定义更为充实和深刻。具体可以从以下几个方面理解市场调查：

（1）调查就是了解情况，认识客观事物，是一种社会实践活动。

（2）市场调查是市场销售活动的重要组成部分。从微观的企业市场营销角度来考虑，传统观念上的市场调查，就是对消费者的调查，包括对用户和消费者个人购买和使用商品的情况进行调查。现代观念上的市场调查，不仅包括对消费者进行调查，还包括对企业的营销环境和营销状况进行调查，如对经济形势、政策的调查，对企业的产品、定价、销售渠道和广告等营销策略及其效果的调查。

（3）市场调查就其性质而言，包括对市场的静态调查和动态调查两个方面。

（4）市场调查要做到客观、准确、及时、经济。

（5）市场调查是以企业为主体，研究市场运行的情况。企业是依法自主经营、自负盈亏、独立核算的商品生产者和经营者。市场调查的客体就是市场。市场是企业经营的起点，是商品流通的桥梁。竞争不仅表现在价格上，而且更多地转向开发新产品、提高产品质量、提供完备的服务、改进促销方式和完善销售渠道等方面。此外，随着人民生活水平的提高，消费心理也在变化，企业产品不仅要满足消费者的量感，而且要满足消费者的质感。哪个企业信息掌握得迅速、准确、可靠，产品更新换代快，适销对路，生产计划安排得当，哪个企业就能在竞争中取胜。因此，企业不得不投入人力物力进行专门的市场调查。

[案例研究 1－1]

美国 AT&T 公司的 800 号业务

美国 AT&T 是第一个推出 800 号业务的，而这个业务正是运营商通过敏锐地发现市场需求产生的。在当时的美国大学校园里，很多学生想打电话但是没钱，与此同时，这些学生的父母可以也是愿意为子女打电话付费的。而且，根据分析，如学生、差旅人员等这样有通信需求而对方愿意付费的人相当多。于是，这种需求就形成了一个巨大的对方付费市场。AT&T 发现这种需求后，迅速推出了 800 对方付费电话业务。到今天，这一业务的使用在美国已相当普遍。

现代市场存在着很多市场机会，关键在于企业能不能细心地发现。在今天的市场中，企业已经逐渐认识到市场需求驱动，而不是技术驱动或是其他因素驱动这个道理。技术不是市场，技术再好，用户不需要，这个技术提供的业务就没用。有时候，从技术角度设计出的业务的主要用途，在实际应用中可能并不适应市场需求。

2. 市场调查的特征

（1）目的性。

任何一种调查都应有明确目的，并围绕目的进行具体调查，提高预测和决策的科学性。市场调查必须有组织、有计划、有步骤地进行。它的任务是收集商业情报和市场信息。因此，每次市场调查都要事先确定好调查的范围和所要达到的目标。总的来说，市场调查的目的可以总结为如下三点：一是为本企业的产品销售提供市场信息服务；二是为企业不断改进生产技术或提高业务水平和经营管理水平提供咨询服务；三是为企业的发展和获得产品营销活动的最佳经济效益提供市场依据。市场调查本身不是目的,为决策者提供信息才是市场调查的最终目的。

(2) 社会性。

市场调查的主要内容是对市场营销环境中的各种因素及其相互关系进行全面调查分析。随着社会经济的发展以及各种非经济因素对市场影响的加大,市场调查的内容和研究范围也不断扩大,涉及经济、政治、科技、文化等社会经济生活的各个领域。在激烈的市场竞争中,市场调查工作不能只在生产或经营活动以前的阶段进行,而应该在生产和经营整个过程中,在售前、售中、售后的各个阶段都需要进行,要收集一切可以为企业所用的信息资料,从而对决策随时修正,使企业能够适应市场不断变化的形势。同时,市场调查活动也是发现潜在市场的有效方法,对开拓新的市场领域有积极作用。

[案例研究 1-2]

日本人的"疯狂的情报活动"

以第二次世界大战后世界经济发展最快的日本为例,日本人在考虑打入和渗透美国市场时,由于对美国国内市场了解甚少,于是开展了"疯狂的情报活动",而当他们成功地进入了美国市场以后,仍然大规模地进行情报的收集和市场调查工作,并在决策中充分利用获取的情报,从而保住了已占有的市场份额。此外,日本的综合贸易商社为日本的企业提供一系列最新、最精确的市场信息,其中包括生产计划、资金投放、原材料供应、库存控制、市场需求及价格差异等方面的详尽情报。与此同时,日本的市场调查部门在全球范围内展开信息的收集活动。日本的市场调查部门通过计算机系统联网,可以在1～5分钟内获得世界金融市场的行情,1～3分钟内查询到日本与世界各地出口贸易商品的品种、规格资料,3～5分钟内可查询并调用国内外10 000个重点企业当年或历年生产经营情况的数据资料,还可以随时获得当天全国各种汽车、生鲜食品批发及零售市场产、销、存及价格变动情况。

日本人的"疯狂的情报活动"说明市场调查工作对企业来说是相当普遍,同时是非常重要的。多方面、经常性地收集、积累情报,是企业处于不败之地的重要前提,也是市场调查在动态的市场中所必须执行的职能。

(3) 科学性。

市场调查是一项相当复杂的工作,需要周密的计划、精心的组织和科学的实施。坚持科学或客观的市场调查理念,运用科学的调查方法,才能充分展现市场调查的科学性,才能获得市场调查的成功。在进行市场调查时,必须以科学的方法为指导;在设计调查过程时,必须按照科学的程序进行;在选择研究方法时,必须根据科学的原理,选择最恰当的分析问题和解决问题的方法;在报告研究结果时,必须排除个人偏见和主观影响以及其他人员的干扰,以科学的态度向决策人员提供研究报告。如果调研方法选择不当,或为了迎合上级领导的意见而提供报告,最终都会给企业带来不利的影响。

(4) 时效性。

市场是开放、动态的市场,会随时间的变化而变化,随经济的发展而不断发展。随着市场经济形势的变化，企业如果已建立完备的市场调查系统，那么新的市场数据可能会按照已定程序自动进入系统。但如果市场波动很大，影响因素超出系统设定的内容，则必须及时进行市场调查，以弥补或修正原系统的不足。市场调查是在一定时间范围内进行的，它所反映的只是某一特定时期的信息和情况，在一定时期内具备时效性，但在这一段时间过后又会出现新情况、新问题，就会使以前的调查结果滞后于市场的发展。

(5) 不确定性。

由于人们在态度、信仰、行为等方面并非是稳定不变的，而消费者也处于一种经常性的变动状态之中，如对品牌、商店的偏好，对时尚、公司的态度等均在不断地变化，所以一个阶段调查出的数据可能有它的偶然性或随机性，无法代表消费者的长期观念。因此，如果市场调查人员只根据可以找到的有关销售方面的统计数字来研究问题，所得出的结果往往会与实际相差甚远，因而不能为企业的经营决策提供有价值的资料。我们可以发现许多公司在进行了广泛的市场调查之后，仍在市场上惨遭失败的例子。但综合看，大多数公司认为它们从市场调查中所获得的信息是非常宝贵的，这些市场调查经常正确地预示了公司经营的成功。

[案例研究 1-3]

难以把握的消费心理

有些市场调查人员发现，当他们向被调查者询问洗发水的有关问题时，得到的回答肯定是洗发水最重要的是能够把头发洗干净并具有护理头发的功能，但当市场调查人员把货样拿给人们看时，却有很多人总是先闻一闻有没有香味。又例如，在美国，长期以来肥皂制造商搞不清粉红色香皂是否受欢迎，因为每当把不同颜色的香皂摆在人们面前时，他们总是指着粉红色的那块，但是在商场里粉红色的香皂却很少成为热门货。

案例中出现的问题主要体现了市场调查结果具有不确定性这一特征，它常常会使市场调查人员感到无所适从。在日用消费品的调查中，由于消费者的心理状态变化会受个人消费习惯不同、消费环境变化及商品本身多样性的影响，市场调查结果的不确定性常常会表现得很明显。这时市场调查人员不仅要“听其言”，还要“观其行”，否则，调查结果就会出现很大的误差。

1.1.2　市场调查的作用

1. 市场调查是企业正确决策或修正策略的基础

企业的营销活动是从市场调查开始的。通过市场调查，识别和确定市场机会，制订营销计划，选择目标市场，设计营销组合，对营销计划的执行情况进行监控和信息反馈。在这一过程中，企业每一步都离不开市场调查，都需要市场调查为决策提供依据。企业制订决策，通常需要了解的情况和考虑的问题是多方面的，如产品在哪些市场的销售前景较好，目标市场在哪里，产品在某个市场上的销售预计可达到什么样的数量，其市场容量如何，怎样才能扩大企业产品的销路，怎样增加销售数量，如何确定产品的价格，使用什么方法推销等。如此种种问题,只有通过实际的市场调查之后,才能得到具体答案,作出正确的决策。企业依据市场调查获得的资料,可检验企业的计划和战略是否可行,有无疏忽和遗漏,是否需要修正,并提供相应的修改方案。通过了解分析市场信息,可以避免企业在制订营销策略时发生错误,也可以帮助营销决策者了解当前营销策略以及营销活动的得失,以作适当修正。只有在实际了解市场的情况下,才能有针对性地制订出切实可行的市场营销策略和企业经营发展策略。

[相关链接 1-1]

中国市场信息调查业协会

中国市场信息调查业协会(英文译名:CHINA ASSOCIATION OF MARKET INFORMATION AND RESEARCH;英文名缩写:CAMIR)是经国务院同意和民政部批准,国家统计局为业务主管的社团组织。协会成立于 2004 年 4 月 8 日,其成员由团体会员和个人会员组成。团体会员为在中华人民共和国境内从事与市场信息调查相关业务的企事业单位,以及和市场信息调查业活动有关的事业单位、社会团体和各类企业。个人会员为关心或从事市场信息调查业工作,并在市场信息调查业管理的理论研究与实践方面做出一定贡献的人员。

中国市场信息调查业协会按照《中国市场信息调查业协会章程》各项条规,在国家法律、法规、规章和政策的规范下推进完善行业执行标准、行业自律、舆论监督、会员参与,建立健全以章程为基础的行业管理制度。中国市场信息调查业协会的工作核心是服务,协会将从自律、维权、协调、交流、宣传等五个方面开展服务于行业和会员的工作。第一,组织制定全国市场信息调查业的发展规划,引导、促进国内市场信息调查业的健康发展。第二,组织制定市场信息调查业行为规范和执业标准。市场信息调查业要健康发展,首先要有一套同业共同遵守的行业标准,包括从业人员的资质标准、从业企业的资质标准、服务标准、收费标准等。第三,监督行业行为,维护行业秩序。第四,组织市场调查业从业者进行业务培训和交流。第五,组织市场信息调查业者的国际交流活动。在市场信息调查方面,西方发达国家具有先进的理念、较高的技术水平和丰富的经验,值得我们借鉴。

协会成立以来,依据协会章程及有关文件不断制定和完善各项管理办法。先后制定了《中国市场信息调查业协会会员管理办法》《中国市场信息调查业协会会员登记注册程序》《中国市场信息调查业自律公约》《中国市场信息调查业协会工作委员会管理办法》和《中国市场信息调查业协会研究课题项目管理办法》。这些管理办法的制定为协会工作规范、有序和健康开展奠定了基础。

2. 市场调查有利于市场机制发挥导向作用

在市场经济条件下,市场通过价格涨落、供求变化引导着企业生产经营的方向,对社会经济的发展具有导向作用。然而,市场导向能否达到预期效果,主要取决于企业对市场变化动态的反应能力和反应程度。市场调查即是企业主动应对市场动态变化的过程,通过有针对性地开展深入细致的市场调查,企业可以及时捕捉有关商品价格、供求、竞争对手状况、国家政策意图、产业结构变动、消费心理趋向等各类市场信息，在整理和加工分析的基础上，发现市场变化的基本趋势，并据此调整企业的经营方向。在市场调查的过程中，企业还可以寻找新的市场机会，发现潜在的消费需求，为确立目标市场和实现开拓经营提供依据。通过持续、系统的市场调查，企业可以加深对市场机制作用方式的了解，加强对影响市场变化的因素及相互联系的认识，提高把握市场运行规律的能力，从而增强参与市场活动的主动性和自觉性。

3. 市场调查有助于企业开拓市场，开发新产品

任何企业不会在现有的市场上永远保持销售旺势，要想扩大影响，继续盈利，就不能把希望只寄托在一个有限的地区范围内。当一种产品在某个特定市场上未达到饱和状态时，企业就应开始着眼于更远的地区，在这种要求下市场调查就成为非常迫切的问题了。通过市场调查活动，企业不仅可以了解其他地区对产品的需求，还可以了解到国外市场的需求状况，它使企业掌握了该向哪些地区发展、有无发展余地等有用信息，从而决定下一步的经营战略。消费者的需求受社会、个人、心理和生理因素的影响，它不是靠经验和主观判断就可以确切把握的。在商品丰富的情况下，消费者的需求会更加苛刻，选择性也会增强，对新产品的认可也会越来越快，这对企业维持原有产品的销售会产生影响。市场调查可以了解和掌握消费者的消费趋向、新的要求以及对本企业产品的期望等。如果调研结果表明开发新产品或改造原有产品才能维持企业应有的收益时，产品生产的及时转向则会使企业的销售出现新的高潮。

4. 市场调查有利于企业提高整体经营管理水平

企业生产或经营的好坏，最终要取决于经营管理者的管理水平。企业经营管理水平的高低，直接影响其决策、生产、销售和服务各方面的状况和水平，最终影响企业的经济效益。通过市场调查，有利于及时发现自身的管理不足，了解同行业经营管理的情况，学习和借鉴先进的方法和经验，不断改进和完善管理工作，从而提高整体经营管理水平。企业的经营管理水平高，就能够有效地调动现有资源，并合理调配，进行最优组合，进而达到降低成本、减少损耗的目的。通过市场调查，更多地了解其他企业的优势和先进技术，才能学习或借鉴他人的长处，提高自身的管理水平和竞争力。现代经营管理注重的是科学化和理性化的管理，是建立在拥有大量数据和文字资料的基础之上的。管理决策不能凭经验，而要以对大量资料进行分析后的结果为依据，做出科学的判断，因此重视市场调查是提高企业管理水平的基础。在当代，吸收和采纳新技术的水平和速度也是企业经营管理水平高低的重要标志。市场调查可以及时掌握与企业相关领域新产品和新技术的发展状况，为采用新技术和新设备创造良好的条件，而只有不断采用新技术的企业，才能超前于其他企业，保持自己的竞争优势。

1.2　掌握市场调查的分类与内容

1.2.1　市场调查的分类

市场调查是一项内容庞杂的工作。根据不同的标准对市场调查进行分类，有利于获得全面系统的理解与认识。

1. 按市场调查的主体进行分类

(1) 企业组织的市场调查。

企业是组织与实施市场调查的主要机构。作为市场的经营主体,企业为解决经营中的营销决策问题,往往需要借助市场调查来掌握相关的市场信息。由企业组织的市场调查一般具有规范性、专业性较高的特点。

(2) 政府部门组织的市场调查。

政府既承担着社会公共生活行政管理者的职能,又发挥着国民经济活动的调节者、服务者、公共产品供应者的作用。收集、分析、研究、传播市场信息是政府一项重要的公共事务和职责。例如,美国商务部每 5 年或 10 年定期组织普查,向全国企业界提供基本资料。普查的内容包括商业普查、制造业普查、农业普查、人口普查、运输业普查以及矿业普查。这些普查资料为市场调查及营销决策提供了基本的数字与依据。

(3) 个人组织的市场调查。

个人也可能成为市场调查的主体。例如,大学毕业生为完成毕业论文,学者为开展研究工作,个体经营户业主为了解市场信息等而进行市场调查。一般而言,个人组织的市场调查因条件所限,调查的专业性可能不足,调查的范围也非常有限。

(4) 社会其他机构组织的市场调查。

社会其他机构包括各种各样的协会组织、学术团体、中介组织、事业单位、群众性组织、俱乐部等,为了实现一定的组织目标,如学术研究、制定组织目标、提供咨询等需要,也会有组织、有计划地进行一些市场调查活动。

2. 按市场调查的组织方式进行分类

(1) 统计报表。

统计报表是依照国家有关法规的规定,自上而下地统一布置,以一定的原始记录为依据,按照统一的表式、统一的指标项目、统一的报送时间和报送程序,自下而上地逐级定期提供基本统计资料的一种调查方式。统计报表所包括的范围比较全面,项目比较系统,分组比较齐全,指标的内容和调查周期相对稳定。因此,它也是我国统计调查体系中取得统计资料的一种重要的调查方式。

(2) 普查。

普查是根据统计任务的特定目的而专门组织的一次性全面调查。它主要用来搜集某些不能够或者不适宜用其他方式搜集的统计资料,一般用来调查属于一定时点的社会经济现象的总量,如全国人口、全部生产设备、科技人员总数、第三产业状况等。普查也可以用来反映一定时期的现象的总量,如出生人口总数、死亡人口总数等。普查虽然调查结果比较准确、全面,但由于面较广,时间较长,需要的人力、物力、财力较多,因而应用较少。

(3) 抽样调查。

抽样调查是按随机原则,从总体中抽选部分单位进行观察,并根据这部分单位的调查材料,从数量方面推断总体指标的一种非全面调查。例如,从某地区全部职工当中随机抽取部分职工,以家庭为单位按月调查取得有关收入、支出等方面的资料,并依据这些资料推断出全区职工的收支情况,这就是一种抽样调查。这种调查方式可以使调查面有控制地减缩,从而减少调查时间,节省调查的人力、物力、财力的支出。为此,抽样调查在市场调查中成为一种应用较广、较常用的调查方式。

(4) 重点调查。

重点调查是指在调查对象中,只选择一部分重点单位而进行的非全面调查。这些单位可能数目不多,但就调查的标志值来说,却在总体标志总量中占有很大比重。调查这部分单位的情况,即可反映被调查对象的基本情况和基本趋势。例如,要及时了解全国原油生产的基本情况,只要调查占全国原油产量比重很大的大庆油田、大港油田、胜利油田等的原油产量即可,虽然只有几个单位,但原油产量却占全国很大比重。重点调查由于调查单位少,因此比全面调查省时、省力,能用较少的代价及时搜集到总体的基本情况、基本趋势。

(5) 典型调查。

典型调查是根据调查的目的和要求,在对被调查对象进行全面分析的基础上,有意识地从中选择少数具有典型性的单位进行深入调查研究的一种非全面调查。其主要特点是调查选取的样本数量很少,调查者可以集中对样本单位做较为深入、细致的调查研究,从中发现与反映调查对象总体的一些特征与规律。搜集典型材料的方法很多,其中最主要、最基本的方法是调查人员深入实际,邀请一部分深切了解情况的人开展讨论式的研究,搜集和丰富感性认识材料。但是,典型调查要注意避免发生以偏概全的问题。

3. 按市场信息收集的方法进行分类

(1) 观察调查。

观察调查是指由调查人员亲自到调查地点对调查对象进行观察和记录,以取得第一手统计资料的调查方法。例如,对超市购买者进行调查时,为获得出向和入向人数,调查员亲自到超市的出入口实际观察,并进行记录。这种方法能够保证统计资料的相对准确。

(2) 询问调查。

询问调查是指由调查人员通过口头、书面等方式向被调查者了解情况,以取得第一手统计资料的调查方法。例如,在对超市购买者进行流动人数调查的同时,对消费者的购物金额进行调查。调查人员在出入口对顾客进行询问,根据回答一一记录,并填写相应的调查卡片或表格,据以搜集统计资料。

[相关链接 1-2]

福特汽车市场调研诊所

福特汽车公司开办了一个汽车市场调研诊所,对自己的新车型设计进行检验。该所邀请客户在预定的路线上驾驶新汽车的原型,同时,派一位经过训练的调查人员坐在驾驶人员的旁边,记录驾驶员对汽车的全部反应。驾驶结束以后,给每一位参与者一份长达六页的调查问卷,询问参与者对汽车每一部分的优缺点评价。通过参与者提供的信息,福特汽车公司就可以了解到消费者试驾新车型汽车的反应,然后做出适当的改进,使之更受目标消费者的欢迎。

(3) 实验调查。

实验调查是指调查人员根据统计研究目的,通过实验对比,对调查对象某些因素之间的因果关系及其发展变化过程,进行实验观察和分析,以取得调查资料的方法。例如,若要了解饮料配方的改变对销售量的影响情况,需选定一个地区范围,将新旧两种配方的饮料投入市场进行试验对比,观察其销售量变化和消费者反映,获得的数据作为是否采用新配方的依据。实验调查一般适用于对新设计、新包装、新价格、新配方、新广告等社会经济现象的实践效果资料进行搜集。

(4) 文献调查。

文献调查是指调查人员根据调查方案的内容和要求,搜集文献资料的一种方法。文献包括报纸、书籍、数据表格等文字、数字文献,也包括影视、图画、磁带、唱片等声音、图像文献。文献调查是间接搜集第二手统计资料的方法,这种调查方法在社会实践中得到了广泛的应用。

[相关链接 1-3]

二手资料

所谓二手资料,是指特定的调查者按照原来的目的收集、整理的各种现成的资料,又称次级资料,如年鉴、报告、文件、期刊、文集、数据库、报表等。它与观察调查、实验调查等收集原始资料的方法是相互依存、相互补充的。二手资料比较容易得到,相对来说比较便宜,并能很快地获取。尽管二手资料不可能提供特定调研问题所需的全部答案,但二手资料在许多方面都是很有用的。例如,二手资料可以帮助我们:明确问题;更好地定义问题;寻找处理问题的途径;构造适当的设计方案;更深刻地解释原始数据。尽管二手资料对调研是很有帮助的,但调研者在使用二手资料时应当谨慎,因为二手资料有一定的局限性和缺点。由于二手资料是为其他目的不是为手边的问题而收集的,因此,二手资料对当前问题的帮助在一些重要方面是有缺陷的。二手资料也可能缺乏准确性,或者有些过时了。在使用二手资料之前,有必要先对二手资料进行评价。

(5) 网络调查。

网络调查是随着互联网的发展而兴起的一种新的调查方法,分为网络直接调查和网络间接调查两种方式。前者是利用互联网直接进行问卷调查,搜集一手资料;后者是利用互联网的媒体功能,从互联网搜集二手资料。由于越来越多的报纸、杂志、电台等媒体,还有政府机构、企业等也纷纷上网,因此网络成为信息的海洋,信息蕴藏量极其丰富,关键是如何发现和挖掘有价值的信息。

4. 按市场调查的功能进行分类

(1) 探索性调查。

探索性调查是收集一些有关资料,以确定经营管理需要研究的问题的症结所在的调查,是为了使问题更明确而进行的小规模调查活动。这种调查特别有助于把一个大而模糊的问题表达为小而准确的子问题,并识别出需要进一步调研的信息。比如,某公司的市场份额去年下降了,公司无法一一查知原因,就可用探索性调查来发掘问题:是竞争方面的因素,是消费者消费偏好转变,是企业营销推广策略错误,是企业内部制度退化,还是其他因素。通常,探索性调查所选择的样本规模较小，且并不强调其代表性；获取的信息资料主要是反映事物本质的定性信息；调查结果应被视为进一步调查的基础。探索性调查一般采用简便易行的调查方法，如二手资料调查、经验调查、焦点小组访谈等。总之，探索性调查具有灵活性的特点，适合调查那些我们知之甚少的问题。

(2) 描述性调查。

描述性调查是市场调查中比较常见的一种调查，它侧重于市场状况特征的客观反映，调查的功能是回答市场中诸如“是什么”“何时”“何地”“如何”“怎样”等问题。它可以描述不同消费者群体在需要、态度、行为等方面的差异。描述的结果，尽管不能对“为什么”给出回答，但也可用作解决营销问题所需的全部信息。比如，某商店了解到该店67%的顾客是年龄在18～44岁的妇女，并经常带着家人、朋友一起来购物。这种描述性调查提供了重要的决策信息，使商店特别重视直接向妇女开展促销活动。描述性调查以有代表性的大样本为基础，通过完整的调查计划、精确的问卷设计以及对调查过程的有效控制来对所研究的问题做尽可能准确的描述。

(3) 因果性调查。

因果性调查即调查的功能与目的是为了识别与发现变量之间因果关系的调查。市场活动中，不同因素之间会互相制约、互相影响，一般地，将能够引起其他市场变量发生变化的变量称为自变量，而那些随着其他变量的变化而发生变化的变量称为因变量。这项工作要求调查人员对所研究的课题有相当的知识，能够判断一种情况出现了，另一种情况会接着发生，并能说明其原因所在。例如，价格与销售量就是呈因果关系的一对因素，价格为自变量，销售量为因变量。因果性调查就是要探明某些自变量的变化对因变量的影响，从其因果关系中找出营销决策的依据。

此外，市场调查的分类方法还有：按照市场调查的区域范围，可分为地方性市场调查、全国性市场调查与国际性市场调查；按照组织市场调查的时间层次，可分为经常性市场调查、定期市场调查与临时性市场调查；按照调查者的角度不同，可分为需求调查与供给调查等。

1.2.2　市场调查的内容

1. 市场环境调查

企业的生存和发展总是在一定的市场环境下进行的，消费者的任何活动也都脱离不开所处的社会环境。在市场经济条件下，企业在生产经营中必须遵守国家政策、法规和宏观调控的要求，必须了解科技及社会文化发展对企业生产经营的制约和影响，只有这样才有可能制定出切实可行的经营决策，才能在市场竞争中取得主动权。对市场环境的调查一般包括以下几个方面：

(1) 政法环境调查。

政法环境调查，主要是对市场产生影响和制约作用的国内外政治形势以及国家规范市场的法律、法规、方针政策，有关管理机构和社会团体的活动的调查。

(2) 经济环境调查。

经济环境对市场活动有着直接的影响。经济环境调查是对生产发展水平、规模，国民生产总值，国民收入、社会扩大再生产的方式、规模和发展速度，居民收入，消费总体水平、消费结构及其变化,物价水平经济发展水平、速度,经济基础设施等方面的调查。

(3) 文化环境调查。

文化环境调查,主要是对消费者的文化背景、社会教育水平、民族与宗教状况、风俗习惯、社会心理等的调查。消费者的文化水平和社会教育水平,是影响消费水平和消费结构的重要因素。一般来说,不同社会教育水平下文化程度不同的消费者,会具有不同的消费观念和消费结构。民族与宗教状况也是对市场发生重要影响的社会文化因素。企业经营活动必须适应所涉及国家(或地区)的文化和传统习惯,才能为当地消费者所接受。

[相关链接1-4]

根据风俗习惯销售鞋

某鞋厂生产了一种海兰色的涤纶坡跟鞋,在本地很受欢迎。鞋厂根据这一情况主动给外地一家大商场发送了一部分这样的鞋。不久,商场来电要求退货。厂方百思不得其解,迅速派人前往调查。调查结果显示,这种鞋之所以不受欢迎,是因为该商场所在城市的风俗与生产者本地不同,这种鞋的颜色为该城市所忌,因此才使这种鞋成为冷门货。吃一堑,长一智,后来该厂通过市场调查获悉某地有一民俗,即每逢清明节,头年结婚的新媳妇要给七大姑、八大姨赠送新鞋,根据这一信息,厂方立即组织生产几千双布鞋,赶在清明节前发至该地,结果这些布鞋很快便销售一空。

(4) 气候、自然环境调查。

气候会影响消费者的饮食习惯、衣着、住房和住房设施。某种气候条件下,消费者的商品选择会带有一定的针对性,这种选择不是人为因素造成的,所以同样的产品在不同气候条件下,会有不同的需求状况。自然环境调查是对自然资源分布状况及其开发利用水平和环境保护、生态平衡等方面的调查。

(5) 科技环境调查。

科技环境调查是对科技发展水平、趋势,新技术、新材料、新品种、新能源的状况,技术指标,质量标准及国家科技政策等的调查。

2. 市场需求调查

消费者是市场活动的主体,是企业产品的最终购买者和服务对象。企业只有在充分了解消费者的基础上,发现和识别消费者真正需要的产品和服务,才有可能把握市场机会,不断改进产品及营销组合,满足消费者的需求。市场需求调查包括市场商品需求量调查、需求结构调查和需求时间调查。

(1) 市场商品需求量调查。

市场商品需求量主要取决于社会购买力水平。因而,市场商品需求量调查也就是社会购买力调查。社会购买力是指一定时期内全社会有货币支付能力的购买力,它是一定时期内,全社会居民的货币收入减去非商品支出后的余额。企业调查市场商品需求量,不仅要了解企业所在地区的需求总量、已满足的需求量和潜在的需求量,还要了解本企业商品的市场占有率和开拓本地市场的可能性。

(2) 需求结构调查。

需求结构调查主要是了解购买力投向，通常将消费者按收入水平、职业类型、居住地区等标准分类，然后测算每类消费者的购买力构成，即吃、穿、用、住、行商品的需求结构。同时，还必须了解每类商品的品种、花色、规格、质量、价格等具体构成情况，了解市场细分的动向、引起需求变化的因素及其影响程度和方向、城乡需求变化的特点、开拓新消费领域的可能性等。

(3) 需求时间调查。

需求时间调查主要是了解消费者需求的季节、月份、具体购买时间，以及需求时间内的数量构成等。

3. 市场营销活动调查

现代市场营销活动是包括产品、定价，分销渠道和促销的营销活动。市场营销活动调查是围绕企业营销活动进行的调查。主要包括：

(1) 产品调查。

产品调查的内容主要包括品牌忠诚度、品牌价值、包装、产品生命周期、新产品创意与构思、新产品市场前景、产品售后服务等。产品决策是市场营销中最重要的决策之一，其主要目的是为企业制定产品决策提供依据。

(2) 价格调查。

价格调查的内容主要有国家的物价政策，企业商品的定价是否合理、怎样定价才能使企业增加盈利，消费者对什么样的价格容易接受以及接受的程度，商品供给和需求的价格弹性有多大以及影响因素有哪些等。

(3) 分销渠道调查。

分销渠道调查的内容主要包括分销渠道的结构和覆盖范围、渠道选择的效果、影响渠道设计的主要因素、经销商分布与关系处理、物流配送状况和模式以及串货管理等。

(4) 促销调查。

促销调查的内容主要包括广告、人员推销、销售促进和公共关系等，其中，每一方面又包含了许多具体的内容。广告调查是促销调查中最重要也是最常见的调查，它主要包括广告诉求调查、广告媒体调查和广告效果调查等。广告诉求调查就是调查广告对象的性别、年龄、收入状况、生活方式、购买习惯、文化程度、价值观念和审美意识等。广告媒体调查，即调查媒体的传播范围和对象、媒体被收听和收看的情况、媒体的费用和使用条件，以及媒体的适用性和效果等。广告效果调查是对广告活动结果的反馈，具体说，是指运用科学的调查研究方法，对广告活动的结果进行了解、分析、研究和评估，以有利于检查广告活动的效果，为进一步开展广告活动，制定有效的广告策划。

[相关链接1-5]

日本资生堂公司的广告调查

日本资生堂公司为了在激烈的广告竞争中击败对手，对消费者就化妆品的需求心理和消费情况进行调查，他们将消费者按年龄分成四种类型：第一种类型为15～17岁的消费者，她们讲究打扮、追求时髦,对化妆品的需求意识较强烈,但购买的往往是单一的化妆品;第二种类型为18～24岁的消费者,她们对化妆品采取积极的消费行动,只要是中意的商品,价格再高也在所不惜,这一类消费者往往购买整套的化妆品;第三种类型为25～34岁的消费者,她们大多数已结婚,因此对化妆品的需求心理和消费行动也有所变化,化妆已是她们的日常生活习惯;第四种类型为35岁以上的消费者,她们中间可分为积极派和消极派两种类型,但也显示了购买单一化妆品的倾向。资生堂公司根据上述情况,制定了"年龄分类"的广告销售策略,在广播、电视和报刊上,针对各类型的特点大做广告,并努力使化妆品的式样、包装适应各个消费者的特点和需要,使产品受到普遍欢迎。

4. 市场竞争调查

市场竞争调查主要侧重于企业与竞争对手的比较研究,通过对成本和经营活动的比较,找出本企业的竞争优势,从而扬长避短、避实就虚地开展经营,提高企业的竞争能力。面对异常激烈的市场竞争,企业仅仅了解消费者的需求是不够的,还必须了解自己的竞争对手。在"满足消费者需求"的市场营销观念已经被企业广泛接受的今天,不研究竞争者的战略和策略而要取得竞争优势是不可能的。从某种意义上说,了解竞争者也是现代企业头等重要的事情,是企业选择营销战略和策略的先决条件。竞争对手调查的内容包括直接或间接竞争对手数量,竞争对手的经营能力、经营方式、购销渠道,竞争对手生产经营商品的品种、质量、性能、价格、成本、服务等方面的情况,竞争对手的技术水平和新产品开发的情况,竞争对手的声誉和形象,竞争对手的宣传手段和广告策略,竞争现状及企业在竞争中所处的地位,潜在竞争对手状况等。

[相关链接1-6]

如何与市场研究公司合作

要发挥市场研究的最大作用,尽可能圆满地完成调查任务,客户与市场研究公司之间的沟通是必不可少的。双方的沟通越充分,研究公司对客户的需求理解得越深入,调查取得理想效果的机会就越大。而这一沟通是贯穿整个调查活动的。市场调查研究业务的通常流程如下:

(1) 调查研究业务的接洽:客户与研究公司之间进行互相了解,由客户对计划进行的调查活动提出具体要求,包括调查的营销背景、调查目的、调查的时间表等内容。

(2) 拟制调查计划书:根据客户的要求,拟制具体的调查计划书,计划书的内容包括对调查方法的建议、调查的基本费用和日程等。计划书的内容可根据客户进一步的要求而进行修正。在计划书得到客户的确认以后,调查研究工作就正式开始了。

(3) 调查执行前期准备:对访谈提纲及调查问卷的设计、相关人员的项目培训、被访者的约请、所需用品的购买准备等。在访谈提纲或问卷的设计时,与客户进行不断地沟通并最终由客户对其进行确认,以确保客户的要求能够得到充分满足。

(4) 调查研究执行:实际展开定性或定量调查研究工作。

(5) 报告及说明会:对调查结果进行具体分析,通过调查报告的形式,针对客户的营销及调查目的从市场研究公司的专业角度做出解答。

市场研究公司通常提供哪些服务？专业的市场研究公司向客户提供包括调查计划书，调查方法建议，调查提纲及问卷设计，相关人员培训，募集并甄别被访者，定性及定量调查活动的具体执行，调查结果的收集、分析、报告等全方位的市场调查服务。

客户如何配合及监督市场研究公司的工作？客户与研究公司之间的理解与沟通是调查活动取得成功的关键。客户为研究公司提供的调查目的等信息越具体、详细，研究公司拟订的方案就越具有针对性，可操作性也就越强。客户对研究过程的参与，不仅有助于对被研究项目的深入的了解，还可及时发现并解决调查研究过程中可能出现的问题。

1.3　明确市场调查的原则与程序

1.3.1　市场调查的原则

为了保证市场调查的科学性和客观性，实现调查最终结果的正确性或准确性，所有参加市场调查工作的个人或组织都应当遵循以下基本原则。

1. 真实性原则

真实性原则是指通过市场调查得到的市场信息和结论要准确、真实、客观、可靠，必须真实地描述客观现象的数量表现和属性特征，调查误差应尽可能小。准确是信息的生命，也是市场调查与决策的生命。所以要求市场调查人员在进行调查时，尊重事实，不允许带有任何个人主观的意愿或偏见，也不应受制于任何人或管理部门。只有客观地反映市场的真实状态，才能得出准确信息，市场调查的作用才能真正得到发挥，也才能使整个调查行业健康发展。在市场调查活动中，调查者应该善于对所收集的信息、资料等进行加工、分析和审核，以便去伪存真、去粗取精。为了保证市场信息的准确性，必须不断提高市场调查人员的专业素质和技术水平，选择可靠的信息源，严格遵守市场调查的基本程序，形成有效的市场调查信息的监督控制系统。切忌以主观意识来代替科学的分析，如果通过市场调查所获取的资料缺乏真实可靠性，就无法做出科学的预测及正确的决策，市场调查工作也就没有任何意义了。

2. 时效性原则

时效性原则是指收集、发送、接收、加工、传递和利用市场调查信息、资料的时间间隔要短，效率要高。市场的开放性和动态性决定了市场信息的变化性。在现代企业经营活动中，时间就是机遇，丧失机遇，会导致整个经营策略和活动的失败；抓住机遇，则为成功铺平道路。市场调查的时效性就表现为应及时捕捉和抓住市场上任何有用的情报、信息，及时分析、及时反馈，为企业在经营过程中适时地制定、调整策略创造条件。市场是千变万化、错综复杂的，只有获得最新的市场信息，并在此基础上形成调查结论，才可能最接近市场的实际情况，从而为经济决策提供有效的参考和咨询。如果调查工作拖延了时间，不仅会增加费用支出，而且不能捕获到即时信息，即出现信息资料滞后的现象，不能满足市场调查的需要。

3. 系统性原则

系统性原则是指市场调查活动中要全面系统地收集与所研究现象有关的市场经济信息资料。在激烈的市场竞争中,市场的影响因素日渐增多,有宏观因素的影响,有微观因素的影响,各因素之间相互作用、相互影响。所以在市场调查中切忌"头痛医头,脚痛医脚",如果只是单纯地了解某一事物,而不去考察这一事物如何对企业发挥作用和为什么会产生这样的作用,就不能把握这一事物的本质,也就难以对影响经营的关键因素做出准确的结论。所以,应全面搜集与企业生产和经营有关的信息资料,系统地进行分析、研究,才能使市场调查活动收到良好的效果。如果单纯就事论事进行调查,而不考虑周围环境等因素的影响,就不能真实地把握事物发生、发展及变化的本质。

4. 经济性原则

经济性原则是指要降低获得和利用市场信息的成本,尽量用较小的成本获取较多较好的市场信息。市场调查是一种商业性活动,在保证调查质量的同时,还要考虑经济效益,即考虑投入和产出之间的对比关系。市场调查工作需要大量的人员去搜集资料、情报和信息,在经过调查人员的筛选、整理、分析后才能得出调查结论,供企业决策之用,是一件费时、费力、费财的活动。即使在调查内容不变的情况下,采用的调查方式不同,费用支出也不同。同样,在费用支出相同的情况下,不同的调查方案产生的效果也是不同的。因此,由于各企业的财力情况不同,在进行市场调查的时候,要结合企业自身的实际情况,选择适当的调查方式,进行投入与产出的比较,尽量做到以较小的投入换来较好的调查效果。

5. 保密性原则

保密性原则是指调查过程和调查结论既需要为客户保密,又需要为被调查者提供的信息保密。一是为客户保密。客户委托市场调查公司进行某项调查,市场调查公司及其人员必须对调查获得的信息保密,不能随意泄露给第三者。因为在激烈的市场竞争中,这些信息泄露出去有可能损害客户的利益,反过来也会损害自己的信誉。二是为被调查者提供的信息保密。因为市场调查需要被调查者的配合,如果被调查者发现自己提供的信息被暴露出来,可能给他们带来某些伤害,同时也会使他们失去对调查者的信任。因此,调研人员应遵守保密原则,妥善保管调查资料。

以上是进行市场调查时应遵循的一些基本原则,违背这些原则,将会使市场调查工作严重偏离方向,会为调查人员和调查结果的使用人员带来难以估量的损失。

[相关链接1-7]

市场调查的国际准则

国际商会/欧洲民意和市场研究协会(ICC/ESOMAR)等市场调查组织,也为从事市场调查的所有人员制定了一些具体、严格并可实际操作的行业标准或行为规则。ICC/ESOMAR关于市场和社会研究的国际准则,是当前世界公认的调研行业国际准则。我国市场调查研究行业协会——全国市场研究行业协会,也要求全体会员遵守此项国际准则。这一准则尽可能简明地阐述了从事市场和社会研究的基本职业道德和行业运作原则。同时,准则还规定了在研究过程中研究人员同各方面人士(如公众和商业机构,其中包括客户和其他类型的业内人士)接触时应该遵循的规则。任何从事市场研究的个人永远有责任确保其所在公司的其他市场研究人员意识到并准确理解准则的内容,他们必须尽力保证其所在的整个机构服从准则的规定。

1.3.2　市场调查的程序

市场调查必须根据人们的认识规律,科学地安排市场调查的程序。市场调查的程序是指调查工作过程的阶段和步骤。市场调查的全过程可划分为调查准备、调查实施和总结三个阶段,每个阶段又可分为若干具体步骤,如图 1 - 1 所示。

图 1 - 1　市场调查的程序

1. 调查准备阶段

该阶段主要解决调查目的、范围和调查力量的组织等问题,并制订出切实可行的调查计划。具体工作步骤如下:

(1) 确定调查目标,确定调查项目。

明确调查目的,确定调查项目这一步骤是做好市场调查的首要前提,它要回答为什么要进行调查,调查要了解什么问题,了解这些问题后有什么用处,应该收集哪些方面的信息资料等问题。毫无疑问,提供市场供求信息,研究市场发展和经营决策中的问题,为市场预测与经营决策服务应是市场调查的目的。确定调查项目,实质上是确定调查总方向、总水平的根本性问题,还决定着调查方案的设计,制约着调查全过程。这是因为调查目的不同,调查的内容、方法、对象和范围,调查人员的选择,调查组织工作也将随之不同。

(2) 确定收集资料的范围和方式。

范围大小直接影响市场调查的工作量与工作效率范围界限不清,可能会产生资料信息不全、不准、杂乱、无序等问题。一般是以商品销售市场确定调查范围,以商品购买者确定调查群体。调查方法是指取得调查资料的各种技法,还包括调查样本数目与抽样方法的确定。要明确本次市场调查要收集哪些资料,采用什么方法去收集,向谁收集,通过什么渠道收集,在什么时间、什么地点,是一次性还是定期性收集这些资料。

(3) 设计调查方案。

进行市场调查必须事前编制详细、周密的调查方案,这是确保市场调查取得成功的关键步骤。调查方案设计出来之后,还应对其科学性和实用性进行可行性论证,经过仔细的评价和比较,才能确定相对满意的调查方案。调查方案包括调查工作进度与日程安排以及调查活动分阶段、分步骤实施的时间要求,例如,何时做好调查准备工作,何时培训调查人员,何时开始正式调查,何时完成资料整理汇总工作,何时完成调查报告。调查方案还应包括调查进度的督促检查及对调查人员的工作考核等具体安排。

2. 调查实施阶段

这个阶段也是整个市场调查过程中的关键阶段,对调查工作能否满足准确、及时、完整、节约等基本要求有直接的影响。调查实施阶段的主要任务是组织调查人员,按照调查计划的要求,系统地收集资料和数据,听取被调查者的意见。调查实施阶段的主要任务是采取各种调查方法,按照调查设计的要求做好收集资料的工作。对于市场调查的领导者和组织者来说,在这个阶段要特别注意做好外部协调工作和内部指导工作。

(1) 落实调查人员。认真选拔人员,组建调查队伍,是顺利完成调查任务的基本保证。企业应选择综合素质高、专业能力强、善于协调沟通的人参与市场调查,组建调查队伍。调查人员一要具备一定的文化基础知识,二要具备一定的企业管理知识,三要具有科学、严谨、认真、踏实的工作作风,四要具备文明、大方、开朗的性格,有一定公关能力。由于每次调查目的各不相同,调查对象复杂多变,调查项目繁杂多样,以及调查人员的能力水平参差不齐与流动不定,所以必须对调查人员进行培训。对调查人员进行培训,让调查人员理解调查计划,掌握调查技术及同调查目标有关的经济知识,以适应市场调查工作的要求。

(2) 实地调查。调查人员按计划规定的时间、地点及方法具体地收集有关资料,不仅要收集第二手资料(现成资料),而且要搜集第一手资料(原始资料)。实地调查的质量取决于调查人员的素质、责任心和组织管理的科学性。

在整个市场调查工作中,该阶段是唯一的现场实施阶段,是获取第一手材料的关键阶段。在这个阶段,调查人员的接触面最广,工作量最大,情况最复杂,变化最迅速,实际问题最多,指挥调度也最困难。因此,市场调查的领导者和组织者应亲临第一线,集中精力做好外部协调工作和内部指导工作,力求以最少的人力、最短的时间、最好的质量完成收集材料的任务。这个阶段的工作做好了,下一阶段的研究工作也就有了良好的基础。

3. 总结阶段

通过总结,既要积累成功的经验,又要吸取失败的教训,特别是要注意寻找改进市场调查工作的途径和方法,为今后更好地进行市场调查打下基础。这个阶段的工作可以分为以下几个步骤。

(1) 资料的整理与分析。对所收集的资料进行"去粗取精、去伪存真、由此及彼、由表及里"的处理。由于调查人员多,工作分散,所收集的资料更是纷繁芜杂,所以,必须进行加工管理,使之系统化、条理化,并符合客观逻辑性。资料整理工作包括:① 资料审核。对调查的文字资料和数字资料等进行全面审核,区分真假和精粗,消除资料中的假、错、缺现象,以保证资料的真实、准确和完整。② 资料分类。经核实编校的资料,要分门别类加以收存。对重要的连续性资料,要绘制统计图表,以便于观察、分析与应用。③ 资料分析。运用统计方法来研究市场现象的数量关系,揭示事物的发展规模、水平、结构和比例,说明事物的发展方向和速度等问题,为进一步开展理论研究提供准确而系统的数据资料。

(2) 撰写调查报告。调查报告是调查研究成果的集中体现,是市场调查工作最重要的总结。一般来说,市场调查都要撰写调查报告,并尽可能使调查报告在理论研究或实际工作中发挥应有的决策作用。市场调查报告一般由引言、正文、结论、附件四个部分组成,其基本内容包括开展调查的目的、被调查单位的基本情况、所调查问题的事实材料、调查分析过程的说明、调查的结论和建议等。编写调查报告应注意:① 要在规定时间内完成调查报告;② 要用资料、数据说明调查结论;③ 文字表述要准确、简明、一针见血,避免武断、不切实际地空谈。

(3) 追踪与反馈。提出了调查的结论和建议，不能认为调查过程就此完结，而应继续了解其结论是否被重视和采纳、采纳的程度和采纳后的实际效果及调查结论与市场发展是否一致等，以便积累经验，不断改进和提高调查工作的质量。追踪反馈就是要根据实践检验调查报告反映的问题，检验建议是否可行、实用以及效果如何。要不断地总结经验教训，不断地提高市场调查的工作能力和认识水平。

总结阶段是市场调查的最后阶段，认真做好总结工作，对于提高调查研究的能力和水平，具有十分重要的意义。在实际的市场调查工作中，上述三个阶段是互相连接、互相交错的，它们共同构成市场调查的完整过程。

增值阅读

市场调查行业与机构

1. 中国信息协会市场研究业分会

我国的市场研究业从 20 世纪 80 年代中期起步，已经形成一个专门的行业类别。随着改革进程的不断深入，对市场研究服务的需求越来越强烈，行业不断扩展壮大。专业公司已达2 000 余家，其他有此职能部门的组织和企业可达上万家。为加强行业自律、行业交流，促进行业发展，业内百余家市场研究机构，于 1998 年召开首次行业会议，成立全国市场研究协会筹备委员会。2001 年 2 月经中华人民共和国民政部正式批准成立"中国信息协会市场研究业分会(英文缩写为 CMRA)"。CMRA 的服务对象包括服务会员、服务客户、服务行业。

2. 国内及海外在华调查机构。

(1) 中国盖洛普咨询有限公司。

盖洛普公司由美国著名的社会科学家乔治·盖洛普博士于 1930 年创立，是全球知名的民意调查和商业调查/咨询公司。盖洛普公司在长达 60 多年的时间里，用科学方法测量和分析选民、消费者和员工的意见、态度和行为，并据此为客户提供营销和管理咨询，取得卓越的学术和商业成果，处于全球领先地位。中国盖洛普咨询有限公司是盖洛普公司与中方投资者在华合资企业，于 1993 年经中国中央政府批准成立，旨在为国内外客户提供高质量的商业和管理调查、研究、咨询和培训服务。公司共有 80 名学有专长和经验丰富的全职雇员和 3 000 余名兼职人员。总部设在北京，并在上海和广州设有办事处。

(2) 上海 AC 尼尔森市场研究公司。

AC 尼尔森是全球领先的市场研究、资讯和分析服务的提供者，服务对象包括消费产品和服务行业，以及政府和社会机构。在全球 100 多个国家里有超过 9 000 家客户依靠 AC 尼尔森认真负责的专业人士来测量竞争激烈的市场的动态，来理解消费者的态度和行为，以及形成能促进销售和增加利润的高级分析性洞识。AC 尼尔森在中国有 17 年的收集消费者信息的历史，其向市场营销者和行业专员提供关于中国消费者的态度和动机、消费习惯、品牌偏好、媒介消费模式等颇具价值的信息和洞识。通过对核心业务(专项研究和零售)、媒介监测的综合,AC尼尔森能够提供关于中国消费者和国内各类市场的无可比拟的市场资讯。AC尼尔森定期发布关于快速消费品、媒介/广告行业的趋势和市场信息,作为对客户和整体行业的一种服务。

(3) 上海神州市场调查公司(CMR)。

上海神州市场调查公司是以市场调查为主、方法研究为辅在社会经济各个领域广泛开展各类咨询的服务型市场调研机构,为中国信息协会市场研究分会理事单位。公司主要从事市场调查策划、经济信息咨询、企业文化交流、调研人员培训、广告效果研究、办公系统维护等业务。公司由高素质的市场调查专业人员操作,并在北京、上海、广州、武汉等地设有联络机构及由兼职调查员组成的全国市场调查网络。公司在市场调查研究中采用国际通用的规范化方法,运用先进的电脑统计技术,保证各项调研成果达到国内一流水准。公司具有广泛的国际联系,与美国、日本、英国等市场研究机构保持密切的交往。

(4) 北京零点研究集团。

成立于1992年的零点市场调查与分析公司(零点调查),是在大陆经济市场化进程中产生并不断成长的独立的专业性调查研究机构。零点调查于2000年进行结构调整,投资成立了零点前进策略咨询有限责任公司和零点指标信息咨询有限责任公司,形成三位一体的格局,是目前国内提供专业市场信息及咨询服务的集团公司。零点集团(零点调查、前进策略、指标信息)的总部设立于北京,并在上海、广州和武汉设有全资子公司,公司拥有100多名专职研究人员和咨询顾问,覆盖全国80%地级以上城市的调研网络。零点集团被北京市科学技术委员会和北京咨询业协会评为北京科技咨询信誉单位,并成为首批获得国家统计局颁发的涉外调查许可证的咨询公司之一。

(5) 上海复旦市场调研中心。

上海复旦市场调研中心是复旦大学下属最著名的调研中心之一,是中国最早以市场为研究对象的市场调研中心。作为复旦市场调研中心的有力后援,拥有国内一流人才的复旦大学为中心的经营与发展积极提供各方面的服务和帮助,成为中心的头脑库、信息库。复旦市场调研中心荟萃了社会学、管理科学、经济学、心理学、计算机等方面的专业人才、操作人员和一组高素质、分布广的调查员网络。他们运用科学严谨的方法来设计模型、收集资料、统计分析。

(6) 央视-索福瑞媒介研究有限公司。

央视-索福瑞媒介研究有限公司(简称CSM)是中国最大的市场研究机构——CTR市场研究与世界领先的市场研究集团TNS共同建立的合资公司,公司致力于专业的电视收视市场研究,为中国大陆地区和中国香港传媒行业提供可信的、不间断的电视观众调查服务。CSM拥有世界上最大的电视观众收视调查网络,推及全国11亿8千多万4岁以上电视观众的收视行为。全国调查样本地区达到225个市(县)、调查网覆盖3.6万余户家庭、超过12.2万样本人口,对全国23个省和124个城市的1 000多个主要电视频道的收视情况进行全天候不间断的监测。2002年以来,CSM还推出了广播收听率调查服务,至今为止已经对中国23个主要城市的254个频率开展调查。CSM收视率和收听率已成为中国电视广播节目、广告交易的“通用货币”。

(7) 广东现代国际市场研究有限公司。

现代国际市场研究有限公司(MIMR)1995 年创立于广州。先后在上海、北京、成都设立 MIMR 的全资分公司及办事处。经过多年的发展,MIMR 已成为国内知名的专业化市场研究公司,并一直致力于推动中国市场研究的发展,对行业做出了突出的贡献。主要服务领域:食品饮料、个人及家庭日用品、移动网络运营和通信产品、医药保健用品、家电耐用产品、汽车及相关产品、金融保险、烟酒产品、媒体广告。

(资料来源:http://www.srchina.org.cn/Detail.aspx? infoId=95)

任务小结

市场调查是市场预测、经营决策过程中必不可少的一部分,是企业取得良好经济效益的重要保证,是营销决策的重要依据。市场调查可应用于市场经济活动中的各个方面,也可用于其他研究领域,如由政府机构、民间团体、媒介和学术机构等考察公众对社会、政治和经济等问题的行为和态度的研究。

(1) 市场调查是运用科学方法,系统地、有目的地收集、记录、整理和分析市场信息资料,为使用者提供完整、全面、有序的市场加工信息的过程和活动。市场调查具有目的性、社会性、科学性、时效性和不确定性的特点。

(2) 市场调查是企业正确决策或修正策略的基础;有利于市场机制发挥导向作用;有助于企业开拓市场,开发新产品;有利于企业提高整体经营管理水平。

(3) 市场调查按不同的标准,可有不同的分类。按市场调查的主体,可将其分为企业组织的市场调查、政府部门组织的市场调查、个人组织的市场调查、社会其他机构组织的市场调查;按市场调查的组织方式,可将其分为统计报表、普查、抽样调查、重点调查、典型调查;按市场信息收集的方法,可将其分为观察调查、询问调查、实验调查、文献调查、网络调查;按市场调查的功能,可将其分为探索性调查、描述性调查、因果性调查。

(4) 市场调查的内容包括市场环境调查、市场需求调查、市场营销活动调查、市场竞争调查。

(5) 所有参加市场调查工作的个人或组织,应当遵守这些基本原则:真实性原则、时效性原则、系统性原则、经济性原则和保密性原则。

(6) 市场调查的全过程可划分为调查准备、调查实施和总结三个阶段,每个阶段又可分为若干具体步骤。

能力自测

一、选择题

1. (　　)是运用科学方法,系统地、有目的地收集、记录、整理和分析市场信息资料,为使用者提供完整、全面、有序的市场加工信息的过程和活动。

A. 市场调查　　B. 市场预测　　C. 市场分析　　D. 市场考察

2. 随着社会经济的发展以及各种非经济因素对市场影响的加大,市场调查的内容和研究范围也不断扩大,涉及经济、政治、科技、文化等社会经济生活的各个领域,说明市场调查具有(　　)。

A. 目的性　　B. 科学性　　C. 时效性　　D. 社会性

3. 市场调查是在一定时间范围内进行的,它所反映的只是某一特定时期的信息和情况,在一定时期内具备(　　)。

A. 目的性　　B. 科学性　　C. 时效性　　D. 社会性

4. 市场环境调查不包括(　　)。

A. 经济环境调查　　B. 文化环境调查　　C. 分销渠道调查　　D. 政治环境调查

5. 收集一些有关资料,以确定经营管理需要研究的问题的症结所在的调查属于(　　)。

A. 描述性调查　　B. 探索性调查　　C. 因果性调查　　D. 预测性调查

6. 按随机原则,从总体中抽选部分单位进行观察,并根据这部分单位的调查材料,从数量方面推断总体指标的调查属于(　　)。

A. 普查　　B. 抽样调查　　C. 重点调查　　D. 典型调查

7. 对广告对象的性别、年龄、收入状况、生活方式、购买习惯、文化程度、价值观念和审美意识等进行的调查属于(　　)。

A. 文案测试调查　　B. 广告效果调查　　C. 广告诉求调查　　D. 广告媒体调查

8. 市场调查的原则主要包括(　　)。

A. 真实性原则　　B. 客观性原则　　C. 时效性原则　　D. 经济性原则

E. 系统性原则

9. 按市场调查的功能进行分类,可将其分为(　　)。

A. 服务性调查　　B. 探索性调查　　C. 描述性调查　　D. 因果性调查

E. 预测性调查

10. 市场调查的内容主要有(　　)。

A. 市场需求调查　　B. 市场竞争调查　　C. 市场环境调查　　D. 市场结构调查

E. 市场营销活动调查

二、判断题

1. 市场调查就其性质而言,包括对市场的静态调查和动态调查两个方面。　(　　)

2. 通过市场调查,企业可以及时捕捉有关商品价格、供求、竞争对手状况、产业结构变动、消费心理趋向等各类市场信息。　(　　)

3. 询问调查指调查人员根据调查方案的内容和要求,搜集文献资料的一种方法。

(　　)

4. 因果性调查解决"是什么"的问题。　(　　)

5. 现代市场营销活动是包括产品、定价、分销渠道和促销在内的营销活动。　(　　)

6. 经济性原则是指市场调查活动中要全面系统地收集与所研究现象有关的市场经济信息资料。　(　　)

7. 广告媒体调查是对广告活动结果的反馈。　(　　)

8. 市场竞争调查主要侧重于企业与竞争对手的比较研究，通过对成本和经营活动的比较，找出本企业的竞争优势，从而扬长避短，提高企业的竞争能力。　（　　）

9. 产品调查的内容主要包括广告、人员推销、销售促进和公共关系等调查。　（　　）

10. 市场调查的全过程大体上可分为调查准备、调查实施和总结三个既相对独立又彼此衔接的工作阶段。　（　　）

三、简答题

1. 如何理解市场调查的含义？
2. 市场调查具有什么样的特征？
3. 市场调查有什么作用？
4. 市场调查的内容包括哪些？
5. 市场调查按市场信息收集的方法进行分类可分为哪几类？
6. 简述市场调查的具体步骤。
7. 简述市场调查应遵循的原则。

案例分析

一、宝洁公司和一次性尿布

1956 年，宝洁公司开发部主任维克·米尔斯在照看其出生不久的孙子时，深切感受到一篮篮脏尿布给家庭主妇带来的烦恼。洗尿布的责任给了他灵感。于是，米尔斯就让手下几个最有才华的人研究开发一次性尿布。

一次性尿布的想法并不新鲜。事实上，当时美国市场上已经有好几种牌子了。但市场调研显示：多年来这种尿布只占美国市场的 1%。原因首先是价格太高；其次是父母们认为这种尿布不好用，只适合在旅行或不便于正常换尿布时使用。调研结果：一次性尿布的市场潜力巨大。美国和世界许多国家正处于战后婴儿出生高峰期。将婴儿数量乘以每日平均需换尿布次数，可以得出一个大得惊人的潜在销量。

宝洁公司产品开发人员用了一年的时间，最初样品是在塑料裤衩里装上一块打了褶的吸水垫子。但在 1958 年夏天现场试验结果，除了父母们的否定意见和婴儿身上的痱子以外，一无所获。

1959 年 3 月，宝洁公司重新设计了它的一次性尿布，并在实验室生产了 37 000 个样子，拿到纽约州去做现场试验。这一次，有三分之二的试用者认为该产品胜过布尿布。降低成本和提高新产品质量，比产品本身的开发难度更大。到 1961 年 12 月，这个项目进入了能通过验收的生产工序和产品试销阶段。

公司选择地处美国最中部的城市皮奥里亚试销这个后来被定名为“娇娃”(Pampers)的产品。发现皮奥里亚的妈妈们喜欢用“娇娃”，但不喜欢 10 美分一片尿布的价格。在 6 个地方进行的试销进一步表明，定价为 6 美分一片，就能使这类新产品畅销。宝洁公司把生产能力提高到使公司能以该价格在全国销售娇娃尿布的水平。

娇娃尿布终于成功推出，直至今天仍然是宝洁公司的拳头产品之一。

问题:

1. 宝洁公司开发一次性尿布的决策是在什么基础上进行的?
2. 宝洁公司是否把握了现代市场营销的基本精神?

二、向洋葱认输的麦当劳

麦当劳是世界上最大的快餐连锁店,2009 年 10 月 31 日午夜,麦当劳在冰岛结束这一天营业的同时,也结束了在冰岛长达 16 年的营业史,全面退出了冰岛市场,甚至没有表示会有重新开张的一天!

麦当劳总部对此发布声明说,在冰岛开展业务是一项非常大的挑战。然而与此同时,麦当劳在冰岛的总经销商欧曼德森却表示,麦当劳在冰岛的生意一直十分兴隆,"每到就餐时,汹涌的人潮是任何一个地方都没有的!"

既然生意这么好,那又是什么原因使麦当劳选择了退出呢? 谁也想不到的是,让麦当劳认输的,竟然不是同行业的竞争,而是冰岛的洋葱!

在冰岛这个位于大西洋中的岛国,农业不发达,大部分农作物都来自德国,包括麦当劳里一种必不可少的原料——洋葱! 然而,麦当劳于 1993 年决定在冰岛开设分店时,并没有对此做过仔细的调查,麦当劳总部想当然地认为洋葱只是一种随处可见的便宜货,到开张之后才发现,冰岛的洋葱简直就是贵得出奇,购进一个普通大小的洋葱,需要卖掉十几个巨无霸汉堡包才够本!

既然开张了,麦当劳只能选择坚持。长期以来,麦当劳在冰岛的生意看上去虽然红火,但是所能产生的利润实在是薄之又薄。冰岛的麦当劳特许营运商奥格蒙德森用一句话描述出了这十几年来的经营状况:"我一直在不断亏钱!"

此次的金融风暴使冰岛克朗大幅贬值,欧元逐渐走强,加之进口食品税率提高,成本上升,更加大了麦当劳的经营难度。在冰岛首都雷克雅未克,一个巨无霸的售价为 650 冰岛克朗,但如果要获得哪怕是必须的利润,就必须让价格上涨到 780 冰岛克朗(约 6.36 美元),而这个价钱甚至比瑞士和挪威的 5.75 美元还要高。如果是这个价格,那么,麦当劳就根本不会成为人们的选择! 而购买一只普通的洋葱,按欧曼德森的话来说:"要花掉购买一瓶上等威士忌酒的钱。"

因为洋葱的高价,使麦当劳这个几乎是所向披靡的全球快餐巨无霸,在冰岛低头认了输!

问题:

结合所学的知识,分析麦当劳在冰岛失败的原因。

三、老福特的经营观念

美国汽车大王福特,在生产他那闻名世界的 T 型汽车时,步入了自我意识的陈旧观念泥潭,从而使福特汽车公司在 20 世纪 20 年代初期处于无所适从的十字路口。

1908 年,福特突然宣布,他的公司日后将只生产一种汽车,即 T 型汽车。T 型汽车在当时的确集中了先前所有各种型号汽车的最优良的特点。而且直到第一次世界大战临结束,T 型车的销售量逐年增加,而价格则逐年下降。对 T 型车的赞扬声来自四面八方,甚至美国税务上税委员会也在1928年回顾说,“T型车是一种很好的经济实惠的汽车。它的声誉极好,各阶层的人都使用它。它是市场上最便宜的汽车,而按它的价格来说,它的实用价值又超过任何别的汽车。T型车的市场需求量比任何公司的汽车市场需求量都大。”然而,对于在发生变化的汽车工业中的竞争条件,以及逐渐增长的城市居民的多样化消费需求心理,福特的适应能力则要差一点了。第一次世界大战后,经济繁荣了一阵子,到1920—1921年出现了大衰退。福特通过大幅度降低成本勉强渡过了这个难关。但是,20年代初期的汽车市场竞争激烈,主要来自占市场销售额大约20%的通用汽车公司。通用公司希望继续扩大它的市场占有额,它增加了产品系列,利用独立部门销售,以适应不同的市场;雪佛莱是低价车,接着是别克、奥尔兹和庞蒂别克,最后则是最为昂贵豪华的凯迪拉克。

补锅匠出身的老福特认为,对付竞争的唯一办法,是遵循洛克菲勒和卡内基的先例,降低T型汽车的成本。这一方针的焦点是在底特律附近鲁日河边建立一个巨大的中心生产工厂,一年365天,天天都能以较低的成本生产出更多的汽车。然而,到1923年,情况已经很清楚,福特的低价政策并没有吸引买主,福特的个人统治为他带来的好处也不及通用公司权力分散的管理制度为扩大销售量带来的好处。

通用公司扩展市场的策略集中于美国人买车的赊购方法以及更重要的生活习惯——每一两年改变一下汽车的式样。而在福特的生产和经营观念中,这是十足的邪门歪道。福特汽车公司的高级职员敦促福特改变他的基本方针,以便更好地对付竞争。甚至福特的夫人也劝告福特不要再固执己见。但是福特拒绝了,他争辩道:“我们希望造出某种永远能用下去的机器,我们希望买了我们一件产品的人永远不需要再买另一件。我们决不会作出使先前样式废弃不用的任何改进。”

他这样做的直接后果是他的大多数助手纷纷离去以及销售量的大幅度下降。到1927年,他把所有34家工厂关闭6个月,以便重新安排生产。但是关闭以后整整有一年时间生产没有全面展开。到1936年,在轿车销售量方面,它屈居第三,排在通用公司(占34%)和克莱斯勒(占25%)之后。

1927年以后,通用汽车公司的实力表现在每年大张旗鼓地介绍新式汽车,研究及试制行驶性能更好的封闭汽车,以及精明老练地处理二手车的业务。而福特则喜欢取笑这些科学的管理制度。他把组织系统表比作一棵树,认为“结满累累的果实,每个果子上写了一个人或一个机构的名字,每个人都有头衔和一些职责,他们都严格受到果实大小的限制……”。一个下级职员要把信息传递给董事会主席或总裁大约需要六个星期,而到那个时候,他要报告的事很可能已成为历史。

亨利·福特不仅仅是补锅匠,他是处于农村和城市之间的美国人的代表性人物。他的价值标准根植于农村,他所理解的城市,大规模生产的价值,是越来越多人买得起这些产品(T型车在1925年达到290美元的历史最低价),买卖中不做手脚,以及卖主和买主的长久关系,他提供服务也大体上符合农村的良好传统。然而,对于T型车而言,福特收到了最糟的宣传效果——不满意的顾客。因为有些城市的价值标准同农村的价值标准是搀和不起来的。

降低汽车价格是有限度的,这种限度却很少适用于西尔斯、彭尼、洛克菲勒和卡内基出售的低价商品。因为人们的价值观念、消费观念是变化的,而且是迅速变化的,到20年代,汽车已成为美国人个性的延伸。随着城市居民第一次超过农村居民,美国人发出了要求体现个性的呼声,而这在渴望自由呼吸的城市大街上拥挤的人群中曾受到长期的压抑。

统一样式的T型汽车,用福特本人的说法就是:“任何顾客都可以把它的车子漆上他喜欢的颜色,只要它是黑色的就行。”而通用汽车公司的口号则是:“为不同经济能力的人和不同用途提供汽车。”在这样的口号下,通用汽车公司提供给顾客的是大家都买得起的形形色色的汽车。而福特公司在老福特错误观念引导下,一直只生产一种型号的汽车,甚至只生产一种颜色——黑色的汽车,终于导致了它在当时激烈的市场竞争中败下阵来。直到1947年福特逝世以后,他的公司改变策略,才重新获得了它早期那种在经济上的领先地位。

问题:

1. 福特公司的经营策略是什么?
2. 是否有什么办法使固执的老福特改变主意?

实践与操作

项目一　综合实训:确定企业市场调查内容

[**目的**]

通过实训使学生能够根据企业需要,确定适宜的调查内容。

[**内容与要求**]

1. 由学生自愿组成小组,每组5～10人,利用课余时间,选择有代表性的企业,开展调研。
2. 每组需根据课程所学知识,经过讨论拟定调查内容,要求如下:

(1) 为企业开展市场环境调查;

(2) 为企业开展市场需求调查;

(3) 为企业开展市场营销活动调查;

(4) 为企业开展市场竞争对手调查。

3. 每组提交一份800字以上的企业市场调查材料。

[**成果评定**]

1. 班级组织一次交流,每个小组推荐一名成员发表演讲;
2. 由教师与学生对各小组的市场调查内容进行评估打分。

项目二　某公司一位新上任的市场调查部经理,为了提高公司各种人员,尤其是管理人员对市场调查部门重要性的认识,加大公司对市场调查部的支持,准备拟定一个宣传提纲,并且发表5分钟的关于市场调查重要性的演讲。

要求:请根据背景资料,设计主题为关于市场调查重要性的演讲稿,以学生小组为单位,每个小组推荐一名成员发表演讲。

项目三　到图书馆查找因为进行了市场调查活动而取得成功的实例,或者查找一个因为没有进行科学的、系统的市场调查而导致失败的例子,班级组织交流心得体会。

任务 2　制定市场调查方案

请扫描二维码观看教学视频

知识目标

为了完成本任务，你需要的理论知识：

1. 市场调查方案的含义
2. 制定市场调查方案的原则
3. 制定市场调查方案的内容
4. 市场调查方案可行性分析的方法
5. 市场调查方案的评价

能力目标

通过完成本任务，你应该能够：

1. 运用制定市场调查方案的原则
2. 根据市场调查的内容，制定市场调查方案
3. 撰写市场调查方案
4. 对市场调查方案进行可行性分析与评价

项目任务

2.1　认识市场调查方案

2.2　制定市场调查方案的内容

2.3　市场调查方案的撰写

2.4　市场调查方案的可行性分析与评价

- ◆ 任务导入
- ◆ 相关链接
- ◆ 案例研究
- ◆ 增值阅读
- ◆ 任务小结
- ◆ 能力自测
- ◆ 案例分析
- ◆ 实践与操作

任务导入

趣味阅读

彭城乳品公司

几个月以来,彭城乳品公司的高层领导者一直在考虑如何通过扩大销售渠道、增加鲜奶产品品种和改进包装以促进本公司产品的销售。在不久前的一次市政府会议上,彭城乳品公司的汪经理认识了从美国留学回来的王教授。汪经理向王教授介绍了彭城乳品公司的经营情况,并请王教授提建议。

彭城乳品公司从20世纪90年代以来办奶牛饲养场并向居民出售鲜奶。以前的产品品种单一,主要是每天向居民出售鲜奶,包装采用玻璃小瓶而且一直未变。销售渠道则主要是各街区的居民销售点。同时,每月下旬公司业务员到居民家中询问是否订购,然后采取送货上门的方式每天凌晨将奶送到每个家庭,这种方式目前仍未改变。每瓶的价格在一元左右。

听了汪经理的简单介绍后,王教授谈了西方市场上牛奶的销售方式。在西方国家,牛奶主要在兼营食品的零售商店出售。包装容器多为1.25升和2.5升的塑料桶。牛奶在出售前存放在冰柜里,顾客买回家后也是存放在冰箱里。这样出售的牛奶在饮用前不用加工,属即食饮料。其他一些含果汁成分的饮料也是这样包装的。塑料桶可以通过商店回收并使用多次。王教授认为现在我国食品店里大多增加了冰柜,牛奶是可以在食品商店里出售的。品种则要向方便即食方向发展并要改进包装。王教授建议汪经理的企业在这方面做做文章。

汪经理回到公司后,召集主要部门经理开会研究这个问题。经过讨论,经理们认为不仅要改进包装,还要考虑开发新品种,比如酸奶、VD奶、钙奶等。针对这些,汪经理觉得有必要调查消费者的情况,以便于改进包装和开发新品种。于是,汪经理给王教授打电话,谈了自己的想法,希望王教授和公司的销售部经理一起研究一下这个问题,并在一个星期内提出一份调查方案来。

如果你是王教授,你怎么制定这个调查方案?

在开展市场调查之前有一个必要的步骤那就是制定市场调查方案。对于市场调查而言,市场调查方案是一个行动纲领,它对整个市场调查起到统筹与协调的作用。成功的市场调查离不开一个科学的、具有可行性的市场调查方案。在上面案例中,制定调查方案要涉及一系列问题,比如制定市场调查方案需要遵循什么原则;市场调查方案中主要包括什么内容;市场调查方案的撰写需要什么规范和格式;等等。下面我们一起来学习制定市场调查方案的相关知识。

2.1　认识市场调查方案

2.1.1　市场调查方案的含义

市场调查方案从实际作用方面来讲是一种调查实施方案，从内容的表现形式上来看是一种安排的工作程序。市场调查方案是指在正式调查之前，根据市场调查的目的和市场调查中的具体要求，对调查的各个阶段和整个阶段中各个方面所作的通盘考虑和组织安排。

市场调查方案设计是指在实施正式调查之前，根据调查研究的目的和调查任务要求，在对调查对象初步了解和分析的基础上，有目的、有计划、有组织地制定出一系列的调查方案后，选择一套合理的市场调查方案并进行通盘考虑和安排然后设计出针对性的调查实施方案。

2.1.2　制定市场调查方案的重要性

市场调查包括产品价格、消费者及消费需求、市场环境调查、企业产品、市场状况调查、销售渠道、销售可能性等调查。所以市场调查是一项复杂的、严肃的、技术性较强的工作，只有运用科学的方法，有目的地、有系统地搜集、记录和分析才能了解市场的现状及其发展趋势，为市场预测和营销决策提供客观的、正确的资料。市场调查方案的制定可以事先制定出一个科学、严密、可行的工作计划和组织措施，从而保证市场调查的成功。具体来讲，制定市场调查方案的重要性可以体现在以下三点。

1. 市场调查方案的制定实现了从定性认识过渡到定量认识

市场调查的实施是从定性认识开始的，定性认识是从事物的性质、分类、属性等角度去认识事物，而不是从数量、计数上去认识分析事物。定量认识是对社会现象的数量特征、数量关系与数量变化的认识。比如，我们看见一种液体不知道它是什么，经过分析后才知道它是一种油水混合物，这就是对事物进行定性认识。然后，我们再分析这种液体中油与水各自所占的比例，这就是定量认识。

没有定性认识市场调查就无从展开，市场调查方案的制定实现了从定性认识过渡到定量认识。定性认识与定量认识是统一的、相互补充的；定性认识是定量认识的基本前提，没有定性的定量是一种盲目的、毫无价值的定量；定量认识使定性分析更加科学、准确，它可以促使定性认识得出广泛而深入的结论。比如，在市场调查过程中，定量认识的对象主要为财务报表，如资金平衡表、损益表、留存收益表等。投资分析师使用数学模块对公司可量化数据进行分析，通过分析对公司经营给予评价并做出投资判断。

2. 市场调查方案的制定可以有效协调、统筹整个调查活动

在市场调查过程中，会遇到各种各样的问题，比如，调查需要哪种条件才能进行，抽样计划是否合理、是否严格执行，调查人员的组织指挥能力如何保证，预查结果与实际调查结果偏差太大等都需要总体协调。

市场调查方案的制定根据调查任务的需要，可以把调查组织人员、调查行动人员的基础

思想、理论、策略和方法等从横向方面联系起来,从大局出发,统筹兼顾、统一协调。例如,我国的人口普查因为涉及面广、指标多、工作量大、时间性强,一般每隔 10 年进行一次,从 1953 年至 2021 年共进行了七次。普查涉及面广、调查单位多,需要耗费大量的人力、物力和财力,通常需要间隔较长的时间,为了取得准确的统计资料,普查对集中领导和统一行动的要求最高。普查方案的制定可以分清调查工作的重要程度以及先后程序,因此可以有效协调、统筹整个调查活动。

3. 市场调查方案的制定是开展市场调查的第一步

现代的市场竞争激烈,只有知已知彼,方能百战不殆。现代市场调查正是帮助企业掌握市场信息、制定企业经营战略的利器。现代市场调查不断应用各种方法和技巧,包括市场调查认识、市场调查企划、调查方法技巧、资料整理分析、信息管理运作和市场调查案例等。完善的市场调查方案包括了现代市场调查的因素,所以市场调查方案的制定是开展市场调查的第一步。

2.1.3 制定市场调查方案的原则

1. 科学性原则

制定市场调查方案时要遵循科学性原则,只有在科学性原则下制定的市场调查方案才具有使用价值。比如在科学的市场调查方案指导下的调查才有可能甄别出真正的目标客户群体,根据调查可以了解到这个群体的普遍经济能力、群体价值观、生活理念、潜在的需求及对需求满足的预期是什么样子的,从而得出整体的参数数据,这样根据这些数据策划或者改变市场策略才能事半功倍。

[相关链接 2-1]

如何科学地选择样本班级

20 000 人的学校,600 多个班级,以班级为单位做调查,做一个关于大学生学习情况的调查表,如何科学地选择班级调查样本?选多少个合理?

一般情况下,2 万人的总体规模,要抽取 640 人为样本,考虑到有效回收率只有 70%~80%,所以最好发放 800 份左右的问卷。如果以班级为单位进行抽样,每个班有 60 人左右,则需抽取 13 个班。按照严格的随机抽样方法,需要有全校的班级目录作为抽样框,然后按照等距抽样或者简单随机抽样的方法抽取出 13 个班。如果用非随机抽样,可用判断抽样的方法,人为地抽取班级,比如,文科抽取 7 个班,理科抽取 6 个班,大一到大三每个年级抽取 3~5 个班。

2. 操作性原则

操作性原则是市场调查是否有价值的重要前提。操作性原则是指任何一个市场调查方案中所需时间、人力、物力、财力要为客观环境条件所允许,市场调查方案中设定的目标合理,具有可行性。即从具体的行为、特征、指标上对变量的操作进行描述,将抽象的概念转换成可观测、可检验的项目。换句话说操作性原则要求市场调查方案过程、设计、程序或计划能在所要求的时间范围内成功完成具有可能性，包括环境可行、经济可行、政策可行、技术可行、道德可行等。

3. 经济性原则

经济性主要关注的是经费、精力、资源投入和使用过程中成本节约的水平和程度及资源使用的合理性。市场调查是一件费时费力费财的活动。它不仅需要人的体力和脑力的支出，同时还要利用一定的物质手段，以确保调查工作顺利进行和调查结果的准确。市场调查方案的经济性原则是指以最小的经济投入获得一定数量和质量的调查资料，达到最好的市场调查效果。这也是方案是否可行的基本要求。其次，市场调查方案的可行性分析也是一个不可忽视的重要因素。

4. 有效性原则

市场调查方案的有效性原则是指市场调查方案实施过程中能合理有效地利用人力、物力、财力和时间，实施效果能达到甚至超过方案设计的具体要求。策划方案要达到有效、可行，一是要用最小的消耗和代价争取最大的利益；二是所冒的风险最小，失败的可能性最小，经过努力基本上有成功的把握；三是要能完满地实现策划的预定目标。

5. 弹性原则

弹性原则指的是在时间分配图上留有空缺。适当的空缺是非常必要的，只有这样才能富有弹性地实施市场调查方案，并不断地调整好自己的市场调查进度。市场调查方案要从动态性出发，注意全局的动态发展。市场是变化莫测的，变化发展有时会影响全局。这时，市场调查方案制定者要善于抓住市场的动态规律，掌稳全局，及时准确地把握发展变化的目标、信息，预测事物可能发展变化的方向、轨迹，并以此为依据来调整市场调查目标和修改市场调查方案，避免市场变化影响市场调查方案实施的根基。

2.2　制定市场调查方案的内容

2.2.1　确定调查的目的

明确调查的目的是设计调查方案的第一问题，只有调查目的明确了才能确定调查任务，调查任务是在调查目的指引要求下，为了满足调查的要求而进行的一系列市场调查的具体活动。对于任何一个市场调查方案来说，要想保证调查的成功，就必须确保市场调查具有针对性和目的性，确定调查的目的和具体任务是保证市场调查具有针对性的必要条件。

企业、公司在经营中或管理中会遇到各种各样的问题，这时企业就应针对存在的问题和产生的原因进行市场调查。比如，企业在制定经营战略时，主要应对宏观市场环境的发展变化趋势进行调查，企业在进行调查时，要时刻认识到我国正在构建以国内大循环为主体、国内国际双循环相互促进的新发展格局，不能忽略这个宏观环境，这也是习近平新时代中国特色社会主义经济思想推动我国经济发展的重大实践。而对市场需求状况、市场竞争状况、消费者购买行为和营销要素情况进行的市场调查主要是企业在制定市场营销策略时进行的；企业收集足够的、真实的信息都是为企事业单位等的其他活动和策略提供参考依据的。企业的需要不同,进行市场调查的目标也有所不同,有的是为了制定长远性的战略性规划,有的是为制定某阶段或针对某问题的具体政策或策略,提供参考依据。无论目的是什么层次的,在进行一项市场调查时必须将目标具体化,即明确每次市场调查的目标。另外市场调查的具体目的和要求要在调查方案中列出。例如,本次市场调查的目的是了解某产品的消费者消费能力和该产品的忠实消费群体的具体情况。

[案例研究 2-1]

电动自行车消费偏好南北差异明显

为了更好地了解电动自行车行业情况,指导行业今后的发展,中国自行车协会委托零点公司对北京、上海、广州、杭州、济南、沈阳等城市共 1 089 人进行调查,结果显示:国内不同地区发展情况不均衡并有一些地方特点,北京、西南不温不火,南方蓬勃发展。南北差异明显,华北、东北、西南政策限制较多,北方受气候条件影响,电动自行车发展较慢,西南地区对车辆爬坡性能要求较高,部分地区居民购买力较弱。上海、浙江、江苏竞争激烈,气候温暖,电池性能有保证,地势平坦适宜电动自行车行驶,而且经济发达,居民消费能力较高。产品款式南北差异明显,北方市场以自行车款为主,南方市场以轻摩化为主。款式选择受当地消费者的习惯偏好影响存在差异。

总体来说,中国电动自行车产品的技术水平、质量水平都有了很大的进步和提升,电动自行车质量逐步提高,消费者对电动自行车的认可度逐步提高。国内一些有规模、有实力的电动自行车企业产品合格率达 88.6%。电动自行车质量问题主要集中在控制器、电池、电机、刹车、车架等部件上。"四大件"行业质量标准缺位,部分企业盲目追求低生产成本。产品满意度车架最高,电池最低。电机不满意的原因是易坏、噪音大、不提速、偏重等;电池不满意的原因是使用时间短;充电器不满意的原因是充电时间长、电容质量差、接触不良等;售后服务问题集中在服务态度差。电动自行车要改进的部分主要是电池和速度,电池问题集中在铅酸电池固有的缺陷上(偏重、体积大、待电短、充电长、寿命短等)。电池和电机平均花费最多。

县乡镇市场开始引起厂家越来越多的关注,电动自行车专卖店、自行车专卖店、百货店、互联网等组成了电动自行车的销售渠道。预计未来主导为专业的连锁电动自行车卖场。

行业品牌复杂化。电动自行车品牌众多,但缺乏著名品牌,大多数品牌的发展仅有两三年的时间。中国自行车协会推出的 2005 年"信誉标志品牌"有 24 个。总体来看,电动自行车行业还处于从群雄混战向有序竞争过渡的阶段,行业品牌表现比较复杂,还没有达到品牌层级分明的状态。区域性品牌具有地方强势特点,但发展有限;全国性品牌的产品和售后服务较好,但价格高,易失窃。

竞争层级不断提高。价格竞争是低端市场的主要竞争手段,恶性竞争扰乱市场秩序。随着电动自行车的发展,产品的各项技术指标受到消费者的关心,市场将淘汰返修率高的产品,售后服务的优劣决定产品能否在某地持续销售,优质的服务在一定程度上可以弥补产品的不足。

认可价格在 1 501～2 000 元。1999 年内地电动自行车的零售价为 2 500 元左右，2000 年为 2 000 元左右，2003 年年底已降至 1 500 元左右，25%的降幅促进了销售量高速增长。价格上，1 001～2 500 元最受欢迎，尤其是 1 501～2 000 元的车，高达 46.1%的人选择，区间价格均值为 1 897.4 元；2 000 元以上的车中轻摩化趋势严重，潜在消费者的价格承受范围多在 2 000 元以下。轻摩化最合适价格为 1 800 元，承受区间是 1 450～2 480 元，在 1 800 元的价格点上愿意购买的消费者最多，而在 2 000 元的价格点上消费者的感受较为平淡。简易款最合适的价格为 1 507 元，合理区间是 1 100～2 000 元。1 507 元这个价格点上愿意购买的消费者最多。

2.2.2　确定调查对象和调查单位

确定调查对象和调查单位是为了明确向谁调查和由谁来提供资料的问题。

调查对象是我们需要进行调查的总体范围，说明向谁调查问题，是根据调查目的和任务确定的一定时空范围内所要调查的总体。例如，为了研究某市各广告公司的经营情况及存在的问题，需要对全市广告公司进行全面调查，那么，该市所有广告公司就是调查对象。再比如，对某地区小学学生情况进行普查，则调查对象是该地区各小学的全部学生。调查对象是由客观存在的具有某一共同性质的许多个体单位所组成的整体。这些个体单位就是调查单位。

调查单位就是构成调查对象的各个个体单位，它是调查项目的承担者或信息源，说明谁来提供资料的问题。例如，在某市职工家庭基本情况一次性调查中，该市全部职工家庭就是这一调查的调查对象，每一户职工家庭就是调查单位。再比如，对某地区小学学生情况进行普查，则调查单位是该地区各小学的每一位学生。

在确定调查对象和调查单位时，应该注意以下四个问题：

(1) 在确定调查对象时，我们经常发现调查对象有时很复杂，其实调查对象的复杂性是由市场现象的复杂多变性决定的。在许多情况下，为了在众多复杂的调查对象中明确每一次的调查对象的界限，必须用科学的理论为指导，严格规定调查对象的含义，例如，以高职城市籍学生为调查对象，就要划清高职学生与非高职学生、城市籍与农村籍等概念的界限。

(2) 调查单位的确定取决于调查目的和对象，调查目的和对象变化了，调查单位也要随之改变。例如，要调查城市职工本人基本情况时，这时的调查单位就不再是每一户城市职工家庭，而是每一个城市职工。

(3) 调查单位与填报单位是有区别的，调查单位是调查项目的承担者，而填报单位(也称报告单位)是调查中填报调查资料、负责向上级汇报调查内容、提交统计资料的单位。

填报单位一般在行政上、经济上具有一定独立性，而调查单位可以是人、单位，也可以是物。两者有时一致，有时不一致。例如，在工业企业普查中，每个工业企业既是调查单位又是填报单位；在工业企业设备调查中，每一台设备是调查单位，而每一个工业企业是填报单位。再比如，对百货商店工作人员进行普查，各百货商店的全体工作人员是调查对象，每一位工作人员是调查单位,各百货商店是填报单位。

(4) 虽同属于一个调查对象,但组成调查对象的各个个体单位不一定就能成为调查单位。不同的调查方式会产生不同的调查单位。如果采取普查方式,调查总体内所包括的全部单位都是调查单位;如果采取重点调查方式,只有选定的少数重点单位是调查单位;如果采取典型调查方式,只有选出的有代表性的单位是调查单位;如果采取抽样调查方式,则用各种抽样方法抽出的样本单位是调查单位。

[案例研究 2-2]

某次调查对象的基本情况

调查采取随机抽样问卷调查、在网络刊登问卷、现场访问和阅读场所调研四种形式进行。

年龄结构:青壮年是主要调查对象。

这次调查对象中,16 岁以下有 12 人,占总调查人数的 2.69%;16~30 岁有 261 人,占总调查人数的 58.52%;30~45 岁有 132 人,占总调查人数的 29.6%;45~60 岁有 41 人,占总调查人数的 9.19%;60~80 岁,无。调查对象较集中的年龄段是青壮年人群。

职业结构:各类人群尽量涉及。

在本次问卷发放对象中,国家公务人员和事业单位职员占总调查人数的 10.89%;国企职员占总调查人数的 11.33%;外企或合资企业职员占总调查人数的 13.78%;专业人士(医生、律师、教师等)占总调查人数的 10.67%;学生占总调查人数的 31.78%;自由职业者占总调查人数的 8.67%;其他占总调查人数的 12.89%。

知识结构:侧重受过基本教育的人群。

这次被访人群中,高中及以下学历有 108 人,占总调查人数的 24.22%;大专学历有 205 人,占总调查人数的 45.96%;大学本科学历有 114 人,占总调查人数的 25.56%;硕士研究生及以上学历有 19 人,占总调查人数的 4.26%。本次调查采样,在各种知识层面的市民中均有涉及,但按照在阅读风尚中知识人士更具有导向作用的原则,本次调查采样时较多地侧重了受过基本教育的人群。

2.2.3 确定调查项目

调查项目是市场调查的具体内容,确定调查项目就是要明确向被调查者了解些什么问题。调查项目由调查对象的性质、调查目的和任务所决定。调查项目一般就是调查单位的各个标志的名称。例如,在消费者调查中,消费者的性别、民族、文化程度、年龄、收入等,其标志可分为品质标志和数量标志,品质标志表明总体单位属性方面的特征,其标志表现只能用文字来表现,不能用数量表示,如性别、民族和文化程度。数量标志表明总体单位数量方面的特征,其标志表现可以用数值表示,即标志值,如年龄和收入。标志的具体表现是指在标志名称之后所表明的属性或数值,如消费者的年龄为 30 岁或 50 岁,性别是男性或女性等。

品质标志和数量标志的区别就在于标志的表现是文字还是数字。所谓的“标志表现”就是标志的“具体体现”，比如某人性别为女、年龄 23 岁，这里的“女”“23 岁”就是标志表现。

在确定调查项目时，要注意以下几个问题：

(1) 调查项目的确定必须满足两个必要条件：一是调查项目必须是调查任务所要求和需要的；二是调查项目必须有明确的可获得的答案支持。调查项目如果不能同时满足这两点则不应成为某次调查的调查项目。

(2) 项目的表达不应使被调查者产生误解而做出模糊/模棱两可的答案，从而影响调查结果。所以，项目的表达必须明确，项目表达时可以使用诸如数字式、是否式或文字式等使答案具有确定的表示形式。

(3) 市场调查是一个系列过程，调查的内容具有时间和空间的多样性，为了更好地分析调查内容以及内容之间千丝万缕的联系，在确定调查项目时不应人为地孤立单个调查项目，而是要尽可能保留项目之间的相互关联性，这样在对资料进行相互比较对照时，可以很方便地了解现象发生变化的原因、条件和后果。

(4) 调查项目的含义要明确、肯定，必要时可附以调查项目解释。

[案例研究 2-3]

【教您如何开家成功的餐馆】市场调查——市场调查的项目

一、位置因素

著名的饭店企业家斯塔特勒曾经说过，他的成功有三个原因：位置、位置、位置。因此，餐馆的位置对其经营的成败有很大的影响。对位置因素进行调查主要是为了了解以下情况。

1. 各种地段的特点。根据不同地段可把位置分为 8 大类：

(1) 商业中心；

(2) 居民住宅小区；

(3) 车站附近或交通要道；

(4) 食街；

(5) 企事业单位集中地；

(6) 旅游风景区；

(7) 经济开发区；

(8) 市郊。

2. 分析这些位置的交通特点。主要包括：

(1) 该地段铁路、公路及其他乘客的进出量；

(2) 市内公共交通设施状况；

(3) 餐馆附近公交车数量。

二、客源市场

调查客源市场首先要弄清楚餐馆的客源区（人们为了品尝某产品而愿意跑的路程、

距离范围)的人口数、户口数、不同年龄组的人数、男女性别数、各种职业人数、比例以及平均收入状况。除此之外,还要调查客源区的流动人口总数、年龄的组成以及经济收入状况。在此基础之上,对客源区的潜在顾客群体具体的餐饮消费特点、水平、类型和消费者愿意做具体调查。

三、竞争对手

对竞争对手调查的目的在于了解竞争对手的情况,分析竞争形势,从而避免盲目开店,以致造成经营的失败。对竞争对手的调查,首先要从了解全市区的餐饮业整体状况开始:

(1) 全市餐馆(餐厅)的总数量,高、中、低档的比例;

(2) 各类型餐馆的数量比例,经营状况比较;

(3) 全市餐馆的地理分布图;

(4) 大多数餐馆的经营状况;

(5) 餐馆经营的发展趋势。

仔细搜索你的直接竞争者,然后详细调查下列内容:

(1) 名称、类型、地理位置、总数量;

(2) 面积与座位数,每餐的座位周转率;

(3) 店面及内部装潢状况;

(4) 营业时间、日营业高峰期;

(5) 主要顾客类别;

(6) 菜单及菜肴品质;

(7) 人均消费额;

(8) 服务状况;

(9) 雇员工资;

(10) 其他(营业年数,促销手段等)。

根据上述调查内容,我们就可估算出竞争对手的销售收入,了解其经营状况了。

四、经营的外部环境

创建餐馆时还应对以下几方面信息做调查,以增加创建的信心。

(1) 国家政局的稳定性;

(2) 政府对饮食服务行业的法规、政策、税收及其他规定;

(3) 当地的经济发展水平、发展方向;

(4) 当地人口总数量、居民的收入状况、消费水平、消费趋势及购买力;

(5) 当地的饮食风俗;

(6) 原材料、劳动力资源、能源的供应情况及其来源的稳定性。

市场调查的内容是多方面的,但最重要的不外乎上述四点。好的开始是成功的一半,若能详细调查这些市场因素,对于方案的制定是大有好处的。

(资料来源:小餐馆创业指南.)

2.2.4　制定调查表

调查表是一种调查项目的表格形式，是搜集市场调查资料的书面调查记载工具。构成调查表的表格按调查表制作者的意愿用一定顺序排列。调查项目确定之后，就可设计调查表，调查表根据调查项目设计对被调查者进行调查、询问、填答。

一份比较完善的调查表通常由以下三部分构成：

(1) 表头及被调查者的基本情况，包括调查表的名称、调查单位（或填报单位）的名称、性质和隶属关系等。如果调查单位是个人，则一般包括被调查者的年龄、性别、文化程度、职业、住址、家庭人均月收入等。

(2) 表体即调查内容本身，指调查的具体内容，包括调查项目、栏号和计量单位等，它是调查表的主要部分。

(3) 调查表说明部分，主要包括填表目的和要求、调查表中各个项目的解释、被调查者注意事项和交表时间、调查者或填报人的签名和调查日期等。

[相关链接 2-2]

单一表和一览表

调查表分单一表和一览表两种，单一表是每张调查表只登记一个调查单位的资料，常在调查项目较多时使用。它的优点是便于分组整理，缺点是每张表都注有调查地点、时间及其他共同事项，造成人力、物力和时间的耗费较大。一览表是一张调查表可登记多个单位的调查资料。它的优点是当调查项目不多时，应用一览表能使人一目了然，对调查表中各有关单位的资料也可相互核对，缺点是对每个调查单位不能登记更多的项目。

调查表的质量直接影响市场调查的质量。设计调查表要注意以下几点：

(1) 调查表的设计要与调查主题密切相关，设计应注意指标的“性价比”，没有用的指标尽可能不要。

(2) 调查指标应尽可能地用等级划分的选项来表示，也就是指标最好要量化，不能量化的指标应留出空间做详细记录。

(3) 调查表中的问题次序要条理清楚，顺理成章，符合逻辑顺序，一般可遵循：容易回答的问题放在前面，较难回答的问题放在中间，敏感性问题放在最后；封闭式问题在前，开放式问题在后。

(4) 调查表的内容要简明，尽量使用简单、直接、无偏见的词汇，避免使用应答者可能不明白的缩写、俗语、生僻的词语。

(5) 调查问题的设计应该避免诱导性，调查的问题应符合调查对象的交流习惯。

[相关链接 2-3]

市场调查表

<table>
<tr><td rowspan="3">城市概况</td><td>城市名称</td><td></td><td>调查时间</td><td>____月____日</td><td>信息来源</td><td></td></tr>
<tr><td>城市级别</td><td></td><td>城市 GDP</td><td></td><td>人口总数</td><td>______万人</td></tr>
<tr><td>家庭户数</td><td>______万户</td><td>人均收入</td><td>____元/月</td><td>房产均价</td><td>______元/平方米</td></tr>
<tr><td rowspan="8">行业调查</td><td>窗帘店数量</td><td>______家</td><td>分布主要路段</td><td colspan="3"></td></tr>
<tr><td>中高档窗帘店</td><td>______家</td><td>销售产品品牌</td><td colspan="3"></td></tr>
<tr><td colspan="6">窗帘店数量及分布调查</td></tr>
<tr><td>类　别</td><td>代表店店名</td><td>营业面积
(宽/深/高/层)</td><td>年营业额
(万元)</td><td>主要优势</td><td>所在路段</td></tr>
<tr><td>200～300 m^2之间有______间</td><td></td><td></td><td></td><td></td><td></td></tr>
<tr><td>300～400 m^2之间有______间</td><td></td><td></td><td></td><td></td><td></td></tr>
<tr><td>400～500 m^2之间有______间</td><td></td><td></td><td></td><td></td><td></td></tr>
<tr><td>500 m^2以上有______间</td><td></td><td></td><td></td><td></td><td></td></tr>
<tr><td rowspan="5">房地产调查(新楼盘)</td><td>目标楼盘名称</td><td>楼盘总户数
(户)</td><td>交楼时间</td><td>均价
(元/平方米)</td><td>已售户数
(户)</td><td>离店距离
(千米)</td></tr>
<tr><td></td><td></td><td></td><td></td><td></td><td></td></tr>
<tr><td></td><td></td><td></td><td></td><td></td><td></td></tr>
<tr><td></td><td></td><td></td><td></td><td></td><td></td></tr>
<tr><td></td><td></td><td></td><td></td><td></td><td></td></tr>
<tr><td rowspan="4">消费行为调查</td><td>比较喜爱的品种</td><td colspan="5">□深色调　□浅色调　□大花型　□小花型　□厚重料　□轻薄料</td></tr>
<tr><td>比较喜爱的风格</td><td colspan="5">□欧式　□简约　□时尚　□都市　□中式　□田园</td></tr>
<tr><td>消费心理</td><td colspan="5">□强调性价比　□品牌消费　□产品品质　□受商家引导更多</td></tr>
<tr><td>中高档消费价位</td><td colspan="5">______元/两房一厅，______元/三房一厅，______元/三房两厅，______元/别墅</td></tr>
<tr><td colspan="7">请简单谈谈您对本区域的布艺市场的见解(可附纸另述)：
填报人：________
____年____月____日</td></tr>
</table>

(以上表格内容由客户填写。)

2.2.5　确定调查地区范围

调查地区范围应与企业产品或服务销售范围相一致，当在某一城市做市场调查时，调查范围应为整个城市。但由于调查样本数量有限，调查范围不可能遍及城市的每一个地方，一般可根据城市的人口分布情况，主要考虑人口特征中收入、文化程度等因素，在城市中划定若干个小范围调查区域，划分原则是使各区域内的综合情况与城市的总体情况分布一致，将总样本按比例分配到各个区域，在各个区域内实施访问调查。这样可相对缩小调查范围，减少实地访问工作量，提高调查工作效率，减少费用。

［相关链接 2-4］

全面调查和非全面调查

全面调查是指国家统计系统和各个业务部门为了定期取得系统的、全面的基本统计资料，按一定的要求和表式自上而下统一布置，自下而上提供资料的一种统计调查方法。

社会经济调查，通常有两种方法：一种是全面调查，又叫普查；一种是抽样调查。全面调查就是对需要调查的对象进行逐个调查。这种方法所得资料较为全面可靠，但调查花费的人力、物力、财力较多，且调查时间较长，不适合一般企业的要求。全面调查只在产品销售范围很窄或用户很少的情况下可以采用。对品种多、产量大、销售范围广的产品，就不适用全面调查，而可以采用抽样调查。抽样调查是从需要调查对象的总体中，抽取若干个个体即样本进行调查，并根据调查的情况推断总体的特征的一种调查方法。抽样调查可以把调查对象集中在少数样本上，并获得与全面调查相近的结果。这是一种较经济的调查方法，因而被广泛采用。

2.2.6　确定调查方式和方法

市场调查方式是指市场调查的组织形式，主要包括全面市场调查、典型市场调查、重点市场调查、抽样市场调查等市场调查方式，它们都有各自的特点和优缺点，应根据调查的目的和任务、调查对象的特点、调查费用的多少、调查的精度要求做出选择。

市场调查方法（如文案调查法、观察调查法、实验调查法、访问调查法等）的确定应考虑调查资料搜集的难易程度、调查对象的特点、数据取得的源头、数据的质量要求等做出选择。若调查课题涉及面大、内容较多，则应选择多种调查方法获取数据和资料。既要获取现成的资料，又要获取原始资料。例如，商场顾客流量和购物调查，通常采用系统抽样调查的组织方式，即按日历顺序等距抽取若干营业日调查顾客流量和购物情况，而搜集资料的方法主要有顾客流量的人工计数或仪器计数、问卷测试、现场观察、顾客访问、焦点座谈等。

[案例研究2-4]

北京将全面调查城乡居民收入

样本涉及近20万人

国家统计局北京调查总队和市统计局昨日表示,城乡住户调查样本今年进行轮换,城镇居民和农村居民的调查样本将首次同步抽取。调查样本涉及近20万人,目前,统计部门每月都会公布城镇和农村居民的收支数据,这些数据都来自对全市居民的抽样调查。

今年起,北京将进行城乡住户调查样本的轮换,统计部门将在全市抽取6.85万户城镇和农村居民作为“大样本”,再从中抽取8 000户作为“常规调查户”。调查样本将涉及16个区县的1 000多个居、村委会,涉及人数近20万。明年初,统计部门公布的居民收支情况数据,就来自这新抽取的8 000户常规城乡调查户。

抽样层细化为七个

国家统计局北京调查总队相关负责人解释说,以往的样本抽取只简单划分为城镇和农村两部分。今年开始,根据城市化程度不同,将分为七个抽样层抽样:中心城区、城乡接合区、镇区、镇乡接合区、乡中心区、村庄和特殊区域(如首都机场、亦庄开发区等)。抽样层确定后,将按比例抽取居、村委会,然后再分级抽取小区,最终抽取居民户。一般来讲,一个小区约抽取60户居民。据悉,目前,小区和楼号的抽样基本完成,正在进行居民户的抽取。

本月中旬开始入户调查

在调查样本更新的同时,统计口径也有望更新——城镇居民和农村居民的调查样本将首次同步抽取。北京随后还将建立“城乡住户调查一体化”系统,持续了几十年的“城镇居民人均可支配收入”和“农村居民人均纯收入”的说法,有望统一为“城乡居民人均收入”。不过,明年初公布数据时,仍会先按照城镇居民人均可支配收入和农村居民人均纯收入两部分来进行发布。

本月中旬,调查人员将开始入户调查,所得到的数据将为民政部门、劳动和社会保障部门制定城镇最低生活保障和最低工资标准提供依据。

同时,发改委将以这些数据,作为制定与居民生活有关物价改革的依据;建委用此数据制定低收入家庭房屋补贴廉租房标准;公安部门可作为研究交通事故赔偿问题的依据等。

2.2.7 确定调查时间和调查期限

调查时间和调查期限是两个不同的概念,调查时间是针对调查对象而言的,即调查对象的时间条件限制。比如调查1987年的大学生就业情况,调查时间就是单指1987年。调查时要注意调查时期和调查时点的明确和规范,调查中涉及支出、产量、国民收入、产值、利润额等流量指标时,应确定数据或指标项目的起止时间;调查时出现期末人口、存货、设备、资产、负债等存量指标时,应明确规定期初、期末或其他时点。

调查期限是从一项调查工作策划开始直到调查结束的这一阶段时间。调查工作的内容不同,调查所占用的时间不同;调查项目的规模、工作量不同,调查工作的期限不同。调查期限预期的合理性将直接影响调查进度安排表的制定。

2.2.8　确定资料的收集和整理方法

市场调查中，常用的资料收集方法有调查法、观察法和实验法，一般来说，前一种方法适宜于描述性研究，后两种方法适宜于探测性研究。企业做市场调查时，采用调查法较为普遍，调查法又可分为面谈法、电话调查法、邮寄法、留置法等。这几种调查方法各有其优缺点，适用于不同的调查场合，企业可根据实际调研项目的要求来选择。资料的整理方法一般可采用统计学中的方法，利用Excel工作表格，可以很方便地对调查表进行统计处理，获得大量的统计数据。

为了有效展开市场分析，需要提供大量系统化、条理化的市场调查资料。调查工作的难易、规模等不同决定了调查资料的复杂程度不同，但在调查结束后都需要针对大量调研资料进行审核、订正、编码、分类、汇总、陈示等具体整理。超大规模的市场调查还得借助计算机相关软件的逻辑编排。资料整理就是对调查资料进行加工整理、系统开发的过程。

2.2.9　确定提交报告的方式

市场调查方案的成果最后要在提交的市场调查报告中体现。报告的方式主要是指报告书的形式和份数、报告书中图表量的大小以及报告书的基本内容等。

2.2.10　制定调查的组织计划

市场调查的有效进行需要有效的人力资源组织做保障。组织的设定是一个系列计划，一般的组织制定主要包括调查领导的安排、机构的设置、业务员工的培训、课题负责人及成员、各项调研工作的分工等。企业委托外部市场调查机构进行市场调查时，还应对双方的责任人、联系人、联系方式做出规定。

2.3　市场调查方案的撰写

[相关链接2-5]

中国汽车轮胎市场调查方案

一、调查目的

1. 了解中国汽车轮胎市场的行业基本状况及发展趋势

2. 调查中国汽车轮胎市场的竞争现状

3. 提出客户发展中国市场的策略建议

二、调查地区

中国大陆地区。

三、调查内容

1. 市场状况

（具体细节略）

2. 竞争状况

（具体细节略）

3. 中国轮胎市场政策、规范、标准

四、调查方法

1. 基础信息收集(信息来源:中国国家统计局,汽车工业协会,互联网)

2. 与相关人员进行面访及资料购买

3. 电话调查

五、最终报告内容

最终报告用 Word 编写,分别提供 3 份复印版和 2 份电子版文件(中/英文)。

1. 中国汽车轮胎市场的现状分析

(具体细节略)

2. 中国汽车轮胎行业的投资特性

(具体细节略)

3. 中国汽车轮胎产品分析

(1) 2004—2006 年产量分析(企业/地区)

(2) 2004—2006 年产品进出口状况

4. 行业发展预测

(1) 行业发展趋势

(2) 优、劣势及机会分析

(3) 从整车、修理行业看汽车轮胎的市场潜力

5. 重要企业分析(米其林、普利司通、固特异、倍耐力、青岛双星、三角、百路驰、佳通、正新、回力)

(1) 企业简介

(2) 2003—2006 年市场份额(各主打产品的销量,市场占有率)

(3) 销售模式

(4) 人员结构

六、调查时间

35 个工作日。

七、调查费用

(具体细节略)

八、项目团队

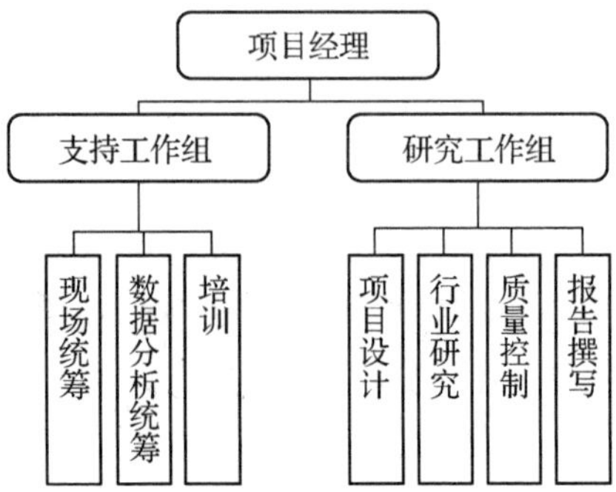

九、调查适用对象

1. 轮胎原材料供应商

2. 国内汽车轮胎生产商

3. 国外欲进入中国市场的轮胎生产商

4. 汽车生产商

十、项目招募数量

本次调查计划招募前 10 位企业客户，由 10 位客户共同分担调查费用，结果仅提供给 10 位客户；否则，HMI 愿意承担法律责任。

如果客户有独享研究结果的要求，HMI 可以为客户制定专项调查方案，研究费用由客户单独承担，结果不提供给第三方。

2.3.1　市场调查方案的格式

市场调查方案一般包括摘要（主要阐述课题的基本情况，它是按照市场调查课题的顺序将问题展开，并阐述对调查的原始资料进行选择、评价、做出结论、提出建议的原则等）、前言、调查的目的和意义、调查的内容和范围（包括调查时间、地点、对象、范围、调查要点及所要解答的问题）、调查采用的方式和方法（如是用抽样调查法还是用典型调查法，是用实地调查法还是文案调查法）、调查进度安排和附件等部分。其中，附件是指调查报告正文包含不了或没有提及，但与正文有关必须附加说明的部分。它是对正文报告的补充或更详尽的说明，包括数据汇总表、原始资料背景材料以及必要的工作技术报告，如为调查选定样本的有关细节资料及调查期间所使用的文件副本等。

2.3.2　撰写市场调查方案应注意的问题

(1) 在一份完整的市场调查方案中，市场调查方案制作中的内容均应涉及，不能有遗漏，否则就是不完整的。

(2) 市场调查方案的制定必须建立在对调查课题的背景的深刻认识上。

(3) 市场调查方案要尽量做到科学性与经济性的结合。

(4) 市场调查方案的格式方面可以灵活，不一定要采用固定格式。

(5) 市场调查方案的书面报告是非常重要的一项工作。一般来说，调查方案的起草与撰写应由课题的负责人来完成。

2.4　市场调查方案的可行性分析与评价

2.4.1　市场调查方案可行性分析的方法

1. 逻辑分析法

逻辑分析法是指从逻辑的层面对调查方案进行把关，检查所设计的调查方案的部分内容是否符合逻辑和情理。

例如,要调查高职院校大学生的消费结构,而设计的调查指标却是居民消费结构或职工消费结构,按此设计所调查出的结果就无法满足调查的要求,因为居民包括城市居民和农村居民,城市职工只是城市居民中的一部分。显然,居民、城市居民和职工三者在内涵和外延上都存在着一定的差别。又如,对于回族居民,要调查其食用猪肉的情况,对于没有通路的山区要进行公交车线路调查等,都是有悖于情理的,也是缺乏实际意义的。逻辑分析法可对调查方案中的调查项目设计进行可行性研究,而无法对其他方面的设计进行判断。

2. 经验判断法

经验判断法是指通过组织一些具有丰富市场调查经验的人士,对设计出来的市场调查方案进行初步研究和判断,以说明调查方案的合理性和可行性。

例如,对劳务市场中的保姆问题进行调查,就不宜用普查方式,而适合采用抽样调查;对于棉花、茶叶等集中产区的农作物的生长情况进行调查,就适宜采用重点调查;等等。经验判断法能够节省人力和时间,在比较短的时间内做出结论。但这种方法也有一定的局限性,这主要是因为人的认识是有限的,有差异的,事物在不断发生变化,各种主客观因素都会对人们判断的准确性产生影响。

3. 试点调查法

试点调查法是通过在小范围内选择部分单位进行试点调查,对调查方案进行实地检验,以说明调查方案的可行性的方法。试点是整个调查方案可行性研究中的一个十分重要的步骤,对于大规模市场调查来讲尤为重要。试点的目的是使调查方案更加科学和完善,而不仅是搜集资料。

试点调查应该注意以下几个问题:

(1) 应建立一个精干有力的调查队伍。市场调查的有效进行需要有效的组织做保障,一般的组织制定主要包括调查领导的安排、机构的设置、业务员工的培训、课题负责人及成员、各项调研工作的分工等。这是搞好试点工作的组织保证。

(2) 应选择适当的调查对象。试点单位的规模要小,代表性要强。试点范围在全面铺开前有必要选取少数单位先试点。

(3) 应采取灵活的调查方式和方法。调查方式和方法可以多用几种,经过对比后,从中选择适合的方式和方法。

(4) 试点工作结束后还要做好总结工作。很多因素影响了调查工作的顺利进行,对这些因素要认真分析,找出影响调查成败的主客观原因。总结工作的重要意义在于发现问题,启发思路,解决问题,这样才能更好地充实和完善原调查方案,使之更具科学性和可行性。

2.4.2 调查方案的模拟实施

模拟调查的形式很多,如客户论证会和专家评审会等形式。并不是所有的调查方案都需要进行模拟调查,调查方案的模拟实施是只针对那些调查内容很重要、调查规模又很大的调查项目。

2.4.3 调查方案的总体评价

调查方案的总体评价可以从不同角度来衡量。但是,一般情况下,对调查方案进行评价应包括四个方面的内容：调查方案是否体现调查目的和要求；调查方案是否具有可操作性；调查方案是否科学和完整；调查方案是否具有调查质量高、效果好等优点。对于一个调查方案的优劣，可以从不同角度加以评价。

1. 方案设计是否体现调查目的和要求

方案设计是否基本上体现了调查的目的和要求，这一条是最基本的。例如，北京市昌平区第二次全国土地调查，根据方案确定了调查范围、调查单位、调查内容，据此设置了一系列完整的指标体系，全面查清了土地利用和土地权属状况，掌握真实的土地基础数据，为加强和改善土地参与宏观调控，保证昌平区经济社会又好又快发展提供了重要保障。

2. 方案设计是否科学、完整和适用

例如，第二次全国工业普查对生产、流通、分配和消费各个环节设置了许多相互联系、相互制约的指标，形成了一套比较完整的指标体系，其特点是全面、系统和配套，适用性较强。

3. 方案设计能否使调查质量有所提高

调查方案是否科学、可行直接或间接影响着调查质量的高低，比如，科学设计的调查表保证了调查的全面性和实际操作性。第二次全国工业普查由于方案设计合理，使调查的实际差错率大大低于20‰的规定。

4. 调查实效检验

评价一项调查方案的设计是否科学、准确，最终还要通过调查实施的成效来体现。实施效果则是目的的到达程度或结果。方案制定实施的方法必须具有显著的效果，不能纸上谈兵，使得最终一个结果就没有，浪费人力、物力的同时也浪费了时间，超出工作计划安排，又谈何效率。必须通过调查工作的实践检验，来观察方案中哪些符合实际，哪些不符合实际，产生的原因是什么，肯定正确的做法，找出不足之处并寻求改进方法，这样就可以使今后的调查方案设计更加接近客观实际。

增值阅读

市场调查方案范文——城市住户调查方案

一、调查方案说明

1. 调查目的和作用

(1) 了解城市居民家庭人口、就业、收入、支出、消费、手存现金、商品需求、家庭主要耐用品拥有量和住房等变化情况，为国家和各级地方政府研究制定劳动力就业、社会保障、货币流通、商品生产和供应等政策提供依据。

(2) 满足国民经济核算体系要求，作为计算地区国内生产总值的依据；为确定居民消费价格指数提供各类商品及服务项目的权数；开展有价值的研究活动，如国民收入分配比例、城市居民收入水平、收入差距、消费结构、消费心理、营养水平、贫困状况等。

(3) 为国家和各级地方政府及时掌握城市居民家庭生活情况提供决策依据，解决居民生活中的困难，改善居民生活。

2. 调查对象

城市市区和县城关镇居民委员会行政管理区域内的住户，包括：① 户口在本地区的常住非农业户；② 户口在本地区的常住农业户；③ 户口在外地，居住在本地区半年以上的非农业户；④ 户口在外地，居住在本地区半年以上的农业户。调查包括单身户，但不包括集体户中的单身者。

3. 调查和统计单位

本调查分别以住户及个人作为统计单位。

4. 调查内容

城市住户调查主要内容包括：

(1) 城市居民家庭成员基本情况；

(2) 城市居民家庭住房基本情况；

(3) 城市居民家庭就业情况；

(4) 城市居民家庭主要耐用消费品拥有情况；

(5) 城市居民家庭现金收支；

(6) 城市居民家庭消费支出；

(7) 城市居民家庭食品消费；

(8) 城市居民家庭非现金(实物及服务)收入。

5. 调查区、县的选取

国家方案调查城市和县城采用划类选点随机抽样的方法确定。根据城市具体情况，既满足国家的要求又满足地方政府的需要，全市 18 个区、县均为调查点。

6. 调查户数和选户方法

北京市调查样本量为 3 000 户。其中城市 2 000 户，县镇 1 000 户。调查区、县的样本量在全市范围内按城市人口比例分配确定。

各调查区、县采取二相抽样和多阶段抽样相结合的方法选取调查户。第一相样本采用多阶段方法抽选：第一阶段抽选调查街道；第二阶段抽选调查居委会；第三阶段抽选调查户。对选出的大样本或一相样本开展调查，取得调查户家庭人口、就业人口、收入等辅助资料，然后，根据收入从高到低或从低到高排序按比例抽出一个小样本也称二相样本，作为经常性调查户，开展日记账工作。

调查户的抽选工作应严格按照随机原则在城(镇)区居民委员会行政管理区域内的全体住户中进行。对抽中家庭，调查员应做好开户工作，使调查户积极配合住户调查工作，非不可抗拒因素(如全家调离本市等)不得轻易换户，对经反复做工作仍拒绝接受调查的户，可找条件相同的家庭代替。换户情况应报市队备案。

7. 样本轮换

为了增强样本代表性，减轻调查户长期记账的负担，必须实行样本轮换。一相样本调查每隔三年进行一次，为二相样本提供抽样框。调查区、县中的经常性调查户要求每年轮换 1/3，也就是每年有 1/3 的调查户要退出调查，再从一相样本中抽选 1/3 的新调查户替代之。三年之内，所有调查户要被轮换掉。调查区、县的经常性调查户要求在每三年一次的大样本调查年度的下一年，至少轮换 2/3 或者一次全部轮换。

8. 数据采集方式

城市居民家庭成员基本情况、城市居民家庭就业情况、城市居民家庭现金收支、城市居民家庭消费支出、城市居民家庭非现金(实物及服务)收入等内容采用日记账方法搜集;城市居民家庭主要耐用消费品拥有情况年初一次性填报,以后每月更新一次;城市居民家庭住房基本情况年初一次性填报;城市居民家庭食品细项消费情况每三年采用日记账方法搜集一次,具体执行时间另行通知。

收入和社会保障支出内容按家庭成员分别记账,消费支出以家庭为单位记账。对于文化水平有限或记账有困难的老、弱、病、残单身户,全部收支账可由调查员代记。

调查户月记账周期为上月 26 日至本月 25 日。

9. 质量检查

全市对可支配收入、消费支出、平均家庭人口三个指标的年度资料要求计算方差,定期检验抽样调查误差;采用对比方法,分析抽样调查数据与全面统计资料的差异程度,系统评估调查结果代表性。

10. 数据汇总

(1) 全国及省级调查资料汇总范围。

① 规定的国家重点调查市、县调查户资料;

② 规定的地方重点调查市、县调查户资料。

参加全国和省级汇总的调查市、县,每三年由国家统计局统一进行调整修订,三年内各地不得随意变更或增减调查市、县;参加全国和省级汇总的各调查市、县调查户数,每年年初由调查市、县一次性调整修正,年内不得随意增减调查调查户数,确因特殊情况需要增减调查户数时,增减量必须控制在 3%以内。各地变更的调查市、县或调查户必须严格按照方案要求规范执行。

(2) 调查资料汇总方法。

全国及省级调查资料全部采用超级加权汇总方式,定期生成全国或省级综合资料。超级加权汇总要求全国和省级二级机构在辖区内所有满足要求的调查户资料基础上,按照城市职工人均工资分类,采用城市人口做权数,直接生成综合资料。

(3) 汇总权数的确定。

在进行超级加权汇总前,需要对每一参加汇总的调查户事先分配一个权数。汇总权数以省为单位计算。每一参加汇总的调查户的权数是该户在省内某一类市、县中平均所代表的住户数目。计算方法是,调查户权数=该类市、县内所有市区居委会住户总数/该类市、县内所有参加汇总的调查户数。在同一类市、县中,各调查户的权数相同。

省内调查市、县分类方法:首先将省内所有市、县分为三层,第一层包括省内所有地级以上城市;第二层包括省内所有县级市;第三层包括省内所有县。在各层内,按照市区(或镇区)职工人均工资从高到低排序(如果无人均工资资料,可用人均 GDP 做近似代替),在排序后的城市(或县城)名目表中逐一标出开展住户调查的城市(或县城)。每一个调查城市(或县城)与其后面紧邻的另一个调查城市(或县城)之间的所有城市(或县城)归为一类。

城市住户数是指居住在市区或县级市城关镇居委会内的常住人口数除以该类城市调查户的平均家庭人口;县城住户数是指居住在县城关镇居委会内的常住人口数除以该类县城

关镇调查户的平均家庭人口(如果无县城关镇的常住人口数资料,可以用县总人口与县内乡村人口之差所得的县内城镇人口数的某一比例数来估算)。

城市或县城关镇人口数资料一般从当地统计部门的人口普查资料或1%的抽样调查资料整理取得。城市人口权数每三年更换一次。

各调查区、县的汇总权数由城市社会经济调查司统一制定,各地要严格按照所分配的权数进行本地区调查资料的汇总。

11. 调查资料上报要求

(1) 上报程序。

各调查区、县按要求将分户资料上报国家统计局北京调查总队,北京调查总队对调查资料进行审核把关,确认无误后再转报城市司。

(2) 上报方式。

压缩传输。

(3) 上报时间。

月度资料于月后2日前,由北京市各区、县调查队上报北京调查总队;年度资料于次年1月15日前,由区、县调查队上报北京调查总队。遇到节日(劳动节、国庆节、元旦和春节),按国务院规定的放假天数顺延。休息日(星期六和星期日)仍按期报送,不得延期。确因特殊情况,需要推迟上报时间,必须经北京调查总队同意后,方可执行。

(4) 上报内容。

① 年报。

各区、县调查队上报规定户数的分户资料,内容包括W101～W106表和W108表。W107表每隔三年上报一次。W101表(个人情况表)是调查户年内各月份相应资料的顺序排列;W102～W108表(户情况表)是调查户年内各月份相应资料的累计。为了便于资料分析处理,在户情况表中附带户主和家庭最高收入者在调查期末时点的特征指标。

② 月报。

各区、县调查队上报规定户数的分户资料,内容包括W201～W205表。W206表每隔三年分月上报。为了便于资料分析处理,在W202～W206表中附带户主和家庭最高收入者在调查期末时点的特征指标。

(5) 文件名规则。

各区、县上报数据文件名规则:

表类别(中文名称)+地区代码(6位)+年份(4位)+月份(2位).后缀名

各区、县上报数据压缩文件名规则:

ZH+地区代码(6位)+年份(4位)+月份(2位).后缀名

(6) 每年度详细上报要求另行通知。

任务小结

市场调查方案设计是指在实施正式调查以前,根据调查研究的目的和调查任务要求,在对调查对象初步了解和分析的基础上，有目的、有计划、有组织地制定出一系列的调查方案后，选择出合理的一套市场调查方案并进行通盘考虑和安排，然后设计出针对性的调查实施方案。

（1）制定市场调查方案的重要性主要有三方面：市场调查方案的制定实现了从定性认识过渡到定量认识；市场调查方案的制定可以有效协调、统筹整个调查活动；市场调查方案的制定是开展市场调查的第一步。

（2）制定市场调查方案的原则有五方面：科学性原则；操作性原则；经济性原则；有效性原则；弹性原则。

（3）市场调查方案的内容主要包括：调查的目的和具体任务；调查对象和调查单位；调查内容；调查表或问卷；调查地区范围；调查时间和调查期限；资料的收集和整理方法；提交报告的方式；调查组织计划的制定等。

（4）市场调查方案的格式包括摘要、前言、调查的目的和意义、调查的内容和范围、调查采用的方式和方法、调查进度安排、附件等部分。撰写调查方案应注意相关问题。

（5）调查方案的可行性研究的方法有逻辑分析法、经验判断法、试点调查法。

（6）调查方案的总体评价可以从不同角度来衡量。但是，一般情况下，对调查方案进行评价应包括四个方面的内容：调查方案是否体现调查目的和要求；调查方案是否具有可操作性；调查方案是否科学和完整；调查方案是否具有调查质量高、效果好等优点。

能力自测

一、选择题

1. 市场调查的内容主要有（　　）。

A. 市场需求调查　　B. 市场竞争调查　　C. 市场环境调查　　D. 市场结构调查

E. 市场营销活动调查

2. 为了在市场调查方案的实施过程中能合理有效地利用人力、物力、财力和时间，使实施效果能达到甚至超过方案设计的具体要求，制定市场调查方案时要求遵循（　　）原则。

A. 科学性　　B. 可行性　　C. 有效性　　D. 经济性

3. 下列关于撰写市场调查方案应注意的问题正确的是（　　）。

A. 一般来说，调查方案的起草与撰写应由课题的负责人来完成

B. 市场调查方案的制定必须建立在对调查课题的背景的深刻认识上

C. 市场调查方案要做到科学性，与是否具有经济性没有关系

D. 市场调查方案的格式方面可以灵活，不一定要采用固定格式

4. 调查时要注意调查时期和调查时点的明确和规范，下列属于流量指标的是（　　）。

A. 国民收入　　B. 期末人口　　C. 存货资产　　D. 负债

5. 在“某人性别为女、年龄 23 岁”这句话中，错误的是（　　）。

A. “女”“23 岁”是标志表现

B. “性别”就是品质标志

C. “性别”和“年龄”都是品质标志

D. “年龄”是数量标志

6. 下列属于品质标志的是(　　)。

A. 年龄　　B. 民族　　C. 身高　　D. 收入

7. 下列说法错误的是(　　)。

A. 调查单位与填报单位没有区别

B. 调查单位是调查项目的承担者

C. 填报单位是调查项目的承担者

D. 填报单位(也称报告单位)是调查中填报调查资料的单位

8. (　　)是指通过组织一些具有丰富市场调查经验的人士,对设计出来的市场调查方案进行初步研究和判断,以说明调查方案的合理性和可行性。

A. 逻辑分析法　　B. 经验判断法　　C. 试点调查法　　D. 统计法

9. 制作调查表要注意的事项有(　　)。

A. 制作调查表时,没有用的指标尽可能不要

B. 调查指标应尽可能量化

C. 调查表中的问题次序一般可遵循容易回答的问题放在前面,较难回答的问题放在中间,敏感性问题放在最后

D. 调查表的内容要简明,尽量使用简单、直接、无偏见的词汇

E. 调查问题的设计应该尽量引导被调查者回答问题

10. 制定市场调查方案的基本原则有(　　)。

A. 科学性原则　　B. 可行性原则　　C. 有效性原则　　D. 创造性原则

二、判断题

1. 探索性调查的功能就是能正确地描述或衡量问题。(　　)

2. 市场调查方案从内容的表现形式上来看是一种安排的工作程序。(　　)

3. 调查人员要尽量引导被调查者回答调查问卷上的问题。(　　)

4. 逻辑分析法是指从逻辑的层面对调查方案进行把关,考察其内容是否符合逻辑和情理。(　　)

5. 经济性主要关注的是经费、精力、资源投入和使用过程中成本节约的水平和程度及资源使用的合理性。(　　)

6. 经验判断法是指通过组织一些具有丰富市场调查经验的人士,对设计出来的市场调查方案进行初步研究和判断,以说明调查方案的合理性和可行性。(　　)

7. 市场调查方案的制定实现了从定量认识过渡到定性认识。(　　)

8. 明确调查任务是设计调查方案的第一问题。(　　)

9. 调查时间和调查期限是两个不同的概念。调查时间是针对调查对象而言的,即调查对象的时间条件限制。(　　)

10. 调查单位就是构成调查对象的各个个体单位,它是调查项目的承担者或信息源,说明向谁调查问题。(　　)

三、简答题

1. 什么是市场调查方案？
2. 制定市场调查方案时要遵循哪些原则？
3. 市场调查方案的内容包括哪些？
4. 在确定调查项目时，要注意哪些问题？
5. 市场调查方案的可行性研究的方法有哪些？
6. 可以从哪些方面对市场调查方案进行评价？

金芒果香烟市场调查方案

一、调查背景

近年来，基于对环境保护和健康保护因素的日益重视，世界各国政府纷纷制定有关限制烟草业宣传与促销的政策、制度，烟草业的发展受到一定程度的影响，中国在这方面也不例外。

二、调查目的

通过本次调查，了解以下主要内容，达到以下目的：

(1) 了解地方政府、工商部门对烟草市场进入方面的政策、规定；

(2) 了解香烟的主要进货、销售渠道与销售方式(包括了解一些大的香烟集散地的情况)；

(3) 把握一般烟草生产商的常规宣传方式与促销方式；

(4) 探明烟草在特殊场所(如酒店、娱乐场所)的宣传、促销形式；

(5) 确定集团消费在烟草销售中的地位及其消费重点。

三、调查范围和调查对象

北京市八大城区。

烟民问卷调查(600 人)。

四、调查方法

(1) 文献调查。

(2) 香烟经销商深度访谈调查。

(3) 烟民消费情况问卷调查。

五、主要调查内容与主要预期结果

(1) 文献查阅、资料收集。

(2) 香烟经销商情况调查。

(3) 烟民小组座谈会。

六、工作内容与调查时间

(1) 与委托方有关人士交流，确定调查目的、内容、方法，签订调查协议，确定双方联络负责人员，委托方预先支付调查总金额的 60% 款项，自款到之日起，工作正式启动。

(2) 确定本项目调查小组成员及项目负责人，项目负责人介绍本次调查的目的、方法、内容与重点,并进行工作分配。

(3) 调查问卷、访谈提纲和座谈讨论提纲的设计。

(4) 问卷、提纲的讨论、修改与确定、印刷、访员培训。

(5) 各项调查的具体实施。

(6) 问卷回收、抽检、整理,原始数据编码、录入。

(7) 数据统计处理分析。

(8) 文献资料查阅、资料归纳整理。

(9) 调查组成员小组讨论、总结、资料归类。

(10) 调查报告撰写,提出市场建议,图表制作、打印。

(11) 向委托方递交调查报告,解释结果。

七、结果提供

最终调查报告(参见主要调查内容与预期结果部分)。

问题:

1. 此市场调查方案的缺陷在哪里?
2. 尝试完善本方案。

实践与操作

综合实训:市场调查总体方案设计

[**目的**]

通过实训让学生掌握市场调查总体方案设计的能力。

[**内容与要求**]

1. 学生分组确定各调查小组成员,并商量确定本学期调查的主题项目。
2. 各调查小组根据已选定的调查项目进行市场调查总体方案的设计。
3. 各调查小组派代表上台阐述本小组的市场调查方案,最好用 PPT 形式展示。
4. 其他小组成员和任课教师对各小组的市场调查方案进行提问,并提出相应的修改意见。
5. 各调查小组根据老师和同学所提意见进行市场调查方案的修改。
6. 上交修改后的市场调查方案。

[**成果评定**]

1. 评分标准(100 分):

市场调查方案的内容是否完整、科学(50 分);

市场调查方案是否可行(20 分);

发言代表口头表达是否顺畅,仪态是否大方得体(10 分);

PPT 制作水平(10 分);

回答问题的水平(10 分)。

2. 实训报告提交方式:

以书面报告形式上交(可写在实训报告手册上)。

任务 3　应用市场调查方法

请扫描二维码观看教学视频

知识目标

为了完成本任务，你需要的理论知识：
1. 各种市场调查方法的含义
2. 各种市场调查方法的优缺点
3. 选择市场调查方法的原则
4. 应用市场调查方法的注意事项

能力目标

通过完成本任务，你应该能够：
1. 了解各种市场调查方法
2. 熟悉市场调查方法的特点
3. 掌握市场调查方法的适用场合
4. 能够进行市场调查方法的选择

项目任务

3.1　文案调查法的应用
3.2　观察调查法的应用
3.3　实验调查法的应用
3.4　访问调查法的应用
3.5　其他调查方法

◆ 任务导入
◆ 相关链接
◆ 案例研究
◆ 增值阅读
◆ 任务小结
◆ 能力自测
◆ 案例分析
◆ 实践与操作

任务导入

趣味阅读

丰田公司的美国家庭调研

一次,一个美国家庭住进了一位“不幸”的日本人。奇怪的是,这位“落难者”每天都在做笔记,记录美国人家居生活的各种细节,包括吃什么食物、看什么电视节目等。一个月后,这个日本人走了。不久,丰田公司推出了针对美国家庭需求而设计的物美价廉的旅行车,该车大受欢迎。比如,美国男士(特别是年轻人)喜欢喝玻璃瓶装饮料而非纸盒饮料,日本设计师就专门在车内设计了冷藏且能安全放置玻璃瓶的柜子。直到此时,丰田公司才在报上刊登了其对美国家庭的研究报告,并向那户人家道歉,同时表示感谢。

(资料来源:周宏敏.市场调研案例教程[M].北京:北京大学出版社,2008.)

上述故事表明市场调查是企业了解市场和把握顾客需求的重要手段,是辅助企业决策的基本工具。市场调查必须按照市场调查的目的、调查项目的内容和调查对象的特点选取不同的调查方法。调查方法选择运用得是否合理对调查结果影响很大。在本任务中,我们将重点介绍几种常用的市场调查方法,包括文案调查法、观察调查法、实验调查法和访问调查法等,通过学习这些具体的调查方法,使大家实际从事市场调查的能力得到提高。

3.1 文案调查法的应用

3.1.1 文案调查法的含义与优缺点

1. 文案调查法的含义

文案调查法(Desk Research Survey)又称资料查阅寻找法、桌面调查法,它是利用企业内部和外部现有的各种信息、情报,对调查内容进行分析研究的一种调查方法。

文案调查法是指通过搜集各种历史和现实的动态统计资料,从中摘取与市场调查课题有关的资料,进行统计分析的调查方法。文案调查的对象是各种历史和现实的统计资料,即二手资料(经过他人收集、记录、整理所积累的各种数据和资料)。

[相关链接 3-1]

盖洛普的每月民意调查

全球知名的市场调查机构盖洛普公司(Gallup Organization)提供联合数据服务,包括一个以网络为基础的、名为“盖洛普每月民意调查”的报告。盖洛普民意调查定期在主要印刷和在线媒体上发布，该民调提供大量社会趋势以及特定的人口统计数据。公司网站 www.gallup.com 有盖洛普民调方式的详细描述。

2. 文案调查法的优缺点

（1）文案调查法的优点。

① 不受时空的限制。通过对文献资料的收集和分析，不仅可以获得有价值的历史资料，而且可以收集到比直接调查更广泛的、多方面的信息资料。

② 收集容易，成本低。调查人员只需花费较少的费用和时间就可以获得有用的信息资料。与实地调查相比，文案调查实施起来更为方便、自由，只要找到文献资料就可查阅，成本较低。

③ 文案调查收集到的情报资料可靠性和准确性较强。二手资料一般都是以文字、图表等书面形式表现的，因此不受调查人员和调查对象主观因素的干扰，反映的信息内容较为真实、客观，特别是政府机关信息中心发布的资料。

（2）文案调查法的缺点。

① 资料的适应性差，主要表现为衡量资料的单位、资料的分组和资料的收集时间存在差异，现实中正在发生变化的新情况、新问题难以得到及时的反映。

② 由于受各种客观条件的限制，很难掌握所需要的全部文献资料，整理的资料和调查目的往往不能很好地吻合，对解决问题不能完全适用，收集资料时易有遗漏。

③ 文案调查要求调查人员有较扎实的理论知识、较强的专业技能和技巧，具有一定文化水平的人才能胜任。

④ 文献档案中所记载的内容，大多数情况是为其他目的而做的，因此，很难与调查人员从事的调查活动要求相一致，需要进一步的加工处理。

此外，文案调查对所收集的文案的准确程度较难把握，有些资料是由专业水平较高的人员采用科学的方法搜集和加工的，准确度较高，而有的资料只是估算和推测的，准确度较低。因此，应明确资料的来源并加以说明。

3.1.2　文案调查法的基本原则

文案调查法的关键在于如何快捷、科学、全面地收集有关的文案资料。要保证文案调查法成功应用，文案资料的收集必须遵循以下原则。

1. 相关性原则

相关性原则是文案调查的首要原则，也是调查人员选定文献资料的最主要标准。调查人员必须根据调查的目标要求，确定资料选择的范围和内容，把与调查主题切实相关的资料选择出来。

2. 系统性原则

系统性原则即文案资料的收集必须全面、系统，能满足市场调查课题的要求。为此，要通过各种信息渠道，利用各种机会，采取多种方式广开信息源，大量收集各方面有价值的文献，并且在时序上要保持连续性，以便获得反映客观事物发展变化情况的资料。

3. 时效性原则

文献资料大多数是历史性资料,要求调查人员在资料的收集过程中,必须考虑资料的时间背景,摒弃过时的、与目前市场情况不相符的资料内容,确保收集的资料能够准确反映调查对象的发展规律。

4. 经济效益性原则

文案资料的收集必须要考虑其经济成本和使用后的效益。文案调查的好处就是省时省钱,如果费用支出过高,就失去了它的经济效益。

3.1.3 文案调查法的功能

在市场调查中,文案调查有着特殊地位。它作为一种信息收集的重要手段,一直得到世界各国企业的重视,文案调查的功能表现在以下几个方面。

1. 文案调查可以发现问题并为决策者提供重要参考

根据调查的实践经验,文案调查常被作为调查的首选方式。几乎所有的调查都可始于收集现有资料,只有当现有资料不能提供足够的证据时,才进行实地调查。因此,文案调查可以作为一种独立的调查方法加以采用。

2. 文案调查可以为实地调查创造条件

通过文案调查,可以初步了解调查的性质、范围、内容和重点等,并能提供实地调查无法或难以取得的市场环境等宏观条件,便于进一步开展和组织实地调查。文案调查所收集的资料还可用来考证各种调查假设,即可通过对以往类似调查资料的研究来指导实地调查的设计,用文案调查资料与实地调查资料进行对比,鉴别和估算实地调查结果的准确性和可靠性。利用文案调查资料,可以用来帮助探讨引起现象发生的各种原因并进行说明。如有必要进行实地调查,文案调查可为实地调查提供经验和大量背景资料。

3. 文案调查可用于经常性的调查

实地调查费时费力,操作起来比较困难,而文案调查如果经调查人员精心策划,具有较强的机动灵活性,能随时根据需要收集、整理和分析各种调查信息。

4. 有助于调研项目的总体设计

通过对二手资料的分析,有助于深刻理解调研项目的背景和特点,提出较为切合实际的调研方案,避免设计失误以及时间与经费的浪费。

5. 有助于正确理解和使用原始资料

对于实地调查所得的原始资料,如果仅靠调研者的经验来解释,就可能被曲解,特别是当调研者对本调研领域不熟悉时更有可能如此。这时,与调研课题近似、相关的二手资料可以对原始资料起到解释、验证的作用。

3.1.4 文案调查法的途径

文案调查应围绕调查目的,收集一切可以利用的现有资料。从一般线索到特殊,这是每个调查人员收集情报的必由之路。文案调查法的途径主要有以下两个方面。

1. 内部资料的收集

内部资料是指企业内部各部门、机构保存的各种经营活动的资料,主要包括以下四种:

（1）业务部门资料，包括与调查对象活动有关的各种资料，如订货单、进货单、发货单、合同文本、发票、销售记录、业务员访问报告等。

（2）统计部门资料，主要包括各类统计报表，企业生产、销售、库存等各种数据资料，各类统计分析资料等。企业统计资料是研究企业经营活动数量特征及规律的重要定量依据，也是企业进行预测和决策的基础。

（3）财务部门资料，是由企业财务部门提供的各种财务、会计核算和分析资料，包括生产成本、销售成本、各种商品价格及经营利润等。

（4）企业积累的其他资料，如平时剪报、各种调研报告、经验总结、顾客意见和建议、同业卷宗及有关照片和录像等。这些资料都对市场研究有着一定的参考作用。

2. 外部资料的收集

外部资料是指企业之外的机构、团体、媒介等所提供的资料，可从以下几个主要渠道收集：

（1）统计部门以及各级、各类政府主管部门公布的有关资料。国家统计局和各地方统计局都定期发布统计公报等信息，并定期出版各类统计年鉴，内容包括人口数量、GDP、居民购买力水平等，这些均是很有权威和价值的信息。此外，财政、工商、税务、银行等各主管部门和职能部门，也都设有各种调查机构，定期或不定期地公布有关政策、法规、价格和市场供求等信息，这些信息都具有综合性强、辐射面广的特点。

（2）各种经济信息中心、专业信息咨询机构、各行业协会和联合会提供的信息和有关行业情报。这些机构的信息系统资料齐全，信息灵敏度高，为了满足各类用户的需要，它们通常还提供资料的代购、咨询、检索和定向服务，是获取资料的重要来源。

（3）图书馆里保存的大量商情资料。图书馆可提供贸易统计数字和有关市场的基本经济资料，还有世界各国经济政治环境资料和世界贸易状况资料等。国内外有关的书籍、报纸、杂志所提供的文献资料，包括各种统计资料、广告资料、市场行情和各种预测资料等。

（4）有关生产和经营机构提供的商品目录、广告说明书、专利资料及商品价目表等。

（5）各种国际组织、学会团体、外国使馆、商会所提供的国际信息。

（6）国内外各种博览会、展销会、交易会、订货会等促销会议，以及专业性、学术性经验交流会议上所发放的文件和材料。

（7）各种大众传播媒介，如电视、广播、报纸、杂志及信息网数据库含有丰富的经济信息和相关因素的信息。

3.1.5　文案调查法的步骤

1. 确定市场调查的基本目的及内容

调查报告使用者与调查执行者深入沟通之后，双方对于调查目的、旨意及内容涵盖范围，必须建立目标共识及共同语言，以避免日后调查结果不适用。

2. 拟定调查计划及相关人员的训练

当调查目的及内容确定后就要拟定详细的文案调查计划，确定预计的使用时间及最后完成日期。了解参加文案调查人员的学识能力并进行统一的培训及工作分配，做好调查成本的控制，避免无谓的浪费。

3. 查明可供利用数据文件内容及其资料来源,积极主动展开资料搜集

从各种可能供应资料来源的地方,根据索引寻找可以利用的资料及档案。通常,先收集一般性相关资料,再逐步延伸到专门性资料的收集。原则上,先要求相关资料数量充足,再要求资料品质完美,必要时可以主动函索资料。

4. 过滤资料,评估资料适用性

过滤资料的目的是排除不可靠的资料及不必要的资料。在过滤资料时,首先应质疑找到的资料内容。细心阅读资料之余,发现资料中隐藏的可能错误认知或特定意图,避免资料夸张、渲染及曲解。其次要坚持原典主义。由于各种资料必然引用不少外来资料,我们在用文案调查法时应尽量寻找原始资料文件和该资料的参考书籍,使我们得到的数据更切题、更准确、更有说服力。

5. 资料调整、衔接及融合贯通

文案调查通常使用两种以上的文书档案,各种资料之间或有中断和矛盾现象,或有互补作用,此时调查人员应用自身学识及自我判断加以调整、衔接及融合贯通,以增加调查内容的充实、可靠。经整理后的资料不可彼此孤立地加以考虑,必须结合其他资料方能显示资料间比较的作用或互补的作用。同时,需要经常用理论观点对资料做必要的调整及补足,将不同计算单位转换为标准单位等。

6. 撰写调查报告

将融合整理后的资料,用归纳法或演绎法制作成调查报告,具体有以下一些要求:

(1) 结论应按照重要程度顺序排列。

(2) 报告内容应力求简明且与题目有关,避免行话及不必要的修饰词汇。

(3) 仔细核对全部有关数字及统计资料,务必准确。

(4) 立场公正客观,前后一致,行文严谨、细腻。

3.2 观察调查法的应用

观察调查法是市场调查活动中使用最为频繁的,然而也是在实际操作中最容易被忽视的方法。科学的观察具有目的性和计划性、系统性和可重复性。在科学实验和调查研究中,观察调查法能扩大人们的感性认识,启发人们的思维,导致新的发现。

3.2.1 观察调查法的含义与优缺点

1. 观察调查法的含义

观察调查法(Observational Survey)是研究者根据一定的研究目的、研究提纲或观察表,用自己的感官和辅助工具去直接观察被研究对象,从而获得资料的一种方法。观察法可为特定的调查目的专门使用,也可作为询问调查法的一种补充。

2. 观察调查法的优缺点

观察调查法是市场调查研究中的重要方法之一。观察调查法的特点是不直接向被调查者发问,而是在其没有察觉的情况下,从旁观察。与其他的调查方法相比较,观察法的优缺点是比较明显的。

（1）观察调查法的优点。

① 被调查者的意见不受外在因素的影响，收集的信息来自客观实际，它能通过观察直接获得资料，不需其他中间环节。因此，通过观察调查法所获得的资料比较真实。

② 成本低，用途较广，技术要求不高。

③ 在自然状态下的观察，能获得生动的资料。

④ 观察法具有及时性的优点，它能捕捉到正在发生的现象。

⑤ 观察法能搜集到一些无法言表的材料。

总之，观察调查法实施起来简单、易行，所获信息客观、准确。

（2）观察调查法的缺点。

① 受时间的限制。某些事件的发生是有一定时间限制的，过了这段时间就不会再发生。

② 受观察对象限制。例如，研究青少年犯罪问题，有些秘密团伙一般不会让别人观察的。

③ 受观察者本身限制。一方面，人的感官都有生理限制，超出这个限制就很难直接观察。另一方面，观察结果也会受到主观意识的影响。在人员观察中，观察调查法对观察者的技术要求较高，如要求观察者有敏锐的观察力、必要的心理分析能力等，否则会使结论失真，容易出现主观臆断。

④ 无法观察内在的动机及行为的原因。它只能观察到表面现象，无法了解人们的动机、态度、想法和情感等深层次的原因。

⑤ 不适用于大面积调查。观察到的只是一些现象，了解不到被调查者内在因素的变化，调查人员根据观察能不能做出正确的判断，往往又受调查人员主观因素的影响。

⑥ 被观察到的只是现实信息，并不代表将来的行为。

3.2.2　观察调查法的类型与步骤

1. 观察调查法的类型

（1）按观察者参与观察活动的程度划分为完全参与观察、不完全参与观察和非参与观察。

① 完全参与观察是指观察者隐瞒自己的真实身份，长期与被观察者处在同一环境中，生活在一起，开展调查。这有利于倾听被观察者的言谈，取得更深入、更全面的信息与资料。例如，一些企业的信息员以促销员的身份在超市从事促销工作，观察顾客购买本企业产品的情况及竞争对手产品的销售情况等。

② 不完全参与观察是指观察者参与被观察者的群体活动，但不隐瞒自己的真实身份，并取得被观察者的容纳与信任，置身于调查事项中取得资料。在这种调查中，被观察者往往会出于维护自身或他人的利益、形象等原因而掩盖一些材料信息，使调查结果不全面或失去真实性。

③ 非参与观察是指调查者不置身于被观察群体中，以局外人的身份观察事情的发生和发展情况，如测试购物中心的客流量和变动频率等。这种方法比较真实、客观，但无法了解到事情背后深层次的原因，观察到的往往是表面现象，也不能取得全面细致的资料。

（2）按取得资料的时间特征划分为纵向观察和横向观察。

① 纵向观察又称时间序列观察，就是在不同的时间段进行观察，取得一连串的观察记

录。通过对取得的资料进行分析研究,能了解到调查对象发展变化的过程和规律。例如,调查某种洗面奶的销售情况就可使用此种方法。可由训练有素的观察人员或用隐蔽的摄像机,记录下人们选择、购买或重新放回该产品的表情和动作等情况。需要注意的是,要确定一个有说服力和代表性的观察时间范围。例如,观察某超市购物的顾客时,应选择早、中、晚,还有周末等各个不同的时间段来进行观察,这样才有说服力。因为工作日与周末、早晨与晚上来超市购物的消费者往往是完全不同的顾客类型。

② 横向观察又称静态观察,是指在某个特定时间内对若干个调查对象所发生的事态同时加以观察记录。例如,同时观察几个超市同种饼干的销售情况等。

(3) 按观察结果的标准化程度划分为控制观察和无控制观察。

① 控制观察是指根据调查目的预先确定调查范围,以统一的观察手段、观察程序和观察技术进行有计划的系统观察,使观察结果达到标准化。它一般用于目的性、系统性较强的调查,或用于简单观察后为使调查更加精确而进行的补充调查或取证。

② 无控制观察比较灵活,对观察项目、程序和步骤等不做严格的规定,也不用标准方法进行记录。它常用于探索性调查或有一定尝试的专题调查。

(4) 按观察的具体形式不同划分为人员观察和机器观察。

① 人员观察是观察调查法中最主要的形式之一,由调查人员实地观察受访对象以了解情况。例如,某公司为了了解自己生产的某种小家电的销售情况就采用了人员观察调查法,派调查员到超市、商场等销售现场,亲自观察和记录顾客的购买情况以及挑选过程中向促销员咨询的相关问题等。人员观察也可以采用三种方式:自然观察、设计观察和掩饰观察。自然观察是指调查员在一个自然环境中(包括超市、展示地点、服务中心等)观察被调查对象的行为和举止。设计观察是指调查机构事先设计模拟一种场景,调查员在一个已经设计好的并接近自然的环境中观察被调查对象的行为和举止。掩饰观察就是在不为被观察人或者事件所知道的情况下监视他们的行为过程。

② 机器观察就是通过机器来观察受访对象。机器观察比人工更便宜、更客观、更详细,用机器观察可能更适合进行长时间的观察。例如,零售商场的选址需要确定一定水平的客流量才能实现预期的利润,通过人工进行计数是非常耗时耗力的,而且很难得到正确的数据。若利用交通流量计数器则可以使这个问题变得很简单。如今经常用来观察的机器有交通流量计数器、人口计量器、阅读器等,这些在国外的应用相对来说更广泛些。

(5) 按调查的组织特点划分为自由观察和组织观察。

① 自由观察是指不硬性规定观察的方法和手段,仅根据调查担当者的意思自由地进行观察。

② 组织观察是在事前定下调查方法,并有组织地进行观察。在实际的观察法中,有交通流量调查、商店购物顾客动向调查、流行式样调查等。

2. 观察调查法的步骤

一次完整的观察,一般应包括以下主要步骤:

(1) 确定观察的目的和选定观察的对象;

(2) 做好观察前的准备工作,如准备观察工具,设计、印制观察记录表、确定观察内容(语言行为、非语言行为、特别语言行为、关系分布行为)等;

(3) 进入观察场所，获得观察对象的信赖；

(4) 进行观察并做记录；

(5) 整理观察结果；

(6) 分析资料并撰写观察报告。

3.2.3　观察调查法的应用

1. 观察调查法的应用原则

观察调查法的应用是观察人员的主观活动过程。为使观察结果符合客观实际，要求观察人员必须遵循以下原则：

(1) 客观性原则。

观察者必须持客观的态度对市场现象进行记录，切不可按其主观倾向或个人好恶，歪曲事实或编造情况。

(2) 全面性原则。

观察者必须从不同层次、不同角度进行全面观察，避免出现对市场片面或错误的认识。

(3) 持久性原则。

市场现象极为复杂，且随着时间、地点、条件的变化而不断变化，市场现象的规律性必须在较长时间的观察中才能被发现。

另外，还要注意遵守社会公德，不得侵害公民的各种权利，不得强迫被调查者做不愿意做的事，不得违背被调查者的意愿观察其某些市场活动，并且还应为其保密。

2. 观察调查法的应用范围

观察调查法在市场调查中的应用范围很广泛，可以应用在对实际行动和迹象的观察、对语言行为的观察、对空间关系和地点的观察等方面。

观察调查法在市场营销中的具体应用主要体现在以下几个方面：

(1) 产品设计观察。

有的产品设计可根据观察的资料来完成，如对服装款式的设计或对已投放市场的产品的改进等，可由调查人员通过观察街道行人的穿着或观察人们使用某产品的情况取得资料，然后进行综合分析，对产品进行设计或改进，进而创造出市场机会。

(2) 新产品试销观察。

新产品试销时可观察顾客的喜爱程度或评价。在观察时，要把各方面的情况通过不同的观察手段详细地加以记录，并经过研究分析，对新产品的定位、存在的缺点和采用何种解决方式做出判断。

(3) 顾客行为观察。

当设计新的营业场所时应研究选择何种吸引顾客的方式或环境才是最佳，可由调查人员观察并记录同业营业场所内的有关情况，或用摄像机录下顾客在店内的活动情况，获得的资料可供设计新的营业场所时参考。

(4) 营业员和顾客态度的双重观察。

为了调查营业员的服务态度和顾客对该营业场所的惠顾及对某些商品的偏好情况，可由调查人员或用仪器对营业员和顾客的态度进行观察，从而为该店提高服务质量和选择购进某些商品提供依据。

(5) 广告效果观察。

广告效果观察主要包括广告脚本测试、广告事前事后测试、广告效果测试。

广告脚本测试也叫广告方案测试,是指对已经设计创作出来但尚未发布的广告作品的测试评估。广告事前事后测试是在确定了要发布的广告版本后,在广告播出前,测定市场对广告诉求品牌的认知率、使用率等指标,在广告播出后一段时间,再次做测试,测定品牌认知率、广告认知率、兴趣、购买意向、使用率等指标。广告效果测试是一种在广告发布前和发布后各进行一次的测试,但是测试的重点及测试的手法有所不同,广告效果测试更注重广告发布对于销售量的影响程度,因此其测试的前后口径必须完全统一,并且尽量剔除其他市场动因对销售量的共同影响。

3. 观察调查法应用时的注意事项

应用观察调查法应注意以下几点:

(1) 要根据调查目的预先设计观察记录表格,以便在观察时按一定的程序和要求记录观察到的内容并加以归纳;

(2) 观察点的选取,要符合一般的抽样原则,以求获得客观的代表性,但有时根据调查对象的情况和调查目的,还可以考虑实施重点调查;

(3) 观察必须得到商场、公园、城管等有关部门的允许,要事先联系获准;

(4) 要准备好观察仪器,如照相机、摄像机等,可边观察边记录,但为了不干扰调查对象,保持客观场景,最好不要公开使用那些观察仪器,必要时要做遮挡或伪装。

4. “神秘顾客”法的应用

所谓“神秘顾客”法是指由一些身份特殊的顾客以普通消费者的身份,通过实地体验,了解被调查对象的服务和管理等各方面情况,然后将收集到的信息资料整理成报告,递交给调查者。调查者根据这些信息,分析出存在的问题并做出适当的改进,以提高企业的服务水平,取得更好的业绩。

这种方式之所以能被企业的管理者所采用,是因为“神秘顾客”在购买商品的消费服务时,观察到的是服务人员无意识的表现。从心理和行为学角度看,人在无意识时的表现是最真实的。“神秘顾客”在消费的同时,也和其他消费者一样,对商品和服务进行评价,对于发现的问题与其他消费者有同样的感受。根据服务质量的特性,“神秘顾客”法弥补了管理过程中的一些不足,其作用体现在以下几个方面:

(1) “神秘顾客”的观察对象不仅是本企业,也可以是竞争对手。通过长时间连续的观察,就可以对本企业和竞争对手的优势和薄弱环节有正确的认识,并且发现增强企业竞争力的机会。

(2) “神秘顾客”为激励员工提高服务水平和奖励员工提供了依据。

(3) “神秘顾客”在与服务人员接触的过程中,可以听到员工对企业的不满和建议,帮助管理者及时发现和解决管理中的问题,拉近员工与管理者之间的距离,增强企业的凝聚力。

企业应积极地宣传开展“神秘顾客”活动的目的,让员工充分了解到这是希望发现他们的优质服务,并予以奖励和推广,而并非是希望发现他们的错误。出发点不同,员工的心态是不同的。

“神秘顾客”本身必须经过严格的挑选和培训。为了省钱、省事，不设计正规的调查记录表，随意就招募几个人去当“神秘顾客”的做法，会由于“神秘顾客”缺乏经验，只能得到表面信息，接触不到问题的实质。

［相关链接 3-2］

神秘客户

神秘客户在服务营销领域的广泛应用，首先是源自美国的一些大型公司，如肯德基、麦当劳这样的国际连锁餐厅，沃尔玛这样的跨国大型连锁商店。这种带有连锁经营性质的餐饮企业和服务性质的企业，为了让所有连锁店都能有同等的销售服务，除了注重日常经营中对销售和服务的标准贯彻落实之外，还需要对自身服务进行第三方评估，于是神秘客户应运而生，这种由第三方专业服务评估和顾客满意度研究咨询公司惯用的方法转入中国还只是 20 世纪末期的事。

3.3　实验调查法的应用

3.3.1　实验调查法的含义与优缺点

1. 实验调查法的含义

实验调查法(Experiment Survey)也称试验调查法，它是指市场调查者有目的、有意识地通过改变或控制一个或几个市场影响因素的实践活动来观察市场现象在这些因素发生变化时的变动情况，由此认识市场现象和发展变化规律。实验调查法可以深入研究事物之间的因果关系。

实验调查法既是一种实践过程，也是一种认识过程，它将实践与认识统一为调查研究过程。实验调查的基本要素如下：

(1) 实验者，即实验调查的活动主体，他们都以一定的实验假设来指导自己的实验活动；

(2) 实验对象，即实验调查者所要认识的客体，他们往往被分成实验组和对照组这两类对象；

(3) 实验环境，即实验对象所处的各种社会条件的总和，它们可以分为人工实验环境和自然实验环境；

(4) 实验活动，即改变实验对象所处社会条件的各种实验活动，它们在实验调查中被称为“实验激发”；

(5) 实验检测，即在实验过程中对实验对象所做的检查或测定，它可以分为实验激发前的检测和实验激发后的检测。

2. 实验调查法的优缺点

实验调查法是一种具有实践性、动态性、综合性的直接调查方法，它具有其他调查方法所没有的优点,同时也有自身的局限性。

(1) 实验调查法的优点。

① 实践性。实验调查是一种直接的动态调查,它能够直接掌握大量的第一手资料。

② 实验调查有利于揭示实验激发与实验对象变化之间的因果联系。

③ 实验调查是可重复的调查,能够验证市场现象之间是否存在相关关系。调研人员通过主动改变某种条件,促进市场现象的发展,以观察其实验对象所产生的影响,得出结论,并可以通过多次反复的实验来检验实验结论的正确与否。

(2) 实验调查法的缺点。

① 实验对象和实验环境的选择难以具有充分的代表性,特别是实验组、对照组中实验对象和实验环境的选择难以做到相同或相似。

② 人们很难对实验过程进行充分有效的控制,特别是在现场实验中往往无法完全排除非实验因素对实验过程的干扰。

③ 对实验者的要求较高,花费的时间较长,实验的对象不能过多等等,也是这种调查方法难以克服的局限性。

3.3.2 实验调查法的种类及应用程序

1. 实验调查法的种类

根据选择实验场所的不同,实验调查法可以分为两类:实验室实验和市场试销。

(1) 实验室实验。

实验室实验是指市场调查人员人为地模拟一个场景,分析没有导入变量和导入变量之后经济效果的变化情况。它主要应用于新产品、包装和广告设计及其他调查的初始测试。

(2) 市场试销。

市场试销是指企业的某种产品进入某一特定地区进行试验性销售,目的是收集有关市场活动的信息和经验,预测市场活动计划在应用于全部目标市场时的结果。

实验室实验和市场试销的本质区别在于所处的环境不同,前者是在人为的环境之中,后者是在自然环境之中。

2. 实验调查法的应用程序

(1) 根据市场调查课题,提出研究假设,确定实验自变量。在市场实验调查开始之前,市场调查人员要根据此次调查课题和项目的要求,分析可能影响事物变化的因素,再按照其重要性依次提出具有因果关系的若干研究假设,确定实验的自变量。实验的自变量可以是一个,也可以是几个。

(2) 进行实验设计,确定实验方法。进行实验设计是指调查人员拟定如何控制实验对象,从而验证研究假设,达到实验目的的详细规划。在市场调研中有多种实验方法可供选择,选择合理的实验方法是合理的实验设计的关键,而合理的实验设计又是实验调查成功的关键。

(3) 选择实验对象。实验调查一般在较小的范围内开展,这就必须选择恰当的实验对象。根据调查深度和市场现象的特点,一般用随机抽样或非随机抽样方法进行实验对象的选择。

(4) 进行正式实验。严格按照事先设计规定的程序来进行实验,并对实验结果进行认真的观测和记录，必要时还可以通过反复实验和研究获得较为真实准确的实验数据资料。

(5) 整理分析资料，得出实验结果。根据实验记录及有关资料，进行统计分析，以揭示市场现象的规律性及有关因素的影响，得出客观、科学的结论并写出详细的调查报告。

按照上述科学的步骤进行实验调查，在保证实验顺利完成的同时，也是认识市场现象的客观要求。

3.3.3　几种主要的实验调查方法

根据调查目的的不同，以及是否设置对照组和组数的多少，可以设计出多种实验方案。在市场调查中，常用的实验设计方法有两大类：正规设计和非正规设计。

1. 正规设计

正规设计，也称为随机对比实验，是指调查者按随机抽样法选定实验单位进行调查。在非正规设计的几种实验调查法中，都是按照判断分析的方法选择实验单位，简便易行，也能够获得较好的调查结果。但当实验单位很多，市场情况十分复杂且不太熟悉时，按主观的判断分析选定实验单位就比较困难。这时，可以采用正规设计，即采用随机抽样法选定实验单位，使众多的实验单位被选中的概率相同，从而保证实验结果的准确性。正规设计又可以分为完全随机设计、分组随机设计和多因素分组随机设计等。

(1) 完全随机设计。

完全随机设计是采用完全随机的方法选择实验对象，实验的目的是为了获得某因素是否对目标变量的变动存在显著的影响作用。例如，包装设计、销售价格、产品品牌等的不同对市场销售产生的影响。这类实验的实验单位完全采用简单随机抽样，实验外因素要尽量控制，使之对各实验单位的影响接近。

[案例研究 3－1]

某厂某种新产品现有 A、B、C 三种包装，公司欲试验这三种包装，并且记录每种包装的销售量。研究人员将这三种包装随机地配给要进行试验的 9 个商店，每三个商店用一种包装，实验期为 1 周，重复资料次数为 4 次。实验结果如下表所示。

各商店销售结果

实验次数	各包装销量		
	A	B	C
1	30	51	28
2	48	58	35
3	23	52	42
4	32	65	30
合　计	133	226	135

通过分析每种包装的周平均销售量，可以发现，不同包装造成的销售量是有差别的，可初步确定采用包装 B 的产品销量最好。

完全随机设计使用简单,易操作,但在实际中并不能广泛地使用,原因是这种方法没有严格控制外部因素(如气候、商店规模差异、商店的地理位置、竞争状况等)的影响。

(2) 分组随机设计。

分组随机设计可用来解决完全随机设计存在的部分问题。研究者除了考虑基本自变量的影响外,还可将某个主要的外部因素孤立起来研究。它的主要特点是将实验单位之间的差异按照某些标准加以分组,这样使得各个组之间的差异明显,各组内的差异减少。如上例,只测量了 9 个商店三种不同的销售量,没有考虑商店大小的影响,而商店规模很显然是影响实际销售量的潜在因素,因此,我们可以使用分组随机设计使一个外部因素的影响与总的实验误差分开,得到实验处理的实际效果的真实情况。

[案例研究 3-2]

在上例中,我们把这些商店按每周总销售额进行分组:第一组大于 10 万元,第二组 6~10 万元,第三组小于 6 万元。由于使用了额外的变量(商店大小),有必要增加实验的商店数。为保证每种包装下每组都有 3 个商店,就要使用 27 个商店,然后把各种包装随机地配给每个组的 9 个商店。其结果如下表所示。

不同商店规模下各商店销售结果

商店规模	各包装销量		
	A	B	C
大于 10 万元	190	183	192
6~10 万元	181	150	167
6 万元以下	54	147	160
合　计	425	480	519

这种结果排除了商店规模大小的影响。

(3) 多因素分组随机设计。

单因素分组随机设计只能消除一个不能控制的实验外因素对实验结果的影响,如果消除两个或更多实验外因素的影响,则应采用多因素分组随机设计。

正规设计的实验调查方法的优点是,能够测算实验误差,从而有助于提高实验结果的准确性;同时可以缩短分析过程和时间,并与其他实验方法互相结合、互相补充,解决实验单位不易选定或选定不准的困难。但它也有缺点,主要是应用中花费时间长,费用开支大,使其实际应用受到限制。

2. 非正规设计

在实验过程中,如果不是随机地选择实验结果组或实验方法,则这种设计称为非正规设计。非正规设计又可以分为三大类:事前事后无控制对比实验、事后有控制对比实验和事前事后有控制对比实验。所谓事前、事后,是指实验前、实验后。

(1) 事前事后无控制对比实验。

事前事后无控制对比实验，又称为单一实验组前后对比实验法，是在同一市场内，先在正常情况下进行测量，收集一定时期必要的数据，然后进行现场实验，经过同等时间的实验期后，收集实验过程中的数据资料，从而进行事前事后对比，通过对比观察研究分析实验变量的结果。这是最简单的一种实验调查法。如果 X_1 代表实验前的测量值，X_2 代表实验后的测量值，则：

$$实验效果 = X_2 - X_1$$

实验前后对比实验也可以调查商品款式变化、品质变化、价格变化等措施是否有利于扩大销售量，增加利润。

(2) 事后有控制对比实验。

事后有控制，是在市场调研中选择两组条件相当的调查对象，一组为实验组，一组为控制组，改变实验组的自变量(如花色、价格等)，控制组仍保持原样。实验后，对实验组的结果与控制组的结果进行比较。

所谓控制组，是指非实验单位，实验组是指实验单位。控制组和实验组对比实验，是指在同一时间内用非实验单位与实验单位进行对比的一种实验调查法。在同一实验时期内，实验单位按一定的实验条件进行试验销售，非实验单位按原有条件进行销售，用来同实验单位进行对比，以测定实验的结果。在客观环境和主观经营能力大体相同的条件下，两种类型单位销售量的差别就可以比较正确地反映出实验的效果。如果 X_2 代表实验组的事后测量值，Y_2 代表控制组的事后测量值，则：

$$实验效果 = X_2 - Y_2$$

为使实验结果的可信度高，可交换实验组与控制组，再次进行实验。由于这种设计缺少事前测量，所以不适合用来分析所发生的整体变化。

控制组同实验组对比实验调查的优点是：实验组和控制组可以在同一时间内进行对比，这样就可以排除由于对比时间不同而可能出现的外来变数的影响。例如，在实验对比时间不同的条件下，往往由于市场形势的发展、商品购买力的变化，以及价格、消费心理、季节变动等而不同程度地影响到实验效果。而在同一时间内进行对比实验，则可大大提高实验的准确性。

但是应用控制组与实验组对比实验调查，也仍有其局限性，就是控制组与实验组之间的可比性，包括两组所处的客观环境和各种主观经营能力等。从理论上说，这些条件应完全一样，才能进行对比，但事实上很难找到完全符合上述条件的两个组。

(3) 事前事后有控制对比实验。

事前事后有控制对比实验，又称为实验组与控制组对比实验，这是最复杂也是最科学的一种实验调查法，是指控制组事前事后实验结果同实验组事前事后实验结果之间进行对比的一种实验调查方法。具体做法是在同一时间周期里，选择两组条件相似的实验单位，一组作为实验组，一组作为控制组，在实验前后分别对这两组进行比较。在这里，实验组与控制组的可比性非常重要。若是企业，应选择在类型、规模等方面都大致相同的，以保证两者无论是整体结构还是内部结构都有高度的相似性。

实验原理:用 X_1、X_2 分别代表实验组事前事后的测量值,用 Y_1、Y_2 分别代表控制组事前事后的测量值,则:

$$实验结果=实验组变动量-控制组变动量=(X_2-X_1)-(Y_2-Y_1)$$
$$实验效果=[(X_2-X_1)/X_1-(Y_2-Y_1)/Y_1]\times 100\%$$

[案例研究 3-3]

某酒厂要调查瓶酒的新包装效果,选择甲、乙两家超市。其中,甲超市为实验组销售新包装瓶酒,乙超市为控制组销售旧包装瓶酒(甲、乙两家超市原来瓶酒销售量大致相等),实验期为一个月,有关数据如下表所示。

从表中可以看出,实验组和控制组在实验前的瓶酒销售量均为 2 000 瓶;实验组在实验后的销售量为 2 850 瓶,控制组在实验后的销售量为 2 150 瓶。

实验结果$=(X_2-X_1)-(Y_2-Y_1)=850-150=700$(瓶)

实验效果$=\frac{700}{2\ 000}\times 100\%=35\%$

酒厂在两家超市中销售的事前事后有控制对比实验数据表

组　别	实验前 1 个月内销量	实验后 1 个月内销量	变动量
实验组(甲超市)	2 000	2 850	850
控制组(乙超市)	2 000	2 150	150

通过控制组和实验组事前事后对比实验调查,说明改变瓶酒的外包装,可以促进瓶酒的销售,仅甲超市一个月销售量就增加了 700 瓶。

需要指出,实验效果为什么不是(X_2-X_1),而是$(X_2-X_1)-(Y_2-Y_1)$呢?这是因为实验组变动结果(X_2-X_1),包含着实验变数和外来变数两方面因素的影响;而控制组变动结果(Y_2-Y_1),只包含外来变数一方面因素的影响。因此,实验变数结果$(X_2-X_1)-(Y_2-Y_1)$,实际上是在排除了外来变数影响的情况下,实验变数影响的实际效果。所谓外来变数的影响,是指非实验变数的影响。

以本例题来说,甲超市(实验组)瓶酒销售量一个月增加了 850 瓶,而这 850 瓶中既有实验变数(改为新包装)带来的影响,还有外来变数如节日销售自然增加的影响。而乙超市(控制组)虽然事前事后都是销售旧包装的瓶酒,但它由于受外来变数的影响,销售量也增加了 150 瓶。由于甲超市和乙超市在同一时期受外来因素影响程度大致相同,所以,从 850 瓶中减去外来变数影响的 150 瓶,余下的 700 瓶是改为新包装的真正实验效果。

由此可见,应用控制组和实验组事前事后对比实验,由于排除了自变量以外的其他非控制因素的影响,仅仅只有实验因素对实验结果产生影响,提高了实验的准确性,是一种更为先进的方法。

3.3.4 实验调查法在应用中应注意的问题

实验调查法的应用范围十分广泛,主要应用在某种环境改变或商品在诸多方面的改变。

如整体产品中的品种、包装、设计外观、价格、广告、陈列方法等，在判断上述因素改变是否有效果时，都可以采用实验调查法。在实施过程中应该特别注意以下问题。

1. 实验对象和实验环境的选择

选择的实验对象和实验环境，一定要在同类事物中具有较高的代表性。对于复杂的事物来说，选择的实验对象和实验环境，还应该具有不同类型。

如果采用实验组、控制组设计，还应该注意实验对象和实验环境的匹配，即实验组的实验对象和实验环境与控制组的实验对象和实验环境，应尽可能相同或相近。

为了做到这一点，实验者在选择实验对象和实验环境时应采用配对分派法进行选择，即每次选择两个相同或相近的单位组成匹配，然后将其中一个分派到实验组，另一个分派到控制组。只有按照这种分配法组织的实验组和控制组，才能真正起到互相对照的作用。

2. 实验过程的控制

实验过程的控制，主要包括以下两个方面：

(1) 对实验激发的控制，既要严格按照设计方案进行，又要在不违背实验目的的前提下有一定的灵活性。在实验过程中，必须给实验者一定自主权，以便他们在不违背实验目的的前提下，灵活处置那些在实验过程中无法完全避免的特殊情况、特殊问题。

(2) 对非实验因素的控制。努力排除或减少非实验因素对实验过程的干扰，是控制实验过程的另一重要任务。这些干扰因素主要来自以下四个方面：

① 实验者自身的干扰，特别是实验者急于求成的心理和自觉不自觉地给实验对象创造许多特殊的优越环境。

② 实验对象的干扰，特别是实验对象对实验活动不适应、不理解、不合作，以及某些实验对象由于种种原因中途退出实验活动等，都会给实验过程造成许多困难。

③ 社会环境因素的干扰，特别是在现场实验调查中许多与实验无关的社会环境因素以及某些重大事件的突然出现，都会对实验过程产生这样或那样的影响。

④ 实验过程自身的干扰，实验激发的方式、强度、范围等方面不可能保持完全一致，实验检测的工具、灵敏程度和操作方法也不可能保持完全不变，被调查者对实验激发、实验检测适应能力也在不断变化，这些都会对实验过程及其结果产生一些非实验因素的影响。

实验要达到预期目的，必须有效控制各种非实验因素的干扰：

① 实验者要客观对待实验过程，公平对待实验对象，决不可拔苗助长，给实验对象以实验之外的种种特权。

② 要加强对实验对象的教育，提高实验对象的素质，努力争取实验对象对实验活动的理解和支持。

③ 控制社会环境因素对实验过程的干扰，一般可采取以下几种方法：第一，彻底排除法，即将一切可以排除的非实验因素彻底排除在实验过程之外。第二，完全纳入法，即把无法排除的某些非实验因素完全纳入实验过程，作为实验所要研究的一个问题。第三，保持衡定法，即使某种非实验因素在每一个实验对象中都保持相对平衡的、稳定的水平。第四，统计分析法，即对实验过程中无法排除的非实验因素，在实验后再用统计分析方法计算出它们对实验结果的具体影响。

④ 控制实验过程自身非实验因素的干扰，主要是控制对不同实验对象的实验激发尽可

能在激发方式、强度和范围等方面保持相对一致;控制对不同实验对象的实验检验,尽可能在检测工具、灵敏程度和操作方法等方面保持相对统一。同时,要根据被实验者针对实验激发、实验检测适应能力的不断变化(强化或弱化),适当调整实验激发的方向、形式和部位,适当改变实验检测的方式、操作程序和计量方法,从而把实验过程自身非实验因素的影响降到最低程度。

3. 实验效果的检测和实验结果的评价

实验效果的检测与实验结果的评价是密切联系在一起的,检测是评价的前提或依据,评价则是对检测结果所做的解释或说明。

(1) 实验效果的检测。

实验效果的检测,要有科学性、统一性和可重复性。所谓科学性,是指检测指标、检测方法和检测手段要科学。所谓统一性,是指对不同实验对象、对前检测和后检测,都应该使用统一的指标、方法和手段去检测。所谓可重复性,是指检测的结果必须是稳定的、可靠的、可重复的。

(2) 实验结果的评价。

对实验结果的评价,应该包括两个方面:一是对实验内在效度的评价,即对实验结果说明实验所要说明问题的正确程度做出评价;二是对实验外在效度的评价,即对实验结果的推广适用程度或正确程度做出评价。

要对实验的内在效度做出科学评价,关键在于把实验效应与非实验效应严格区别开来。因此,要科学评价实验的内在效度,就必须尽可能排除或控制一切非实验因素的干扰。

要对实验的外在效度做出科学评价,关键在于把实验结果共性的东西与个性的东西区别开来。任何实验的结果,实际上既包含着共性的东西,又包含着个性的东西,他们都是共性和个性的统一。其中,只有共性的东西才具有推广的价值,因此,要科学评价实验的外在效度,就必须正确区分实验结果中哪些是共性的东西,哪些是个性的东西。只有正确地说明了具有共性的实验结果,才能科学评价实验结果的外在效度。

3.4 访问调查法的应用

3.4.1 访问调查法的含义与优缺点

1. 访问调查法的含义

访问调查法(Questioning Survey),又称询问法、采访法,是第一手资料收集中最常用、最基本的一种方法。访问调查法是将所要调查的事项以访问的方式,向被调查者提出询问,以获得所需要资料的一种方法。具体是指在操作中,由调研人员根据事先设计好的调查项目以某种方式向被访者提出问题,要求其给予回答,由此获取信息资料。

2. 访问调查法的优缺点

(1) 访问调查法的优点。

① 它能了解广泛的社会现象。访问调查是一种口头调查,它不仅可以了解当时、当地正在发生的社会现象,而且可以询问过去和外地曾经发生过的社会现象,不仅可以调查事

实、行为方面的问题，而且可以询问观念、感情方面的问题。在调查内容的广泛性上，访问调查法大大优于实地观察法。

② 它能深入探讨各类社会问题。访问调查是直接的口头调查，它可以反复地进行交谈，不仅能够了解比较复杂的社会现象，而且能够深入探讨社会现象的因果联系和内在本质，深入研究改造社会的道路和方法。在调查的深入性方面，访问调查法不仅优于实地观察法，而且优于问卷调查法。

③ 它能灵活地进行调查工作。访问调查是面对面的直接调查，它可以根据访问对象和访谈过程的具体情况，采取灵活多样的方法，有针对性地进行工作。实地观察法和问卷调查法就不可能有访问调查这样的灵活性或适应性。

④ 它能提高调查工作的可靠性。访问调查法是面对面的口头调查，当被访问者对问题不理解或理解不正确时，访问者可及时引导和解释；当被访问者的回答不完整、不准确时，访问者可以当面追询。另外，访问者在访谈过程中，还可获得许多非语言信息。这一切，都有利于提高调查的可靠性，有利于对被访问者回答的可靠性做出正确的评价。

⑤ 它能适用于各种调查对象。访问调查是一种口头调查，它适用于一切有正常思维能力和口头表达能力的访问对象，包括文盲、半文盲和没有视觉的盲人。在这一方面，它又大大优于书面的问卷调查。

(2) 访问调查法的缺点。

① 有些问题不宜当面询问。访问调查是面对面的直接调查，被访者不能匿名回答问题。因此，对于某些敏感问题，尖锐问题和隐秘问题，或者是访问者不宜当面询问，或者是被访者不愿当面回答和不做真实回答，这都会对访问调查的结果产生不利的影响。

② 访问调查的许多材料需进一步检验、查证或核实。访问调查是口头调查，调查所获得的信息也都是一些口头信息，它们的真实性和准确性都还有待证明。因此，对于访问调查的结果，特别是那些重要的事实和数据，一般都需要进行检验、查证或核实。

③ 访问调查费人力、费财力、费时间。进行访问调查，一般都需要较多的访问人员，需要进行专门的培训。访问时，还要动员更多的访问对象给予合作，访谈过程还要花费更多的时间。因此，它只适合在较小的范围内使用。

3.4.2　访问调查法的类型

市场调查者可以根据调研的目的、想要收集资料的类型、获取信息难度的大小等因素，来决定是单独使用某种访问方法还是混合使用几种访问方法来完成信息的收集工作。访问调查法根据访问调查过程中调查者与被调查者接触的方式主要有以下几种类型。

1. 面谈访问调查法

所谓面谈访问调查，就是调查员按照抽样方案中的要求，到抽选中的家庭或单位，按事先规定的方法选取适当的被访者，再依照问卷或调查提纲进行面对面的直接访问。这种方式具有回答率高、能深入了解情况、可以直接观察被调查者的反应等优点，较别的方法能得到更为真实、具体、深入的资料。

面谈访问的具体形式多种多样，既可派人员走出去，也可把被调查对象请进来；既可个别交谈，也可开座谈会；既可由企业自身人员调查，也可聘请或委托他人调查；既可去家庭、单位调查,也可在购物场所、公共地点随机调查;既可事先约定,也可临时展开。在调查中,选择哪种方式比较适合,要视具体调查项目的特点和需求来决定。

(1) 面谈访问的形式。

面谈访问一般包括三种形式:入户访问、街头拦截式调查、计算机辅助个人面访调查。

① 入户访问。

入户访问是指调查员到被调查者的家中或工作单位进行访问,直接与被调查者接触。然后或是利用访问式问卷逐个问题进行询问,并记录下对方的回答;或是将自填式问卷交给被调查者,讲明方法后,等对方填写完毕再回来收取问卷的调查方式。

入户访问是一种在被访者家中或工作单位进行的私下的、面对面的访谈形式。它的优点有:能确保被访者在一个自己感到熟悉、舒适、安全的环境里轻松地接受访谈;能直接获得反馈信息;可以对复杂的问题进行解释,减少被访者因不理解题意而随意作答的现象;可以对问卷中属私人问题或比较敏感的问题进行访谈,使受访者更方便、更乐意回答;可以使用其他辅助工具进行访问,如展示大量的图片、卡片、产品;适合进行复杂而且需要很长时间的面谈。

然而,这种调研方法仍存在很多不足之处,主要缺点有:成本高、时间长;可能由于被访者家庭成员、电话干扰而分心;入户困难,通常居民对陌生人的防备心理比较强,所以访问员经常会被拒绝;调研收集的信息受访问员的素质影响较大,如心理素质、专业素质等;访问结果的可信度受访问员的种种作弊行为的影响,如欺骗、操作不完整等。尽管如此,入户访问目前仍然是一种有效和重要的方式。

② 街头拦截式调查。

街头拦截式调查是指根据调查目的和对象的特殊性,在受访人群较为集中的公共场所(如商场、公园、休闲广场等)直接拦截受访人群进行访问。这种方法常用在商业性的消费者意向调查中。拦截面访的好处在于效率高,但是,无论如何控制样本及调查的质量,收集的数据都无法证明对总体有很好的代表性。

街头拦截式调查主要有两种方式:

第一种方式是由经过培训的访问员在事先选定的若干个地点,如交通路口、户外广告牌前、商城或购物中心内(外)等,按照一定的程序和要求,选取访问对象,征得其同意后,在现场按照问卷进行简短的面访调查。

第二种方式也叫中心地调查或厅堂测试,是在事先选定的若干场所内,根据研究的要求,摆放若干供被访者观看或试用的物品,然后按照一定的程序在事先选定的若干场所的附近,拦截访问对象,征得其同意后,带到专用的房间或厅堂内进行面访调查。这种方式常用于需要进行实物显示的或特别要求有现场控制的探索性研究,或需要进行实验的因果关系研究。例如,广告效果的测试,某种新开发产品的试用实验等。

③ 计算机辅助个人面访调查。

计算机辅助个人面访调查(Computer Assisted Personal Interview, CAPI)在一些发达国家使用比较广泛,可以是入户的CAPI,也可以是街头拦截式的CAPI。其主要有两种方式:

第一种方式是由经过培训的调查员手持笔记本电脑,向被访对象进行面访调查。调查问卷事先已经存放在计算机内,调查员按照屏幕上所显示的问答题的顺序和指导逐题提问,并及时地将答案输入计算机内。目前，CAPI 用的电脑也可以十分方便地处理开放式的问答题，可将被访者的回答输入电脑。

第二种方式是对被访者进行简单的培训或指导后，让被访者面对电脑屏幕上的问卷，逐题将自己的答案亲自输入到计算机内。调查员不参与问答，也不知道被访者输入的答案，但是调查员可以待在旁边，以便随时提供必要的帮助。

(2) 面谈访问调查法的应用范围。

面谈访问调查法是目前在国内使用最广泛的方法，几乎涉及市场调查的各个应用范围。

① 消费者研究。例如，消费者的消费行为研究、消费者的生活形态研究、消费者的满意度研究等。

② 媒介研究。例如，媒介接触行为研究、广告效果研究等。

③ 产品研究。例如，对某产品的使用情况和态度研究、对某产品的追踪研究、对新产品的开发研究等。

④ 市场容量研究。例如，对某类产品的目前市场容量和近期的市场潜量的估计，对竞争品牌的市场占有率研究等。

(3) 面谈访问调查法实施时的注意事项。

面谈访问调查法的缺陷是需要耗费较多的人力和财力，调查所需的时间较长，因此它只适用于在小范围内使用，对于规模较大、覆盖面较广的市场调研来说是不适合的。而且面谈访问对调查人员的素质要求较高，调查结果容易受调查人员的提问技巧、被访者的合作态度等多种因素影响，所以提高调查人员的素质和访问技巧是至关重要的。在实施面谈访问调查法时要注意以下几点：

① 对访问员进行适当的培训。培训内容可以是礼貌礼仪方面的、访问技巧方面的，也可以是调研目的、注意事项等相关的内容，以便访问员能更灵活、更好地完成调研任务。

② 访问员应保持客观、中立。访问员的面部表情、语气、形体语言等有时会自觉或不自觉地影响被访者，使之给出不真实或不准确的答案。访问员应保持客观、中立的态度，避免发表某些具有倾向性和诱导性的意见，确保所得信息的真实性。

③ 提问应遵循先易后难的原则。从简单问题入手，可以给被访者一种轻松的感觉，使其对该问题产生兴趣。对于难题或关键性问题，甚至隐私问题，则应尽量放在访问的后面进行，以免被访者从一开始就处于防卫状态。

④ 对访问员进行必要的监督。这种监督包括两方面的内容：一是监督访问员的访问态度，看其是否认真地投入现场工作，是否做出了完整合理的记录；二是监督面谈记录的真实性，以防访问员为了完成任务或是事后发现被访者有未回答或遗漏的问题时为了推卸责任，而弄虚作假。

⑤ 注意礼貌。访谈开始之前，要先做自我介绍，以便获得被访者的支持；访问结束后，也应向被访者表示谢意。

2. *邮寄访问调查法*

邮寄访问调查法是由调查人员将设计好的问卷，通过邮寄的方式送达被调查者手中，请他们答完后寄回，以获取信息的方法。例如，把调查表放在产品的包装箱内，随出售产品一同送达消费者手中，由消费者填写后寄回。

(1) 邮寄访问调查法的优点。

① 高效、方便、费用低廉,只需要一个人就能寄出几千份问卷,不需要对访问员进行培训、监督等,节约了人力;同时不需要上门拜访被访者,也不用上街去寻找被访者,节约了不少时间和费用。

② 邮寄问卷访问能给被访者较充裕的时间,可以慎重思考后回答问题,而且不受访问员有意识或是无意识的干扰而产生调查误差。

③ 扩大调查范围,增加样本量,减少了访问员的劳务费,免除了对访问员的管理。

④ 避免被访者与陌生人接触而引起情绪波动;被访者有充足的时间填答问卷;方便被访者对较敏感或隐私问题进行回答。

(2) 邮寄访问调查法的缺点。

① 问卷回收率较低。在几种调查方法中,邮寄访问调查法的问卷回收率是最低的。一般而言,30%的回收率为最佳,15%～20%为中等,但实际产生的回收率往往低于10%。低回收率有可能影响样本的代表性,由于不直接接触被访者,不能反馈回答问卷者的态度,也不能了解到问卷中未涉及的问题而遗漏重要的市场信息。

② 信息反馈周期长,影响收集资料的时效。

③ 要求被访者有较好的文字表达能力,对文化程度较低者不适用。

④ 问卷的内容和题型不能太困难,调查人员对于问卷如何填写,被访者是否有不了解的问题,问卷是否为他人代写等现象无法控制,而这些直接关系到调查结果的准确性和真实性。

(3) 提高问卷回收率的方法。

① 对于没有回答的被访者,用明信片、电话或邮件进行提醒。

② 赠送小礼品来吸引被访者,提高问卷回收率。

③ 金钱刺激,这种方法在国外比较流行。比较普遍的做法是在问卷中夹带现金,以此让那些人为了避免内疚而完成问卷。

④ 采取有奖征询的方式。凡是在规定时间内寄回调查问卷的被访者都有资格参加抽奖活动,这既能提高问卷回收率,又能缩短问卷的回收时间,使资料具有时效性。

⑤ 附贴好邮票的回程信封。

问卷回收率的高低直接关系到邮寄访问调查的成败,以上方法如果使用得当,对提高问卷的回收率是相当有效的。

3. 电话访问调查法

电话访问调查是指调查者通过电话与被调查者进行交谈,获取信息的一种方式。这种方法一般适用于被调查者比较熟悉或者是调查问题比较简单的市场调查,在电话普及率较高的国家,电话访问已经独立地应用于社会经济、市场调查的许多方面,如对健康状况的调查、对就业状况的调查等。它以其诸多优点而成为目前很受欢迎的一种调研方式。

电话访问调查主要是在企业之间,如信息中心、调研咨询公司等借助电话向企业了解商品供求信息及价格信息等。现在,也可通过电话向消费者家庭进行询问调查。一般情况下,电话访问调查多用于对简单问题的调查和企业调查中的复查。

(1) 电话访问调查法的优点。

① 利用电话收集信息费用低,节约了访问员的行程费用。

② 速度快。采用电话访问一天之内至少可以完成 15 次每次 20 分钟的访谈。

③ 交谈比较自由，被访者不受调研人员在场的心理压力影响，能畅所欲言。

④ 调研人员管理方便。

⑤ 有可能获得高质量的样本。如果实施了恰当的电话号码抽选及回访程序，电话访问较其他访问更可能得到较完善的样本。

(2) 电话访问调查法的缺点。

① 只限于简单的问题，难以深入交谈，不适合深度访谈或开放式问题的回答。

② 被访者的年龄、收入、身份、家庭情况等不便询问。

③ 照片图像无法利用，无法展示产品、图片或卡片及广告形象、包装等，从而极大地限制了各种调研工具的综合使用。

④ 受电话装机的限制。这种调查方法在电话普及率很高的国家很常用，在我国只适用于电话普及率高的人口总体。

⑤ 电话调查不容易取得被访者的合作，容易遭到拒绝。

⑥ 不适合较长时间的访问，除非被访者对调查的问题特别感兴趣。

⑦ 电话访问时访问员不在现场，因而辨别回答的真伪以及记录的准确性都受到限制。

但是，尽管有这些限制，调查某些具体内容，如高收入者的商品消费结构、商品偏好，以及潜在购买量等，电话调查仍是较为现实的方法。它有利于节省时间和调查费用，取得结果也快。采用电话调查时要注意通话时间不宜过长，因此询问时多采取两项选择法向被访者询问。例如，通过电话向被访者询问"您是否准备购买健身器械""您喜欢高档照相机，还是摄像机"等。

(3) CATI 技术。

计算机辅助电话访问调查技术(Computer Assisted Telephone Interview, CATI)是传统的调查技术与近年高速发展的通信技术及计算机软硬件技术结合的产物。由于它与传统的面谈调查技术相比，很多方面都显示出其无可比拟的优越性，所以问世以来得到越来越广泛的应用。CATI 技术最早于 20 世纪 70 年代出现在美国的市场调查领域，70 年代中期，美国的一些大学和研究机构也开始采用 CATI 技术，80 年代该项技术在欧美得到了比较迅速的发展。目前北美和欧洲的所有专业调查研究机构，无论是商业性的还是学术性的，都以此项技术作为最主要的数据搜集方法。90 年代中期，我国一些专业调查机构开始使用 CATI 技术，并在近几年得到迅速发展。

CATI 系统主要由微型计算机或计算机网络硬件系统和 CATI 软件系统组成。硬件系统与电话连接，可以进行随机拨号。软件系统一般包括：调查问卷设计生成系统，用来产生某项特定调查的问卷；统计分析系统，用来对已经输入的数据进行比较简单的统计分析，随时掌握样本构成情况，以便对配额进行控制；访谈监控系统，用来对访问员的访问情况进行实时监控。CATI 系统一般是一个相对集中的系统。很多访问员同时工作，每位访问员坐在一个计算机网络终端前，根据出现的问题对被访者进行提问，并将答案通过键盘或鼠标输入计算机。调查监控人员可以通过监控系统对调查进行质量控制，并协助处理可能出现的各种问题。

4. 留置问卷访问法

留置问卷访问法是指调查人员将调查表送到被调查者手中，并详细说明填写事项，由被调查者自行填写,再由调查人员定期回收的一种方法。就方法本身而言,留置问卷访问法是介于面谈和邮寄方法之间的一种折中方法。

(1) 留置问卷访问法的优点。

被访者可依据自己的时间从容作答;可回答需要耗费时间或难以当面回答的问题;不需要与技术纯熟的访问员面谈;调查问卷回收率高;被访者可以当面了解填写问卷的要求,澄清疑问,避免由于误解提问内容而产生误差;被访者意见不受调查人员的影响。

(2) 留置问卷访问法的缺点。

难以确认是否是被访者本人的回答;需要委托调查及回收共两次访问,故较耗费交通及人工费;调查地域范围有限;不利于对调查人员的管理和监督。

5. 网上调查访问法

获得第一手资料的传统调查方法主要是询问法、实验调查法和观察调查法等。这些方法同样可以与电子网络技术结合起来,形成全新的网上调查方法。

(1) 网上调查访问的含义。

网上调查是借助联机网络、计算机通信和数字交互式媒体实现研究人员研究目标的市场调查方法。网上调查的内容除了进行网上市场调查外,在广义上还可包括网上的信息收集、网上商业宣传、网上广告发布与投放、网上购物销售、网上客户支持服务等内容。

(2) 网上调查访问法的优点。

网上调查访问法与其他调查方法相比,有其鲜明的特色,如自愿性、定向性、及时性、互动性、经济性、匿名性等,因此无论在定性研究中,还是在定量研究中都发挥了越来越重要的作用。网上调查访问法的优点主要有:

① 费用低廉。由于不受天气、距离等因素的影响,不需要支出访问员需要的路费、培训费、报酬等;同时,由于不用印刷问卷,不用邮寄费等,因此较面谈访问、邮寄访问等费用低廉。

② 速度快。网上调查问卷的制作、发送、回收,以及传统调查方式中数据的记录和整理都可以在瞬间完成。国际互联网的交互性使网上调研的周期大大缩短。

③ 范围广。网络将整个世界联系在一起,只要进入相应的网站就能回答问题。此外,网上调查还能 24 小时全天候开展,没有时间、地域的限制。

④ 调查结果客观性高。一是被调查者参加调查均属于自愿行为,因此被调查者一般对调查内容有兴趣,这样调查所得的内容更加真实;二是不存在被调查者受调查者有意识或无意识的行为干扰的可能,保证了被调查者在完全独立思考的前提下提供答案,还避免了传统调查方法中的人为错误,如记录错误和录入错误等,最大限度地保证了调查结果的客观性。

⑤ 表现力强。网上调查的一个独一无二的特点便是可以设计出多媒体问卷,纳入诸如图片、声音、录像和其他一些形象性描述内容等以增强调查效果。例如,在研究包装设计时,可以请调查对象将不同的包装设计方案进行排序。

(3) 网上调查访问法的缺点。

① 代表性差。虽然现在网民的数量大幅度增加,但由于受计算机设备、网络普及程度及被访者操作技术的限制,目前上网的用户主要是有知识的年轻人,而老年人、贫困地区的百姓及受教育程度较低的中年人等则很少是网民,这就影响了目前样本的代表性。

② 网络的安全性有待提高。网上调查可能会涉及被调查者的个人信息，如邮箱地址、工作单位、电话号码等，很多别有用心者会利用这些信息往被调查者邮箱里发垃圾邮件，这些行为严重影响了被调查者的正常生活。正是这种网络的不安全性使得很多网民不愿意接受网上调查，特别是需要透露个人信息的网上调查。

③ 网上调查无样本限制，即任何人都可以填写问卷。如果一个人自愿重复填写问卷，就会使情况变得复杂，调查结果失真。

(4) 网上调查的主要步骤。

① 确定目标市场。主要看网民中是否存在被调查群体，规模有多大。

② 设计调查问卷。在确定调查目标市场的基础上，充分考虑被调查者的特征及心理特点，设计所需要的问卷。由于因特网交互机制的特点，网上调查可采用一种传统调查无法实施的方式，即调查问卷分层设计。这种方式适合过滤性的调查活动，因为有些特定问题只限于一部分调查者，所以可以借助层次的过滤寻找适合的回答者。

③ 实际调查。虽然网上调查很便宜，但如果只是把调查问卷照搬到网上，恐怕是收不到好的调查效果的。一般可以采取：a. 通过电子邮件发送调查表。b. 利用自己的网站。网站本身就是宣传媒体，如果企业网站已经拥有固定的用户，完全可以利用自己的网站开展网上调研。例如，海尔公司希望获得用户使用投诉调查，也可以利用本公司网站。c. 借用别人的网站。如果企业自己的网站还没有建好，或访问量不大，可以利用别人的网站进行调查。这与用传统方式在报纸上登调查表相似。d. 适当使用物质刺激。在网上，时间就是金钱，占用被调查者的时间就意味着占用他们的金钱。所以，为了鼓励大家积极参与调查，除调查内容应有趣、易答外，还应适当使用物质奖励，以提高大家参与调查的兴趣。

④ 调查结果的分析。这一步骤是市场调查能否发挥作用的关键。与其他调查方法的结果分析类似，也要尽量排除不合格的问卷，这就需要对大量回收的问卷进行综合分析和论证，包括有些被调查者没有完成全部问卷，造成这种情况的原因是厌烦、断线还是失去了耐心，都要进行具体的分析。

(5) 网上调查的主要方法。

① E-mail 问卷。这种方法简单快捷，费用低廉，只要将一份简单的调查问卷以邮件的形式按邮箱地址发出即可，被访者回答完毕后将问卷回复给调研机构，有专门的程序对收集的数据进行整理。使用这种方法时需要注意的是，不能用轰炸式的方式发放问卷，否则极易引起被访者的反感而拒绝回答。

② 计算机辅助电话访问系统。计算机辅助电话访问系统(CATI)是访问员直接将答案输入电脑控制中心的方法，它利用一种软件语言程序在电脑辅助电话访谈的基础上设计问卷并在网上进行传输，然后进行网上调查的数据收集。它广泛地应用于不同的调查研究领域，如品牌知名度研究、产品渗透率研究、品牌市场占有率研究、产品广告到达率研究、广告投放后的效果跟踪研究、消费习惯研究、消费者生活形态研究、顾客满意度调查、服务质量跟踪调查、家庭用品测试及选举民意测试等。

一般网上调查不适用于那种较复杂的项目。网民是一种缺乏耐心的人，所以，调查问卷应设计成让接受调查的人在 10～15 分钟答完为宜。除了特殊的问题需要被调查者录入文字来回答外，尽可能让被调查者通过单击鼠标来选择。

6. 五种访问调查法的比较

五种访问调查法,都有各自的优缺点,我们可以根据调查的实际情况而定。具体优缺点,如表 3-1 所示。

表 3-1　五种访问调查法的优缺点比较

对比项目	面谈访问法	电话访问法	邮寄访问法	留置问卷法	网上调查法
调查范围	较窄	较窄	广	较广	广
调查对象	可控和选择	可控和选择	难以控制、难以估计代表性	较难控制和选择	较难控制和选择
影响回答的因素	能了解、控制和判断	无法了解、控制和判断	难以了解、控制和判断	能了解、控制和判断	较难了解、控制和判断
回收率	高	较低	低	较高	较低
答卷质量	高	较高	较低	较高	较低
投入人力	较多	较少	少	较少	少
费用	高	低	较低	较高	低
时间	长	较短	较长	较长	较长

3.4.3　影响访问调查法选择的因素

1. 收集数据的质量

数据质量是指数据的有效性与可靠性。有效性是指能够反映调查对象的整体情况,而可靠性则指收集的数据的可信度。一般来说,对数据质量要求不同,可采用的询问法也不同。

2. 预算费用

俗话说"巧妇难为无米之炊",因此预算费用在很多方面都影响调查方法的选择,但它不应该成为选择时的唯一参考因素。应本着少花钱多办事的原则,将预算费用与一个可行的数据收集方法结合起来。

3. 问卷的长度

问卷的长度决定着调查时间,而调查时间的长短又决定了被访者接受访问及顺利完成调查的可能性。大多数方法都不适合于较长的问卷,如街头拦截法和电话访问法,因为很少有被访者愿意在嘈杂的街头或电话中完成长达一个小时的访谈。所以,不宜将问卷设计得太长。

4. 问卷的结构化程度

问卷的结构化是指问题是否按一定的次序排出,答案是否属于固定的。符合上述条件的则为结构化问卷,可以采用邮寄访问、电话访问等方法;而不符合上述条件的则为非结构化问卷,宜采用入户访问。

5. 操作的复杂性

有些调研活动的操作比较复杂,如口味的测试、产品选择和广告实验测试等。这些复杂的操作不适合采用非面谈的方式进行,所以这类测试往往都采用街头拦截访问法等人工操作的方式来进行。

6. 抽样精度要求

在实际调查研究中，对抽样精度的要求也是选择调查方法时的重要参考因素。对于精度要求较高的调查研究，电话访问由于一般采用随机抽样，通常能够满足精度性的要求，所以是比较理想的方法，而上门访问的样本精度也比街头拦截访问要高。

3.5　其他调查方法

3.5.1　小组座谈法

企业如何了解消费者对广告、新产品的包装、新产品的口味等方面的深度评价，靠泛泛的调查是很难获取这方面的信息的。因此，很多企业常常借助于小组座谈法来收集消费者的意见和建议。

1. 小组座谈法的概念

小组(焦点)座谈(Focus Group)是由一个经过训练的主持人以一种无结构的自然的形式与一个小组的被调查者交谈，主持人负责组织讨论，从而获取对一些问题的深入了解。这种方法的价值在于常常可以从自由进行的小组讨论中得到一些意想不到的发现。

2. 小组座谈法的作用

小组座谈法作为定性调研中最常用的方法，在发达国家十分流行，它比一对一的面谈更容易发现新概念、新创意，而且快速，能节省大量时间。此外，由于提供了较好的观察被访者言行的机会(如通过单向镜或监视器等)，从而使不同的观察者都能发现自己所要的信息。

3. 小组座谈法的组织

小组座谈法是技术性要求较高的调研方法，要选择合适的被调查者，创造平等、轻松的环境，还要使被调查者都讲真心话，不是件容易事。因此小组座谈的有效组织是非常重要的，一般从以下几个方面来进行。

(1) 明确访谈目的。企业在进行小组座谈前必须明确调查的目的，以便在调查过程中做到有的放矢。

(2) 甄别参与者。小组座谈的参与者一般都要经过甄别。先由研究人员定下标准，让访问员找到足够多的符合条件的候选人，并且对参与者分组，一般以某个参数是否同质为准，同质同组。参与者应该尽量“普通”些，如果没有必要，应该把有“专家”行为倾向的人排除在外，包括一些特殊职业(如律师、记者、讲师等)的消费者，因为他们很容易影响其他参与者，同时增加了主持人的控制难度。

(3) 确定主持人。合格的主持人首先应该是训练有素的调研专家，对调研背景、调研目的、调研程序、分组情况都应该了如指掌。如果要主持一个诊断性小组座谈，主持人还要有良好的心理学和社会心理学的造诣。

(4) 准备调研提纲。调研提纲是小组座谈的问题纲要，它应该给出小组要讨论的所有主题，还要把主题的顺序做合理的安排。

(5) 现场布置。不同的调研项目会需要不同的现场布置，比如广告效果座谈就需要投影仪和屏幕；概念测试需要制作概念板；口味测试则需要更多的准备，如苏打水、饼干、笔、纸等都要提早到位。另外,在每次座谈前,都要把参与者的名字写在桌牌上,预先放置妥当。这样做首先可以使参与者能够按预先设定的次序就座,大大方便了记录和数据分析处理;其次,主持人在座谈过程中能够直接称呼参与者,极大地促进了沟通关系的建立,也方便了主持人的工作。

(6) 实施座谈。

(7) 分析资料和数据。几组小组座谈实施完了,参与者说的都是真心话吗? 是不是还有不明确的信息? 要不要再组织一次补充? 是否需要用其他方法继续深入调研、观察、实验或者问卷访问? 这些都需要对资料和数据分析之后才能得出结果。

(8) 总结和撰写调研报告。

3.5.2 深层访谈法

1. 深层访谈法的概念

深层访谈法(In-Depth Interviews)是一种无结构的、直接的、个人的访问,在访问过程中,一个掌握高级技巧的调查员深入地访谈一个被调查者,以揭示其对某一问题的潜在动机、信念、态度和感情。

2. 深层访谈法的优缺点

(1) 优点:深层访谈比小组座谈能更深入地探索被访者的内心思想与看法;而且深层访谈可将反应与被访者直接联系起来,不像小组座谈中难以确定哪个反应是来自哪个被访者;深层访谈可以更自由地交换信息,不要求形成小组一致的意见。

(2) 缺点:能够做深层访谈的有技巧的调查员难以找到;由于调查的无结构使得结果十分容易受调查员自身的影响,其结果的质量及完整性也十分依赖于调查员的技巧;占用的时间和所花的经费较多。不过,尽管如此,深层访谈也有一定的实际应用。

3. 深层访谈法的应用

与小组座谈一样,深层访谈主要也是用于获取对问题的理解和深层了解的探索性研究。不过,深层访谈不如小组座谈使用那么普遍,主要应用于下列情况:详细地了解被访者的想法;讨论一些保密的、敏感的或让人为难的话题;被访者容易随着群体的反应而摇摆;详细地了解复杂行为;访问专业人员;访问竞争对手;调查的产品比较特殊等。

3.5.3 投影技法

1. 投影技法的概念

投影技法是一种无结构的非直接的询问形式,可以鼓励被调查者将他们所关心的问题投射出来,从而了解被调查者的一种方法。

在投影技法中,并不要求被调查者描述自己的行为,而是要他们解释其他人的行为:在解释他人的行为时,通过分析被调查者对那些没有结构的、不明确而且模棱两可的"剧本"的反应,他们的态度也就被揭示出来了。

2. 投影技法的优缺点

(1) 优点:与小组座谈法和深层访谈法相比,投影技法的一个主要优点就是可以提取出被调查者在知道研究目的的情况下不愿意或不能提供的回答;另外,当潜在的动机、信仰和态度是处于一种下意识状态时，投影技法也是十分有帮助的。

(2) 缺点：投影技法也有无结构的直接技法的许多缺点，而且在程度上可能更严重。这些技术通常需要有经过专门高级训练的调查员去做个人面访；在分析时还需要熟练的解释人员。因此，一般情况下投影技法的费用都是高昂的，而且有可能出现严重的解释偏差。除了词语联想法之外，所有的投影技法都是开放式的，分析和解释起来就比较困难，也易主观。

3. 投影技法的应用

和心理学中的分类一样，投影技法可分成联想技法、完成技法、结构技法和表现技法。

(1) 联想技法。

联想技法是将一种刺激物呈放在被调查者面前，然后询问被调查者最初联想到的事。在这类技法中最常用的是词语联想法。在词语联想中，给出一连串的词语，每给一个词语，都让被调查者回答其最初联想到的词语(叫反应语)。调查者感兴趣的那些词语(叫试验词语或刺激词语)是散布在那一串展示的词语中的，在给出的一连串词语中，也有一些中性的或充数的词语，用于掩盖研究的目的。例如，在对超市顾客光顾情况的调研中，试验词语可以选择“位置”“购物”“停车场”“质量”“价格”之类的词语。这种技法的潜在假定是，联想可以使反应者或被调查者暴露出他们对有关问题的内在感情。

(2) 完成技法。

在完成技法中，给出不完全的一种刺激情景，要求被调查者来完成。常用的方法又分句子完成法和故事完成法。

句子完成法是给被调查者一些不完全的句子，要求他们完成。与词语联想法相比，对被调查者提供的刺激是更直接的。不过，句子完成法不如词语联想法那么隐蔽，许多被调查者可能会猜到研究的目的。

故事完成法是给被调查者故事的一个部分，将完成人的注意力引到某一特定的话题，由被调查者用自己的话来做出结论。

(3) 结构技法。

结构技法要求被调查者以故事、对话或绘画的形式构造一种反应。在结构技法中，调查者为被调查者提供的最初结构比完成技法中提供得少。结构技法中的两种主要方法是图画回答法和卡通试验法。

图画回答法的做法是显示一系列的图画，有一般的也有不寻常的事件，在其中的一些画面上，人物或对象描绘得很清楚，但在另外一些中却很模糊，要求被调查者看图讲故事。他们对图画的解释可以揭示出他们自身的个性特征。

卡通试验法是在卡通试验中，将卡通人物显示在一个与问题有关的具体环境内，要求被调查者指出一个卡通人物会怎样回答另一个人物的问话或评论，从被调查者的答案中就可以揭示出他对该环境或情况的感情、信念和态度。

(4) 表现技法。

在表现技法中，给被调查者提供一种文字的或形象化的情景，请他将其他人的感情和态度与该情景联系起来。两种主要的表现技法是角色表演和第三者技法。

角色表演是让被调查者表演某种角色或假定按其他人的行为来动作。调查者的假定是，被调查者将会把他们自己的感情投入角色。通过分析被调查者的表演，就可以了解他们的感情和态度。

第三者技法是给被调查者提供一种文字的或形象化的情景,让被调查者将第三者的信仰和态度与该情景联系起来,而不是直接地联系自己个人的信仰和态度。第三者可能是自己的朋友、邻居、同事或某种“典型的”人物。同样,调查者的假定是,当被调查者描述第三者的反应时,他个人的信仰和态度也就暴露出来了。让被调查者去反映第三者立场的做法减低了其个人的压力,因此可能给出较真实、合理的回答。

增值阅读

反复进行——提高实验与测试的可信性

样本量少的实验与测试,也可以通过反复进行而得出可信性较高的结果。一说到测试,也许有人就会回忆起学生时代考试时没能发挥出平时的实力这样不甘心的经验。市场调查中的实验与测试也是一样,只进行一次不能够得出反映实际情况的结果也是有的。在此有必要记住,市场调查中的实验与测试的结果,是在人为的不自然的条件下实施后取得的。

就像有些人一进入治疗室就会血压升高、心跳加快,在实验与测试中,类似的情况也会发生。虽然实验与测试的结果和得失无关,但在调查对象中不少人还是会因为会场的气氛而紧张。另外,虽说实验与测试的条件是可以控制的,但却无法控制实施前调查对象的身体和心理状态。在不同的身体和心理状态下,调查对象所感觉到的事物和反应是有所不同的。

市场调查中的实验与测试是以人为对象的,这点必须铭记。如果自以为做过几次同类的实验与测试,就可以熟练掌握的话,当遇到突发事件时就难以恰当地应付了。当今社会,在室外进行社会实验等的时候,必须根据能够想象得到的事态,比如发生事故时的应对等,在办公桌上模拟推演,以做好危机管理。

(资料来源:酒井隆.图解市场调查指南[M].广州:中山大学出版社,2008.)

任务小结

市场调查是企业取得良好经济效益的保证。时下很多企业仍然把市场调查当作简单的事,应付完事;或者对市场调查口头上重视,但给的预算经费又太少;或者对市场调查不得要领,调查方法掌握不当,如此等等。我们认为恰当地掌握好市场调查的方法,才能更好地获得准确的信息资料,使市场调查真正成为企业制定市场营销决策的重要依据。本任务主要介绍以下几种常用的市场调查方法:

(1) 文案调查法,是利用企业内部和外部现有的各种信息、情报,对调查内容进行分析研究的一种调查方法。文案调查法有不受时空的限制、收集容易、成本低、文案调查收集到的情报资料可靠性和准确性较强等优点,但也存在一定的局限性,所以在收集时要遵循相关性原则、系统性原则、时效性原则、经济效益性原则。文案调查法的途径主要有内部资料的收集和外部资料的收集。文案调查法所取得的资料，通常采用有偿购买、索取、企业查找和交换等方式。

(2) 观察调查法，是研究者根据一定的研究目的、研究提纲或观察表，用自己的感官和辅助工具去直接观察被研究对象，从而获得资料的一种方法。观察调查法有多种分类，其中：按观察者参与观察活动的程度划分为完全参与观察、不完全参与观察和非参与观察，按取得资料的时间特征划分为纵向观察和横向观察，按观察结果的标准化程度划分为控制观察和无控制观察，按观察的具体形式不同划分为人员观察和机器观察，按调查的组织特点划分为自由观察和组织观察。观察调查法在市场调查中的应用范围很广泛，可以应用在对实际行动和迹象的观察、对语言行为的观察、对空间关系和地点的观察。观察调查法的记录技术主要包括观察卡片、速记符号、机械记录等。

(3) 实验调查法，是指市场调查者有目的、有意识地通过改变或控制两个或几个市场影响因素的实践活动来观察市场现象在这些因素发生变化时的变动情况，由此认识市场现象和发展变化规律。常用的实验设计方法有两大类：正规设计和非正规设计。

(4) 访问调查法，是将所要调查的事项以访问的方式，向被调查者提出询问，以获得所需要资料的一种方法。访问调查法的形式主要有面谈访问调查法、电话访问调查法、邮寄访问调查法、留置问卷访问法、网上调查访问法等，影响访问调查法选择的因素有收集数据的质量、预算费用、问卷的长度、问卷的结构化程度、操作的复杂性、抽样精度要求等。

(5) 其他调查方法，包括小组座谈法、深层访谈法、投影技法等。当前面介绍的常用方法无法达到目的时，很多企业常常借助于小组座谈法、深层访谈法和投影技法来收集消费者的意见和建议。通常，这些方法往往能收到较好的效果但均对调查人员的素质提出较高的要求。

能力自测

一、选择题

1. 面谈访问一般包括(　　)三种形式。

A. 入户访问　　B. 街头拦截式调查

C. 计算机辅助个人面访调查　　D. 投影技法

2. 面谈访问调查法是目前在国内使用最广泛的方法，几乎涉及市场调查的各个应用范围，通常有(　　)。

A. 消费者研究　　B. 媒介研究

C. 产品研究　　D. 市场容量研究

3. 按观察者参与观察活动的程度将观察调查法划分为(　　)。

A. 组织观察　　B. 不完全参与观察

C. 非参与观察　　D. 完全参与观察

4. 投影技法的分类有(　　)。

A. 联想技法　　B. 集思广益技法

C. 完成技法　　D. 结构技法

5. 观察调查法按观察的具体形式不同划分为(　　)。

A. 自由观察　　B. 组织观察　　C. 人员观察　　D. 机器观察

6. 观察调查法按取得资料的时间特征进行划分为(　　)。

A. 纵向观察　　B. 横向观察

C. 控制观察　　D. 无控制观察

7. 网上调查是开放的,任何网民都可以进行投票和查看结果,这是网络调查法的(　　)特点。

A. 共享性　　B. 及时性和便捷性

C. 及时性和低费用　　D. 交互性和客观性

8. 观察调查法对人的行为的观察包括(　　)。

A. 对调查对象的观察　　B. 对经营者的行为进行观察

C. 对消费者的行为进行观察　　D. 对客流量的观察

9. 文案调查法的基本原则包括(　　)。

A. 时效性　　B. 系统性　　C. 连续性　　D. 相关性

二、判断题

1. 市场调查的观察法就是对消费者行为的观察。(　　)

2. 专题讨论法属于定性调查的范围。(　　)

3. 专题讨论法的具体方法有访问法和座谈会调查法。(　　)

4. 小组座谈法包括专家座谈会法和群众座谈会法。(　　)

5. 电话调查是由调查员通过电话与被调查者交谈,获取资料的一种方法。(　　)

6. 市场调查方法应用是否得当,并不能决定整个市场调查工作的成败。(　　)

7. 文案调查所收集的资料偏重于静态角度。(　　)

8. 文案调查无法搜集市场的新情况、新问题。(　　)

9. 实验调查法是一种实地调查法。(　　)

10. 访问调查法是市场调查中最常用、最基本的调查方法。(　　)

三、简答题

1. 通过文案调查法了解某行业的发展状况需要通过哪些途径?

2. 比较访问调查法中各个调查方式的优缺点。

3. 如何应用"神秘顾客"法?

4. 实验调查法的应用程序有哪些?

四、计算题

某企业要调查某产品新包装效果,选择甲、乙两家商场。其中,甲销售新包装瓶酒,乙销售旧包装瓶酒,实验期为一个月,有关数据如下表所示。

组　别	实验前1个月内销量	实验后1个月内销量	变动量
实验组(甲)	3 500	4 850	
控制组(乙)	3 600	3 750	

要求:按照事前事后有控制对比实验法计算实验结果,并说明实验效果。

案例分析

速溶咖啡的问题所在

20 世纪 40 年代，美国速溶咖啡投入市场后，销路不畅。厂家请调研专家进行研究。先是用访问问卷直接询问，很多被访的家庭主妇回答说：“不愿选购速溶咖啡是因为不喜欢速溶咖啡的味道。”

调研的新问题出现了：速溶咖啡的味道不像豆制咖啡的味道吗？

在试饮中，主妇们却大多辨认不出速溶咖啡和豆制咖啡的味道有什么不同。这说明，主妇们不选购速溶咖啡的原因不是味道问题而是心理因素。

为了找出这个心理因素，研究人员设计出两张几乎相同的购物清单，唯一的区别在于两者上面写了不同咖啡。然后把清单分给两组可比性的家庭主妇，要求她们评价清单持有人的特征。结果差异非常显著：读了含有速溶咖啡购物单的被访者绝大多数认为，按照这张购物单买东西的家庭主妇是个懒惰、浪费的妻子，安排不好自己的计划；而看到含有豆制咖啡购物单的被访者则认为，按照这个购物单购物的家庭主妇是勤俭、称职的妻子。由此可见，当时美国妇女存在一个共识：作为家庭主妇，担负繁重的家务乃是一种天职，任何企图逃避或减轻这种劳动的行为都应该遭到谴责，速溶咖啡之所以受到冷落，问题并不在于自身，而是家庭主妇不愿让人非议，想要努力保持社会所认定的完美形象。

问题：

1. 该案例主要采用了哪些市场调查方法？
2. 这些市场调查方法有哪些特点？
3. 如果你是企业的决策者，在获取了上述信息后，你准备开展哪些工作？

实践与操作

项目一　综合实训：本市饮料市场调查

［**目的**］

通过实训使学生掌握几种实地调查方法的综合运用。

［**内容与要求**］

1. 要求运用实地调查法对本市饮料市场进行调查；
2. 分小组进行，每组 5～10 人，自愿结合；
3. 每组提交一份 800 字以上的市场调查报告。

［**成果评定**］

1. 班级组织一次交流，每个小组推荐一名成员发表演讲；
2. 由教师与学生对各小组的市场调查报告进行评估打分。

项目二　综合实训:模拟访谈活动方案

[**目的**]

1. 结合专业课程,培养学生组织模拟访谈活动的能力;

2. 掌握市场调查访谈的运用,反映访谈法的基本思想与要求。

[**内容与要求**]

1. 形式:竞赛式、表演式。

(1) 班级对抗赛(班级之间)。

(2) 小组表演赛(班级内部)。

2. 组织:半开放方式。

(1) 班长做团队负责人,学委、科代表协助组织;

(2) 教师只对团队负责人提出方向性建议,不做具体指导;

(3) 评委会成员授课教师确定。

[**成果评定**]

1. 评选出优秀表演者 2 名(一位访问者,一位被访者);评选出最佳设计者 2 名。

2. 点评。

(1) 评价设计与表演(学生多名)。

(2) 评价活动(学生多名)。

3. 教师总结。

任务 4　掌握抽样调查技术

请扫描二维码观看教学视频

知识目标

为了完成本任务，你需要的理论知识：

1. 抽样调查的一般理论
2. 非随机抽样调查技术
3. 随机抽样调查技术
4. 抽样误差与非抽样误差

能力目标

通过完成本任务，你应该能够：

1. 对抽样调查的一般理论有所了解
2. 根据抽样调查的内容，确定样本及样本量
3. 掌握抽样调查技术并能够运用
4. 对抽样误差和非抽样误差有所了解

项目任务

4.1　了解抽样调查的一般理论

4.2　掌握非随机抽样技术

4.3　掌握随机抽样技术

4.4　了解抽样误差与非抽样误差

- 任务导入
- 案例研究
- 相关链接
- 增值阅读
- 任务小结
- 能力自测
- 案例分析
- 实践与操作

任务导入

趣味阅读

第七次全国人口普查数据分析

2021年5月11日,国家统计局发布第七次全国人口普查结果,具体数据如下。

1. 人口总量

全国人口共141 178万人,与2010年(第六次全国人口普查数据,下同)的133 972万人相比,增加了7 206万人,增长5.38%,年平均增长率为0.53%,比2000年到2010年的年平均增长率0.57%下降0.04个百分点。数据表明,我国人口10年来继续保持低速增长态势。

2. 户别人口

全国共有家庭户49 416万户,家庭户人口为129 281万人;集体户2 853万户,集体户人口为11 897万人。平均每个家庭户的人口为2.62人,比2010年的3.10人减少0.48人。家庭户规模继续缩小,主要是受我国人口流动日趋频繁和住房条件改善年轻人婚后独立居住等因素的影响。

3. 人口地区分布

东部地区人口占39.93%,中部地区占25.83%,西部地区占27.12%,东北地区占6.98%。与2010年相比,东部地区人口所占比重上升2.15个百分点,中部地区下降0.79个百分点,西部地区上升0.22个百分点,东北地区下降1.20个百分点。人口向经济发达区域、城市群进一步集聚。

4. 性别构成

男性人口为72 334万人,占51.24%;女性人口为68 844万人,占48.76%。总人口性别比(以女性为100,男性对女性的比例)为105.07,与2010年基本持平,略有降低。出生人口性别比为111.3,较2010年下降6.8。我国人口的性别结构持续改善。

5. 年龄构成

0~14岁人口为25 338万人,占17.95%;15~59岁人口为89 438万人,占63.35%;60岁及以上人口为26 402万人,占18.70%(其中,65岁及以上人口为19 064万人,占13.50%)。与2010年相比,0~14岁、15~59岁、60岁及以上人口的比重分别上升1.35个百分点、下降6.79个百分点、上升5.44个百分点。我国少儿人口比重回升,生育政策调整取得了积极成效。同时,人口老龄化程度进一步加深,未来一段时期将持续面临人口长期均衡发展的压力。

6. 受教育程度人口

具有大学文化程度的人口为21 836万人。与2010年相比,每10万人中具有大学文化程度的由8 930人上升为15 467人,15岁及以上人口的平均受教育年限由9.08年提高至9.91年,文盲率由4.08%下降为2.67%。受教育状况的持续改善反映了10年来我国大力发展高等教育以及扫除青壮年文盲等措施取得了积极成效,人口素质不断提高。

7. 城乡人口

居住在城镇的人口为 90 199 万人，占 63.89%；居住在乡村的人口为 50 979 万人，占 36.11%。与 2010 年相比，城镇人口增加 23 642 万人，乡村人口减少 16 436 万人，城镇人口比重上升 14.21 个百分点。随着我国新型工业化、信息化和农业现代化的深入发展和农业转移人口市民化政策落实落地，10 年来我国新型城镇化进程稳步推进，城镇化建设取得了历史性成就。

8. 流动人口

人户分离人口为 49 276 万人，其中，市辖区内人户分离人口为 11 694 万人，流动人口为 37 582 万人，其中，跨省流动人口为 12 484 万人。与 2010 年相比，人户分离人口增长 88.52%，市辖区内人户分离人口增长 192.66%，流动人口增长 69.73%。我国经济社会持续发展，为人口的迁移流动创造了条件，人口流动趋势更加明显，流动人口规模进一步扩大。

9. 民族人口

汉族人口为 128 631 万人，占 91.11%；各少数民族人口为 12 547 万人，占 8.89%。与 2010 年相比，汉族人口增长 4.93%，各少数民族人口增长 10.26%，少数民族人口比重上升 0.40 个百分点。民族人口稳步增长，充分体现了在中国共产党领导下，我国各民族全面发展进步的面貌。

（资料来源：国家统计局网站）

当我们决定采用直接调查来收集有关市场信息之后，需要解决的问题是所需的资料从什么对象那里获得，而解决这个问题也就是确定调查对象的整体性质与数量，决定进行普查或者抽样调查的问题。普查需要调查人员对总体的每一个单位都进行调查，这种方法的优点在于保证了调查结果的代表性，但组织工作量大，成本较高，确定整体的数量比较困难。一般来说，在市场调查中，调查总体对象多、范围广，并且受到经费、时间的制约，多数情况下会采取抽样调查。下面我们一起来认知抽样调查，掌握抽样调查技术并灵活运用。

4.1　了解抽样调查的一般理论

4.1.1　抽样调查的含义及特点

1. 抽样调查的含义

抽样调查又称概率抽样调查或随机抽样调查，是指调查者为了特定的调查目的，按照随机原则从调查总体中抽取一部分单位作为样本而进行的一种非全面调查。抽样调查的目的在于根据样本调查的结果来推断总体的特征。例如，想要了解新生对班主任、任课老师的评价，不一定非要对所有班的学生进行调查，只需对部分班调查即可。

2. 抽样调查的特点

抽样调查作为一种非全面调查方法，同全面调查相比，具有一系列特点。

（1）按照随机原则抽选调查单位。抽样调查按随机原则抽选调查单位，则完全排除主观意识的干扰，使调查单位的选择建立在较为客观的基础之上，从而确立了它的科学性。因此,按随机原则抽样既是抽样调查的特色所在,同时又是其取得成功的基本保证。

(2) 用样本资料推断总体资料。我们可以通过对部分单位的调查,以少量的投入,得到所希望了解的现象总体的全面资料,从而节约大量的调查费用,这也是抽样调查得以广泛应用的重要原因之一。

(3) 调查的时效性强。抽样调查的周期短,速度快,精确度高。由于只调查一部分单位的情况,因此其调查登记及汇总处理的工作量较之全面调查要小得多,所需时间也大大缩短,这为调查速度的加快创造了十分有利的条件,由此调查的时效性得以加强。

(4) 抽样误差可以计算和控制。在抽样推断之前可以计算和控制抽样误差。随着抽样推断理论的不断发展,误差分布理论日趋成熟,与此同时,抽样误差计算和控制的方法也逐步得以完善。

4.1.2 抽样调查的应用

抽样调查与其他调查方式相比具有时效性强、经济、灵活等优点,因此在市场调查中得到广泛应用。但由于市场现象复杂多样,调查者的调查目的各不相同,各种抽样调查方式也具有不同的特点,因此在应用抽样调查方式搜集市场资料时也不能盲目进行,应综合考虑各种因素的影响,根据现象总体特征的不同特点选择相应的抽样方式来抽选样本进行调查。如果抽样方式选择恰当,可以更大限度地体现抽样调查的优越性。抽样调查主要应用于以下几个方面:

(1) 不可能进行全面调查的现象,只能采用抽样调查,如具有破坏性或损耗性的产品质量检验等。

(2) 不必要进行全面调查的现象,如消费者需求潜力测定。

(3) 可做全面调查的现象,为了节省人力、物力和调查费用,亦可采用抽样调查,如企业员工忠诚度测评。

(4) 对全面调查资料的质量进行检查和修正。

(5) 对某些总体的假设进行检验。在市场研究中,通常会提出一些假设,然后通过抽样调查来检验这种假设是否成立。

抽样调查是市场调查中的一种重要的、有效的调查方式,但在具体应用时只有运用得当才能取得满意的结果。

4.1.3 确定样本总体,选择样本

调查的成功与否,往往依赖于收集资料所选的样本,必须要确信调查的对象能够代表全体目标对象,因此,界定总体是十分重要的。

1. 确定调查总体需要考虑的因素

(1) 地域因素。抽查的地域是指顾客活动的范围,可能是一个城镇、一个城市、整个国家或者许多国家。

(2) 人口统计因素。考虑到调查目标和产品目标市场,不同群体的观点与反应是至关重要的,18 岁以上的顾客,18～34 岁以上的顾客,还是家庭年收入超过 2 万元的职业女性,得到的调查结果是不一样的。

(3) 产品或服务使用情况。产品或服务使用情况一般通过一定时间内消费者是否使用和使用频率来描述。例如,在一个星期内,你是否会在网上订购物品? 近一月内,你是否打算购买空调? 等等。

(4) 认知度。在界定的总体中,大多数人不了解、不关注调查的问题,或与调查的问题没有任何关系,将会影响调查的结果。所以,对于调查问题的了解程度是必须关注的。

另外,为了确定总体,通常情况下,还需要确定那些应排除在外的被访者的特征。例如,大部分商业市场调查就因为一些所谓的安全性问题而排除某些个体。通常,调查问卷上的第一个问题就是询问采访对象或其家庭成员是否从事市场调查、广告或生产与调查内容有关产品的工作,如果采访对象指出他们从事其中某项工作,那么就不必要去采访他们了,这就是所说的安全性问题,因为这样的采访对象不保险。他们也许是竞争对手或为竞争对手服务的。

[案例研究 4-1]

抽样技术的具体应用

为了解普通居民对某种新产品的接受程度,需要在一个城市中抽选 1 000 户居民开展市场调查,在每户居民中,选择 1 名家庭成员作为受访者。

总体抽样设计

由于一个城市中居民的户数可能多达数百万,除了一些大型的市场研究机构和国家统计部门之外,大多数企业都不具有这样庞大的居民户名单。这种情况决定了抽样设计只能采取多阶段抽选的方式。根据调查要求,抽样分为两个阶段进行,第一阶段是从全市的居委会名单中抽选出 50 个样本居委会,第二阶段是从每个被选中的居委会中抽选出 20 户居民。

对居委会的抽选

我们可以从统计或者民政部门那获得一个城市的居委会名单。将居委会编上序号后,用计算机产生随机数的方法,可以简单地抽选出所需要的 50 个居委会。

如果在居委会名单中还包括了居委会户数等资料,则在抽选时可以采用不等概率抽选的方法。如果能够使一个居委会被抽中的概率与居委会的户数规模成正比,这种方法就是所谓 PPS(Probability Proportional to Size)抽样技术。PPS 抽样技术是一种"自加权"的抽样技术,它保证了在不同规模的居委会均抽选 20 户样本的情况下,每户样本的代表性是相同的,从而最终的结果可以直接进行平均计算。当然,如果资料不充分,无法进行 PPS 抽样,那么利用事后加权的方法,也可以对调查结果进行有效推断。

在居委会中的抽样

在选定了居委会之后,对居民户的抽选将使用居委会地图来进行操作。此时,需要派出一些抽样员,到各居委会绘制居民户的分布图。抽样员需要了解居委会的实际位置、实际覆盖范围,并计算每一幢楼中实际的居住户数。然后,抽样员根据样本量的要求,采用等距或者其他方法,抽选出其中的若干户,作为最终访问的样本。

确定受访者

访问员根据抽样员选定的样本户,进行入户访问。以谁为实际的被调查者,是抽样设计中的最后一个问题。如果调查内容涉及的是受访户的家庭情况,则对受访者的选择可以根据成员在家庭生活中的地位确定。例如,可以选择使用计算机最多的人、收入最高的人、实际负责购买决策的人等。

如果调查内容涉及的是个人行为,则家庭中每一个成年人都可以作为被调查者,此时就需要进行第二轮抽样,因为如果任凭访问员人为确定受访者,最终受访者就可能会偏向某一类人,如家庭中比较好接触的老人、妇女等。

在家庭中进行第二轮抽样的方法是由美国著名抽样调查专家 L. 基什(Leslie Kish)发明的,一般称为 KISH 表方法。访问员入户后,首先记录该户中所有符合调查条件的家庭成员的人数,并按年龄大小进行排序和编号。随后,访问员根据受访户的编号和家庭人口数的交叉点,在表中找到一个数,并以这个数所对应的家庭成员作为受访者。

上述案例是一个典型的二阶段入户调查的现场抽样设计,从设计的全过程可以看到,随机性原则分别在选择居委会、选择居民户和入户后选择受访者等环节中得到体现。在任何一个环节中,如果随机原则受到破坏,都有可能对调查结果造成无法估计的偏差。调查中的抽样设计是一个复杂的技术环节,非专业的研究人员对此问题需要给予特殊关注。

2. 确定样本量需要考虑的因素

样本量是不是越大越好呢?当然不是,调查是要消耗大量人力、财力和时间的,并且,从统计学上讲,当样本量达到一定程度以后,再增加样本,对于提高调查效果的作用就不大了,反而会增加经费和时间。

那么是不是随便确定一个样本量就可以呢?当然也不行。样本量的大小受许多因素制约,如调查的性质、总体指标的变异程度、调查精度、样本设计、回答率、项目经费和时间等。一般来说,需要针对不同的情况考虑样本量的问题。

(1) 市场潜力等设计量比较严格的调查所需样本量较大,而产品测试、产品定价、广告效果等,人们彼此之间差异不是特别大或对量的要求不严格的调查所需样本量较小些。

(2) 探索性研究样本量一般较小,而描述性研究就需要较大的样本。

(3) 收集有关许多变量的数据,样本量就要大一些;如果需要采用多元统计方法对数据进行复杂的高级分析,样本量就应当更大;如果需要特别详细的分析,如做许多分类等,也需要大样本。

(4) 针对子样本分析比只限于对总样本分析,所需样本量要大得多。

(5) 总体指标的差异化越大,需要的样本量就越高。

(6) 调查的精度越高,样本量越大。

(7) 随机抽样比非随机抽样数目少一些。

在实际中,在确定样本量时,不考虑时间和费用这两个极为重要的因素是不可思议的,最终确定的样本量必须与可获得的经费预算和允许的时限保持一致。最终样本量的确定需要在精度、费用、时限和操作的可行性等相互冲突的限制条件之间进行协调。它还可能需要重新审查初始样本量、数据需求、精度水平、调查计划的要素和现场操作因素,并做必要的调整。

通常,统计调查机构和客户寻求在最有效使用费用的基础上(如缩短访问时间),使用户能对所需的样本量提供经费支持。另外,某一项调查为满足调查要求必须有一个最低的预算指标，如果低于这个指标的预算，不能满足调查最低精度的话，建议要放弃这项调查任务。例如，一些客户会经常要求调查公司完成 200、300、400 等特定的样本量。这种样本量确定的方法一方面可能考虑了调查误差，另一方面也可能是凭着以前的调查经验。在这种情况下，如果调查人员认为样本量的设计不能满足精度要求的时候，项目经理应建议按所需数量增加样本量，否则调查的结果会出现偏差。

建立统计学上精确而可靠的结果所要求的样本规模依赖于误差度、可信度两个参数。表 4－1 给出了不同允许误差水平与可信度下所需的最少样本量：

表 4－1　不同允许误差水平与可信度下所需的最少样本量

允许误差范围	在 90%置信度下	在 95%置信度下	在 99%置信度下
±0.01	6 773	9 614	16 589
±0.02	1 693	2 403	4 147
±0.03	753	1 068	1 843
±0.04	423	601	1 037
±0.05	271	385	664
±0.06	188	267	461
±0.07	138	196	339
±0.08	106	150	259
±0.09	84	119	205
±0.1	68	96	166

表 4－1 中给出的数据计算方法只考虑了某个调查的问题，如果调查面对多个问题会产生既定误差率之外的问题；表中的样本数是针对总样本量来说的，没有考虑子样本的问题；并且假定是随机抽取的样本，这点在非概率抽样中是难以保证的。

实际中，调查决策更多地集中于成本与收益的比较分析，样本规模的确定可以考虑表中给出的数据，参照经验数据确定。

(1) 如果是大型城市、省市一级的地区性研究，样本数在 500～1 000 个之间可能比较适合；而对于中小城市，样本量在 200～300 个之间可能比较适合；如果是多省市或者全国性的研究，则样本量在 1 000～3 000 个之间可能比较适合。

(2) 对于分组研究的问题，每组样本量应该不少于 50 个。

(3) 通过试验设计所做的研究，可以采用较小的样本量。例如，产品试用(留置)调查，在经费有限的情况下，可以将每组的样本量降低至 30 个左右，最好每组在 50 个以上，每组超过 100 个可能是一种资源浪费。

(4) 在较小范围的地区或区域，进行有代表性的抽样调查，样本量约为 200 个。

(5) 专业的询问，大概只需要几个人就可以。

[相关链接 4-1]

抽样调查理论的发展

1895 年,凯尔(Kiaer) 在国际统计学会(ISI) 最早提出了“代表性抽样”的概念,后来经过内曼(Neyman)、汉森(Hansen) 和马哈拉诺比斯(Mahalanobis) 等人的杰出贡献,抽样调查理论与方法在过去的一百年间,已经取得了很大的发展。从概率抽样技术的发展和完善,到收集信息与控制误差方面日益复杂的方法的应用,抽样调查已经取得了很大的进步。特别是近几十年来,在实践中实施的大型调查所涌现出的关于抽样设计和数据分析的难题,更是推动了理论研究的发展。

对于不同的抽样调查项目,整个调查过程所包含的步骤不尽相同。但是一般而言,都需要进行以下几个步骤:抽样方案设计、问卷设计、数据收集整理、参数估计、数据分析。

4.2 掌握非随机抽样技术

抽样调查是一种从全体调查对象(称为总体)中抽取部分对象(称为样本)进行调查研究,用所得样本结果推断总体情况的调查方式。抽样调查按照调查对象总体中每一个样本单位被抽取的机会(概率)是否相等的原则,可以分为随机抽样调查和非随机抽样调查两类。当确定了样本类型之后,市场调查人员遇到的下一个问题就是如何从整体中抽取样本了。用于抽样调查的样本应当尽可能具有代表性,为了达到这一要求,样本的抽取都有一些实用的抽样技术。

从调查对象总体中按调查者主观设定的某个标准抽取样本单位的调查方式,称为非随机抽样调查。这种抽样方式虽在样本的抽取方法上带有主观性,并会对总体推断的可靠程度产生影响,但由于它简便易行,可及时取得所需的信息资料,因此在市场调查中也常被采用。非随机抽样调查的抽样技术主要有任意抽样技术、判断抽样技术、配额抽样技术和滚雪球抽样技术四种。

4.2.1 任意抽样技术

任意抽样又称为偶遇抽样、便利抽样,是指研究者根据现实情况,以自己方便的形式抽取到偶然遇到的人作为对象,或者仅仅选择那些离得最近、最容易找到的人作为对象。常见的街头随访或拦截访问、邮寄式调查、杂志内问卷调查以及网上调查都属于便利抽样的方式。

任意抽样是所有抽样技术中花费最小的(包括经费和时间),它是一种随意选取样本的方法,通常没有严格的抽样标准。例如,一些大城市做流动购买力调查,往往无法采取随机抽样技术,而是在车站、码头、机场、旅馆或大商场,碰到外地旅客就随便进行询问调查。任意抽样技术的基本理论根据,就是认为总体中每一样本都是“同质”的。而事实上,虽有的总体的样本基本是同质的,但绝大多数总体中的样本是“异质”的。这种调查技术一般用于非正式的探测性调查。在总体中各样本的同质程度较大的情况下,运用任意抽样技术也有可能获得具有代表性的调查结果。

从表面看，这种方法与随机抽样相似，都排除了主观因素的影响，纯粹依靠客观机遇来抽取对象。但一个根本的差别在于这种抽样技术没有保证总体中的每一个成员都具有同等的被抽中的概率。那些最先被碰到的、最容易见到的、最方便找到的对象具有比其他对象大得多的机会被抽中。正是这一点使我们不能依赖任意抽样技术得到的样本来推论总体。

4.2.2　判断抽样技术

判断抽样是指研究者依据自己的主观分析和判断，来选择那些适合研究目的的个体作为调查对象的一种抽样技术。判断抽样技术适用于调查总体构成单位极不相同，调查单位总数比较少，样本数很小的情况。

判断抽样的主要优点在于可以充分发挥研究人员的主观能动作用，特别是当研究者对研究总体的情况比较熟悉，研究者的分析判断能力较强、研究方法与技巧十分熟练、研究的经验比较丰富时，采用这种方法往往十分方便。

判断抽样技术适用于调查员基于选择标准抽取典型样本的任何情形。使用这种抽样技术应极力避免挑选极端的类型，而选取“平均型”或“多数型”的样本为调查研究的对象，以期透过对典型样本的研究而了解母体的状态。例如，从全体企业中抽选若干先进的、居中的、落后的企业作为样本，来考虑全体企业的经营状况。

判断抽样技术可以有两种具体做法。一种是由专家判断选择样本，一般采用“平均型”或“多数型”的样本为调查单位，通过对典型样本的研究由专家来判断总体的状态。所谓“平均型”，是在调查总体中挑选代表平均水平的单位作为样本，以此作为典型样本，再推断总体。所谓“多数型”，是在调查总体中挑选多数的单位作为样本来推断总体。另一种是利用统计判断选择样本，即利用调查总体的全面统计资料，按照一定标准选择样本。

4.2.3　配额抽样技术

配额抽样是指根据一定标志对总体分层或分类后，从各层或各类中主观地选取一定比例的调查单位的方法。所谓“配额”，是指对划分出的总体各类型都分配一定的数量而组成调查样本。也就是说，配额抽样是根据总体的结构特征来确定样本分配定额或分配比例，以取得一个与总体结构特征大体相似的样本，如根据人口的性别与年龄构成确定不同的性别、年龄的样本量。

配额抽样是非随机抽样技术中使用得最频繁的方法，这种方法只要求调查者对总体的结构有明确的了解，能够根据不同的特征标记予以区分，并按照这种整体结构特征提出样本份额，而不需要知道总体的量。调查人员只要事先知道总体结构的配额，在这个配额内就可以自己挑选询问对象，同时若遇到拒答时，可随意另找人替补，不会影响抽样设计。所以，若需要快速得到调查结果的话，配额抽样是不错的选择。

配额抽样尽管具有费用低、灵活性强、速度快等优点，但是存在定性标志（如人们的态度、观点等）无法分配的问题，另外由于调查者有极大的自由去选择样本个体，这种方法常因调查者的偏好及个人方便性而使样本丧失代表性，从而降低调查的估计准确度。就配额抽样来说，通常分为独立控制配额抽样和互相控制配额抽样两大类。

1. 独立控制配额抽样技术

独立控制配额抽样技术对调查对象只规定具有一种控制特征的样本抽取数目并规定配额。独立控制配额抽样技术的具体应用方法如下:按被调查对象抽取数目和某个控制特征规定配额,而不是规定具有两种或两种以上控制特征的样本抽取数目及规定配额。例如,按被调查对象的控制特征分为年龄、性别、收入三种,确定样本总数为180个,按独立控制配额抽样则样本分配数额如表4-2所示。

表4-2 独立控制配额抽样下的样本分配数额

<table>
<tr><th colspan="2">年 龄</th><th colspan="2">性 别</th><th colspan="2">收 入</th></tr>
<tr><td>18～29岁</td><td>30</td><td rowspan="2">男</td><td rowspan="2">90</td><td>高</td><td>36</td></tr>
<tr><td>30～40岁</td><td>50</td><td>中</td><td>54</td></tr>
<tr><td>41～55岁</td><td>60</td><td rowspan="2">女</td><td rowspan="2">90</td><td rowspan="2">低</td><td rowspan="2">90</td></tr>
<tr><td>56岁以上</td><td>40</td></tr>
<tr><td>合 计</td><td>180</td><td>合 计</td><td>180</td><td>合 计</td><td>180</td></tr>
</table>

从表中可以看出,虽然有年龄、性别、收入三个控制特征,但各特征是独立控制配额抽取样本数目的,不要求相互受到牵制,也不规定三种控制特征之间有任何关系。例如,在年龄组18～29岁的有30人,这30人中男、女各有多少,高收入、中收入及低收入又有多少,都没有规定样本抽取数目。这就是独立控制配额抽样的特点。

独立控制配额抽样是分别独立地按各类控制特性分配样本数额,它对样本单位在各类控制特性中的交叉关系没做数额上的限制。因此,这种方法在抽样时有较大的机动性,具有简便易行、费用少等优点,但有选择样本时容易偏向某一类型而忽视其他类型的缺点。例如,偏重于年龄较轻的低收入者或年龄较大的高收入者。这个缺点可通过相互控制配额抽样来弥补。

[案例研究4-2]

独立控制样本配额抽样举例

某市欲对商业系统进行一项调查,样本的数目定为50个,决定采用独立控制配额抽样。现取行业类别、企业规模、企业所在地区三项控制特性作为分类标准,样本数额的分配结果列于下表。

独立控制样本配额表

<table>
<tr><th colspan="2">行业类别</th><th colspan="2">企业规模</th><th colspan="2">企业所在地区</th></tr>
<tr><td>商　业
饮食业
服务业</td><td>25
15
10</td><td>大　型
中　型
小　型</td><td>5
10
35</td><td>甲
乙
丙
丁</td><td>10
20
12
8</td></tr>
<tr><td>合 计</td><td>50</td><td>合 计</td><td>50</td><td>合 计</td><td>50</td></tr>
</table>

上表中，对行业类别、企业规模和企业所在地区三项控制特性分别规定了样本数额，而相互之间的交叉关系没有在数额上做出限定。例如，从商业单位抽取 25 个样本时，在规模和地区上没有明确要求，又如 5 个大型单位的样本既可较多或全部从商业中抽选，也可较少或不从商业中抽选，这完全由抽样者机动掌握。当然，最终选定的 50 个样本，应满足上表中的数额要求。

2. 相互控制配额抽样技术

相互控制配额抽样技术同时对具有两种或两种以上控制特征的每一样本数目都做出具体规定，具体操作方法是借助交叉控制表，又称相互控制配额抽样表。这种方法在按各类控制特性分配样本数额时，要考虑到各类型之间的交叉关系，采用交叉分配的办法。控制配额抽样技术的工作程序一般分为四个步骤：

第一步，确定控制特征。调查人员可事先根据调查的目的和客观情况，确定调查对象的控制特征，作为总体分类的划分标准，如年龄、性别、收入、文化程度等。

第二步，根据控制特征对总体分层，计算各层单位数占调查总体的比例，确定各层之间的比例关系。

第三步，确定每层的样本数。首先确定样本总数，然后根据每层样本占总体的比例确定每层应抽取的数目。

第四步，配额分配，确定调查单位。在各层抽取的样本数确定后，调查人员就可在指定的样本配额限度内任意选择样本。

例如，样本总数 20 人，其中：男、女各为 9、11 人，社会阶层上、中、下等各为 2、4、14 个，年龄在 20～29 岁、30～44 岁、45～64 岁，65 岁以上分别为 4、6、7、3 人。为了明确样本在各层中的分配状况，必须先拟出一个样本交叉控制表，如表 4-3 所示。

表 4-3　样本交叉控制表

社会阶层								合　计
		上		中		下		
	性　别	男	女	男	女	男	女	
年　龄	20～29 岁	1			1	1	1	4
	30～44 岁		1		1	3	1	6
	45～64 岁			1	1	2	3	7
	65 岁以上	1	1	1	3	7	7	20
	合　计	2		4		14		

4.2.4　滚雪球抽样技术

滚雪球抽样，顾名思义是先选择一组调查对象，通常是随机选取的，访问这些调查对象之后，再请他们提供另外一些属于所研究的目标总体的调查对象。根据所提供的调查线索，选择此后的调查对象。这一过程会继续下去，形成一种滚雪球的效果。此调查的主要目的是估计被调查对象在总体中是十分稀少的,如单亲家庭、特殊疾病、特殊生活习惯等。

非随机抽样技术中以滚雪球抽样技术效率最高,其次是配额抽样技术、判断抽样技术,而任意抽样技术效率最差。

4.3　掌握随机抽样技术

为了了解一批盒装牛奶的细菌含量是否超标,我们能将它们逐一测试吗?很明显,这既不可能也没必要。实践中,由于所考察的总体中的个体数往往很多,而且许多考察带有破坏性,因此,我们通常只考察总体中的几个样本,通过样本来了解总体的情况。随机抽样调查是按随机原则从调查总体中抽取一定数目的样本单位进行调查,以其结果推断总体的一种调查方法。它对调查总体中每一个样本单位都给予平等的抽取机会(等概率抽取),完全排除了人为的主观因素的选择,这也是它与非随机抽样调查技术的根本区别。

4.3.1　简单随机抽样技术

简单随机抽样技术就是在总体单位中不进行任何有目的的选择,完全按随机原则抽选调查单位。在市场调查中,通常采用抽签法或乱数表法。

1. 抽签法

抽签法是先给调查总体的每个单位编上号码,另在统一规范的纸条上对应标上编号,把纸条充分混合后,手工任意从中抽取,抽到一个号码,就对上一个单位,直到抽足预先规定的样本数目为止。这种抽法在总体单位数目很多时,编号抽签工作量很大,不易充分混合,使用不方便。若用计算机随机抽号可使工作量大大减少。

2. 乱数表法

乱数表法又叫随机号码表法。乱数表,是指含有一系列组别的随机数字的表格。它是利用特制的摇码机器(或利用电子计算机),在 0～9 的阿拉伯数字中,按照每组数字位数的要求(如 1 位、2 位、3 位或更多位数字形成一组),自动地随机逐个摇出(或由电子计算机打出)一定数目的号码编成,以备查用。通常所见的有奖销售摇号用的就是乱数表法。

利用乱数表抽选样本单位,首先要把调查总体中的所有单位加以编号,根据编号的位数确定使用若干位数字。然后,查用事先编排好的乱数表,先随机选定任意一栏、任意一列的数字作为开始数,接着可以从上向下,或从左往右等任何方向取数,碰上编号范围内的数字号码即选为样本单位。如果不是重复抽样,碰上重复的数字应舍掉,碰上超出编号范围的数字也应舍掉,直到抽足预定单位数目为止。

简单随机抽样技术是随机抽样中最简单的一种。这种方法保证每个总体单位在抽选时都有相等的被抽中机会,以一个完整的总体单位表为依据抽取样本。由于在现实中编制这样一个完整的表比较困难,多数情况下也是不可能做到的,所以在实际工作中我们可以通过电话随机拨号功能、从电脑档案中挑选访谈对象等方法实现。由于市场调查的总体范围较广,总体内部各单位之间的差异程度较大,一般不直接使用这种方法抽样,而是与其他抽样技术结合使用。只有在市场调查对象情况不明,难以划分组类,或总体内单位间差异小的情况下才直接采用这种方法抽取样本。

4.3.2　分层随机抽样技术

分层随机抽样技术也叫类型抽样技术或分类抽样技术，就是将总体单位按一定标准(调查对象的属性、特征等)分组，然后在各个类型组中用纯随机抽样方式或其他抽样方式抽取样本单位，而不是在总体中直接抽取样本单位。例如，在进行农村经济调查时，先将农村总体按产粮区、经济作物区、林区、特区、渔区等经济条件划分为若干个类型组(层)，然后在每层中用纯随机抽样或其他抽样方式抽选若干农民户进行调查。

采用分层随机抽样技术必须注意以下问题：① 必须有清楚的分层界限，在划分时不致发生混淆；② 必须知道各层中的单位数目和比例；③ 分层的数目不宜太多，否则将失去分层的特征，不便在每层中抽样。

采用分层随机抽样技术比直接采取纯随机抽样技术的代表性要高，抽样误差要小。采用分层随机抽样技术，可以把差异程度大的各单位划分为性质、属性相近的若干类，使类型内的各单位差异程度要小于类型之间的差异程度，即类内方差小于类间方差。在不同类型中分别抽样，就能使样本单位分布更接近于总体的分布，从而能提高代表性，减少抽样误差。在市场调查实践中比较多地采用这种抽样技术。

分层随机抽样具体做法有以下两种。

(1) 等比例分层抽样。这种抽样技术就是按照各层中单位数目占总体单位数目的比例分配各层的样本数量。每层抽取样本数的计算公式为：

$$S_i = \frac{N_i}{N} \times S$$

式中，S_i 表示第 i 层应抽取的样本数；N 表示总体中含单位总数；N_i 表示第 i 层含单位总数；S 表示应抽取样本总数。

[案例研究 4-3]

等比例分层抽样技术举例

某省有 1 800 个乡，其中山区 540 个，丘陵 360 个，平原 720 个，滨海 180 个，现要从中抽 270 个乡来进行农村经济调查，问如何确定各层调查乡数。

按公式得：

$$S_1(\text{山区}) = \frac{540}{1\,800} \times 270 = 81(\text{个})$$

$$S_2(\text{丘陵}) = \frac{360}{1\,800} \times 270 = 54(\text{个})$$

$$S_3(\text{平原}) = \frac{720}{1\,800} \times 270 = 108(\text{个})$$

$$S_4(\text{滨海}) = \frac{180}{1\,800} \times 270 = 27(\text{个})$$

(2) 不等比例分层抽样,又称分层最佳抽样技术。此法不按各层中单位数占总体单位数的比例分配各层样本数,而是根据各层的标准差的大小来调整各层样本数目的抽样技术。该方法既考虑到各层在总体中所占比重的大小,又考虑了各层标准差的差异程度,有利于降低各层的差异,以提高样本的可信程度。因此也可将不等比例分层抽样称之为分层信任程度抽样。各层样本的计算公式为:

$$n_i = n \times \frac{N_i S_i}{\sum N_i S_i}$$

式中,n_i 表示第 i 层应抽取的样本数;n 表示应抽取的样本总数;N_i 表示第 i 层含单位总数(调查单位数);S_i 表示第 i 层的标准差(一般为已知数);$\sum$ 表示把所有的 N_iS_i 相加。

[案例研究 4-4]

不等比例分层抽样技术举例

某公司要调查某地家用电器商品的潜在用户,这种商品的消费同居民收入水平有关,因此以家庭收入为分层基础。假定该地居民户即总体单位数为 20 000 户,已确定调查样本数为 200 户。家庭收入分高、中、低三层,其中高收入家庭为 2 000 户,占总体单位数的 10%;中收入家庭为 6 000 户,占总体单位数的 30%;低收入家庭为 12 000 户,占总体单位数的 60%。现又假定各层样本标准差为:高收入家庭是 300 元,中收入家庭是 200 元,低收入家庭是 50 元。现要求根据分层最佳抽样技术,确定各收入层家庭应抽取的户数各为多少。

为了便于观察,列表如下。

调查单位数与样本标准差乘积计算表

家庭收入分层	各层调查单位数 N_i(潜在用户数)	各层的样本标准差 S_i(元)	乘积 N_iS_i
高	2 000	300	600 000
中	6 000	200	1 200 000
低	12 000	50	600 000
$\sum N_iS_i$	—	—	2 400 000

按公式得:

$$n_1(\text{高收入}) = 200 \times \frac{600\ 000}{2\ 400\ 000} = 50(\text{户})$$

$$n_2(\text{中收入}) = 200 \times \frac{1\ 200\ 000}{2\ 400\ 000} = 100(\text{户})$$

$$n_3(\text{低收入}) = 200 \times \frac{600\ 000}{2\ 400\ 000} = 50(\text{户})$$

如果用前面的等比例分层抽样的话,那么 $n_1 = 200 \times 10\% = 20$(户);$n_2 = 200 \times 30\% =$

60(户)；$n_3=200\times60\%=120$(户)。将前后两种方法抽出的各层样本数做个对比，不难看出，高收入家庭的分层样本数增加了 30 户，中收入家庭的分层样本数增加了 40 户，低收入家庭的分层样本数减少了 70 户。由于购买家用电器同家庭收入水平是成正比例变动的，家庭收入水平高的潜在用户相对大于收入水平低的，所以，增加高、中收入家庭的样本数，相应减少低收入家庭的样本数，这将有利于提高抽样的准确性。

应用分层样本的抽取方法时，首先要选择一个合适的分层标志，把总体各单位分成两个或两个以上的相互独立的完全的组(如按性别分为男性、女性两组；按收入分为高收入、中收入、低收入三组)。对层进行具体划分时，通常考虑尽可能使层内单位具有相同的性质，可以按调查对象不同类型划分，便于对每一类目标量进行估计；尽可能使层内单位的标志值相近，层间单位差异尽可能大，可以提高抽样的估计精度；按类型和层内单位标志值相近的原则可以进行多重分层，实现同时估计类值及提高估计精度的目的。实际中，也可以按行政管理机构设置分层，便于组织实施。例如，我们正在进行一次新产品销售调查，要预测销售额，通常要按经济收入进行分组，因为经济收入水平不同的人群购买新产品的可能性不一样。

其次，将样本分配到各层，分配方式有三种。第一种为比例分配，即按各个层中的单位数占总体单位数的比例分配各层的样本数，主要考虑了各层单位数多少的差异，保证总体单位数较多的层，规模大的层抽取较多的样本。第二种为尼曼(Neyman)分配，分配的条件是按各层总体单位数比重及各层标准差大小分配样本单位数，不仅可以保证总体单位数较多的层，即规模大的层抽取较多的样本，而且充分考虑到各层样本的差异，标准差大的层样本差异大，抽取的样本量大，则可以更加客观地反映总体特征，样本的代表性更好。第三种为最优分配，在给定的费用条件下使估计量的方差达到最小，或在精度要求(常用方差表示)一定条件下使总费用最小，将样本分配至各层。等比例分层随机抽样技术在市场调查中采用较多，这种方法简便易行，分配合理，计算方便，适用于各类型之间差异不大的分类抽样调查。

第三步，抽取样本进行调查。当总体划分后，从两个或两个以上的层中随机抽样，这时总体中每一个单位只居于某一个层，各层内可以采用不同的抽样方式。一般来说，可以采取分层随机抽样，层内简单随机抽样的方式抽取样本。

分层抽样适合于调查标志在各单位的数量分布差异较大的总体。因为对这样的总体进行合理的分层后可将其差异较多地转化为层间差异，从而使层内差异大大减弱。

当总体有周期现象时，用分层比例抽样技术可以减少抽样方差。通常，在满足下述条件时，分层在精度上会有很大的得益：总体是由一些大小差异很大的单位组成的；分层后，每层所包含的总体单位数应是可知的，也即分层后各层的权重是确知的或可以精确估计的；要调查的主要变量(标志)与单位的大小是密切相关的；对单位的大小有很好的测量资料可用于分层，即分层变量容易确定。

就分层随机抽样技术与简单随机抽样技术相比，人们往往选择分层随机抽样技术。分层随机抽样的作用通常表现为以下几点：

一是抽样效率高。分层抽样能够充分地利用关于总体的各种已知信息进行分层，因此抽样的效果一般比简单随机抽样要好，但当对总体缺乏较多的了解时，则无法分层或不能保证分层的效果。由于分层抽样的误差只与层内差异有关，而与层间差异无关，因此，分层抽样可以提高估计量的精度。

二是样本代表性好。由于分层抽样是在每层内独立地进行抽样,因此使得分层样本能够比简单随机样本更加均匀地分布于总体之内,所以其代表性也更好些。另外,分层抽样的随机性具体体现在层内各单位的抽取过程之中,即在各层内部的每一个单位都有相同的机会被抽中,而在层与层之间则是相互独立的。

三是各层的抽样技术可以不同。分层抽样中,由于各层的抽样相互独立,互不影响,且各层间可能有显著的不同,因此对不同层可以按照具体情况和条件分别采用不同的抽样和估计方法进行处理,从而提高估计的精确度。

四是便于组织实施。分层抽样调查实施中的组织管理及数据收集和汇总处理可以分别在各层内独立地进行,层内抽样技术可以不同,因此较之简单随机抽样更方便,而且便于抽样工作调查与组织实施。例如,进行全国范围内大型抽样调查,按行政区划分或行业分层后,便于调动各级主管部门的积极性,分头编制抽样框,并实施抽样的组织和调查工作。并且,各层可以根据层内特点,采用不同的抽样技术。

五是可以推算总体及各层的参数。分层抽样中除了可以推断总体参数外,还可以推断各不同层的数量特征,并进一步做对比分析,适用于实际需要,可以提供子总体指标和总体指标,从而满足不同方面的需要,也能帮助人们对总体做更全面、更深入的了解,但对各层的估计缺乏精度保证。例如,对某市企业进行抽样调查,要求给出各行业的指标及全市的相关指标,这时就可以按行业分层,所得样本数据可以估计全市的指标、各行业的指标等。

4.3.3 等距抽样技术

等距抽样又叫机械抽样,或称系统抽样,这种抽样是将 N 个总体单位按一定顺序排列,先随机抽取一个单位作为样本的第一个单位,即起始单位,然后按某种确定的规则抽取其他样本单位的一种抽样技术。由于这种抽样技术看起来似乎很“机械”,所以有时也称为机械抽样。另外,由于等距抽样提供了随机且独立的挑选样本单位的方式,并区别于简单随机抽样,有时也称为伪随机抽样,在实际中应用非常广泛。

等距抽样技术经常作为简单随机抽样技术的代替物使用。由于其简单,所以应用相当普遍。等距抽样技术得到的样本几乎与简单随机抽样得到的样本相同。操作步骤如下:

第一步,使用这种方式,必须先按一定标志把总体中的个体顺序排列,然后根据总体单位数和样本单位数计算出抽样距离(相同的间隔),然后按相同的距离或间隔抽选样本单位。

$$抽样间隔=\frac{总体单位数(N)}{样本单位数(n)}$$

如果按无关标志排序,即用来对总体单位进行排序的标志,与所要调查研究的标志是不同性质的,二者没有任何必然的关系。例如,研究人口的收入状况时,按身份证号码、门牌号码排序非常方便,一般说来,这些号码与调查项目没有关系,因此可以认为总体单位的次序排列是随机的。在无关标志排序的条件下,虽然是等距抽样,它与随机数字表上抽样在性质上并无不同,故无关标志排序的等距抽样,实质上相同于简单随机抽样。

如果按有关标志排序，即用来对总体单位规定排列次序的辅助标志，与调查标志具有共同性质或密切关系。这种排序标志，在我国抽样调查实践中有广泛应用，如农产量调查，以本年平均亩产为调查变量，以往年已知平均亩产作为排序标志。利用这些辅助标志排序，特别是利用与调查变量具有相同性质的辅助变量排序，有利于提高等距抽样的抽样效果。如果总体只有一个线性趋势，则等距抽样的方差同每层抽一个单位的分层随机抽样的方差都比简单随机抽样的方差小。

如果按自然位置进行排序，处于上述两者之间，根据各单位原有的自然位置进行排序。例如，入户调查根据街道门牌号码按一定间隔抽取；工业生产质量检验每隔一定时间抽取生产线上的产品；工厂中的工人名单按原有的工资名册顺序等。这种自然状态的排列有时与调查标识有一定的联系，但又不完全一致，这主要是为了抽样方便。

第二步，确定抽样起点。在划分好间隔的总体中，从第一段总体单位中随机确定抽样起点，可以采用简单随机抽样或其他方式。例如，隔每 50 个总体单位抽取一个样本，则可以在 1～50 号之间利用随机数法确定一个号码作为起始点。

第三步，按照相等的间隔顺序抽取样本。如果总体单位数恰好是样本量 n 和间隔 K 乘积，则可以直接按照间隔抽样。如果不是这样，需要在用间隔 K 选样之前，用同等概率的方法删去一些单位以使号码数，或者用同等概率选出一些号码，然后将这些复制号码加到清单的最后，将总体单位数减少或增加到恰好为 nK。

实际中，经常采用循环等距抽样的方法，把清单看成是循环的，这样最后一个单位后面就紧接着第一个单位。从 1 到 K 中挑选一个随机起点，在其基础上加间隔 K，当清单的最后选完了之后，再从头开始继续，直到恰好有 n 个元素被选出为止，任何一个方便的间隔 K 都会导致一个以概率 $\frac{n}{N}$ 选出的 n 个元素的同等概率抽样。一般来说，K 选择与比值 $\frac{N}{n}$ 最接近的整数最合适。这个方法有很大的灵活性，并可以应用于许多场合，可以用它来把一个间隔应用于多个层；它对于在多阶段抽样中对很多群使用同一间隔，尤其有用。

当总体信息名录不容易找到，或者总体数量大，编制信息名录工作量大的时候，等距抽样会使得样本的抽取简便易行，简化抽样手续。因为等距抽样所需的只是总体单位的顺序排列，只要随机确定一个(或少数几个)起始单位，整个样本就自然确定。例如，对某市的机动车辆进行调查，确定抽样比为 1%，则可在 00～99 中随机抽取一个整数(如 63)，只要对车辆牌照号末两位为 63 的车辆都进行调查即可。

样本单位在总体中分布比较均匀时，利用等距抽样技术有利于提高估计精度。如果调查者对总体的结构有一定了解，可以利用已有信息对总体单位进行排列，即按有关标志对总体单位排序，这样采用有序系统抽样就可以有效地提高估计的精度。

另外，当调查人员不熟悉抽样专业技术时，这种方法容易被非专业人员所掌握，而且还因其较易保留抽样过程的原始记录，便于监督和检查，因此在一些大规模抽样调查中，经常采用等距抽样以代替简单随机抽样。

4.3.4　整群抽样技术

整群抽样是将总体划分为若干群，然后以群为抽样单位，从总体中随机抽取一部分群，对中选群中的所有基本单位进行调查的一种抽样技术。实际上,抽选的单位是一些总体单位组成的群体,而我们把由若干个基本单位所组成的集合称为群,每个基本单位只能够唯一的被划归为一个抽样单位,并且抽样单位的产生是随机的。

应用整群抽样技术一般分为以下几个步骤:

第一步,选择群单位,将总体划分为若干个群。整群抽样只是在各群之间抽取一部分群进行调查,群间差异的大小直接影响抽样误差的大小,而群内差异的大小则不影响抽样误差,"群实际上是扩大了的总体单位"。这就决定了分群的原则应该是:尽量扩大群内差异,而缩小群间差异。整群抽样中的"群"大致可分为两类,一类是根据行政或地域形成的群体,如学校、企业或街道,对此采用整群抽样是为了方便调查、节省费用;另一类群则是调查人员人为确定的,如将一大块面积划分为若干块较小面积的群,这时,就需要考虑如何划分群,以使在相同调查费用下使得抽样误差最小。表 4－4 列举了可能作为群单位的实例。

表 4－4　群单位实例

总　量	变　量	基本单位	群或抽样单位
(1) A 市	住户特征	寓所	街区
(2) B 市	购买衣物	人	寓所或街区
(3) 机场	旅游信息	离开旅客人数	航班
(4) 大学	就业计划	学生	班级
(5) 乡村人口	社会态度	成人	村
(6) 通过桥梁年交通流量	发车地和到达地	机动车	40 分钟间隔
(7) 城市土地所有者档案	税务信息	土地所有者	档案分类账的页数
(8) 健康保险档案	医疗数据	卡片	连续 10 张卡片一组

做出合乎要求的群是一个实际要斟酌的问题,要根据调查的情况和财力是否允许。基本单位由调查目的来确定,于是抽样者必须决定是否将他们作为唯一的抽样单位,还是另外设计群作为抽样单位。在某些研究中,住户被当作人的一个群体,但在另一些研究中,整个城市可能被当作一个基本单位。国家这一总体可以分别看作是全部县,或城市和城镇,或区段和街区,或寓所单位的总和。

第二步,编制群单位的信息框,抽取样本群。整群抽样是对群进行随机抽样,抽到的群的所有单位全部入样,因此抽取群单位的时候并不需要总体单位的基本信息。调查人员只需要编制关于群单位的信息框就可以了。另外,在抽取群单位的时候通常可以采取简单抽样的方法。

例如,某高校学生会要调查该校在校生对学校广播站节目的评价,用整群抽样技术抽样时,可以把全校每一个班级作为一个群,也可以按宿舍来划分,每一个宿舍作为一个群,因为在这个问题上,一般来说各班之间或各宿舍之间差异不会太大。假设该校有 1 500 名学生,200 个学生宿舍,从中抽取 15 个宿舍进行调查,抽样过程如图 4－1 所示。

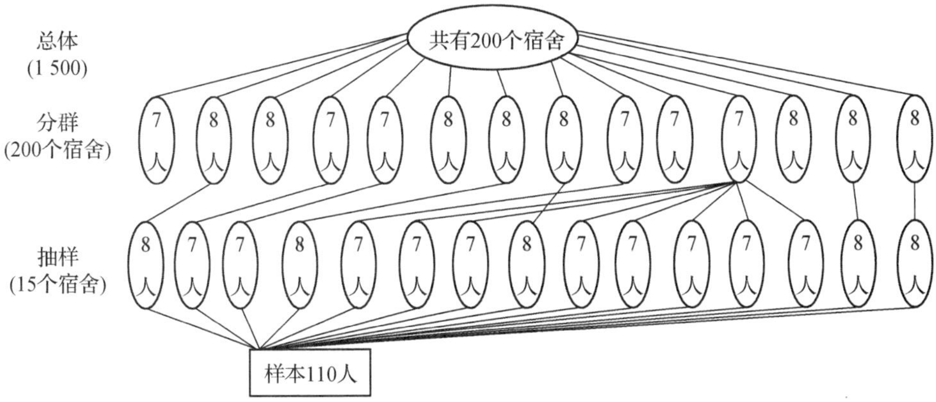

图 4-1　抽样过程

从图中看到，组织实施抽样时，只是需要宿舍的名单，而不需要每个学生的名单，这使得抽样工作大为简化。

当调查的总体规模比较大的时候，可以选择整群抽样的方法，将调查总体划分为若干个群体，获取的调查样本相对集中，可以降低调查的费用，简化样本抽取的过程。

当调查的总体中存在局部同质性的时候，如一般家庭成员中都有男性、女性，如果估计男女性别比例，以家庭作为群，采用整群抽样，这样会使估计的精度要比直接抽取个人估计的精度高。

整群抽样还有特殊的用途。有些现象的研究，如果直接调查作为基本单位的个体，很难说明问题，必须以一定范围所包括的基本单位为群体，进行整群抽样，才能满足调查的目的。例如，人口普查后的复查，要想估计出普查的差错率，只有通过对一定地理区域内的人口群体做全面调查才行。类似的诸如人口出生率、流动率等调查都需要采用整群抽样。

整群抽样与简单随机抽样相比具有以下特点，在实际中通常会更多地考虑采用整群抽样。一是实施调查便利，节省费用。在总体基本单位分布很广的情形下，简单随机抽样会使样本分布过于分散，给调查带来不便，并使调查费用增大。而整群抽样调查单位的分布相对集中，调查人员能节省大量来往于调查单位间的时间和费用。而且，如果群是以行政单位划分的，调查时得到行政单位的配合，更有助于调查的实施，可得到较高质量的原始数据。二是整群抽样的随机性体现在群与群间不重叠，也无遗漏，群的抽选按概率确定。如果把每一个群看作一个单位，则整群抽样可以被理解为是一种特殊的简单随机抽样。

4.3.5　多阶段抽样技术

多阶段抽样是一种把抽样工作分成两个或几个阶段来进行的抽样技术。在进行市场调研时，先在总体各单位(初级单位)中抽出样本单位，并不对这个样本单位中的所有下一级单位(二级单位)都进行调查，而是在其中再抽出若干个二级单位并进行调查。这种抽样技术称为二阶段抽样。同样的道理，还可以有三阶段抽样、四阶段抽样等。对于二阶段以上的抽样，统称为多阶段抽样。

实际工作中，多阶段抽样通常和整群抽样结合使用，从方法上看，整群抽样是由一阶段抽样向多阶段抽样过渡的桥梁。在第一阶段抽样中,如果抽出群后即对其中的所有单位进行调查,是单阶段整群抽样。如果抽出群单位后,进一步从中按低一级的单位抽取子样本(二阶段),即二阶段抽样。也可以进一步在样本的各单位中按更低一级的单位再抽取样本(三阶段),等等。最后一个阶段所抽出的单位可以是基本单位,也可以是群体(基本单位的集合)。

考虑初级单位中二级单位规模相等的情形,对于初级单位大小不等的情形,可以通过分层,将大小近似的初级单位分到一层,则层内的二阶段抽样就可以按初级单位大小相等的方式来处理。

第一阶段在总体 N 个初级单位中,以简单随机抽样抽取 n 个初级单位。

第二阶段在被抽中的初级单位包含的 M 个二级单位中,以简单随机抽样抽取 m 个二级单位,即最终接受调查的单位。

例如,某个新开发的小区拥有相同户型的 15 个单元的楼盘,居民已经陆续搬入新居,每个单元住有 12 户居民,为调查居民家庭装潢情况,准备从 180 户居民户中抽取 20 户进行调查。我们可以利用二阶段抽样技术。这时,初级单位有 15 个,每个初级单位拥有二级单位为 12 个。首先将单元从 1 到 15 编号,在 15 个单位中随机抽取部分单元,抽取了 5 个单元,分别是 1、6、9、12、13 号;然后在被抽中单元中,分别独立随机抽取若干户居民并进行调查,即在这 5 个单元中,分别在 12 户居民户中随机抽取 4 户,如表 4 - 5 所示。

表 4 - 5 二阶段抽样

编号	单元	房号											
1	一栋 A 座	1	2*	3*	4*	5	6	7	8	9	10*	11	12
2	一栋 B 座	1	2	3	4	5	6	7	8	9	10	11	12
3	一栋 C 座	1	2	3	4	5	6	7	8	9	10	11	12
4	二栋 A 座	1	2	3	4	5	6	7	8	9	10	11	12
5	二栋 B 座	1	2	3	4	5	6	7	8	9	10	11	12
6	二栋 C 座	1*	2	3	4	5	6*	7	8	9*	10	11*	12
7	三栋 A 座	1	2	3	4	5	6	7	8	9	10	11	12
8	三栋 B 座	1	2	3	4	5	6	7	8	9	10	11	12
9	三栋 C 座	1	2	3	4	5*	6	7*	8*	9	10*	11	12
10	四栋 A 座	1	2	3	4	5	6	7	8	9	10	11	12
11	四栋 B 座	1	2	3	4	5	6	7	8	9	10	11	12
12	四栋 C 座	1	2	3	4	5*	6	7*	8*	9	10	11*	12
13	五栋 A 座	1	2	3	4*	5	6*	7*	8	9	10	11*	12
14	五栋 B 座	1	2	3	4	5	6	7	8	9	10	11	12
15	五栋 C 座	1	2	3	4	5	6	7	8	9	10	11	12

多阶段抽样技术适用于总体基本单位数目很大,分布很广的情况。此时,若采用简单随机抽样,编制全部总体单位的抽样框和现场实施随机抽样,都是相当困难的;若采用等距抽

样，则为了提高抽样估计效率，需将全部总体单位有序排列并等距抽取，也是很困难的；若采用分层抽样，则为了提高抽样估计效率，需掌握全部总体单位的有关资料，按照分层的原则进行分层，然后到各层都去抽样，这一分层和在大范围抽样的工作是很繁重的；若采用单阶段整群抽样，也需掌握总体单位的有关资料，按分群的原则分群，并在抽中的群内做全面调查，这一分群和在群内全面调查的工作也是很庞大的。例如，我国有一亿八千多万农户，为做农村住户调查，若编制这样庞大的抽样框直接抽取农户，或按其特点分层，使层内方差较小，或进行分群，使群内方差较大等，其工作量之大都是难以想象的。

若采用多阶段抽样，就可避免上述抽样技术中的麻烦。它可按现有的行政区划或地理区域划分各阶段抽样单位，从而简化抽样框的编制，便于样本单位的抽取，使整个抽样调查的组织工作容易进行。例如，在农产量调查中，一般采用的是五阶段抽样，即省抽县，县抽乡，乡抽村，村抽地块，地块抽样本点进行实割实测。因此，可以说多阶段抽样既保持了单阶段整群抽样的优点，又克服了它的缺点。

[相关链接 4-2]

多阶段抽样技术举例

我国国家统计局调查全国职工家庭人均年收入时就采取了多阶段抽样技术，具体工作步骤如下。

第一阶段，先抽选调查城市。把全国城市划分为大、中、小三种，并将三种类型的各个城市分别按全国六个大区归类，然后在各大区里，对各城市按职工年平均工资水平由高到低排队，依据有关标志排队等距抽样技术抽选若干数量的城市确定为调查城市。

第二阶段，在中选的调查城市里挑选调查户，又分以下两步进行。

第一步是抽选调查单位。先根据城市的大小确定应抽选的职工人数，然后把应抽选的职工人数按所有制和国民经济部门的职工人数比例分摊；再确定每个调查单位的调查人数，计算出应抽选的调查单位数的抽选距离；最后将各单位按职工年平均工资由高到低排队，等距抽选调查单位。

第二步是抽选调查户。先将调查单位应调查的职工人数按各类人员的比例分摊，求出各类人员中应调查的职工人数；然后将各类人员按职工本人的年平均工资由高到低排队，等距抽样，被选中的职工其家庭就作为调查户。

4.4 了解抽样误差与非抽样误差

市场调查质量问题本质上是误差问题，它包括两部分，即抽样误差和非抽样误差。抽样误差是不可避免的，它是由样本的结构与总体结构的随机差异导致产生的，其大小可以通过调整样本容量、改变抽样方式等加以控制；非抽样误差由于其产生的原因复杂且不易预测以及非随机性等特点而难以控制，成为影响抽样调查结果准确性的重要原因。

4.4.1 抽样误差

1. 影响抽样误差大小的因素

抽样误差是指由于随机抽样的偶然因素致使样本各单位结构对总体各单位结构的代表性差别而引起的抽样指标和全及指标之间的绝对离差。例如,抽样平均数与总体平均数的绝对离差,抽样成数与总体成数的绝对离差等。

必须指出,抽样误差是抽样所特有的误差。凡进行抽样就一定会产生抽样误差,这种误差虽然是不可避免的,但可以控制,所以又称为可控制误差。影响抽样误差大小的因素主要有以下几个方面。

(1) 总体单位标志值的差异程度。抽样误差的大小与总体单位标志变异程度的大小成正比。总体单位标志变异程度越大,抽样误差越大,反之亦然。假如总体单位标志变异程度消失了,则抽样指标和总体指标就会相等,因而也就不存在什么抽样误差。

(2) 样本单位数的多少。在其他条件相同的情况下,样本单位数越多,样本对总体的描述作用越强,代表性越高,则抽样误差越小。当抽样单位数等于总体单位数时,抽样误差也就不存在了。

(3) 样本抽取方法。抽样技术不同,抽样误差也不相同。一般来说,重复抽样比不重复抽样,误差要大些。在实际的抽样调查中,一般都选择不重复抽样技术抽取样本。

(4) 抽样调查的组织形式。抽样的组织方式不同,抽样误差大小也不相同。例如,按照等距抽样或分层抽样方式组织调查,由于经过按大小排队或分类,抽取的调查单位在总体中分布比较均匀,样本对总体的代表性较强,所以在样本数目相同的情况下,它们的抽样误差就比简单随机抽样或整群抽样要小。

2. 减少抽样误差的思路

由于抽样调查是一种非全面调查,抽样总体的综合指标只是根据抽出的那一部分单位计算出来的,由它来代表总体的综合指标,两者之间必然会有一定的误差。换句话说,抽样误差是抽样调查所固有的。抽样误差越大,抽样总体的代表性就越差;反之亦然。因此,在组织抽样调查时,人们要研究如何才能使抽样误差尽可能的小,如何控制抽样误差使它不超出研究问题所允许的范围,使抽样总体有足够的代表性。

考虑到影响抽样误差的因素,减少抽样误差可从以下几个方面着手。

(1) 正确确定样本数目。既然抽样误差的大小与样本单位数目的多少成反比例关系,与总体单位之间的标志变异程度成正比例关系,所以,如果总体中的差异大,则需抽取的样本数应该多一些,反之亦然。还要注意到抽取的样本大小与调查的成本有关,样本越大,费用越高,反之亦然。所以,确定样本数要综合考虑对抽样误差的允许程度、总体的差异性和经济效益的要求等因素。

(2) 准确选择样本类型及抽样形式。选择正确的样本类型,有利于使抽取的样本能真正代表样本的总体,减少误差。样本类型分为随机抽样和非随机抽样两大类,每一类又分为很多具体方法。对抽样形式的选择,要根据调查目的和要求,以及调查所面临的主客观、内外部条件进行权衡选择。一般条件下,随机抽样技术具有更大的适用性。

(3) 加强对抽样调查的组织领导,提高抽样调查工作的质量。要以科学的态度对待抽样，特别是要由专门人才，或经过严格培训的人员承担抽样调查工作。抽样技术要适当，工作程序要规范，严格按照所选用的抽样技术的要求进行操作，确保整个抽样工作科学合理。

4.4.2　非抽样误差

1. 非抽样调查误差的产生

非抽样误差产生的原因很多，从抽样设计、调查问卷的制定、调查人员的素质，到调查数据的处理，每一个环节都可能出现误差。

(1) 登记性误差。登记性误差是在调查过程中，由于工作出现失误而造成的误差。产生登记性误差的主要原因可以归纳为两类：一类是由于计量手段的局限性所带来的，难以绝对符合实际而出现的误差；另一类是由于登录、计算、抄报、汇总错误及被调查者所报不实，或调查者有意虚报、瞒报等所带来的误差。

(2) 设计误差。设计误差是指在抽样设计阶段产生的误差。产生设计误差的主要原因是由于采用了有缺陷的抽样框或者是调查问卷设计不科学所造成的。

在实际中，一个理想的抽样框有时是很难取得的，如果我们采用了有缺陷的抽样框，就必然会产生抽样框误差。抽样框误差主要来自调查总体单位和目标总体单位的不理想连接、抽样框陈旧及使用有误差的辅助信息。这样有可能会带来丢失目标总体单位、包含非目标单位，或两者同时存在。

调查问卷设计不科学，如问卷设计缺乏应有的技巧和提问艺术，或主体不明确，重点不突出，或条理不清楚，或逻辑性较差，或提问不够清晰明确等；还有的调查问卷在设计过程中只考虑研究者的方便，不顾被调查者的实际情况，或内容过于庞杂，或内容中涉及敏感提问太多，或所提问题的答案含义不明确等，所有这些都会导致非抽样误差。

(3) 调查误差。调查误差是指在调查过程中产生的误差。这种误差从其产生的人员来划分主要包括调查人员误差和被调查人员误差两种。

调查人员误差的产生是由于调查工作过失和故意舞弊所致，如调查者自身的素质不高、工作粗糙、大意马虎等所造成的误差都属于调查者的误差。故意舞弊是指调查者为了自己省事，根本没有按照调查方案的规定进行调查，而是随意编造甚至篡改调查资料。

被调查者误差的产生，有的是由于被调查者对问题的理解发生差错，或是因为被调查者回答不清、回答有困难而造成的；有的是由于调查的问题涉及被调查者的利益故意错答所致；有的是由于调查的问题涉及一些敏感性的问题或是调查者提问方式不当而拒绝回答所致。

非抽样误差产生的原因可归纳为以下两种：一是由随机抽样所确定的被调查单位在具体调查时未能接触到，致使被调查单位没有接受调查；二是虽然接触到了被调查者，但他们不合作，要么是调查涉及个人隐私、商业秘密等敏感性问题而不愿意回答，要么是调查问卷中所列的调查项目超出了被调查者的实际能力和条件或调查项目复杂而无法回答。后者产生的原因主要是由于被调查者所持有的立场、观点不同，文化水平、经济利益等方面存在差异，有意或无意的形成对客观现象的认识存在偏差。例如，有的被调查者对一些问题没有正确的判断和见解，人云亦云；有的被调查者由于受调查员自身观点的影响而没能真正回答自己的观点;还有的被调查者由于受经济利益的驱动有意歪曲事实等。

2. 对非抽样误差的预防和控制

非抽样误差产生的原因十分复杂,误差种类繁多,应当针对非抽样误差产生的原因,从各方面、各环节出发,采取相应的措施对其实施有效的预防和控制。

(1) 科学设计调查方案。

抽样调查过程是一项系统工程,事先必须进行周密设计,制定出科学的调查方案,才能在调查的过程中减少非抽样误差。科学设计调查方案,应着重从抽样框和问卷设计两方面进行考虑。

在抽样框方面,要求设计者在编制抽样框之前必须对调查总体的分布结构有一定的认识,在抽选样本之前,要对抽样框加以检查,发现可能存在的问题,进行识别和处理,并采取一定措施加以补救。在问卷设计方面,要求设计者在设计问卷时要做到所提问题除了要符合调查主题外,还要看能否使被调查者完全明确调查的意图并乐意配合做出正确的回答。

(2) 提高调查人员的整体素质。

抽样调查对调查人员的素质有较高的要求,它要求调查人员不但要有较高的专业造诣、高度的责任感、良好的职业道德和高度的敬业精神,而且还要有较强的实际工作能力。一是要有实事求是的工作态度和责任心,二是熟悉调查目的和内容,三是能掌握并熟练地运用各种科学的调查方式、方法和技术,四是能够准确无误地处理数据信息。

(3) 重视对调查员的挑选和管理。

在抽样调查中,调查员直接同社会上形形色色的人群打交道,如果调查员在调查中不讲究访问技巧和措辞艺术,不善于和不同类型的人打交道,就不可能得到被调查者的有效配合。如果调查员缺少实事求是的工作态度和责任心,没有吃苦耐劳的精神,就不可能取得准确的统计资料。因此,对调查员的挑选和管理是一项重要的工作,也是减少调查误差的一个关键。首先,应挑选好调查员。选择调查员应从专业知识、道德品质、应变能力等方面入手,选择那些思想和业务素质较好、工作能力强的人员。此外,还应该加强对调查人员的管理,要建立行之有效的约束机制,防止调查人员弄虚作假。

(4) 采用多种途径,减少被调查者误差。

抽样调查要求被调查者能够提供准确、完整的资料,但在实际调查时,由于各种原因,往往会遇到不回答或故意回答错误的情况,而导致被调查者误差的发生。针对这一情况,一方面要采取适当的方式教育、感化被调查者,使其对调查能有正确的认识,愿意与调查者有效配合;另一方面还要采取有效的方法,减少被调查者误差的发生。对于一些涉及个人隐私和商业秘密问题的调查,可以采用随机化回答技术,对被调查者提供的资料保密等来提高回答率。对于被调查者有意无意提供了有偏差的数据而产生的误差,可以采用与有关记录核对、逻辑性检查或用重新调查进行核对等方法对调查的资料进行修正。对于那些为了某种利益有意歪曲事实,虚报、瞒报,故意造假产生的误差引起严重后果的要追究其法律责任。

增值阅读

2015 年全国 1%人口抽样调查

国务院 2010 年颁布的《全国人口普查条例》规定，人口普查每 10 年进行一次，位数逢 0 的年份为普查年度，在两次人口普查之间开展一次较大规模的人口调查，也就是 1%人口抽样调查，又称为“小普查”。国务院于 2015 年开展全国 1%人口抽样调查。

一、调查目的

了解 2010 年以来我国人口在数量、素质、结构、分布以及居住等方面的变化情况，为制定国民经济和社会发展规划提供科学准确的统计信息支持。

二、对象和范围

在我国境内抽取约 6 万个调查小区，调查对象为小区内的全部人口(不包括港澳台居民和外国人)，共约 1 400 万人。

三、内容和时间

调查内容为人口和住户的基本情况，主要包括姓名、性别、年龄、民族、受教育程度、行业、职业、迁移流动、社会保障、婚姻、生育、死亡、住房情况等。调查时点为 2015 年 11 月 1 日零时。

四、组织和实施

按照“统一领导、分工协作、分级负责、共同参与”的原则，做好调查的组织和实施工作。为加强领导和协调，由统计局会同有关部门成立 2015 年全国 1%人口抽样调查工作协调小组(以下简称协调小组)。协调小组办公室设在统计局，负责调查的组织实施和日常工作，督促落实协调小组议定事项。发展改革部门负责做好调查方案与国民经济和社会发展总体规划及有关专项规划编制实施的衔接；公安部门负责提供各级户籍人口、流动人口等资料并协助做好现场登记；宣传部门负责做好新闻宣传，以及新闻媒体的组织协调。其他部门按照职能分工，认真做好相关工作。

(资料来源：节选整理自《国务院办公厅关于开展 2015 年全国 1%人口抽样调查的通知》，http://www.stats.gov.cn/ztjc/zdtjgz/cydc/xw/201510/t20151028_1263099.htm)

任务小结

抽样调查又称概率抽样调查或随机抽样调查，是指调查者为了特定的调查目的，按照随机原则从调查总体中抽取一部分单位作为样本而进行的一种非全面调查。抽样调查的目的在于根据样本调查的结果来推断总体的数量特征。抽样调查可以根据是否等概率抽样，分为随机抽样调查和非随机抽样调查。

(1) 抽样调查与其他调查方式相比具有时效性强、经济、灵活等优点，因此在市场调查中得到广泛应用。在应用抽样调查方式搜集市场资料时也不能盲目地进行，应综合考虑各种因素的影响,根据现象总体特征的不同特点选择相应的抽样方式来抽选样本进行调查。如果抽样方式选择恰当,可以更大限度地体现抽样调查的优越性。

(2) 从调查对象总体中按调查者主观设定的某个标准抽取样本单位的调查方式,称为非随机抽样调查。这种抽样方式虽在样本的抽取方法上带有主观性,并会对总体推断的可靠程度产生影响,但由于它简便易行,可及时取得所需的信息资料,因此在市场调查中也常被采用。非随机抽样调查的抽样技术主要有任意抽样技术、判断抽样技术、配额抽样技术和滚雪球抽样技术四种。

(3) 随机抽样调查是按随机原则从调查总体中抽取一定数目的样本单位进行调查,以其结果推断总体的一种调查方式。它对调查总体中每一个样本单位都给予平等的抽取机会(等概率抽取),完全排除了人为的主观因素的选择,这也是它与非随机抽样调查方式的根本区别。随机抽样技术有简单随机抽样技术、分层随机抽样技术、等距随机抽样技术、整群随机抽样技术和多阶段随机抽样技术。

(4) 市场调查质量问题本质上是误差问题,它包括两部分,即抽样误差和非抽样误差。抽样误差是不可避免的,它是由样本结构与总体结构的随机差异导致产生的,其大小可以通过调整样本容量、改变抽样方式等加以控制;非抽样误差由于其产生的原因复杂且不易预测以及非随机性等特点而难以控制,成为影响抽样调查结果准确性的重要原因。

能力自测

一、选择题

1. (　　)是从研究对象的总体中,按照随机原则抽取一部分单位作为样本进行调查,并用对样本调查的结果来推断总体。

A. 随机调查　　B. 抽样调查　　C. 重点调查　　D. 全面调查

2. 总体单位数较多,总体变异程度较大时,宜采用(　　)组织方式。

A. 简单随机抽样　　B. 分层抽样

C. 有关标志的等距抽样　　D. 无关标志的等距抽样

3. 抽样调查所必须遵循的基本原则是(　　)。

A. 准确性原则　　B. 随机性原则

C. 可靠性原则　　D. 灵活性原则

4. (　　)是把从市场调查总体中抽取样本的过程,分成两个或两个以上的阶段进行随机抽样的方法。

A. 多阶段随机抽样　　B. 分层随机抽样

C. 任意抽样　　D. 市场抽样

5. (　　)是指随机抽样调查中样本指标与总体指标之间的差异。

A. 抽样错误　　B. 分层差异　　C. 抽样误差　　D. 抽样估计

6. 抽样估计中的抽样误差(　　)。

A. 是不可避免要产生的

B. 是可以通过改进调查方法来消除的

C. 是可以事先计算出来的

D. 只有在调查结束之后才能计算

E. 其大小是可以控制的

7. 在抽样调查中，样本单位数(　　)。

A. 越少越好　　B. 越多越好　　C. 应当适度　　D. 可多可少

8. (　　)是将总体按一定标准划分为若干群，以群为单位按随机的原则从总体中抽取一部分群，作为总体的样本，并对被抽中各群中的每一个单位进行实际调查。

A. 类型抽样　　B. 分层随机抽样

C. 任意抽样　　D. 整群随机抽样

9. 广义的市场抽样调查主要包括(　　)。

A. 随机抽样　　B. 非随机抽样　　C. 任意抽样　　D. 主观抽样

10. 连续生产的电子管厂，在一天中，每隔 10 分钟抽取 1 件产品进行质量检验，这是(　　)。

A. 简单随机抽样　　B. 类型抽样　　C. 等距抽样　　D. 整群抽样

二、判断题

1. 等距抽样中，第一个单位随机确定之后，其余各个单位的位置也就确定了。(　　)

2. 样本容量是指一个总体一共可以组成多少不同的样本，而样本个数则是一个样本中的单位数。(　　)

3. 等距抽样也被称为机械抽样或主观抽样。(　　)

4. 在随机抽样中，要按照随机原则抽取样本，保证样本抽取的客观性。(　　)

5. 抽样调查研究是非全面调查，但却可以对全面调查的资料进行验证和补充。(　　)

6. 抽样技术中，样本指标与总体指标都是随机变量。(　　)

7. 分层随机抽样的优点是能使样本在总体的分布比较均匀。(　　)

8. 市场调查的基本顺序可分为确定调查总体、设计和抽取样本、收集样本资料、计算样本指标、用样本指标推断调查总体指标。(　　)

9. 一般来说，重复抽样的误差小于不重复抽样的误差。(　　)

10. 抽样误差是抽样调查中无法避免的误差。(　　)

三、简答题

1. 在等距抽样中，按无关标志排队和按有关标志排队选取样本有何不同?

2. 简述分层随机抽样的优点及其适用范围。

3. 什么是多阶段抽样? 在市场调研中为什么常采用多阶段抽样技术?

4. 抽样误差主要包括哪两类? 引起的原因分别是什么?

四、计算题

1. 已知甲、乙、丙三个车间一天内生产的产品分别是 150 件、130 件、120 件，为了掌握各车间产品质量情况，从中取出一个容量为 40 的样本，该用什么抽样技术? 简述抽样过程?

2. 一电视台在因特网上就观众对其某一节目的喜爱程度进行调查，参加调查的总人数为 12 000 人，其中持各种态度的人数如下表所示。

很喜爱	喜爱	一般	不喜爱
2 435	4 567	3 926	1 072

打算从中抽取 60 人进行详细调查,如何抽取?

3. 下列问题中,采用怎样的抽样技术较为合理?

(1) 从 10 台电冰箱中抽取 3 台进行质量检查;

(2) 某电影院有 32 排座位,每排有 40 个座位,座位号为 1～40。有一次报告会坐满了听众,报告会结束后,为听取意见,需留下 32 名听众进行座谈;

(3) 某学校有 160 名教职工,其中教师 120 名,行政人员 16 名,后勤人员 24 名,为了了解教职工对学校在校务公开方面的意见,拟抽取一个容量为 20 的样本。

案例分析

抽样中的泰坦尼克事件

在抽样调查中,样本的选择是至关重要的,样本能否代表总体,直接影响着统计结果的可靠性。下面的故事是一次著名的失败的统计调查,被称为抽样中的泰坦尼克事件。

在 1936 年的美国总统选举中有两位候选人,即民主党候选人罗斯福(F. D. Roosevelt)和共和党候选人兰登(G. A. London)。有一家文摘杂志(文学摘要)通过从电话号码簿和一些俱乐部成员的名单中选取 1 000 万人,以发出询问信的方式进行民意调查,共有 240 万人做出了回答。据此资料,此文摘杂志预测兰登将以获得 57%的选票获胜,而罗斯福的得票率将是 43%。而选举结果是罗斯福的得票率为 62%,兰登仅得到 38%的选票。为此,这家杂志社很快就倒闭了。

自 1916 年以来,此家杂志每次所做的预测都是正确的,因而影响很大。这次它的预测是基于巨大数字的 240 万的答卷做出的,却预测错误。

当时有电话的家庭有 1 100 万户,失业者有 900 万人。有一个叫乔治·盖洛普(George Gallup)的人建立的一个调查组织从 1 000 万人中随机选取了 3 000 人,就提前知道了文摘将要得出的结论:兰登将以 56%的选票获胜,这与文摘公布的结果仅差 1%,而这个结论来源于 3 000 人而非 240 万人。盖洛普从更大的范围内随机选取了 5 000 人,据此预测罗斯福将以 56%的得票率获胜,而兰登的得票率为 44%,与实际结果差 6%。

问题:

1. 文摘杂志社此次预测错误的根本原因是什么?
2. 为什么盖洛普既能了解文摘的预测结果,又能对大选预测成功?
3. 预测的误差是否随着抽样数量的增加而减少?
4. 从这个案例分析中得到什么启发?用样本推断总体获得的结论可靠吗?为什么?怎样保证其可靠性?

实践与操作

项目一　综合实训:抽样调查技术的应用

[**目的**]

对手机在学校的使用情况进行调查,得出有一定代表性的数据结论,为学校的管理提供参考性数据。

[**内容与要求**]

1. 由学生自愿组成小组,每组 5～10 人,利用课余时间,选择本学院的学生,开展调查。

2. 每组需根据课程所学知识,经过讨论拟定调查内容,要求如下:

(1) 采用简单随机抽样技术获取样本;

(2) 对于每个样本进行问卷调查,确保问卷回答率达到 90%以上,确保问卷的代表性。

3. 每组提交一份调查报告。

[**成果评定**]

1. 班级组织一次交流,每个小组推荐一名成员发表演讲;

2. 由教师与学生对各小组的市场调查内容进行评估打分。

项目二　每一个大学生似乎都有自己的"考证生涯",其实如何正确区分和选择自己需要的证书考试,是大学生们需要理性思考和冷静面对的。

要求:请设计一个抽样调查方案,就大学生考证问题进行调查。

项目三　我国自 1999 年大学开始扩招以来,大学生就业问题日趋严峻,大学毕业生初次就业率和供需比日趋下降,大学毕业生就业形势不容乐观,受到了社会各界的普遍关注。

要求:设计抽样调查方案,就大学生的就业问题展开调查。

任务 5　掌握问卷设计及资料整理分析技术

请扫描二维码观看教学视频

知识目标

为了完成本任务，你需要的理论知识：

1. 调查问卷设计的一般问题
2. 调查问卷和观察表的设计
3. 调查资料的整理
4. 调查资料的分析

项目任务

5.1　调查问卷的设计技术

5.2　调查资料的整理与分析技术

能力目标

通过完成本任务，你应该能够：

1. 熟悉调查问卷的设计要求
2. 会设计调查问卷
3. 能够制作观察表格
4. 进行调查资料的整理和分析

- ◆ 任务导入
- ◆ 相关链接
- ◆ 案例研究
- ◆ 增值阅读
- ◆ 任务小结
- ◆ 能力自测
- ◆ 案例分析
- ◆ 实践与操作

任务导入

趣味阅读

沃尔沃的市场调查

全球市场调查费用合计超过166亿美元，其中美国占了38%。汽车行业是市场调查信息使用最大的用户之一。总部位于瑞典歌德堡的沃尔沃汽车公司每年开展约400项大型的市场调查，运用多种方式收集客户信息。在沃尔沃汽车公司，市场调查被视为新产品开发的重要组成部分。

沃尔沃公司还花费巨资来跟踪调查客户对其产品和经销商服务的满意度。虽然沃尔沃产品以安全著称，但该公司最近试图摆脱传统的笨重造型，以迎合市场调查中发现的客户对流行设计的需求。沃尔沃XC90车型和S40车型均为基于市场调查结果而设计的车型。在设计SUV车型时，沃尔沃聘请了一组加州女性客户实时参与该车型NPD的全过程，最终成功开发出完全以客户为本的车型。

此外，沃尔沃公司还开展了一系列客户关系管理创新活动以加强同沃尔沃车主的联系。沃尔沃的经理们也通过正式调查以及与客户/同行的非正式会谈来获取客户信息。

从当前的商业实践来看，市场调查对于企业的发展和经营至关重要，但是，我们应当如何开展一次合乎规范的市场调查呢？在设计调查问卷进行数据收集时该注意哪些问题呢？对于调查的结果该如何处理呢？下面我们一起来认知调查问卷，掌握问卷设计及资料整理分析技术。

5.1　调查问卷的设计技术

在进行市场调查收集数据时，问卷是最常用的调查工具和作业方式之一，在我国也越来越流行，它被广泛应用于社会调查和市场调查等各个领域。同时，问卷也是将定性问题转化为定量分析的重要手段，因此对问卷设计的研究是非常必要的。

5.1.1　问卷设计的一般问题

问卷又叫调查表或询问表，它是调查人员依据调查的目的和要求，以一定的理论假设为基础提出来的，由一系列“问题”和备选“答案”（应答项），及其他辅助内容所组成，是向被调查者搜集资料和信息的工具。

1. 问卷的特点

（1）主题突出，问题相互关联。整个问卷服务于同一资料目标或主题，将主题分解为不同的类别和细目，每个问题的询问形式都具体清楚，问题间既不重复，又相互关联。从某种意义上说，一个科学合格的问卷就是一个完整的理论体系。

(2) 用语准确规范,易于被回答者接受。问卷尊重被调查者的社会阶层、行为规范等社会文化特征,使被调查者感到问题提法有礼貌,不唐突,再加之在问题排列上注意到时间和类别顺序,采用过滤性问题设计,符合回答者的思维习惯,所以容易被回答者接受和配合。

(3) 问题形式多样,易懂易答。为了达到资料目标,问卷中要设计各种各样的问题,而且多数都采用封闭式答案设计,列出完备的可能答案,尽可能让回答者少写字,因此被调查者容易读懂,容易回答。

(4) 易于统计整理和分析。问卷中问题的设计都使用可测量的尺度,尤其是较高级别的测量尺度,使定性或定类的问题均可转化成定量分析,再加之科学的编码,使得问卷既可获取丰富的信息资料,又便于下一步的统计整理和分析。

2. 问卷的作用

由问卷的上述特点所决定,调查机构和调查人员非常重视问卷在市场调查实践中的应用,研究人员早已清楚地认识到问卷的意义作用。问卷的作用主要表现在以下几个方面。

(1) 问卷是市场调查不可缺少的工具。市场调查的方法有许多,但除了实验法较少使用问卷(一般使用特殊的提纲或类似于问卷的表格)外,观察法和各种询问法都离不开问卷。特别是在现代市场调查实践中,这一作用越来越重要。因为在调查中广泛应用计算机以后,规范的科学的问卷作为调查的工具或手段是不可缺少的。

(2) 设计合理的问卷有利于全面、准确地搜集资料。有了问卷,对于抽样总体内每一个被调查者均可以询问同一系统的问题,范围广泛全面,对问题的认识又容易深入、准确,尤其是当被调查者自填问卷时,就更有利于全面准确地反映被调查者对所询问问题的基本倾向,提供可靠的资料。

(3) 使用问卷还可以节省调查时间。使用问卷调查,无须由调查人员就调查目的向被调查者做详细的解释,也可以避免在与被调查者的交谈中,谈话游离于主题之外的现象。如果问卷内容的说明清楚明了,调查人员对被调查者只需稍做解释,说明意图,他们即可答卷。在答卷中,除非有特殊情况,一般不需要被调查者再对各种问题做文字方面的解答,只需对所选择的答案做上记号即可。这样就节省了调查时间,从而可以提高调查工作效率。

[相关链接 5-1]

哈里斯互动和AC尼尔森公司

哈里斯互动(www.harrisinteractuve.com)的哈里斯民意调查(Harris Poll)是每周进行的调查,用于监控美国公众对不同经济、政治和社会实践的反应。这项调查的重要性和普及性明显地体现在报纸、广播和电视中的广泛引用,每项哈里斯民意调查研究都基于对1 000名18岁及以上成年人的一项全国代表性在线调查得出结论。

AC尼尔森公司(www. acnielsen. com)的AC尼尔森扫描跟踪指数(AC-Nielsen ScanTrack Index)根据对多种消费品制造商的定期调查,提供了有价值的根据扫描仪记录的销售和品牌份额数据。这些评估数据是每周从一个超过4 800家商店的典型样本中收集出来的,它们反映出52个主要市场超过800家零售商的情况。

3. 问卷的结构

根据研究项目规模大小和调查内容多少，问卷可长可短。但无论问卷长短，一份完整的问卷都由标题、说明信、指导语、问题和答案，以及调查过程记录等五部分组成。

问卷的标题是调查主题的概括说明，可使被调查者对要回答的问题类型有一个大致了解。例如，“曲奇牌饼干市场调查”，一看就知道是饼干食品类问题；“洗发护发香波使用情况调查”，肯定是护发美容品类的问题。问卷标题要简明扼要，点明调查目的或资料目标，但又不要过于笼统或雷同。

说明信又称卷首语，主要是向被调查者介绍调查目的、意义、主要内容和调查机构背景的情况。对于较短的问卷，它位于问卷的最前部；对于较长的问卷，它可以在封面或封二上。说明信的主要作用在于引起被调查者对调查工作的重视，以期取得高质量的调查结果。

指导语又称填表说明，主要是告诉问卷填写者（对于“他填问卷”是调查人员，对于“自填问卷”是被调查者）如何填写问卷，注意什么事项等。指导语如果是针对个别复杂问题的，则紧跟该问题之后；如果是针对问卷中全部问题及答案的填表说明，应单独作为问卷的第三部分，在说明信后列出。单独列出的好处是更加清楚，更能引起回答者的重视。

问题和答案也就是调查的内容，是问卷中的最主要部分。所有要调查的内容都可以转化为经过精心设计的问题和答案，有逻辑地排列在问卷中。为便于数据处理，有时要将问题与备选答案给以统一编码。这部分的设计是达到调查目的、实现资料目标的关键。

调查过程记录是指调查对与调查作业有关的人员和事项的记载，包括调查人员姓名或编号、调查开始和结束的时间、调查地点、审核员的姓名等。这有利于对问卷的质量检查的控制。如有必要，还要记载被调查者的姓名、单位或家庭地址、电话号码等，可供复核或追踪调查之用。但如果是涉及回答者的个人隐私的问卷，上述被调查者的情况则不宜列入。调查过程记录在较长的问卷中应印在封面上，在单页问卷中可印在最后。

[相关链接5-2]

电路城公司:BizRate网络顾客满意度调查

认识到顾客满意是企业成功的主要动力，许多公司正采用多种方式调查顾客的满意度。电路城公司在美国有600多家商店，它采用神秘客户、现场访谈、焦点小组和电话访问来调查客户满意度。2000年，该公司开发了一个深受欢迎的比价购物网站——BizRate网站，用来比较国内网上和网下购物经历。Shopzilla网站，作为BizRate网站的分支，是一个新建的购物网站，可以调查潜在客户对各种网上零售商的满意度。Shopzilla网站有很强的网上搜索引擎，包括了来自约45 000家零售商的衣服、电器、DVD等产品。

电路城公司已将调查范围扩大到网下顾客。该网站在账单收据上邀请顾客浏览一个特别设计的网站(www.cc.bizrate.com)，填写购物经历的网上问卷。为了鼓励更多顾客参与调查活动，参加的顾客将被自动注册参加电路城公司的“顾客至上”抽奖活动，有机会赢得电路城公司提供的丰厚奖品。

BizRate网站通过一系列关键特性获得电路城公司客户的信息反馈，包括交货及时、产品选择、价格、保密政策、网站导航和货物交付。BizRate 网站通过 10 项购物要素评价顾客的购物经历。这些调查结果对该公司的管理层做出决策起着重要的作用。

5.1.2 问题的设计

顾名思义,问卷是由一系列相互联系的问题及其答案选项组成的,因此,问题的选择、措辞、排序,以及答案(应答项)的设计对所收集到的数据的可靠性都至关重要。

1. 问题的类型

(1) 从问题的作用来划分。

① 心理调节性问题。

心理调节性问题是能引起回答者兴趣,烘托合作氛围的问题。这类问题应是容易回答而又不太直接,且口气和蔼的问题。由于在询问正式问题之前一般要设计一两个这类问题,因此又称其为前导性问题。例如,在调查对当前房价的看法之前,可问:

"现在许多人都在讨论房价问题,您有关注吗?"

② 过滤性问题。

过滤性问题有时也称分叉问题,是将采访对象限于有符合要求的经历或回答富有意义的回答者的问题。如果调查课题涉及某一特定产品市场,那么那些未曾用过或不使用该产品的消费者不应作为正式调查对象。于是在确定访问对象之前,应提问一系列合适的问题,以便使被访者符合研究该产品市场的目的。例如:

您购买或使用过 A 产品吗?　　(　　)是　　(　　)否

如果遇有回答未购买或使用的人,应中止提问,或改变提其他问题,或在问卷整理时将这类问卷放在一边。有时为了缩短答卷时间,也可以把前导性问题和过滤性问题结合起来提问。

③ 试探性和启发性问题。

试探性问题的作用是对一些敏感性或接近敏感性的问题探询被访者是否愿意讨论,以减少阻力,争取配合。启发性问题是唤起被访者的回忆,以提高回答速度和准确性的问题。

④ 背景性问题。

背景性问题是指有关被访者个人背景的问题,包括性别、民族、年龄、住址、职业、职务和文化水平等,有时还包括其心理状况的描述。这类问题对于后续的资料整理和分析是非常重要的。

⑤ 实质性问题。

实质性问题是指要调查的全部事实或信息,是问卷的核心问题。从某种意义上说,上述的所有问题都是服务于实质性问题的,因为只有通过这类问题的询问才能达到调查的基本目的。因此,这类问题的量也应是所占比重最大的。从实质性问题所涉及的内容来看,它包括事实性问题、行为性问题、动机性问题、态度性问题和预期性问题等。

（2）从问题间的联系来划分。

① 系列性问题。

系列性问题是指围绕一个调查项目逐步深入并展开的一组问题。例如，向被访者出示一份“市场导报”并询问以下几个问题：

1. 您是否阅读过这份报纸：（　　）是（进入下一题）　（　　）否（回答结束）
2. 您一周看几次？（　　）少于一次　（　　）1～4次　（　　）4次以上
3. 您是从哪里得到的？（　　）自己订阅的　（　　）零买的　（　　）借阅的

② 非系列性问题。

非系列性问题是指设计的各问题之间无递进关系，而是一种平行的关系。

（3）从问题与答案的联系来划分。

① 伪装问题。

所谓伪装问题，是指通过间接性的问题来推测被调查者的观点和看法，从而隐瞒具体目的的问题。在遇到一些敏感性话题时，常设计使用这类问题。例如：

您周围的人在购买香水时是看重价格和品牌还是更看重质量？
您对那些把廉价的香水装进名贵品牌的香水瓶内使用的行为怎么看？

② 非伪装问题。

非伪装问题是指把询问的具体目的及答案列举出来，由被调查者按要求选择。问卷中使用的多数都属于这类问题。

2. 问题的筛选

设计问题的初期，只能围绕着调查目标粗略地列举一定数量的问题，最后进入问卷的问题数量应该足够多，但又不是多多益善。这就要求调查人员对每个问题仔细斟酌筛选，直到每个问题都是必要的、可行的。在进行问题筛选时除了使用的间接测量法以外，还应该考虑以下几个方面。

（1）问题本身的必要性。

最终所使用的问题都应该是必要的、有用的，不必要的问题应该舍弃。考虑某个提问是否必要，主要应参照所研究的问题和调查目标，参照其他提问的内容，若不问这一问题是否会影响到调查的结果等。

（2）被调查者是否掌握所问信息。

被调查者是否掌握所问的信息，对此调查者应有一个基本估计。如果多数被调查者对所询问的信息基本不了解或不清楚，这类问题就不要保留，否则，据此获取的信息会有很大的误差。因为如果被调查者不具备理解问题的相关信息，可能会给出扭曲的回答，导致数据失真，这样的回答不但是毫无意义的，甚至可能会是误导性的。因此在问卷中，有时还需要使用过滤性问题，排除那些对所问信息不了解的人。例如，先确定“您是否有过这方面的经历”，给出肯定答案的才是合格的被调查者，才可提出进一步的问题，否则就要被排除。

（3）被调查者是否提供所问信息。

尽管被调查者有所寻求的信息，但有时他最终没有提供给调查者，其原因可能有三种情况：一是问题敏感而不愿意回答；二是缺乏回答问题的能力；三是所设计的问题回答起来很麻烦。对于敏感问题,一般人都不愿意正面回答,最好不要问,如果实在需要问也要讲究技巧和策略,如用伪装性问题间接问。对于缺乏回答问题的能力,又有两种情况:或者回答者的理解能力和表达能力较低,或者问题过于专业化。涉及专业化的问题就要考虑被调查者的回答能力。例如,调查消费者喜欢什么样的汽车,如果要求被调查者用语言文字描述,恐怕除了内行人其他多数人都不可能回答清楚。这时候,可以提供一些汽车图片让被调查者说喜欢哪一种,喜欢什么地方。这三种原因中的第三种情况较多,在问题设计时尤其要注意这点。一般来说,如果设计的问题需要用数值来回答,而且又需要回答者通过复杂的计算才能得到答案的,最好就不要提,否则多数人会嫌麻烦而放弃回答,或者随便给一个不准确的答案。这样的问题如果必须要回答,也应该选择一个有利的设计法,如数值分区间式封闭答案,或者把问题拆分为几个简单问题。

3. 问题设计应注意的问题

问题设计的好坏直接关系到能否达到调查目标和调查目的,因此在设计时应注意以下一些问题。

(1) 要使被调查者容易并且充分理解问句的含义。

① 问句要尽量短而明确,少用长而复杂的语句。问句太长,容易使被调查者抓不住提问的重点,甚至使其感到厌烦。需要更多的信息时,可将长句细分成几个小问题来询问。

② 问句要尽量口语化,避免用双重否定来表示肯定的意思。例如,“是否有许多食品商不愿意不在标签上注明保质期”,这显然不利于对问题的理解,可改为“食品商是否愿意在标签上注明保质期”。再比如“您染发的频度如何”,就不如改为“您通常隔多长时间染一次发”。

③ 用词应尽量浅显明白,避免用生僻的或模棱两可的词语。例如,“您常用哪种剃须刀”,其中“哪种”既可指电动剃须刀或机械剃须刀,也可指某种品牌的剃须刀,含义不明确。又如“作为推销员,您是否接受过系统的培训”,其中“系统”一词也可能引起不同的理解。有些字眼,如“普通”“时常”“很多”“一般说来”等,都是模棱两可的词语,应在问句中避免使用。

④ 问题尽量简单化,避免提出需要受访者进行过多思考、回忆和计算的复杂问题。当遇到这些情况时,可以考虑将一个问题分成几个容易回答的小问题。

(2) 所提问题应是被调查者能够且愿意回答的,避免提出困窘性问题。

困窘性问题是指应答者不愿意在访问人员面前直接回答的问题,一般属于个人隐私、宗教信仰、政治观点等较为敏感的问题,或不为一般社会道德所接受的行为和态度等。例如,许多人对年龄、收入、受教育程度等问题就非常敏感,他们往往不愿意回答,或者回答也是不真实的答案,不宜直接询问。因此,要想了解这方面的信息,也要讲究技巧,运用伪装性问题间接询问。

(3) 要对问题确定界限,避免混淆。

① 避免复合性问题,每个问题只能包含一项内容,避免一个问题中包含两个或多个方面的问题。例如,不要问“您是否喜欢看台球和网球”,因为回答者可能只喜欢其中一种,却给一个肯定或否定的回答,所以即使勉强回答,结果也是不准确的。

② 问句中对时间、地点、人物、事件、频率等界限都该有一个特定的范围,而不应只概括地表示。例如,“您最近经常看电影吗”,其中“最近”可能是指近几天,也可能是指几周或一

个月，“经常”可能是每周几次，也可能是每月几次或每年几次。每个被调查者回答的标准就有区别。因此，可改为“过去的三个月您看过几次电影”。

(4) 问题要尽量获得具体或事实性的答案。

人的意见和感觉通常表现为主观臆断的概念，在询问时很难具体地表述，问题设计时必须对此加以注意。在设计征求意见或询问感觉问句时，要避开笼统的意见，而尽量用具体的或事实性的问题来设问。

① 避笼统求具体。例如，“您认为××牌鞋好吗”，其本意是要询问消费者对这种品牌鞋的感觉如何，但是好与不好如何区分是一个很笼统的概念。因此，应尽量将这类问题询问得具体些，例如，可分别询问鞋的样式、颜色和舒适程度等，回答者就容易判断。

② 化意见为事实。许多意见性的问题都可以用事实来说明。如对某件事情的爱好程度，就可以通过参与次数的多少来说明。例如，如果问“您是否爱逛商场”，对于有些被调查者，可能自己也很难判断，而且爱好的标准是什么也各不相同，因此最好将其改为“过去的一个月里您逛过几次商场”，调查人员可事先定好标准，多少次属于非常爱好、一般爱好、不太爱好和不爱好等。这样，通过一个事实来判断是否爱逛商场的程度比上述直接询问更巧妙，回答者也容易判断回答，问卷整理时也容易分析。

(5) 问题要中性化，避免提带有倾向性或诱导性的问题。

提问时，调查者的态度要“中立”，不要流露出自己的倾向或暗示，否则就会影响回答者的答案，或者回答者不假思索地顺从诱导性意见，或者回答者很反感而不认真回答。

(6) 问题要单纯明朗，避免暗含答案或暗含假设的问题。

如果问题暗含答案或假设，势必影响调查结果。在这方面，国外有人对单纯提问与暗含答案的提法可能引起的区别做过研究。所用的一对问题如下：

方案Ⅰ：通过立法要求汽车驾驶者系安全带是个好办法。

(　　)同意　(　　)不同意　(　　)不知道

方案Ⅱ：应通过一项法律对不系安全带的驾车者罚款。

(　　)同意　(　　)不同意　(　　)不知道

这两个问题中，第一个是单纯提问，第二个暗含假设，“如果不系安全带，结果是被罚款”。研究表明，这两种提问方式得到的结果有明显的差别，如表 5-1 所示。

表 5-1　不同提问方式对调查结果的影响

方　案	同意(%)	不同意(%)	不知道(%)
Ⅰ	73	21	4
Ⅱ	50	47	3

4. 市场调查问卷中的答案设计

一般来说，“问题”与“备选答案”(也称应答项)的设计是密切相关的。当调查者构想出要提出的问题时期待的答案就同时在脑海里形成。但对于不同的采访形式来说，并非完全如此。按照答案设计对采访的重要程度划分，采访形式可分为非标准式采访、自由回答式采访和封闭回答式采访。备选答案的设计对于封闭回答式采访显得更重要，因此，下面将重点讨论封闭回答式采访问题的备选答案设计。

(1) 非标准式采访及其答案设计。

所谓非标准式采访,是指没有固定的标准程序和形式,在采访过程中由采访者灵活掌握的采访。进行这种采访之前,管理者没有对采访者具体的词语表达、问题的格式等提出要求,在回答者如何表达答案方面,更没有确切的内容。采访者只要铭记调查目的和资料目标,即可以任何形式到任何方面去寻求有用的信息。

常见的非标准式采访主要有中心小组座谈访问、深入访问法和投射式采访。中心小组座谈访问(Focus Group)已有相关介绍,这里不再讨论。

所谓深入访问法(Depth Interviewing),是指利用适当的心理分析方法和渗透性问题来深入探索被调查者的经验、态度,或者探索任何所要研究的现象,这种采访一般时间较长,需要1～2小时,而且往往是独自一人去完成采访任务。

所谓投射式采访(Projective Techniques),是指采访者通过向被调查者提供某种促动因素,在其无意识的情况下,使被调查者的真实意图"具体化"(Project),或展现回答者的真正看法。

非标准式采访主要适用于以下两种情况:一是调查者正在寻求各种意见或者寻求某些人在回答时提出的各种"假设";二是采访的次数很少,并且又是集中性的采访。

可见,非标准式采访注重的是问题和询问方法的设计,而对备选答案设计没有也不可能有严格的要求。因此,它一般也不用于结论性调查。

(2) 自由式采访及其答案设计。

所谓自由式(Open-Ended)采访,是指提出的问题事先构思好,而如何回答是自由的、开放的,即回答者不论用什么资料和什么词语来回答都可以。在这种类型的采访中,采访者的任务是尽可能以准确的措辞来记录答案。自由回答式可分为两类:任意答复(Free Response)和追问答复(Probing)。

任意答复是一问一答式,没有追问,完全使用自己的措辞自由回答,回答完毕即告结束,不再有追问的问题。

追问答复是跟随在特定的主题问题之后再进行追问采访,逐步深入讨论主题。这种追问方式一般都是首先提出一个规范性的问题,然后根据回答者的答复再进行追问,但追问不应离开主题,而且也要适可而止。

自由回答式采访的优点是:拟定问题不受严格限制,容易发挥采访者的能动性;有利于直接了解被调查者的态度;答案不拘形式,不拘范围,可探讨被调查者的建设性意见等。

自由回答式采访的缺点主要有:对不能明确自己观点或想不出答案的人,他们可能容易只回答"不知道"的含糊词语;调查结果由于受采访者访问方式和表达能力的影响,容易产生误差;其结果不利于进行资料的整理和分析。因此,这类采访只可在一定的条件下使用。

(3) 封闭式采访及其答案设计。

封闭式(Closed-Ended)采访是指提问和答复的范围都事先构思并落实在提纲或问卷中的一种访问形式。这种采访下的问题都有一定充分的答案,回答者只能按要求从备选答案中进行判断和选择。因此,封闭式采访的优点是便于资料的整理和分析,便于回答者选择,节省调查时间。但是它也有缺陷,即限制了回答者的自由发挥,他们的答案可能不在备选答案中(为了应对这种情况,一般在应答项中加一个“其他”选项),或者备选答案太多,答案范围过于模糊等,导致回答者随意选择一种不太确切的答案。

符合封闭式采访要求的答案设计有多种形式。从答案使用的符号来看,可分为词语式答案、数值式答案和图解式答案三种。

词语式答案是指每一个备选答案都用字词表示。例如,“您喜欢这则广告语吗”,答案有“喜欢”和“不喜欢”。这样的答案就是用字词表示。用字词表示答案是最常用的形式。

数值式答案是指备选答案用相应的一系列数字表示。例如,数值量表法的答案就是这种形式。

图解式答案是指用相应的图形表示备选答案。例如,图解量表法的答案就是这种形式。

从封闭式回答的答案结构来看,答案设计主要有以下一些类型。

① 是非两分型。

是非两分型又称“二项选择型”,它是指对问题只给出两个合理的答案,且这两个答案一般还是具有相反意义的,回答者选其一即可。常用的答案词语有:是或否(或不是),有或没有,买过或没买过,喜欢或不喜欢,男或女等。

是非两分型答案设计的优点是便于填表者回答;简单明了,易于统计;强制性强,可使中立意见者偏向一方。其缺点是调查统计结果只能反映回答者的一种态度或一种状态,忽视了程度的差别。因此,这种设计只适用于简单真实的具体问题调查或适用于引导回答者转移到合适的问题上(即所谓分叉式或过滤性问题)。例如:

(1) 您是否购买了汽车?　　(　　)是
　　(　　)否(请转到第 3 问)

(2) 您购买的是新车还是旧车?　　(　　)是(请转到第 5 问)
　　(　　)否(请转到第 12 问)

② 多项单选型。

多项单选型是指预先给出三个或更多的备选答案,被调查者可以选择其中一个最合适的答案。这种答案设计的优点是缓和了是非两分型强制选择的程度,考虑了比较全面的情况,统计时也比较方便。但设计时也要注意,答案须包括所有的可能情况,各答案之间要互斥,避免答案交叉重复。

对于多项单选型,在选定全部备选答案后,应该按照随机原则对答案的排列顺序做不同处理,以便尽可能抵消某些被调查者在回答时极端倾向带来的负面影响。

③ 多项多选型。

多项多选型的答案设计是预先给出三个或三个以上答案,被调查者可以选择其中符合自己想法的一个、多个或全部答案,或者也可不选。

多项多选型答案设计的优点是有利于获得多角度、多类别的信息,在数据分析时,可以计算每一种单项情况的百分比,从而分清楚各种分类情况的重要性。但在设计时也要注意,供选择的答案不能太多,一般应控制在 10 个以内,以免引起被调查者的厌烦。

④ 半封闭式。

为了弥补封闭式答案设计的缺陷,在调查实践中经常将封闭式答案设计与开放式答案设计结合起来,形成半封闭式答案,即在一系列备选答案之后,留出一些空白,标明“其他”或自由填写。

半封闭式设计主要适用于下述几种情况:当探索性调查不深入而导致备选答案不能包容所有可能情况时;根本不存在穷尽可能时;类别情况太多,没有必要一一列出,或列出后过于烦琐时。在这几种情况下,设计半封闭式答案是最好的选择。

⑤ 答案结构相同问题的排列设计。

如果有多个问题的备选答案内容、数量结构相同,就可以将它们压缩组合在一起,以使问卷显得紧凑,同时也便于回答和数据处理。一般如果将各种直接测量表转化为问题与答案时,多出现这种情况。这种组合排列设计的具体形式常用表格式。

[相关链接 5-3]

购买汽车时,您认为下述因素的重要程度如何?(请在您认为合适的空格内打“√”)

因　素	极重要	很重要	重　要	不甚重要	最不重要
性价比					
外观设计					
售后服务					
易保养					
易操作					
耐用					

在设计表格时,应注意:罗列的各项目或因素的排列顺序应是随机的,而不是根据预计回答的重要性或等级来决定,而且在项目的最后有时可留出空白,供回答者列出其他项目,以使调查结果更全面、准确。

5.1.3 问卷的整体设计

1. 调查问卷设计的步骤

(1) 确定所需要收集的信息。

问卷是信息的载体,因而在设计问卷时,首先要确定应收集什么内容的信息。一般要根据调查的目的安排调查内容,同时要考虑调查内容的针对性、系统性、全面性、深入性,要把与调查主题相关联的内容一一列出,然后再区分调查的主要资料和次要资料。

(2) 确定问卷的类型。

① 自填式问卷和访问式问卷。自填式问卷是指通过邮寄或面送方式将调查问卷交给被调查者,由其填写;而访问式问卷是由调查者将问题和答案念给被调查者,被调查者选择答案后,由调查者填写。

② 结构式问卷和无结构式问卷。结构式问卷是指问卷设计有固定的结构,即按一定的提问方式和顺序将提出的问题进行合理安排。通常结构式问卷的应答项的设计大多是封闭

式的。采用结构式问卷时，调查人员不得随意改变提问的顺序、提问的内容、提问的字句，对所有的调查对象采用完全相同的模式。而无结构式问卷是指问卷设计时没有严格的结构，可以围绕调查目的提出一些相关问题。

在实际调查中，可以根据调查目的、收集信息的渠道、调查的方式、调查范围来确定问卷的类型。一般来说，在小范围的面谈访问、电话访问调查中可以采用访问式问卷；而在大范围的普查、寄卷访问、面卷访问中，可以采用自填式问卷和结构式问卷。

(3) 确定问题的内容。

提出的问题应紧紧围绕调查目的，有针对性地进行提问。在确定问题时，一般应注意：

① 尽量避免提出与调查目的无关的问题，以免调查时间过长，引起被调查者的反感。

② 要根据调查对象的具体情况，提出被调查者能够知晓并能回答的问题。例如，当问及白酒的香型、度数、包装、价格、品牌中什么是购买白酒时考虑的首选因素时，一个从不喝酒和对白酒不了解的人就无法回答。

③ 尽量避免提出被调查者不愿意回答的问题。例如，当问及家庭收入、婚姻状况、政治信仰等，如果必须了解该信息，应有技巧地提出。

④ 应避免使用暗含假设的(断定性)提问。所谓暗含假设的(断定性)提问，就是在提出某个问题时，某一事实已被肯定或假设存在。例如，“您准备什么时候购买空调”，在提出该问题时，购买空调已被假设存在，而对不购买空调的人就难于回答。而若改为两个连贯问题，先问“您是否准备购买空调”，再问“您准备什么时候购买空调”，就较为严密，避免了暗含假设的(断定性)提问。

⑤ 应避免使用引导性提问。所谓引导性提问，就是在提出某个问题时，题干中已经有了暗示性答案，使被调查者很容易受调查者的暗示影响，使调查结论缺乏准确性。

⑥ 避免提问中内容的交叉。例如，“您假期是旅游还是休息”，其实旅游也是一种休息，内容交叉，提问不确切。而若改为“您假期是出门旅游还是在家休息”，就容易回答。所以，在设计问题时一定是一个问题只问一个要点。

(4) 确定问题的种类。

在确定了问题的内容后，接下来就要确定问题的种类。问题的种类主要有封闭式问题和开放式问题，直接式问题和间接式问题，事实性问题和假设性问题，行为、动机、态度问题等。每一种提问方式，都有其相应的优缺点，调查者应根据调查目的、调查的方式、调查对象、信息收集的内容等，确定最适合的问题类型，以提高调查效果。

(5) 确定提问的措辞。

在实际调查中，针对同一个问题，往往会因为措辞的差异产生截然相反的效果。一般在斟酌措辞时应注意：

① 尽量使用语意具体、简明、清晰、准确的词语，避免使用含糊的形容词、副词，特别是在描述时间、数量、频率、价格等情况的时候。像“有时”“经常”“偶尔”“很少”“很多”“相当多”“几乎”这样的词，对于不同的人有不同的理解，因此这些词可以用定量描述代替，以做到统一标准，使被调查者容易回答。

② 尽量少使用专业术语，使提问更加通俗易懂，易于回答。例如，问及“您家电视机的显像管质量如何”，问题就过于专业，一般人难于回答。而若改为“您家电视机图像是否清

晰”,就比较易于回答。

③ 尽量避免使用令人难堪的词语提问。例如,“您下岗后,主要生活来源靠什么”,“您属于白领阶层还是蓝领阶层”等。

(6) 决定问题的顺序。

提问问题的顺序安排不同,被调查者回答的结果往往也会产生差异。一般来说,问卷中的问题应按一定的逻辑顺序排列,遵循先简单问题,后复杂问题;先次要问题,后主要问题;先事实性问题,后态度性问题和敏感性问题;总括性问题应先于特定性问题。总括性问题指对某个事物总体特征的提问,如在选择空调时,“哪些因素会影响您的选择”就是一个总括性问题。特定性问题指对事物某个要素或某个方面的提问,如“您在选择空调时,耗电量处于一个什么样的重要程度”。总括性问题应置于特定性问题之前,否则特定性问题在前会影响总括性问题的回答。另外,内容上应具有一定的连贯性,前后呈现递进关系,使被调查者易于回答。同时,由于访问的方式不同,问题的安排顺序也有一定的技巧。例如,使用面谈访问法时,为了融洽气氛,取得被调查者的配合,一般可将一些简单的开放式问题放在前面,使被调查者无拘无束,自由回答,把封闭式问题放在中间,将一些重要的开放式问题放在后面。如果采用电话访问、寄卷访问、面卷访问,则应将封闭式问题放在前面,开放式问题放在后面。另外,涉及被调查者个人的情况资料,如姓名、年龄、性别、收入、职业、文化程度等,应列在调查问卷之后,避免引起被调查者的不满,影响调查效果。

(7) 设计问卷。

被调查者接触问卷的第一印象,往往决定被调查者的合作态度和问卷的回收率,所以在设计问卷时应注意:

① 纸张的选择要好,印刷要精美,而且可适当配色并点缀一些小的图案,从而引起被调查者的重视,提高答卷质量和回收率。

② 纸张的大小要适宜,便于保管和携带,一般以 16 开或 32 开纸张为宜。

③ 如果使用多页问卷时,应按顺序编号并编好页码,方便被调查者回答,也便于调查者进行统计整理。但注意,问题数量不可过多。

④ 问卷的布局要合理,要根据问题的内容,给被调查者留有填写答案的空间,尤其是开放式问题,留有的空间要充足。

(8) 测试并进行修改。

一般来说,所有设计出来的问卷都可能存在一定的问题,因此问卷设计结束后,应选择有经验的调查员,在小范围内进行试答,以便发现问题,进行修改。在进行测试时,应注意斟酌:问题是否完整,是否需要补充相应内容;词语是否贴切,含义是否清晰;提问的问题顺序是否合理;使用的提问方式是否得当;被调查者回答的时间是否过长等。然后,根据小范围的试答情况,提出修改问卷的具体意见。

(9) 定稿并印刷。

根据小范围的试答情况,修改完善问卷,进行定稿并大量印刷,以备调查之用。为了保证回收的问卷数量充足,可适当增加一点印刷问卷的数量,以保证市场调查所需的最小样本数量。

［案例研究5-1］

冯瑞兹公司的问卷撰写要点

莱恩·纽曼(Lynn Newman)是冯瑞兹(Maritz)公司市场研究部的副主管，曾谈到撰写一份优秀问卷的要点。如果你曾将你认为的“最终”问卷送给一位市场研究人员，结果拿回的问卷上到处是添加或删改的痕迹及其他编辑意见，这并不奇怪。乍一看，撰写问卷并不是一件非常困难的任务：只要表达出你想了解什么，并写出能得到哪些信息的问题即可。这里有一些在撰写问卷时应该做什么和不应该做什么的要点：

(1) 避免应答者可能不明白的缩写、俗语或生僻的用语。比如，“你对PPO的意见是什么”，很可能不是每个人都知道PPO代表优先提供者组织(Preferred Provider Organization)。如果这一问题以一般公众为目标应答者，研究人员可能会遇到麻烦。

(2) 要具体。含糊的提问得到含糊的答案。例如，“您的家庭收入是多少”，当应答者给出此问题的数字答案时，其答案是各式各样的，如1994年的税前收入，1994年的税后收入，1995年的税前收入，1995年的税后收入。

(3) 要求不要过多。当问题的要求过多时，人们是不会回答的，他们或者拒绝或者乱猜。例如，“1996年您读了多少本书”，需给出一个范围：① 无；② 1～10本；③ 11～25本；④ 26～50本；⑤ 多于50本。

(4) 确保问题易于回答。要求过高的问题也会导致拒答或猜想。例如，“请您以购买新车时考虑因素的重要性将以下20项排序”，你正在让应答者做一次相当大的计算工作。不要让人们为20项排序，应让他们挑选出前5项。

(5) 不要过多假设，这是一个相当普遍的错误。问题撰写者默认了人们的一些知识、态度和行为。例如，“您对总统关于枪支控制的立场倾向于同意还是反对”，这一问题假设了应答者知道总统对枪支控制有一个立场并知道立场是什么。

(6) 注意双重问题和相反观点的问题，将多个问题结合起来或运用相反观点的问题会导致模棱两可的问题和答案。例如，“您赞同在私人住宅而不在公共场所吸食大麻合法化吗”，如果此问题精确描述应答者的立场，那么就很容易解释“是”这种回答。但是回答为“不”可能意味着应答者赞同在公共场所吸大麻而不赞同在私人场所吸，或两者都反对，或两者都赞同。再如，“警察总长不应该对市长直接负责吗”，这个问题模棱两可，几乎任何回答都可以。

(7) 检查误差。带有误差的问题会引导人们以某一方式回答，但这种方式不能准确反映其立场。有几种使问题存在偏向性的方式。一种方式是暗示应答者本应参与某一行为。例如，“今年看电影《狮子王》的人比看其他电影的人多。您看过这部电影吗”，为了不显示出“不同”，应答者即使没有看过也会说是的。问题应该是“您曾看过电影《狮子王》吗”。

另一种使问题具有误差性的方式是使选择答案不均衡。例如，“近期我国每年在援助外国方面花费××万美元。您认为这个数字应：① 增加；② 保持不变；③ 稍减一点；④ 减少一点；⑤ 大量减少”，这套答案鼓励应答者选择“减少”选项，因为其中有3项“减少”，而只有一项是“增加”。

(8) 预先测试。预先测试是正式调查之前的试调查，“所有的修改和编辑都不能保证成功。事先测试是保证你的问卷研究项目成功而费用最低的方式”。事先测试的基本目的是保证问卷提供给应答者以清晰、容易理解的问题,这样的问题将得到清晰、容易理解的回答。

2. 问卷整体外观设计

问卷的外在质量对于动员被调查者参与合作具有重要的作用。既然希望对方认真合作,那么问卷本身就应该是庄重大方,以显示对被调查者的尊重。如果是重大调查课题,或者是有实力的执行者或委托者参与的课题,更应该使问卷做到印装精良,以引起被调查者对调查的重视。

就问卷的尺寸规格而言,应该尽可能采用小型纸张。如果页数不多,则可以采用折叠式,如果页数较多,则应装订成册。问卷的每一页都应当印有一个供识别用的顺序号,以免整理时各页分散。

文字的大小要适当,在行距不使人感到过密的情况下,要尽可能把内容排得紧凑些,尽量减少页数。这样可以给被调查者造成问题不多的印象,避免一开始就产生厌烦情绪。

问题应当只印在纸张的一面,而且必须为答案留出足够的空白,特别是自由回答的问题。

有些问卷为了方便填答,对于问题和答案可分别使用不同字体。如问题用黑体字,答案可用宋体字。对于关键的词或句子还做画线或加大字号的编辑处理。

3. 说明信和指导语设计

说明信设计应瞄准被调查者对调查项目的关注和兴趣,以促使其很好地合作。说明信一般包括以下内容。

(1) 调查者的自我介绍。开始调查者应交代自己属于什么调查公司,项目委托单位(资助单位)是谁,包括单位名称、地址、电话号码、邮政编码、联系人或项目负责人等。这可以使被调查者认识到这一调查项目的正规性,以尽可能打消他们拒绝合作或应付的念头。

(2) 调查目的和中心内容。对此不宜泛泛而论,一带而过,应尽可能让被调查者认识到本次调查的具体意义,有的还可以让他们感到自己就是调研结果的间接乃至直接受益者。

(3) 选样方法和保密承诺。为了打消被调查者的戒心,可在此处说明并保证。例如,“本次调查使用科学的抽样方法进行抽样,本次调查是匿名调查,所有个案材料只作为统计分析的基础,我们将对您的回答严格保密”。

(4) 感谢词。一般在说明信的最后向被调查者表示衷心的感谢。如果是附送纪念品或礼金的调查,可在此处说明。有的调查还可以征询被调查者的意见,例如,“如果您对本调查感兴趣的话,请明确提出,并写清姓名、通信地址和联系电话。我们将向您提供一般性的资料整理结果”。

关于指导语,如果是单独列出的话,它一般紧跟在说明信之后,而在正式问题之前,并标有“填表说明”字样。对于各种封闭式的问题,要讲清对所选答案做标记,或圈点、书写符号、序号,或连线的方法,有的应列出回答样例。对于开放式问题要写明答案的字数要求和填写方式要求。对于“问句与备选答案”中所用的重要概念,如果估计填写者不太明确,应做出解释。

对于访问问卷,应把访问人员应该说的话、应该做的事的内容要求和时间限定等,都写清楚，以免实地调查中出现随意性。如果调查内容很重要，且对访问人员要求的内容又较多，可以另行编写“访问人员操作须知”。

4. 标题内问题的排列原则

前面曾谈到如何设计提问标题的顺序。实际上，每个标题下的所有具体“问题”，尤其是实质性“问题”也有合理的排列顺序。这些具体“问题”的排列不仅要有逻辑性，而且还要考虑被调查者的心理因素。以下是这些具体“问题”排列的主要原则。

(1) “花瓶”原则。花瓶原则就是要求在安排一类或一个系列问题时，从最一般的问题逐渐过渡到把焦点放在一些特定的、有限制性的问题上，从宽泛的问题逐步过渡到个性特征问题上。简言之，就是一般先安排最普遍的问题，以后的问题变得越来越具体或范围越来越小。

(2) 对不同类别的实质性问题，应先事实、行为类问题，后动机、态度类问题。因为事实、行为类问题是现实的客观存在，被调查者比较容易回答；而动机、态度类问题涉及个人舆论、看法、社会评价等，安排靠后一些，有缓冲的作用。如果一开始就提问动机、态度类问题，容易使被调查者感到突然或感到问题富有进攻性，他们可能会躲闪或不提供准确信息。

(3) 不同类别问题内，应先问简单易答的问题，后问复杂难答的问题；先问被调查者较熟悉的问题，后问他们感到生疏的问题；先问能引起被调查者兴趣的问题，后问他们可能感到乏味的问题。

(4) 在内容转折处应使用提示语或引导语句，保持问题的流畅，以避免被调查者对提问有唐突感。

(5) 对于分叉式问题(过滤性问题)要用“接问”“跳转到第几题”等指示词的合理衔接，跳跃要注意逻辑。所谓分叉式问题(过滤性问题)，是指答案为“是非两分型”的问题，回答“是”或者回答“否”者将被分开回答不同系列的问题，以便于被调查者作答。

5.1.4　设计观察表格

正式的问卷通常用于访问调查法，但在运用观察法进行市场调查时，为了便于观察员进行记录和进行数据整理，避免观察员因记忆疏忽而降低数据的可靠性，也需要有类似于问卷的观察表格辅助调查。与设计问卷相比，观察表格更容易设计。然而，通过观察法收集到的数据质量取决于所提供说明的清晰度及分配给观察员的任务。非结构性观察法的调查并不需要标准表格，观察员只是靠记忆或笔记记下所观察到的一切。在这些调查中，观察员的培训和技能对生成相关、客观的数据非常重要。

然而，在结构性观察法的调查中，提供一份清楚说明具体的观察内容和便于有效记录所观察内容的标准表格则是十分必要的。在问卷设计中讨论过的有关措辞、排序和编排的准则同样适用于设计观察表格。因为，结构性观察表格相当于一份由观察人员填写的问卷。

下面是一个用于确定一个特别的店内陈列对顾客影响的观察表格，这只是一个展示结构性观察表格的简单例子，并没列尽所有为了衡量一个特别陈列影响而需要的观察项目。正如问卷一样，观察表格的内容，即观察任务与项目，必须基于恰当定义的目标及特定的信息要求之上。

[相关链接 5-4]

记录顾客在一个特殊陈列区的购物特点和行为的观察表格

观察序号：
一旦在陈列区前观察到任何成年顾客(任何看上去 18 岁或更大的顾客)，请开启秒表并记录如下：
1. 顾客性别：______男　　　______女
2. 顾客的大概年龄：______18～30 岁　______31～50 岁　______50 岁以上
3. 与顾客同行的人数：________(若没有请到第 4 题)
(1) 同行中有多少成年人　________________
(2) 同行中有多少小孩　________________
4. 该顾客碰过或拿起过商品吗？　______是　　______否
5. 任何同行成年人碰过或拿起过商品吗？
________是　　________否　　________没有同行的成年人
6. 该顾客或同行成年人有没有带着一件或更多陈列品离开呢？
________是　　________没有
总共多少件？　________
当顾客及其同行者，或其中任何人离开陈列区，请停止秒表。在下面记录在陈列区所花的时间：
________分　________钟　________秒
请翻开新的观察表格，并记录在陈列区停留的下一位成年人信息。(结束)

5.2 调查资料的整理和分析技术

5.2.1 市场调查资料的整理

1. 市场调查资料的接收与编辑

调查数据的整理计划应该在研究设计阶段就制定好，但真正着手整理是从仍在实施的现场中回收的第一份问卷开始的。因此，如果一旦发现问题，还可以及时纠正或改进正在实施的工作。

接收调查资料(完成的问卷)工作的要点有以下七个方面：

(1) 认真仔细地管理好数据的收集和问卷的回收工作，要掌握每天完成的问卷数和每天接收的问卷数；

(2) 在完成的问卷后面记录下问卷完成的日期和接收的日期，以便于工作有必要时在分析过程中可对先接收的数据和后接收的数据做比较；

(3) 多个项目同时实施时，必须清楚地记录：交付实施的项目数、仍在实施的项目数、已经完成并返回的项目数；

(4) 每一份返回的问卷都要记录一个唯一的、有顺序的识别号码，作为原始的文件；

(5) 在有人进行资料的核对、有人进行事后的编码、有人进行数据的录入等工作时，必须按识别的号码，准确地记录清楚是谁拿着哪些原始文件(返回的问卷)；

(6) 要让所有参与资料整理工作的人员都知道，他们不但负有保证工作质量的责任，还负有保证不丢失任何原始文件的责任；

(7) 研究人员通常有必要非常仔细地控制数据收集和整理的过程，从实施一开始，就要通过实施主管，每天一次或至少每周两至三次，从每一个调查员或督导那里获取工作进度的报告。

完成的问卷就是获取调查数据的原始文件。设计一套系统来处理原始文件，并在接收资料的过程中自始至终地坚持这个工作系统。此工作系统的第一步通常就是打开所收到的资料，记录收到的日期和交付人的姓名。

有经验的研究人员发现，按顺序的号码来记录所有接收的问卷是十分有用的。这些唯一的号码不但记录在原始文件上，也同时记录在数据中。因此，如有必要进行查错时，研究人员可以随时找到原始的资料。这些原始文件的识别号码可以手写，也可以用打号机。重要的是，要注意所使用过的最后一个号码，以免重复编号。

很有必要规定并坚持一套系统的记录制度，以明确什么人拿着什么原始文件。这些原始文件是十分宝贵且不可替代的。那些工作中需要接触原始文件的人应该十分小心，不得错放或丢失，并负有保管的责任。如果事后发现任何问题或错误，应能找到责任所在。在数据整理的全过程中，花费时间和精力来坚持做这样的记录是十分值得的。

2. 市场调查资料的检查

资料的检查一般是指对回收问卷的完整性和访问质量的检查。目的是要确定哪些问卷可以接受，哪些问卷要作废。这些检查常常是在实施过程中就已经开始。如果实施是委托某个数据收集机构去做，那么研究人员在实施工作结束后还要进行独立的检查。其要点有：

(1) 规定若干规则，使检查人员明确问卷完整到什么程度才可以接受。例如，至少要完成多少，哪一部分是应该全部完成的，哪些缺失数据是可以容忍的，等等。

(2) 对于每份看似完成的问卷都必须彻底地检查，要检查每一页和每一部分，以确认调查人员(或被访者)是按照指导语进行了访问(或回答)并将答案记录在了恰当的位置上。

以下情况的问卷一般是不能接受的：所回收的问卷是明显不完整的，如缺了一页或多页；问卷从整体上是回答不完全的；问卷的几个部分是回答不完全的；问卷只有开头的部分才是回答完全的；回答的模式说明调查员(或被访者)并没有理解或遵循访问(或回答)指南，如没有按要求跳答等；答案几乎没有什么变化；问卷是在事先规定的截止日期以后回收的；问卷是由不合要求的被访者回答的。

一般情况下，会有一些令检查人员难于判断的问卷，这些问卷应该先放在一边，通知研究人员来检查以决定取舍。因此，通常最好建议检查人员将原始文件(或问卷)分成三部分：可以接受的、明显要作废的、对是否可以接受有疑问的。

如果有配额的规定或对某些子样本有具体的规定，那么应将可以接受的问卷分类并数出其数量。如果没有满足抽样的要求，就要采取相应的行动，如在资料的校订之前对不足份额的类别再做一些补充的访问。

[案例研究 5-2]

下面列举了编辑过程中要处理的几个问题:

案例 1　被访者 18 岁,但他是博士。

案例 2　在一份调查问卷中,受访者对所有问题的回答都是“非常赞成”。

案例 3　“在过去一个月里,您支出最大的项目是什么”,三位被访者给出如下答案:a.“购买新车”; b.“去夏威夷度假”; c.“水、天然气和电在我的家庭开支中比例最大”。

在案例 1 中被访者的年龄和受教育程度似乎不一致。案例 2 中被访者对所有问题的回答都一样,很可能是无效的。案例 3 描述了不同类型的编辑问题,尽管他们的答案都是合理的,但是他们是基于不同的参照体系。

3. 市场调查资料的校订

(1) 检查不满意的答案。

为了增加准确性,对那些初步接受的问卷还要进一步检查和校订。校订的工作通常包括检查问卷,找出任何属于下列情况之一的答案:字迹模糊的;不完全的;不一致的;模棱两可的;分叉错误的。同时对这些不满意的答案做出适当的处理决定。

如果调查员记录做得不好,特别是当问了大量无结构的(开放式的)问答题时,答案就可能会字迹模糊。如果有些问答题没有回答,答案就是不完全的。

有些明显不一致的答案是很容易被检查发现的。例如,一个年龄为 16 岁的被访者却回答其职务为高级经理,或一个回答月收入低于 300 元的被调查者却拥有一辆高级私家车。

一些开放式问题的答案可能是模棱两可的和难以清楚地解释的,可能用了缩写的字或不清楚的字。对于要求单一答案的封闭题,也可能选了多个答案。

对于以上这些校订中发现的问题,校订人员应该用红笔将这些答案圈出来或写出来,使之与问卷中用于记录数据的方式有明显的区别。

有些市场调查问卷可能要求很多的分叉或许多有排除条件的项目。可能根据对某一个关键题的答案,要求被访者跳过整段的内容。如果问卷中有许多这样的分叉和排除条件,校订工作就变得更加需要。重要的是,校订人员要认真地检查这样的项目,并对被访者完成的本不应回答的项目做必要的整理。

校订的几个小窍门如下:

① 最有效的方法之一是给每个校订人员一份空白问卷,问卷中可能需要排除的项目或段落都用红笔圈出来。把它用作检查每一份完成问卷的“参照问卷”。

② “参照问卷”上用作判断下面部分是否需要回答的“准则题”,也要用红笔清楚地圈出来,同时标记出用于指示下面部分是否排除的答案。

③ 这样,校订人员就可以将完成的问卷和这个“参照问卷”做逐页的比较,以确保没有不恰当的答案。

对每一个校订人员来说,在还没有十分熟悉所有应该被排除的部分或项目,以及没有十分熟悉排除的准则之前,用上述方法去处理前几份问卷中的分叉问题和排除问题是至关重要的。

(2) 处理不满意的答案。

处理不满意的答案,通常有三种处理办法:

① 退回实施现场去获取较好的数据。

把有不满意答案的问卷退回实施现场，让调查员再次去接触被访者。在商业性的市场调查中有时样本量是比较小的，而且被访者是比较容易识别的。不过，由于访问时间和所采用方法的不同，第二次得到的数据可能和第一次的会有些差别。

② 按缺失值处理。

如果将问卷退回实施现场的做法无法实现，校订人员可能就要把不满意的答案按缺失数据处理。在满足以下条件的前提下，这种方法是可行的：有不满意答案的问卷（被访者）的数量很小；每份有这种情况的问卷中，不满意答案的比例很小；有不满意答案的变量不是关键的变量。

③ 整个问卷（被访者）作废。

这一方法就是简单地将有不满意答案的问卷扔掉作废。如果满足以下条件，这种方法是可行的：不满意的问卷（被访者）的比例很小；样本量很大；不满意的问卷（被访者）和满意的问卷（被访者）之间没有明显的差别（如人口背景资料、产品适用特征等）；每份不满意的问卷中，不满意答案的比例很大；关键变量的答案是缺失的。

不过，不满意的问卷与满意的问卷之间一般都会有差异，而且将某份问卷（某个被访者）指定为不满意的问卷也可能是主观的。按缺失数据处理或将整个问卷作废，都可能会使数据产生偏差，因此要慎重处理。如果研究人员决定要扔掉不满意的问卷，应该向客户报告识别这些问卷（被访者）的方法和作废的数量。

[相关链接 5-5]

问卷星

长沙冉星信息科技有限公司旗下问卷星，旨在以问卷为基础，提供强大的数据收集、存储和分析工具，深挖数据价值。自 2006 年上线至今用户累计发布了超过 13 830 万份问卷，累计回收超过 109.85 亿份答卷，并且保持每年 100％以上的增长率。我们的用户已覆盖国内 90％以上的高校和科研院所，是各行业领导企业信赖的问卷调查、考试、投票的知名品牌。

4. 市场调查资料的编码和录入

数据编码就是给每一个问答题的每一个可能答案分配一个代号，通常是一个数字。编码可以在设计问卷时进行，也可以在数据收集结束以后进行，分别叫事前编码和事后编码。

（1）事前编码。

事前编码是指在设计问卷时就给予每一个变量和可能答案分配代码，适用于封闭性问卷。如果问卷经过适当的组织和构造，那么大多数问答题都会是“有结构的”，以致大多数的答案都会落入事先确定的类别中。此外，事先编码的问卷通常是将每个答案的对应值印在问卷上，数据文件用的记录格式常常放在最右边或放在某处的括号内。

（2）事后编码。

事后编码指的是给某个没有事先编码的答案分配一个代码。通常需要事后编码的有封闭式问答题的“其他”项、开放式问答题。

封闭式问答题可能有几个供选择的答案,再加上需要被访者具体说明的“其他”类例。

对于开放式的问答题,事后编码的工作量就更大。这是因为研究人员一般无法事先告诉编码员会出现多少新的代码和答案;而且还有一些答案是类似的,必须决定是将它们合并为一类,还是要分成几类。

事后编码通常可遵循以下要点:

① 提供编码员一份空白的“参照问卷”。类似资料的检查工作,也需要一份空白的“参照问卷”,用于指示需要考察和编码的项目。将这些项目用红笔圈出,以避免编码员遗漏。

② 提供每一个需要事后编码的项目一份编码表或编码名单。每个需要事后编码的项目都必须有一份编码表。通常最好还做一份编码本,内含一页或几张单页,将项目号码或问答题的位置清楚地标在每页的顶端。由于研究人员事先不知道会有多少新的代码或答案出现,所以要预备足够的空间来添加新码,以便所有的问卷都能编完。

③ 对每一个项目做一份编码本,内含一页或几张单页。如果只有一个编码员工作,那么事后编码是相对简单而且容易的。如果有多个编码员工作,那么所有的编码员应该在不同的时间工作;或同时在同一地点工作,使用同一编码本。因为如果两个或多个编码员同时在不同地点工作,他们就无法知道其他编码员在编码册中设立了什么新码,因此很有可能同一个代码会对应两个不同的答案,而编码的目的是让每一个可接受的答案对应一个唯一的代码。缺乏经验的研究人员为了“省时省事”,往往会低估潜在的困难而不听劝告。

④ 让所有的编码员都在同一地点、使用同一编码本进行工作。经验说明,允许编码员在分隔的地点用不同的编码本独立工作是极端危险的,几乎肯定会出现严重的错误数据问题。

⑤ 提供编码指南,说明什么时候及怎样设立一个新的代码或合并答案。研究人员应当规定具体的准则,指导编码员如何识别答案,如何将其归入一定的类别,如何为其分配代码等。编码指南应该尽可能的具体些。

在缺乏非常具体的编码指南时,不是特别有经验的编码员或对调查过程不熟悉的编码员可能有两种倾向:给每一个和已编码的答案不那么相似的新答案一个新码,结果代码过多;或是为了简化工作,将许多甚至不那么相似的答案都归入同一个大类,结果是丢弃了数据中有意义的差异,而这些差异可能是对研究人员有用的。因此,一定要给编码员一个具体的指南,并要进行监督检查,特别是在开始的时候要确保编码员正确地工作。

⑥ 设立较多较窄的类别要优于设立较少较宽的类别。有时编码员自己很难决定是再设立一个新代码,还是将其合并到已有的一类中去。如果很难决定,大多数有经验的骗码员会宁愿多设立一个新代码,因为以后分析时将数据再合并成大些的类别是很容易通过计算机实现的,可是一旦已合并成了大类,失去的差异是无法找回来的,除非去参考原始文件。

⑦ 保持编码册的整洁和清晰。确保编码本中的字迹整洁和清楚是十分重要的。如果一页纸写满时,编码员一般都会在纸边上记录,而不会去添加一张新纸。这样一来,其他编码员可能就注意不到最后的代码,而将同样的代码分给了其他不同的答案。所以,编码本的整洁不单是为了美观。如果编码名单的编号顺序乱了或看不清楚了,费些时间和精力重新

抄写一遍，以得到更有条理的编码本，是十分值得的。

事前编码和事后编码所用的编码本最后将合并为一个编码本。一般来说，编码本不但是编码人员的工作指南，同时也提供了数据集中变量的必要信息。编码本一般包含变量的以下几个方面的信息：所在列的位置(列数)；变量的顺序编号；变量名称及变量说明(变量及变量标识)；问答题编号；编码说明(变量值及变量值标识)。

[相关链接 5-6]

编码一般分为以下几个步骤：首先，对每一个问题的每个答案进行有意义的分类；其次，建立相互排斥和完全穷尽的编码类别；最后，建立一个适合于电脑分析的数据集。

对某次问卷调查的编码

电子表格栏	编码描述	问题编号	变量名称	编　码
15	同情心	第二部分问题 1	同情心	1～7(1＝非常差；7＝非常好)
27	工作年限	第三部分问题 5	工作年限	1～4(1＝1 年以下；2＝1～2 年；3＝2～4 年；4＝4 年以上)
35	婚姻状况	第四部分问题 3	婚姻状况	1～4(1＝未婚；2＝已婚；3＝丧偶；4＝离异)

(3) 数据录入。

数据录入指的是将问卷或编码表中的每一项目对应的代码读到磁盘、磁带中，或通过键盘直接敲入计算机中。在发达国家，数据的收集常常是采用 CATI 或 CAPI 进行的，因此键盘录入就不再需要。此外，还可以利用特殊的 Mark Sense Forms、光学扫描等方法来读取数据。但是在我国，目前键盘录入的办法还是最常用的。采用键盘录入容易产生错误，为了将错误限制到最低水平，下面的几点提示可能是有帮助的：提供每个录入员一份记录格式的清楚的说明文件；开始录入前几个个案时，研究人员必须在场；决不能假定录入人员是懂得如何做数据录入的；如有可能，就对录入的数据进行全面的核查；如果全面的核查不可行，就采取抽查的方法。

对录入人员也要进行培训，明确任务的具体要求及注意事项。如果录入的格式没有事先印刷在问卷上，就必须向录入人员提供一份“记录格式”，用于明确每个记录包含的变量及其相对位置(如所在列的位置等)。在录入工作刚刚开始时，研究人员最好能在场，使录入人员得以提问题。缺乏经验的研究人员常常会犯对录入人员估计过高的错误。研究人员有时觉得这些录入人员对录入设备是很熟悉的，那么他们对计算机操作和数据处理也会是了解的，可能对手中的项目也是知道的。事实上，这种情况几乎从没有发生过。一般来说，录入人员虽然可以做得又快又准确，但他们对手中的数据或研究的最终目的几乎是一无所知的。

为了保证高度的准确性，有必要对录入的结果进行核查以发现是否有错误。全面的核查要求每一个个案都必须录入两次，采用一台核查机和两个录入人员。第二个录入人员将编码的问卷重新再录入一遍。两次录入的数据要进行逐个个案的比较，如稍有不同，录入的错误就会被检测出来。但是对整个数据集进行全面核查，时间和费用都要加倍，因此大多数研究人员都不采取这种全面核查的方式,除非是需要特别高精确度的情况。根据时间和费用的限制,以及有经验的录入人员其准确度一般都相当高的事实,通常只抽查 25%或稍多一些就足够了。如果只找出很少的错误,就没有必要变更数据文件;如果查出大量的错误,就有必要进行全面的核查,或使用更有经验的录入人员重新录入一份文件。

(4) 数据净化。

数据净化主要是尽可能地处理错误的或不合理的数据,并进行一致性检查。虽然在数据的校订阶段已经进行了初步的检查,但是因为这个阶段采用的是计算机,因此检查更彻底,更广泛。

数据净化通常可采用统计软件进行。例如,用 SAS、SPSS、BMDP 等软件,可以很简单、方便地寻找超出范围、有极端值或逻辑上不一致的数据。通常的做法首先是做一张所有非连续变量的频数表,以及计算连续变量的均值、标准差、最小值、最大值等统计量,那么超出范围的数据或极端值就可以检查出来。例如,假定“收入”的编码应该是从 1～6,分别对应 6 种不同收入水平的被访者。假定用 0 表示缺失的数据,那么频数表中出现的大于 6 的数据就是超出范围的。根据对应的被访者编号、变量编码、记录号码及超范围的变量值等,就可以找到原始的问卷和数据文件的对应位置进行必要的修改。

逻辑上不一致的数据也可以通过 SAS、SPSS、BMDP 软件找出来。方法之一是做出交叉表,从中很方便地发现逻辑上不合理的数据。

5.2.2 市场调查资料的分析

1. 统计分析

统计分析是指运用一定的数据处理技术对事物数量特征的分析,从而揭示出事物的特征及其规律性的分析方法。市场调查资料的统计分析可以分为确定性数据分析和不确定性现象的定量分析两大类。其中,确定性数据分析又包括描述性统计分析,亦称为常用或初级统计;确定性数据分析中较为复杂的分析和多元变量的推论性(检验性)分析及常用的不确定性分析方法,如模糊分析等,又称为高级统计。现代市场调查统计分析的操作程序为:依据调查目的列出初步的统计清单,运用各种专用的计算机统计程序处理数据,分析计算机输出的统计结果,并提出对其中一些项目重新统计分析的要求,再分析重新输出的结果,直到比较满意为止。

2. 统计清单

统计清单是以统计项目、统计方式、统计分组、统计指标、统计结果等形式组成的一套具体明确的规定和要求。它的实质内容是按照调查目的的要求将调查问卷或访谈记录的信息(数据库中的信息),分门别类地指出、简化、汇总和交互分析的表现形式,用以指导数据处理过程的指令。因此,也可以说,统计清单是用统计语言表述的调查目的。在现代市场调查中,统计清单是计算机操作人员进行数据处理的依据,没有它,计算机操作人员则无从入手,因为只要稍具规模的数据库,如 40 个变量 90 个样本单位,都可以得到几乎是无限统计的结果,因而指定统计清单是分析的首要环节。统计清单通常是表格的形式,若是直接操作计算机,也可简化为只保留“统计项目”一项。一份统计清单至少要完整列出需要统计的项目,其繁简程度视实际情况而定。表 5 - 2 是以广告为例制作的经济效果统计清单。

表 5 - 2　广告的经济效果统计清单

序　号	统计项目	分组要求	输出格式
1	每种商品的广告费	—	汇总表
2	每种商品的销售额	—	汇总表
3	每种商品的广告费与销售额之比	—	汇总表
4	各类商场在各种商品销售额与广告费比例上的差别分析	商场按大、中、小三类分	交互分析表

3. 常用的统计指标

(1) 总量指标。它是反映社会经济现象的总规模、总水平的综合指标，是对市场调查的原始资料经过分组和汇总得到的各项总计数字，是资料整理的直接成果，是其他指标的计算基础。例如，在市场调查中，我们收集的家庭的总收入、家庭的总支出，被调查对象中的男性总量、女性总量，某商品总购买量、销售量等，都属于总量指标。它是对社会经济现象总体认识的起点。在使用总量指标表现资料时应注意，一是要了解总量指标的含义、范围的确定，如统计“销售额”要弄清楚是否包括赊销、代销的数额，是什么时间范围和空间范围的销售额等；二是在统计现象的实物总量指标时要注意现象的同类性，只有同类的现象总量相加才有意义，如彩电的销售量与洗衣机的销售量相加没有多大意义，而将不同品牌的彩电的销售量相加就有实际意义。

(2) 相对指标。它是两个有相互联系的现象数量的比率，用以反映现象的发展程度、结构构成或比例关系，如市场占有率、市场渗透率、销售增长率、比例等都属于相对指标。在各类的相对指标中，最常见数据的表现形式是百分数，其计算简单，可比性较强，但在使用中应注意几个问题。

一是计算百分数时使用的基数不能太小，基数太小则偶然性因素影响太大，导致调查结论的失误。例如，某汽车销售公司想要了解某城市家庭中汽车拥有状况和购买意向，在进行市场调查时，将消费者按照职业分成机关干部、技术人员、教师、军人、工人、农民等十几类，进行统计分析时发现，教师的汽车拥有率高达 30%，大大高于平均拥有率，似乎不符合客观实际。经过重新整理分析后发现，在这次市场调查中，教师样本数量太少，仅有 10 位，而恰巧其中有 3 位拥有汽车，导致教师的汽车拥有率偏高。

二是对基数不同的百分数一般不能简单地求平均。例如，某汽车销售公司对某城市的 3 个区进行调查，按照等比例随机抽样，3 个区分别抽取 200 户、300 户、500 户家庭进行调查，调查结果显示，3 个区拥有汽车的家庭数量分别为 16 户、27 户、48 户，则这 3 个区的汽车拥有率分别为 8%、9%和 9.6%。若利用上面的数据，简单求平均，则该城市平均汽车拥有率为：(8%＋9%＋9.6%)÷3＝8.87%。这个结果是没有实际意义的，实际上，该城市的汽车拥有率应为：(16＋27＋48)÷(200＋300＋500)＝9.1%。一般情况下，对基数不同的百分数求平均数，可以计算其加权平均数，如上例：8%×20%＋9%×30%＋9.6%×50%＝9.1%。

三是在利用百分数进行对比时，要结合绝对数，因为当基数很大时，百分数的很小变化，都会引起现象总量的极大变化。例如,一个地区的社会商品零售总额增长一个百分点,总量上都会有很大的变化。

(3) 平均指标。它是用来反映社会经济现象在一定时间、一定地点的条件下所达到的一般水平。我们知道,在进行市场调查中,需要了解许多数量资料,这些数量资料可以用许多指标来反映,如家庭收入、家庭支出、某商品的消费量等,而每一个数量指标的取值有大有小,我们往往用一定的量来代表该现象的一般水平,这样就要借助于平均指标。平均指标是市场调查和市场预测常用的指标,因为它可以反映现象数量分布的集中趋势,例如,在一个城市中,高收入、低收入的家庭数量往往较少,而中等收入的家庭数量一般较多,计算和研究平均指标能够较好地反映大多数单位的共性规律。平均指标还有利于进行同类现象不同单位之间的对比。例如,两个地区的商品消费额仅能反映该地区的商品消费的总体情况,其大小受该地区人口总量、家庭收入等多种因素的影响,进行对比的实际意义不大,若改用人均消费额这一平均指标,就能反映出不同地区的消费水平的差异,具有实际意义。

平均指标的计算有多种方法,在市场调查中常用的指标有平均数、中位数和众数。

在统计学中有平均数的概念及其计算方法的详细计算,此处不再赘述。从计算形式上看,最常用的形式是简单算术平均数和加权算术平均数,用来反映现象的一般水平。但是,由于简单算术平均数和加权算术平均数在计算时,都是对全部数据进行计算,如果现象中存在着极端值时,平均数将受影响,出现偏高或偏低现象,影响对总体推断的准确性。所以,在调查资料数值分布比较均匀,数据波动幅度不大时,可以采用计算平均数的方式,来揭示现象的一般规律。如果不符合上述条件,一般可以采用计算中位数和众数的方法。

中位数是指将样本的某一指标值按照数值大小进行排列,处在数列中间位置的数。中位数可以用来反映现象的一般水平,因为中位数处在数列的中间位置,也就是说有50%的变量值低于中位数的数值,有50%的变量值高于中位数的数值,因此,中位数的数值基本上代表了现象的一般水平。

众数是指在一组资料中出现次数最多的数值,也就是最常见的数值。例如,某企业想了解何种颜色的羊毛衫最受消费者的欢迎,在某商场进行了A、B、C、D和E等5种颜色羊毛衫的销售实验,经过一段时间的销售,发现购买B颜色羊毛衫的人很多,说明消费者比较喜欢B颜色的羊毛衫。这就是采用众数法进行现象一般规律的描述。

(4) 变异指标。它是反映现象的各调查单位之间某一标志值的差异程度的指标。我们对现象总体规模和一般水平的认识,可以借助于总量指标和平均指标,但是,不论是总量指标还是平均指标,都不能反映各调查单位某一标志值的差异。

一般来说,统计的变异指标主要有全距和标准差。全距是指最大标志值与最小标志值之差。全距表示了总体变动的范围,但由于它是两个极端标志值之差,不受中间标志值的影响,因而不能全面地反映调查对象之间的差。标准差是总体各单位的标志值对算术平均数离差的平方的算术平均数的平方根。根据资料是否分组可有不加权和加权两种计算公式。详细内容可参照统计学中的介绍,在此不再说明。

4. 统计表

用表格的形式来表达数据,有时比用文字表达更简明,便于显示数字之间的联系,有利于比较和分析,所以,有效地使用统计表,往往能达到事半功倍的效果。

（1）统计表的结构。统计表从形式上看，是由纵横线交叉的一种表格构成，即统计表是由标题、横行、纵栏和数字资料构成。一般要说明的总体、总体的组成部分的名称等，列在表的左侧，即构成表的横行，说明主词的各种指标，一般列在表的上方，即构成表的纵栏。如果统计表过于狭长或宽短，可以将其变换位置。

（2）统计表制作应注意的问题。按照统计表的结构构成，在制作统计表时应注意：① 每张表都要有编号和标题，标题内容应简明扼要，概括反映表的基本内容。② 表的横行和纵栏如果列出所有项目，合计应列在后面，如果只列出一些重要项目，应先列合计。③ 数据资料应填列整齐，对齐位数，省略或缺乏某些资料时，应用省略符号“…”表示，不应有数字的栏要用符号“—”表示。④ 注意表的计量单位，如果整个统计表采用一种计量单位，可将其写在表的右上方，如果需要分别注明单位，横行的计量单位可单设一栏，纵栏的计量单位与栏标写在一起，并用“（　）”括上。此外，统计表的格式一般是“开口”的，即左右两端不画纵线，而且最好设计成外形美观的矩形，如果有需要说明的问题，可在表的下方标注。

5. 统计图

通过市场调查获得的各种资料，经过整理，就变成了企业的重要信息，这些重要的信息通过一定形式，传递给各个相关部门。调查资料的表现形式，直接决定了资料的使用效果。与数据信息的其他表达方式相比，统计图有具体、直观、形象、生动等特点，使复杂的数据信息简单化、通俗化、形象化，使人一目了然，具有较强的说服力和吸引力。常用的统计图有直方图、饼形图、趋势图、散点图等，只要将数据录入 Excel 表格，这些图形都可以用 Excel 轻松地绘出。下面我们分别介绍。

（1）直方图。直方图是在坐标平面上利用一定的柱状图形，表达一定数据资料信息的一种统计图。直方图制作简单，反映问题灵活，表现在直方图可以是垂直的，也可以是水平的；其高度代表的数值既可以是绝对数，也可以是相对数；既可以按数值大小排列，也可以按问题的顺序排列；既可以表达一个变量的有关信息，也可以表达多个变量的有关信息。

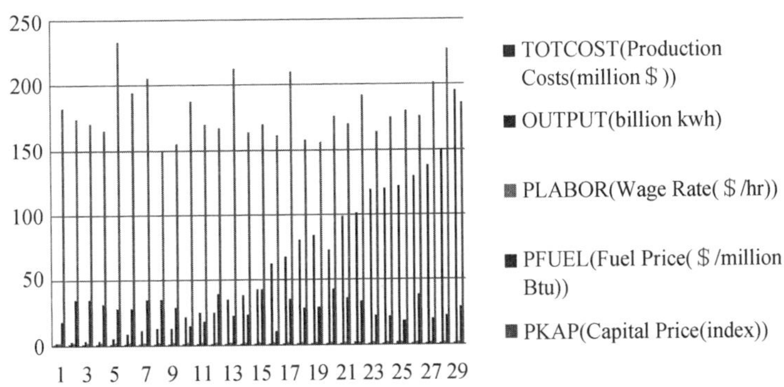

图 5－1　直方图

（2）饼形图。饼形图是以一个圆代表一个研究对象的全部，记为 100%，每一部分的面积表示某个变量对应取值的百分数，以此来表示各个变量数值的对比，如图 5－2、图 5－3 所示。饼形图绘制简单，形象直观，对比明显，但与直方图相比，饼形图只能用来反映一个因素，而且反映的是该因素各个项目所占的百分比。

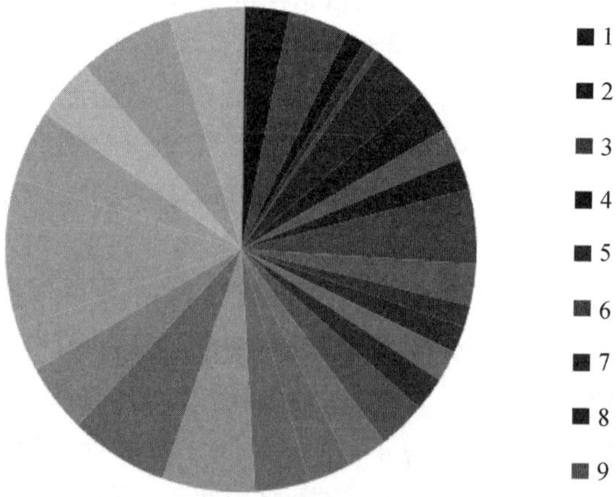

图 5-2 饼形图(二维)

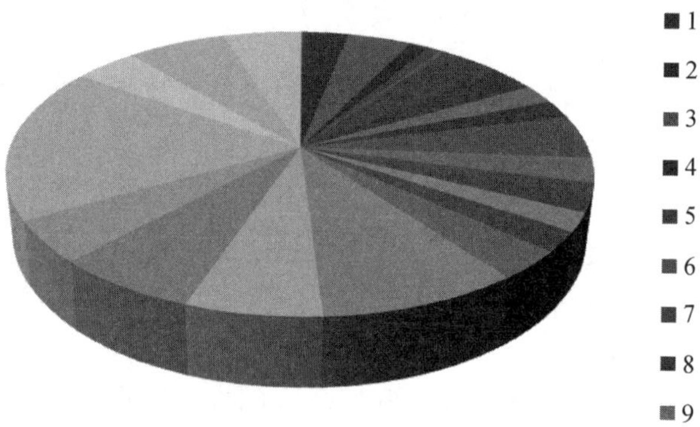

图 5-3 饼形图(三维)

(3) 趋势图。在坐标平面上,将现象的发展变化用一定的趋势线反映出来,称为趋势图,如图 5-4 所示。

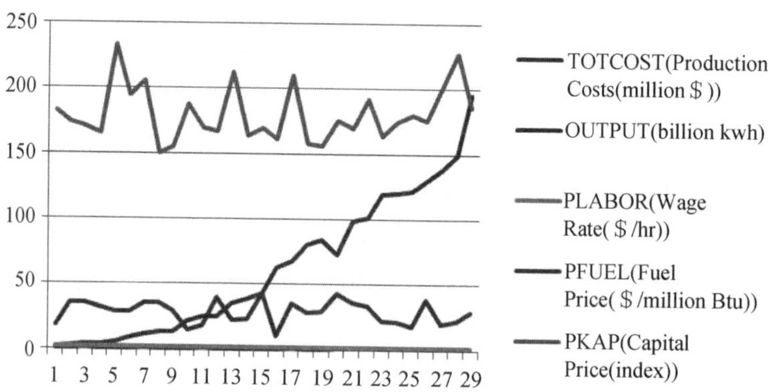

图 5-4 趋势图

(4) 散点图。散点图与趋势图反映的内容大体相同,既可以反映某现象随时间变化而变化的规律,也可以反映某现象随着另一个现象变化而变化的规律,不同之处就是散点图是以点而不是以线来反映现象的发展变化趋势,常用来反映离散变量的趋势变化或进行相关分析，如图 5－5 所示。

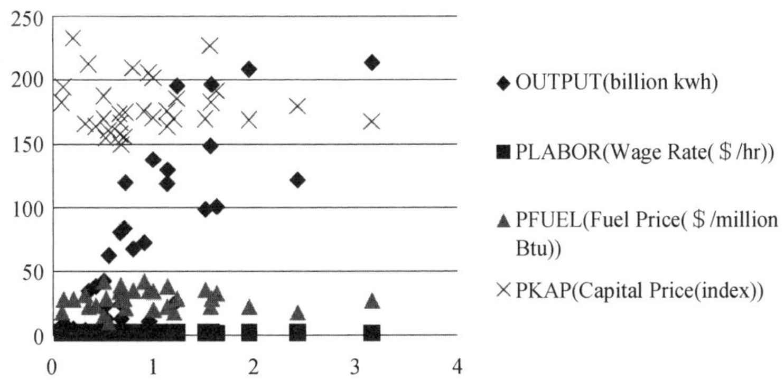

图 5－5　散点图

由于统计图具有直观、形象、对比鲜明、简练等优点，在进行信息资料整理和分析时，应尽量多使用统计图。

为了更好地体现统计图的优点，在制作统计图时应注意：每一张统计图都要有编号和标题，标题要简明扼要，突出图的中心内容；图中尽量减少线的使用，只突出主要网格线，而不显示次要网格线，也可以适当加大数值的刻度单位，使统计图清晰而不乱；作图时最好既使用颜色，又使用文字说明，以便在进行黑白复印时能清晰可见。

6. 资料的理论分析

资料分析是运用科学的原理和方法，对所获得的调查资料进行定性和定量的研究分析，找出事物之间的内在联系，使人们对调查结果产生清楚的概念，从而指导人们的实践活动。对资料的分析，应注意计算各类统计指标数值，运用有关图表，再现结论和观点以及资料体系与结构。

对调查资料进行整理和分析是提出调查报告的前提，是市场调查的深化和提高，是从感性认识向理性认识的飞跃。整个市场调查工作能否出成果，在很大程度上取决于这两项工作，这是一项专业性、技术性很强的工作，需要运用科学的方法。按照采用方法的性质，可以将资料分析分为定性分析和定量分析两大类。

（1）定性分析。

定性分析是调查者运用知识、经验、主观分析判断能力及推理，对不能量化的事物进行分析、判断，从而达到对事物本质和规律性的认识。常用的定性分析方法主要有归纳分析法、类比分析法、推理分析法及对应分析法。

① 归纳分析法。归纳分析法是根据市场调查所获取的资料，从某类事物的全部对象或部分对象的个别属性特点来概括该类事物的共同属性的一种分析方法。例如，某食品公司进行市场调查，在对消费者进行面包、糕点等主食食品及对香肠、火腿等副食食品的消费意向调查中发现，绝大多数的消费者对其成分要求是低脂肪，由此可以判断出随着人们生活水平的提高和健康意识的加强，人们对低脂肪食品的需求量将会增加。

② 类比分析法。类比分析法是将两个相同或相近的事物进行对比，从一个事物的发展变化规律来推断另一个事物的发展变化规律的方法。例如，根据双缸洗衣机的销售特点及规律来推断全自动洗衣机的销售特点及规律。

③ 推理分析法。推理分析法是根据一个或几个已知的判断,推出一个新的判断的一种分析方法。推理分析法是资料分析常用的一种方法,使用时要注意,推理的前提要正确,推理的过程要合理,而且要善于使用创造性思维。例如,丰田汽车公司在20世纪60年代曾对各国生产的汽车型号及能源消耗进行市场调查,发现各国生产的汽车普遍耗油较高,如果发生能源危机,耗油低的小型汽车一定会畅销,他们独具慧眼,开发了多种耗油低的小型汽车,结果没过多长时间,世界爆发了第一次石油危机,丰田汽车公司生产的耗油低的小型汽车顿时走俏,一举占领了市场。

④ 对应分析法。对应分析就是在分析研究某事物或现象时从不同角度确定多个标准,再对每个标准确定不同的属性值,然后将所收集的资料按主要分类标准的属性进行对应的归类,从而获取相关信息的分析方法。例如,为了研究手机市场消费者的需求特征,某调查公司在某市对手机的潜在消费者做了一个抽样调查。在调查时采用了年龄、文化程度及购买手机时的主要要求三个标准,每一标准又细分不同的属性特征,即年龄特征为"18～25岁""26～35岁""36～45岁""46～55岁",文化程度特征为"初中以下""高中/中专""大学及以上",购买手机时的主要要求特征属性为"待机时间长""大屏显示""操作简单""外观时尚""功能强""价格合理"和"信号接收好"。经过对应分析,按主要分类标准的属性年龄特征进行归类分析后发现:年龄在"18～25岁"的青年人,要求手机必须"外观时尚"和"功能强";年龄在"26～45岁"、"大学及以上"学历的被调查者要求手机必须"待机时间长"和"信号接收好";年龄在"46～55岁"、"初中及以下"学历的潜在用户要求手机必须"操作简单";年龄在"46～55岁"、"高中/中专"学历的被调查者要求手机必须"大屏显示"。这些调研发现为企业开发和占领该地区市场奠定了基础。

(2) 定量分析法。

① 描述性分析。描述性分析是对调查资料进行整理、计算,以描述总体特征的一种分析方法。描述性分析主要借助一些统计指标来了解事物的表面现状,它是其他分析方法的基础。例如,通过分组,计算频数和频率,了解被调查对象的结构情况;通过计算平均数、中位数和众数,了解被调查对象的集中趋势;通过计算全距、标准差,了解被调查对象总体各单位之间的分散情况。

② 解析性分析。市场调查的目的,不仅是要了解事物的现状,更要了解和掌握事物的本质及规律,揭示事物发展变化的原因及未来的发展变化趋势。我们把根据事物的现状、揭示事物的发展变化原因、推断事物的发展变化趋势的分析方法称为解析分析法。解析分析法主要有相关分析、回归分析、时间序列分析等方法,有关内容可参照统计学中的介绍,在此不再说明。

增值阅读

美国的市场调查公司

在美国有超过1 000家的商业调查公司,这些公司的位置分布和运作范围差异非常大:

从地方公司到国际公司，服务范围和性质都非常多样化。大型商业调查公司提供全套服务：从计划到提供最终的报告和建议。小型公司专注于访问或其他类型的实地工作，比如开展商业审计调查等。以下是一些主要的调查公司：

● VNU媒体评估和咨询集团（AC尼尔森公司的母公司）独占翘楚，全球年收入超过40亿美元，雇佣员工36 000多名。

● 信息资源公司（Information Resources Inc.）是大型市场调查公司，年收入超过5亿美元，在20个国家开展业务。该公司专业于联合市场扫描服务。

● IMS医疗保健数据公司（IMS Health Inc.）是大型市场调查公司，年收入约为14亿美元。该公司从制药供应环节的各个点位上收集数据，包括批发商、独立和连锁药店、邮购公司、制造商、普通药和柜台药提供商等。

● GFK客户调研公司（GFK-CRI）建立于1974年，是服务行业中最早（1996年）获得美国著名"鲍尔德里奇全国质量奖"（Malcolm Baldrige National Quality Award）的公司。GFK-CRI在超过50个国家开展经营并与来自90多个国家的合作伙伴合作。该公司提供量身定做的调查解决方案，覆盖新产品开发、新服务提供、沟通、追踪、战略指导、网络解决方案以及其他服务。

（资料来源：A.帕拉苏拉曼，德鲁弗·格留沃，R.克里希南.市场调查（第二版）[M].北京：中国市场出版社，2009.）

任务小结

调查问卷的设计与调查数据的整理和分析是进行市场调查时需要用到的重要技术。在实施调查的过程中通常要用到调查问卷或类似于问卷的记录表格，因此有必要掌握调查问卷的基本概念，学会调查问卷的设计。

(1) 问卷又叫调查表或询问表，它是调查人员依据调查的目的和要求，以一定的理论假设为基础提出来的，由一系列"问题"和备选"答案"（应答项），以及其他辅助内容所组成，是向被调查者搜集资料和信息的工具。问卷通常都由标题、说明信、指导语、问题和答案，以及调查过程记录等五部分组成。

(2) 通常调查问卷的设计包括以下几步：确定所需要收集的信息、确定问卷的类型、确定问题的内容、确定问题的种类、确定提问的措辞、决定问题的顺序、设计问卷、测试并进行修改、定稿并印刷。

(3) 在运用观察法进行市场调查时，为了便于观察员进行记录和数据整理，避免观察员因记忆疏忽而降低数据的可靠性，需要设计有类似于问卷的观察表格辅助调查。

(4) 调查资料的整理是非常重要的工作，在进行资料整理时通常需要完成如下操作：市场调查资料的接收与编辑、市场调查资料的检查、市场调查资料的校订、市场调查资料的编码和录入等。

(5) 在调查资料经过整理并录入后，需要对数据进行相应的分析和解释。一般要先编制统计清单，制定统计表，并进一步地进行统计分析。为了使分析的结果直观，便于调查报告的读者的理解,我们可以运用图形来分析数据,常用的统计图形有直方图、饼形图、趋势图和散点图等。对于要求较高,或者变量之间的关系较为复杂的情形,我们需要进行更详细的定性分析和定量分析。

能力自测

一、选择题

1. 下列选项不是人口统计方面的问题的是(　　)。

A. 满意度　B. 年龄　C. 性别　D. 收入

2. 一份完整的调查问卷一般应包括(　　)等项内容。

A. 问卷标题　B. 被调查者基本情况　C. 正文

D. 问卷说明　E. 编码

3. 按照提问问题的答案是否客观存在,可将问题分为(　　)。

A. 行为性问题　B. 动机性问题　C. 事实性问题

D. 假设性问题　E. 态度性问题

4. 资料的检查是对收集到的资料进行检验、检查,验证各种资料是否真实可靠、合乎要求。资料检查的原则是(　　)。

A. 完整性　B. 经济性　C. 系统性

D. 真实性　E. 准确性

5. 典型问卷的基本内容不包括(　　)。

A. 标题　B. 问候语　C. 问卷说明　D. 解码

6. 如何将数据资料准确地表达出来,就要研究数据的表现技巧。数据的表现一般有(　　)等方式。

A. 统计表　B. 数据汇总　C. 统计图

D. 统计指标　E. 相关图

7. 统计图具有具体、直观、形象、生动等特点,使人一目了然,具有较强的说服力和吸引力。常用的统计图有(　　)等。

A. 相关图　B. 趋势图　C. 散点图

D. 饼形图　E. 直方图

8. 定性分析是调查者运用知识、经验、主观分析判断能力及推理,对不能量化的事物进行分析、判断,从而达到对事物本质和规律性的认识。常用的定性分析方法主要有(　　)。

A. 推理分析法　B. 归纳分析法　C. 对应分析法

D. 相关分析法　E. 类比分析法

9. 根据市场调查所获取的资料,从某类事物的全部对象或部分对象的个别属性特点来概括该类事物的共同属性的一种分析方法是(　　)。

A. 推理分析法　B. 归纳分析法　C. 对应分析法

D. 相关分析法　E. 类比分析法

10.（　　）是以若干宽度相等的平行的高低或长短来表示统计数字资料的图形。

A. 趋势图　　　　B. 饼形图

C. 直方图　　　　D. 散点图

二、判断题

1. 在问卷调查中，问卷的质量水准间接影响着数据的质量水准。（　　）
2. 问卷是从访问者那里收集数据的表格，如行为、态度等。（　　）
3. 问卷就是在收集第一手资料的过程中，作为提问、记录和编码的工具。（　　）
4. 如果设计一份优秀的问卷，就可以在调查中避免误差的出现。（　　）
5. 问卷设计的问题越多，收集的信息不一定越多。（　　）
6. 问卷的测试是问卷设计的最后一道程序。（　　）
7. 饼形图是用来描绘现象之间依存关系的图形，以显示现象之间相互关系的形态、方向和密切程度。（　　）
8. 将人口总体按“职业”分类是按照品质标志分组的。（　　）
9. 折线图是以若干宽度相等的平行条形的高低或长短来表示统计数字资料的图形。（　　）
10. 散点图是指用直线段依次连接各散点而形成的折线的升降起伏来表示被研究现象的变动情况及其发展趋势的图形。（　　）

三、简答题

1. 简述调查问卷设计的步骤？
2. 问卷答案的设计方法有几种？
3. 问卷为什么要进行预先测试？
4. 什么是无固定结构的问卷？
5. 简述开放式问题的优缺点。
6. 市场调查资料整理的内容是什么？

案例分析

“衣佳”干洗店的问卷调查

某地区有一家名为“衣佳”的干洗店，今年该干洗店在激烈的行业竞争下市场份额从17%下降到了14%，该干洗店老板为了彻底了解市场份额下降的原因，决定进行一次市场调查。

“衣佳”干洗店在调查中使用了问卷，以下是他们所用问卷的节选：

"衣佳"调查问卷(节选)

您的姓名：　　　　　　性别：　　　　　　婚姻状况：

您的年龄组：

(　　)小于 30 岁　　(　　)30～40 岁　　(　　)40～50 岁　　(　　)50 岁以上

家庭成员人数：

(　　)单身　　(　　)2 人　　(　　)3 人　　(　　)4 人或更多

您的收入水平：

(　　)2 000 元以下　　(　　)2 000～3 000 元　(　　)3 000～5 000 元　(　　)5 000 元以上

1. 您过去两个月内是否光顾过干洗店：

(　　)是　　(　　)否(若回答否,请您跳至第 5 题)

2. 您使用干洗店多长时间了：

3. 您到干洗店一般选择哪些服务：

(　　)修补　　(　　)手工熨烫　　(　　)皮具上光

(　　)手洗　　(　　)衣物储存

4. 您家通常是谁去送洗/取回衣物：

(　　)母亲　　(　　)父亲　　(　　)自己

(　　)妻子　　(　　)小孩

5. 对于干洗店,您最看重哪些：

(　　)卫生　　(　　)立等可取　　(　　)便利

(　　)价格优惠　　(　　)服务态度

6. 您是否能说出离您住所最近的一家干洗店的名字：

(　　)是　　(　　)否

7. 您是否经常邀请朋友到您家里去聚餐：

(　　)经常　　(　　)一般　　(　　)很少　　(　　)从不

问题：

1. 你觉得导致"衣佳"市场份额下降的原因可能有哪些?

2. 若干洗店老板知道你选修过《市场调查与预测》课程,决定向你咨询,你会建议"衣佳"的老板采用哪种市场调查方法? 为什么?

3. 对于上述问卷,请回答如下问题：

(1) 上述问卷中用到了哪些问题的结构类型?

(2) 请评价上述问卷。

实践与操作

项目一　综合实训:问卷调查

[目的]

通过实训使学生能够根据企业需要,设计相应的调查问卷并完成数据收集和整理。

［**内容与要求**］

1. 由学生自愿组成小组，每组 5～10 人、利用课余时间，选择贴近生活且自己感兴趣的调查项目。

2. 每组需根据课程所学知识，经过讨论拟定调查的目的和完成该目的所需的数据类型及来源。

3. 按照所学的问卷设计步骤及要求，设计一份完整的调查问卷，并进行数据收集。

4. 每组对所收集的数据进行整理，利用课堂时间向大家汇报自己的调查结果。

［**成果评定**］

1. 班级组织一次交流，各组汇报自己的调查结果；

2. 由教师与学生对各小组设计的问卷及汇报的调查结果评估打分。

项目二　到图书馆查找相应的数据整理方法、统计表的制作技术、统计图的绘画方法等，在小组讨论中对自己掌握的技能进行展示。

任务6　编写市场调查报告

请扫描二维码观看教学视频

知识目标

为了完成本任务，你需要的理论知识：

1. 市场调查报告的作用与类型
2. 市场调查报告的格式与要求
3. 市场调查报告的写作步骤与技巧
4. 市场调查口头报告

能力目标

通过完成本任务，你应该能够：

1. 正确运用市场调查报告分析所调查的问题
2. 掌握调查报告的格式和要求
3. 撰写规范的市场调查报告
4. 口头汇报所调查的问题

项目任务

6.1　认识市场调查报告的作用与类型

6.2　明确市场调查报告的格式与要求

6.3　学会市场调查报告的写作步骤与技巧

6.4　运用市场调查口头报告

- 任务导入
- 案例研究
- 相关链接
- 增值阅读
- 任务小结
- 能力自测
- 案例分析
- 实践与操作

任务导入

趣味阅读

毛泽东重视调查研究

毛泽东同志是我们党重视调查研究的杰出代表。早在青年学生时代,他就开始调查研究。1917 年、1918 年,毛泽东先后到湖南的长沙、宁乡、安化、益阳、沅江、浏阳等地进行了“游学”式的考察,加深了他对中国国情的认识,并激发了革命热情。五四运动后,随着马克思主义在中国的广泛传播,毛泽东开始自觉运用马克思主义理论指导调查研究。其中 1925 年的《中国社会各阶级的分析》和 1927 年的《湖南农民运动考察报告》等就是伟大的马克思主义文献。1926 年,他通过调查研究获取了大量的第一手资料,撰写的调查报告“中国佃农生活举例”,被作为“中央农民运动讲习所”生动的教材。

随着中国革命形势的不断变化和发展,毛泽东反复强调调查研究问题。井冈山时期,他先后进行了宁冈、寻乌、兴国等 8 次较大的调查研究。其中,他在 1930 年 5 月撰写的“反对本本主义”一文和 1931 年 4 月起草的调查通知中,相继提出了“没有调查就没有发言权”“不做正确的调查同样没有发言权”等著名论断。延安时期,为了使全党充分认识调查研究的重要性,毛泽东先后撰写和起草了“关于农村调查”“改造我们的学习”“中共中央关于调查研究的决定”等系列文章和文件。其中,他在 1941 年 3、4 月为《农村调查》所写的序言和跋中强调指出,调查研究是马列主义普遍真理与中国革命具体实践相结合的中心环节,调查第一是眼睛向下,第二是开调查会;同年 5 月,他在《改造我们的学习》中又提出:“在全党推行调查研究的计划,是转变党的作风的基础一环。”随后,他逐步把调查研究活动推到全党范围内实行,并广泛应用于抗日战争、解放战争的伟大实践中。

新中国成立后的十多年间,毛泽东仍十分重视调查研究,大小调研上百次。1952 年 10 月,毛泽东在河南考察人民胜利渠时,正碰上牧民尚景富赶着羊群迎面走来,尚景富一见小车,就准备赶羊群下堤让车。毛泽东立即指示停车让道,并步行上前同他拉家常,了解生产生活情况。尚景富想不到国家主席会到路边跟自己说话,还让“官车”给自己和羊群让道,这让他非常激动、终生难忘。

(资料来源:《人民日报》,2017 年 07 月 18 日 18 版)

调查报告就是调查者经过一个阶段的探索、分析、筛选加工后,得到的记述和反映市场调查成果并提出作者看法和意见的书面报告。市场调查报告能将市场信息传递给决策者,下面我们一起来认知怎样编写市场调查报告,掌握编写市场调查报告的一些基本知识。

6.1　认识市场调查报告的作用与类型

市场调查报告,就是根据市场调查、收集、记录、整理和分析市场对商品的需求状况以及与此有关的资料的文书。换句话说,就是用市场经济规律去分析,进行深入细致的调查研究,透过市场现状,揭示市场运行的规律、本质。

6.1.1 市场调查报告的特点

市场调查报告应具备科学性、针对性、时效性和创新性的特点。针对性是指市场调查报告应针对不同的调查目的和不同的阅读对象安排报告的内容和格式。时效性是为了更好地适应市场竞争,调查报告应及时反馈给使用者,以便适时做出决策。创新性是指调查报告中应总结有创新的观点、结论,以增强调查报告的使用价值,更好地指导企业的生产经营活动。

1. 科学性

市场调查报告不仅仅是在市场调查收集数据及资料的基础上进行客观的报道,更重要的是,撰写者需要运用科学的分析研究方法,寻找市场发展变化的规律,总结经验教训,探求解决问题的方案。

2. 针对性

针对性包括调查目标上的针对性和目标读者的明确性两方面。首先,在内容上,调查报告必须针对此次调查的目的和主题展开论述,有的放矢,着重解决委托方重点关心的市场问题,这样才能发挥市场应有的作用;其次,不同的目标读者所要求和关心的重点也是各有侧重的,对于公司的领导和一般市场调研人员,他们关注的重点自然是各不相同,公司的总经理通常关心的是调查的结论和建议部分,而一般市场研究人员往往关注结论的导出过程是否科学、合理等方面的问题。

3. 时效性

市场调查报告要作为市场信息的"轻骑兵",需及时地向需求者传递市场相关信息。市场状况千变万化,市场机遇也是稍纵即逝,在这种情况下,市场调查信息的价值更具有时效性。如果作为"事后诸葛亮""马后炮",市场调查报告也就失去了其存在的意义。

4. 创新性

这里的"新"重点强调的是通过全新的视角,提出以前没有的新的建议和主张,如市场新的发展动向、新产品的市场需求、定价、渠道的新政策、新的营销模式等。通过创新观点的提出,企业或经营者可以提早采取经营举措,另辟蹊径,以赢得市场的先机。

[案例研究 6-1]

吉列公司的市场调查

男人长胡子,因而要刮胡子;女人不长胡子,自然也就不必刮胡子。然而,美国的吉利公司却把"刮胡刀"推销给女人,居然大获成功。吉利公司创建于 1901 年,其产品因使男人刮胡子变得方便、舒适、安全而大受欢迎。进入 20 世纪 70 年代,吉利公司的销售额已达 20 亿美元,成为世界著名的跨国公司。然而吉利公司的领导者并不以此满足,而是想方设法继续拓展市场,争取更多用户。就在 1974 年,公司提出了面向妇女的专用"刮毛刀"。这一决策看似荒谬,却是建立在坚实可靠的市场调查的基础之上的。

吉利公司先用一年的时间进行了周密的市场调查,在市场报告中呈现:在美国 30 岁以上的妇女中,有 65%的人为保持美好形象,要定期刮除腿毛和腋毛。这些妇女之中,除使用电动刮胡刀和脱毛剂之外,主要靠购买各种男用刮胡刀来满足此项需要,一年在这方面的花费高达 7 500 万美元。相比之下,美国妇女一年花在眉笔和眼影上的钱仅有 6 300 万美元,染发剂 5 500 万美元。毫无疑问,这是一个极有潜力的市场。

根据市场调查结果,吉利公司精心设计了新产品,它的刀头部分和男用刮胡刀并无两样,采用一次性使用的双层刀片,但是刀架则选用了色彩鲜艳的塑料,并将握柄改为弧形以利于妇女使用,握柄上还印压了一朵雏菊图案。这样一来,新产品立即显示了女性的特点。

为了使雏菊刮毛刀迅速占领市场,吉利公司还拟定几种不同的"定位观念"到消费者之中征求意见。这些定位观念包括:突出刮毛刀的"双刀刮毛",突出其创造性的"完全适合女性需求",强调价格的"不到 50 美分",以及表明产品使用安全的"不伤玉腿"等等。

最后,公司根据多数妇女的意见,选择了"不伤玉腿"作为推销时突出的重点,刊登广告进行刻意宣传。结果,雏菊刮毛刀一炮打响,迅速畅销全球。

这个案例说明,市场调查研究是经营决策的前提,科学、针对性的市场调查报告向企业展示了决策的信息。只有充分认识市场,了解市场需求,对市场做出科学的分析判断,决策才具有针对性,从而拓展市场,使企业兴旺发达。

6.1.2　市场调查报告的作用

市场调查主体对调查活动最为关心的就是调查报告,调查主体提出进行市场调查活动的直接目的在某种程度上讲,就是为了获得市场调查报告。这是因为市场调查报告具备以下一些主要作用。

1. 市场调查报告能将市场信息传递给决策者

这是调查报告最主要的功能。决策者需要的不是市场调查采集的大量信息资料,而是这些市场信息资料所蕴含的市场特征、规律和趋势。市场调查报告能在对信息资料分析的基础上形成决策者需要的结论和建议。

2. 市场调查报告可以完整地表述调查结果

市场调查报告应对已完成的市场调查做出完整而准确的表述,能够详细地、完整地表达出市场调查中有关市场调查的目标、造就要求调查报告背景信息、调查方法及评价、以文字表格和形象化的方式展示的调查结果、调查结论和建议等内容。

3. 市场调查报告是衡量和反映市场调查活动质量高低的重要标志

尽管市场调查活动的质量还要体现在调查活动的策划、方法、技术、资料处理过程中,但调查活动的结论和论断以及总结性的调查报告无疑也是重要的方面。

4. 市场调查报告能够发挥参考文献的作用

调查报告的使命是作为决策者和领导者做出重大决策时的参考文献。调查报告包含了一系列意义重大的市场信息,决策者在研究问题时,往往要以调查报名作为参考。

5. 市场调查报告可被作为历史资料反复使用

当一项市场营销调查活动完成之后,市场调查报告就成为该项目的历史记录和证据。作为历史资料,它有可能被重复使用,从而实现其使用效果的扩大。

[案例研究6-2]

欧洲足球市场调查报告

据一份欧洲足球市场调查报告公布的数据显示,英超联赛中利物浦比曼联更受球迷欢迎,而排名最受球迷喜爱球队前两位的是皇马和巴塞罗那。

据报道,该份报告公布的数据结论,主要是通过欧洲各个俱乐部商品销售产生的利润进行综合分析得出的。该份报告数据调查范围,包括了182个足球俱乐部,以及上万名不同国家的球迷问卷调查,最后综合分析获得。

根据这份报告,商品销售利润排名前10名的球队中,英超联赛中利物浦位居第三,曼联队仅排名第六,而西甲联赛的皇家马德里和巴塞罗那位居排行榜第一、第二。西甲联赛商品销售利润共达到了1.9亿欧元,但其中绝大部分都来自皇马和巴塞罗那;英超联赛的全球吸引力仅次于西甲,他们的销售利润达到了1.68亿欧元,但各俱乐部所得利润更加平均;德甲联赛以1.3亿位居第三,接下来的是意大利和法国联赛。

该份调查数据公司负责人皮特博士说:"欧洲足球商品销售正在火速发展,一些排名较低联赛的可持续发展前景广阔,因为他们正逐渐明白品牌经营对俱乐部商品销售的重要性。"

"文化差异也造成了球迷对不同产品的喜欢,比如俄罗斯和乌克兰球迷更倾向于购买温暖的围巾,但英格兰球迷更愿意购买承载他们意愿的球队队徽、标志的物品。"

该案例说明市场调查报告是通过市场调查分析,透过数据现象分析数据之间隐含的关系,使我们对事物的认识能从感性认识上升到理性认识,更好地指导实践活动。市场调查报告比起调查资料来,更便于阅读和理解,它能把死数字变成活情况,起到透过现象看本质的作用,使感性认识上升为理性认识,有利于商品生产者、经营者了解、掌握市场行情,为确定市场经营目标、工作计划奠定基础。

6.1.3 市场调查报告的类型

由于市场主体的多元化、产品及服务的多样性、需求供给的复杂性、消费偏好及文化的差异性,市场调查的内容也极为广泛,针对不同的调查需求,可以设计不同的调查形式,撰写形式也不尽相同。由于分类标准的不同,调查报告的类型划分也是多种多样的。常用的分类方式如下。

1. 根据调查报告的内容及表现形式分类

(1) 纯资料性调查报告。

它以对问题的简单描述为主要表现形式,着重公布调查资料所得的各项资料,不加以任何分析解释。

(2) 分析性调查报告。

它以对资料的分析研究为重点,一般可通过文字、图表等形式将调查结果分析展现出来,使得需求方对调查及结论有一个全面的认识,通常所说的调查报告大多是指分析性调查报告。

2. 根据调查范畴和对象分类

（1）综合调查报告。

此类报告旨在了解市场的整体发展状况和发展趋势，力求反馈市场的全貌，要求资料详尽，分析全面。

（2）专题报告。

专题报告是聚焦某专项问题而撰写的报告。例如，针对青少年上网情况、居民住房情况等问题都可以写出专题调查报告。

［案例研究6-3］

关于大学生传统民族节日意识的调查报告

随着时代的发展，中国与西方国家的交流日趋频繁，中西方文化的差异也渐渐统一化，这就造成很多人淡化了中国传统节日文化而注重外来节日，像2月14日的“西方情人节”、4月1日的“愚人节”、12月25日的“圣诞节”等西方国家节日在中国变得相当流行，而中国传统的节日像农历五月初五的“端午”等节日却被我们中国人淡化了。就此问题，我对西安部分高校的部分在校大学生做了关于中国传统民族节日意识的调查，现就调查结果做以下分析报告。

一、当代大学生对中国传统节日的了解和重视程度

大部分大学生认为中国传统节日是具有深远意义的，是值得倡导并隆重举行的，比如说“端午节”是纪念我们伟大的爱国英雄——屈原；还有部分大学生认为对中国传统节日的了解程度不是很高，不明白部分节日的意义，所以表示不是很提倡……

二、当代大学生对西方国家节日的了解及重视程度

部分大学生认为要与西方国家“接轨”，要学习西方的先进科技及文化，就必须接受西方国家的文化及节日传统；大多数人表示对于西方国家的节日既不能说完全摒弃，也不能说是完全不接受，中西方文化的交流和融合并不代表是否定某一方，而是两者的融合，对于节日这一问题而言，他们表示可以接受，但不会去隆重庆祝，毕竟那是别人的节日。

三、大学生热衷外国节日的主要原因

由于对我国文化、民族传统知识的欠缺以及盲目从众崇洋媚外的心理导致部分大学生对外国节日表现出“狂热”的态度，中国文化博大精深，而当代大学生从小就被社会定位为为了考试而拼命学习的一类人，大部分时间都用来“钻研”那些课本知识以应付考试，忽视了对中国传统文化知识的了解……

结论与建议：通过该调查发现，当代大学生对中国传统文化尤其是传统节日的重视程度较为欠缺，这是由于对我国文化知识及传统观念的缺乏而导致的。我希望当代在校大学生能加强对我国传统文化的学习了解，树立良好的人生观、价值观，用行动去证明自己的爱国热情。

3. 根据开展经营活动的需要分类

（1）市场需要调查报告。

通过对消费者数量及结构、消费者收入及购买力、潜在需求量及消费偏好、消费心理变

化,以及产品的质量、品种、款式、规格、花色等因素的调查分析,判断整体市场及各个细分市场对产品的消费需求及消费差异:

(2) 市场与消费潜量的调查报告。

它主要指地区销售量及其变动趋势给企业带来的影响。调查包括商品成本、商品价格变动情况、消费者对价格变动的反应等。

(3) 销售渠道调查报告。

侧重于对流通环节的调查,包括运输线路、运输规划、仓储等一系列市场运营问题的调查。

(4) 市场供给调查报告。

它主要包括产品的生产状况、生产总量及构成分布、产品更新速度及替代品情况、产品所处的生命周期等。

(5) 价格/资费的调查报告。

它重点调查产品的价格/资费的市场状况、变动趋势、消费者价格弹性等。

(6) 竞争情况调查报告。

它包括竞争对手的产品及性能、产品生产成本、价格/资费、渠道、服务、竞争策略等方面。

(7) 经营效益的调查报告。

它主要包括营销策略的实施效果、广告宣传效果及原因分析的调查。

6.2 明确市场调查报告的格式与要求

6.2.1 市场调查报告的格式

尽管市场调查报告的格式会因项目和读者的不同而有所差异。但调查报告要把市场信息传递给决策者的功能或要求是不能改变的。因此,在长期的商务实践中逐渐形成了调查报告的常规格式。当然,许多公司在其业务实践中都具有自己特点的报告格式,不同的专著或教科书也会对报告格式提出自家的建议。本书这里列出的写作格式是一种较为全面的常规格式,以供调查者在从业时参考。

一份完整的调查报告的格式可分为三大部分:前文、正文和结尾。具体写作要求如下。

1. 前文部分的格式

(1) 标题页和标题扉页。

标题页包括的内容有报告的标题或主题、副标题(该份调查报告提供的具体材料)、报告的提交对象、报告的编写者和发布(提供)的日期。对企业内部调查,报告的提交对象是企业某高层负责人或董事会,报告撰写者是内设调查机构。对于社会调查服务,报告的提交对象是调查项目的委托方,报告的编写者是提供调查服务的调查咨询机构。在后一种情况中,有时还需要写明双方的地址和人员职务。特别正规的调查报告,在标题页之前还安排标题扉页,此页只写调查报告标题。

[相关链接 6-1]

雅斯莉化妆品消费者调查报告——标题

CMR 市场调查咨询有限公司
Add：中国上海四川北路××号
Post：××××××
Tel：(86)21-××××
Fax：(86)21-××××

雅斯莉化妆品消费者调查报告
项目经理×××

××××年××月××日

(2) 授权信页。

授权信是由调查项目执行部门的上司给该执行部门的信，表示批准这一项目，授权给某人对项目负责，并指明可用于项目开展的资源情况。在许多情况中，汇报信会提及授权问题，这样也可以不将授权信包括在调查报告中。但是当调查报告的提供对象对授权情况不了解，或者他需要了解有关授权的详情时，出授权信提供这方面的信息则是必要的。

(3) 提交信。

提交信是以调查报告撰写者个人名义向报告提交对象个人写的一封信，表示前者将报告提交给后者的意思。在此信中，可以概括一下市场调查者承担并实施项目的大致过程，也可以强调一下报告提交对象需要注意的问题以及需要进一步调查研究的问题，但不必叙述调查的具体内容。其所用口气是个人对个人，因而可以不太受机构对机构的形式拘束，便于沟通双方的思想。在较为正规的调查报告中，都应该安排提交信。当调查报告的正规性要求较低时，提交信可以从略。

(4) 前言。

前言是该调查项目的简要介绍。这部分的内容包括报告的可靠依据、目的和范围、资料收集的基本方法和要求，以及对有关方面的致谢等。

[相关链接 6-2]

2020 年中国外贸服务市场调查报告——前言

外贸走到 2020 年，遇到了由国际复杂因素造就的一道坎儿。不过，从外贸长期发展的主线看，这一道坎儿不足为长久惧。我国外贸正逐渐剥离疫情的负面影响，迅速复苏。根据海关总署公布的数据，2020 年前 8 个月，我国出口额年内首次实现正增长，同比增长 0.8%。其中，8 月出口额同比大幅增长 11.6%，为连续 5 个月实现正增长。总体上看，我国外贸进出口延续了回稳向好的态势，好于预期。

2020 年中国外贸服务市场调查于 2020 年 4 月开始至 2020 年 8 月结束,通过在《进出口经理人》杂志夹寄问卷、调查小程序链接、在杂志官方网站(www.tradetree.cn)和微信公众号("进出口经理人")扫描二维码等联合调查的形式展开,邀请全国各地的外贸企业读者参与其中。本次调查共计回收有效问卷 1 019 份,被调查对象全部是包括制造商、贸易商在内的从事外贸出口的企业。从被调查企业的性质看,民营股份制企业多年来一直占据最大的份额,2017 年占比为 54.8%,2018 年占比为 57.1%,2019 年占比为 46.8%。本次调查结果显示,2020 年民营股份制企业占比为 51.6%,比 2019 年提高 4.8 个百分点,仍为第一大被调查对象。另外,个体企业占比为 18.8%,比 2019 年下降 11.8 个百分点;国有企业和中外合资企业占比较 2019 年均有所提升;外商独资企业占比相比 2019 年下降 1.1 个百分点。总体上看,调查项排序不变。

(5) 目录表。

一般的调查报告都应该编写目录,以便读者查阅特定内容。目录包含报告所分章节及其相应的起始页码。通常只编写两个层次的目录。较短的报告也可以只编写第一层次的目录。需要注意的是,报告中的表格和统计图都要在目录中列明。

(6) 图表目录。

如果报告含有图和(或)表,那么需要在目录中包含一个图表目录,目的是为了帮助读者很快找到对一些信息的形象解释。因为图和表是独立的数字编号,因此,在图表目录中,应该注明图表在报告中出现的次序排列。

(7) 摘要。

摘要一定要写明为何开展此项调查,考虑到该问题的哪些方面,有何结果,建议怎么做。摘要是调查报告的重型部分,必须写好。许多高层管理人员通常只阅读报告的摘要,可见摘要很可能是调查者影响决策者的唯一机会。

摘要应该放在开头部分。长度以不超过两页为好,因此作者要仔细斟酌哪些东西是足够重要的,需要在摘要中写明。摘要不是报告正文各章节的等比例浓缩。它要写得自成一篇短文,既要概括调研成果的主要内容,也得简明,重点突出。

摘要通常包含四方面内容。首先,要申明报告的目的,包括重要的背景情况和项目的具体目的;接着,要给出最主要的结果,有关每项具体目的的关键结果都须写明,往下是结论,这指的是建议在发现结果基础上的观点和对于结果含义的解释;最后是建议,或者提议采取的行动,这是以结论为基础提出的。在许多情况下,管理人员不希望在报告中提出建议。因此,是否在摘要中包括建议需要依据报告的特定情况而定。

2. 正文部分的格式

正文是市场调查报告的主要部分。对于某些市场研究人员,比如产品经理、营销经理或其他人员,除了要知道调查报告的结论和建议以外,还需要了解更多的调查信息,比如考查结果的逻辑性,在调查过程中有没有遗漏,关键的调查结果是如何得出的等。这时,这些人员会详细地研究调查报告的主体部分,即正文。这就要求正文部分必须正确阐明全部有关论据,包括问题的提出到引起的结论、论证的全部过程、分析研究问题的方法等。正文包括开头部分和论述部分。

(1) 开头部分。

在报告正文的开头，调查人员首先应当简明扼要地指出该项调查活动的目的和范围，以便阅读者准确把握调查报告所叙述的内容。

开头部分的撰写一般有以下几种形式：

① 开门见山，揭示主题。文章开始就先交代调查的目的或动机，揭示主题。例如，“我公司受广州电视机厂的委托，对消费者进行一项有关电视机市场需求状况的调查，预测未来消费者对电视机的需求量和需求的种类，使广州电视机厂能根据市场需求及时调整其产量及种类，确定今后的发展方向。”

② 结论先行，逐步论证。先将调查的结论写出来，然后逐步论证。许多大型的调查报告均采用这种形式。其特点是观点明确，使人一目了然。例如，“我们通过对天府可乐在北京市的消费情况和购买意向的调查认为它在北京不具有市场竞争力，原因主要从以下几方面阐述。”

③ 交代情况，逐步分析。先交代背景情况、调查数据，然后逐步分析，得出结论。例如，“本次关于非常可乐的消费情况的调查主要集中在北京、上海、重庆、天津，调查对象集中于中青年……”

④ 提出问题，引入正题。用这种方式提出人们所关注的问题，引导读者进入正题。CCTV的很多调查分析报告都是采用这种形式。

(2) 调查方法。

如何阐明所用的调查方法是一件不太轻松的事，因为对技术问题的解释必须能为读者所理解。在这里对所使用的一些材料不必详细列出，详细的材料可以放到目录中。

调查方法部分要阐明以下五个方面。

① 调查设计：说明所开展的项目是属于探索性、描述性调查，还是因果性调查，以及为什么适用于这一特定类型调查。

② 资料采集方法：所采集的是初级资料，还是次级资料，结果的取得是通过调查、观察，还是实验，所用调查问卷或观察记录表应编入附录。

③ 抽样方法：目标总体是什么，抽样框如何确定，是什么样的样本单位，它们如何被选取出来。对以上问题的回答根据及相应的运算须在附录中列明。

④ 实地工作：启用了多少名、什么样的实地工作人员，对他们如何培养、如何监督管理，实地工作如何检查。这一部分对于最终结果的准确程度十分重要。

⑤ 分析：说明所使用的是定量分析方法和定性分析方法，但注意不要与后面发现内容相重复。

(3) 论述部分。

论述部分必须准确阐明全部有关论据，根据预测所得的结论，建议有关部门采取相应措施，以便解决问题。论述部分主要包括基本情况部分和分析部分。

基本情况部分：对调查数据资料及背景做客观的介绍说明，提出问题，肯定事物的一面。

分析部分：包括原因分析、利弊分析、预测分析。

(4) 结果。

结果在正文中占较大篇幅。这部分报告应按某种逻辑顺序提出紧扣调查目的的一系列项目发现。发现结果可以以叙述形式表述,以使得项目更为可信,但不可过分吹嘘。在讨论中可以配合一些总结性的表格和图像,这样可以更加形象化,然而详细和深入分析的图表宜放到附录中。

(5) 局限性。

完美无缺的调查是难以做到的。所以,必须指出调查报告的局限性。

讨论调查报告的局限性是为给正确评价调查成果以现实的基础。在报告中,将成果加以绝对化,承认它的局限性和应用前提,是科学的态度。当然,也没有必要过分强调它的局限性。

3. 结尾部分的格式与要求

(1) 结论和建议。

结论是基于调查结果的意见,而建议是提议应采取的相应行动。因此对建议的阐述应该较为详细,而且要辅以必要的论证。结论和建议应当采用简明扼要的语言。好的结语,可使读者明确题旨,加深认识,启发读者思考和联想。结论一般有以下几个方面:

① 概括全文。经过层层剖析后,综合说明调查报告的主要观点,深化文章的主题。

② 形成结论。在对真实资料进行深入细致的科学分析的基础上,得出报告的结论。

③ 提出看法和建议。通过分析,形成对事物的看法,在此基础上,提出建议和可行性方案。

④ 展望未来,说明意义。通过调查分析展望未来前景。

[相关链接 6-3]

小学生花 2 000 元买盲盒套笔?
——上海消保委发布未成年人盲盒消费调查报告

近年来,盲盒这种玩法简单但新颖刺激的新形式进入大众视野,盲盒销售模式迅速风靡,形成了“万物皆可盲盒”的现象级风潮。盲盒之风席卷文具领域后,尚缺乏判断力、辨别力和成熟消费观的未成年人成为了主要消费群体,引发家长担忧。

据媒体报道,有小学生为抽到隐藏款连续购买装有 24 支笔的套装 20 套,花费 2 000 余元,还有孩子频频向家长要钱购买盲盒,导致精神恍惚,影响学习。盲盒营销对未成年人的健康成长和人格养成产生的负面影响不可忽视。

2021 年,上海市消保委通过互联网调研、抽样调查、家长访谈等方式对文具盲盒展开调查研究。据调查,未成年人购买盲盒与社交需求有关,且相较于成年人,未成年人更易购买成瘾,同时,盲盒商品溢价现象、交易不公问题确实存在。

据调查,一些未成年人会因同学之间的讨论话题为文具盲盒而开始购买文具盲盒,并会因抽到隐藏款、热门款而成为同学们羡慕的对象,从而获得成就感和满足感。为了集齐多种款式或者抽到隐藏款,一些未成年人会有频繁或大量购买盲盒的行为,抽出重复或不喜欢的款式往往会选择与同学交换或者闲置,然后继续购买,直到抽到想要的款式或者集齐所有款式为止,一定程度上增加了文具购买方面的开支。文具盲盒成为了未成年人课外时间的热门话题,许多未成年人因喜欢文具盲盒的共同点而轻松建立友谊,形成拥有共同兴趣爱好的朋友圈。

上海市消保委建议出台专门措施对针对未成年人的盲盒销售行为进行限制和规范。基于盲盒的未成年人社交行为，容易催生未成年人攀比心理，不利于未成年人健康成长。盲盒不是普通的游戏，采用盲盒形式的营销行为，对于未成年人有成瘾风险。此外，未成年人缺乏公平消费的判断力，商家通过采用盲盒营销的方式易获得超额收益，对同业来说是一种不公平竞争行为。

（资料来源：节选整理自新浪财经“小学生花 2 000 元买盲盒套笔？上海消保委发布未成年人盲盒消费调查报告”）

（2）附录。

任何一份太具技术性或太详细的材料都不适宜出现在正文部分，而应编入附录，以备阅读者在必要的时候查阅。这些材料可能只为某些读者感兴趣，或者它们与调查没有直接的关系，而只有间接的关系。

附录通常包括的内容有调查提纲、调查问卷和观察记录表，被访问人（机构单位）名单，较为复杂的抽样调查技术的说明，一些次关键数据的计算（最关键数据的计算，如果所占篇幅不大，应该编入正文），较为复杂的统计表和参考文献等。

以上提出了一份极为正规的调查报告所应包含的所有组成部分，这种极为正规的格式用于企业内部大型调查项目，或调查公司向客户提供的服务项目。对于那些不是很正规的报告，某些组成部分可以略去不写。视项目的重要程度和委托方的实际需要，可以从最正规的格式到只有一份报告摘要的这一逐渐简化系列，来选择一个适当的设计。

6.2.2　市场调查报告的要求

（1）段落的标题设计。

调查报告也可以设计成章、节、段，各章、节、段都应有相应的特征鲜明的标题，问题是这些标题的设计方法应该采用哪种为宜。

目前两种常用的方式如下：

以结论或观点作为各章、节、段的标题，如“高技术含量是明年国外大公司登陆中国市场的撒手锏”“提高价格不能操之过急”等。

以原因或状况作为各章、节、段的标题，如“国内许多企业将更加举步维艰”“登陆中国市场的著名跨国公司的产业结构”“调整经营战略窥测中国市场变化的外国著名大公司的举动”等。

（2）表格和图像的格式要求。

在调查报告正文中恰当地运用统计图、表，与文字相配合，就能最大限度地发挥调查所得资料的论据和论证作用。

统计表必须具备表号、表头（总标题）、横行标题、纵栏标题、指标数值、（必要的）注释、资料来源等。

总标题要写得醒目，扼要提出本表要提供的信息内容。横、纵标题要简明，尽量使用正规的指标名称、分组标志和时间分量。

如果横、纵标题中使用了与国家统计指标同名称而不同含义的指标名称、分类标推，或者使用了尚未被本行业同仁普遍接受的名词，则应在注释部分加以注明。

凡表中所用数据来源于本项目调查、观察或实验所获之外的次级资料，均应在资料来源处注明其来源。

统计图也要设置图号和图名，它们的要求与表号和总标题相同。统计图在目录中的位置在统计表之后。统计图中所绘几何图形(线段、矩形、扇形等)要与所表现的数值成比例，数轴要注明所表示的变量及所用计量单位。在图中对图形加以必要的标注，说明其代表的意义，以便读者不参阅任何文字材料就能读懂统计图要说明的问题。最后，资料来源对于统计图也是必不可少的。

(3) 附件部分的利用。

在调查报告中不能不用各种统计学的分析方法，也不能没有调查的原始资料，因为这些都是论证自己结论的证据。

(4) 调查报告中的建议。

调查报告的结论和建议部分说明调查获得了哪些重要结论，根据调查的结论建议应该采取什么措施。这主要看管理层或决策层对于下属的建议和意见的一贯态度，或者查看在调查方案合同上是否包括调查机构必须在调查报告中提出客观、公正、准确的建议与意见的相应款项。有些领导希望下属在提供实际情况后再谈谈自己的分析结论与想法，因此调查机构应该在调查报告中详细地列出自己的意见与建议。但有的领导只听下属的报告，不允许下属提出自己的想法，此时调查报告中的建议会显得多余。

需要指出的是，大多数建议应当是积极的，要说明采取哪些具体的措施或者要处理哪些已经存在的问题。尽量用积极的、肯定的建议，少用否定的建议。肯定的建议如“用加大广告投入”，“将广告理性诉求为重点变为感性诉求为主”等。否定建议如“应立即停止某一广告的刊播”，使用否定建议只叫人不做什么，并没有叫人做什么，所以应尽量避免使用。

5. 切忌将分析工作简单化

(1) 在进行数据的分析过程中，一定要尽量从各个层面来考虑问题，也就是透过现象看本质。从下例中我们可以看出，在分析数据时，对数据的层面考虑的不同，得出的结论是有显著差异的。

[相关链接 6-4]

市场调查报告的分析工作

某汽车企业要对三种广告设计进行试验，以判定哪一种广告对提高汽车的销售量最有效。在不同时间里分别在三个城市进行了市场试验，结果如表1所示。

表1 广告与销售量之间的关系表

广　告	跟广告有关的销售量
A	2 431
B	2 164
C	1 976

表 1 的数据表明广告 A 是最有效的。但这种分析是否充分呢？如果我们从另一个角度看，把参加试验的四个城市分别列出来，变成表 2。

表 2　不同城市广告与销售量之间的关系表

城市 / 广告	1	2	3	4	总　计
A	508	976	489	458	2 431
B	481	613	528	442	2 064
C	516	560	464	436	1 976

对表 2 的分析结果是三种广告的效果差不多，广告 A 的销售量增加是由于第 2 个城市的不正常的需求引起的。

（2）数据的分析应包括三个层次：说明、推论和讨论。即说明样本的整体情况、推论到总体并对结论做因果性分析。

[相关链接 6－5]

市场调查报告图表分析中的“说明、推论与讨论”

说明是根据调查所得统计结果来叙述事物的状况、事物的发展趋势，以及变量之间的关系等。

各种收入家庭的彩色电视机拥有情况

家庭人均月收入 / 是否有彩电	1 000 以下	1 000～2 000	2 000 以上	总　计
有	30	50	80	53
无	70	50	20	47
总　计	100	100	100	200

根据上表可做如下说明：

（1）调查对象中有一半左右的家庭拥有彩色电视机（事实描述）；随着家庭收入的增多，彩色电视机的拥有率也随之提高（趋势描述）；家庭收入的高低对电视机的购买有很大程度的影响（因果关系描述）。

（2）推论：大多数的市场调查所得数据结果都是关于部分调查对象（样本）的资料，但研究的目的往往是要了解总体的情形，因此，研究者必须根据调查的数据结果来估计总体的情况，这就是推论。推论主要是考虑样本的代表性，代表性强，由样本推断总体的误差就小。

（3）讨论：讨论主要是对调查结果产生的原因做分析，讨论可以根据理论原理或事实材料对所得的结论进行解释，也可以引用其他研究资料做解释，还可以根据研究者经验或主观的设想做解释。

6.3 学会市场调查报告的写作步骤与技巧

6.3.1 市场调查报告的写作步骤

编写调查报告是把调查报告分析的结果表述出来。无论是哪一种调查报告,编写的要求一般包括确定主题、取舍资料、拟订提纲、撰写报告和修改报告等步骤。

1. 确定主题

调查报告的主题是调查报告中的关键问题。主题是否明确,是否有价值,对调查报告具有决定性意义。

(1) 确定主题的步骤。

确定主题由选题和确定观点两个步骤组成。

① 选题。

选题是发现、选择、确定、分析论题的过程,论题就是分析对象和目的的概括。所以选题一般表现为调查报告的标题。选题是认识过程中已知领域与未知领域的连接点。它既表现为已知的,是在以往认识基础上产生的,又表现为未知的,是以往认识活动所未解决的。它既反映了现有知识的广度和深度,又反映了未知领域探索的广度和深度。

成功的选题不仅能使作者用较少的时间和精力,积累充实的材料,有目的、有计划地调整自己的知识结构,确定必要的分析方法和手段,而且还是调查报告适时对路的前提条件。选题失误,即使调查报告表述完美也会影响其社会经济效益。

选题的途径一般分为领导征集或外单位委托和作者自选观察、调查两种。选好题的关键是处理好分析对象的意义、服务对象的需求和作者的主观条件。

② 确定观点。

观点是调查研究者对分析对象所持的看法与评价,它是调查材料的客观性与作者主观认识的统一性,是形成思路、组织材料、构成篇章的基本依据和出发点。观点是在充分分析材料的基础上形成的。它的思维过程是对调查材料的分析—综合—再分析。随着认识的不断深入,认识水平的不断提高,观点渐渐产生。因此,观点的确定一般要经历萌发、深化、形成三个阶段。

在观点形成过程中要遵循如下原则:

一是分析要深入。要从实际调查的情况出发,分析不可以先入为主,也不可以从某观念和政策条文出发。

二是分析要具体。只能从具体的现象、数字人手,在调查材料上面做文章。抓住事物的特殊性进行分析,从中找出代表性的内容,并力求观点内涵丰富。

三是立论要新颖。观点是认识的逻辑概括,作者要用简单的语言把自己的新认识阐述出来。

(2) 确定主题应注意的问题。

① 调查报告的主题必须与调查主题相一致。

一般来说,调查的主题就是调查报告的主题。因此,选题也是调查主题确定的关键。调查主题在社会调查之初即已基本确定。而调查报告的主题观点则产生在调查分析之后。

② 要根据调查分析的结果确定观点并重新审定主题。

有的时候，调查报告的主题不一定就是调查的主题，两者并不一致。这主要是因为调查主题涉及面宽或问题较多，因而需要重新确定主题以缩小原题的范围；在调查主题的范围内有些情况和问题因材料不充分，或调查分析较肤浅，没有把握，因而需要重新确定主题；在调查分析过程中发现调查主题缺乏新意或价值不大，须依据实际应用价值重新确定，不一定局限于与调查主题相一致。

③ 调查报告的主题不宜过大。

为便于反映问题，主题要相对小些、简短，同时也容易写。

2. 取舍资料

资料是形成调查报告主题观点的基础。观点是资料的统帅和代表，决定资料的取舍和使用，只有达到资料与观点的高度统一，资料才能充分地说明调查报告的主题。这是我们撰写调查报告必须遵循的主要原则。

在编写调查报告时，必须坚持论证材料要充分，言必有据。充分的材料不但应是客观的真实材料，而且还必须是全面反映事物的本质的典型材料。通常还应有侧面或反面的材料，以说明和支持作者的结论。

在取舍调查材料时应注意以下几点。

(1) 材料的充分、完整。

对调查资料要全面分析和比较，以获取尽可能充分和完整的材料，因为调查报告与简报不同，不能只是简单地罗列材料，而应根据调查报告的目的和要求，进行具体的分析、比较和论证。这种分析、论证又与论文不同，它必须以反映事实为基础，用事实说话。在不离开事实叙述的前提下，把充分完整的材料提到原则高度上进行适当的评析，才能揭示材料的性质和意义。

(2) 材料的筛选。

资料只有依据主题的需要、观点的要求进行筛选，才能使主题更加突出。与主题无关的或关系不大的资料要忍痛割爱，否则堆砌材料，会冲淡主题，降低调查报告的效果。

精选标准是能深刻说明问题本质。精选一般采用比较鉴别的方法，对同类材料依精选标准和报告的篇幅进行比较、鉴别，以决定取舍。另外，鉴于调查报告明确、简练的特点，可用可不用的材料要大胆舍弃。

(3) 多次取舍。

在调查材料量很大时，为减少不必要的劳动，在分析之前也可进行一次取舍。但在分析前后对材料的取舍都要以有关概率统计理论为依据。这样既省了力，又不降低材料的代表性和结论的科学性。同时，材料的取舍工作还要和定量分析、定性分析等工作结合起来。只有经过筛选，调查报告的依据才能充实、扼要，而不至于偏颇。

3. 拟订提纲

提纲是调查报告的骨架，可以理情思路，表明调查报告各部分之间的联系。调查报告写作提纲可分为条目提纲和观点提纲两类。条目提纲就是从层次上列出报告的章节，观点提纲是列出各章节要表述的观点。

一般先拟订提纲框架，把调查报告分成几大部分。然后在各部分中再充实，按次序或按轻重,横向或纵向罗列编织而成较细的提纲。提纲的粗细也反映了作者对写作内容了解的深浅程度。提纲越细,说明作者对材料、内容掌握越深入、越具体,反映出作者的思路越清晰,在撰写报告时也越顺手。拟订调查报告写作提纲的另一作用,可使作者进一步深思熟虑、精益求精,也便于对调查报告进行"构造"的调整。因此,写作提纲的作用是不可低估的,不是可有可无的。即使对于写作上有经验的人,也应在撰写调查报告之前先拟订写作提纲,特别是较细的提纲。

4. 撰写报告

编写市场调查报告中重要的是怎样设计主体部分的内容。从一定意义上讲就是如何确定调查报告的整体内容。因此,在撰写调查报告时应该重点掌握以下几个环节。

(1) 明确调查报告的阅读者。

由于不同的阅读者掌握的信息不同、需要做出决策的性质不同,从而决定了他们需要了解的信息也不同。同时,不同阅读者的素质不同决定了他们在兴趣上的差别。同样一份调查报告,提供给决策者与专家,所着重的信息是不同的。提供给决策者作为决策的依据,则可以着重描写"是什么""为什么会这样""如果……将会怎样",以便他们尽快了解情况与原因,采纳自己的建议。提供给专家评审的调查报告,由于专家对于事实情况、引发的原因都十分清楚,他们关心的是报告中的结论是通过什么方法分析后得出的。

(2) 实事求是,内容客观。

市场调查研究是为了揭示事情的真相,在研究过程中要求实事求是,按照正规的程序进行科学的研究,并要克服个人偏见和主观影响。因此,作为市场调查研究结果的调查报告也必须真实、准确,要以实事求是的科学态度,准确而全面地总结和反映调查结果。这就要求市场调查报告所使用的信息资料必须符合客观实际,不能有任何虚假内容。同时,要注意信息资料的全面性,避免因结论和建议的片面性对决策者造成的误导。

调查报告的突出特点是用事实说话,应以客观的态度来撰写报告。在文体上最好用第三人称或非人称代词,如"作者发现……""笔者认为……""据发现……""资料表明……"等语句。行文时,应以向读者报告的语气撰写,不要表现出力图说服读者同意某种观点或看法。读者关心的是调查的结果和发现,而不是你个人的主观看法。同时,报告应当准确地给出项目的研究方法、调查结果的结论,不能有任何迎合用户或管理决策部门期望的倾向。

(3) 重点突出。

市场调查研究报告的内容编排应该密切结合调查宗旨,重点突出调查目标的完成和实现情况。一份高质量的调查报告既要具备全面性、系统性,又要具备针对性和适用性。因此,在撰写调查报告时必须对信息资料进行严格分类和筛选,剔除一切无关资料。

(4) 篇幅适当。

调查报告的价值需要以质量和有效件度量,而非篇幅的长短。因此,在编写调查报告时,应根据调查目的和调查报告内容的需要确定篇幅的长短。市场调查阶段积累的大量信息资料虽然弥足珍贵,但如果全部纳入调查报告中必然会使调查报告的内容冗长繁杂,读者难以领略重点而产生反感。因此,调查报告篇幅的长短,内容的取舍、详略都应该根据需要确定。

5. 修改报告

撰写完成市场调查报告后,还需要对调查报告进行修改。该步骤要检查报告中出现的错误与遗漏,并补充完整相关内容。一份高质量的调查报告,在修改过程中应注意以下一些问题,应参照这些标准进行相应的修改。

(1) 简明扼要,删除一切不必要的词句。

修改调查报告时,应该力求简明扼要,删除一切不必要的词句。调查报告中常见的一个错误是:"报告越长,质量越高"。通常经过了对某个项目几个月的辛苦工作之后,调查者已经全身心地投入,因此,他试图告诉读者他所知道的与此相关的一切。因此,所有的过程、证明、结论都被纳入报告当中,导致的结果是"信息超载"。事实上,如果报告组织得不好,有关方甚至连看也不看。总之,调查的价值不是用重量来衡量的,而是以质量、简洁与有效的计算来度量。调查报告应该是精炼的,任何不必要的东西都应省略。不过,也不能为了达到简洁而牺牲了完整性。

(2) 对重要的内容要解释充分。

调查研究的目的在于利用丰富的信息资料说明市场现象所蕴含的特征、规律和趋势。而这些信息资料所蕴含的市场特征、规律和趋势并非每个人都能领会的,需要调查人员运用专业知识和科学的理论进行解释。一份高质量的调查报告应该充分利用统计图表、统计数据等各种形式的表现方法来说明和显示资料,使阅读者更容易接受和认同。

因此,在修改报告时,应该在对重要的资料进行解释,注意解释的充分性和相对准确性。解释充分是指利用图表说明时,要对图表进行简要、准确的解释;解释相对准确是指在进行数据的解释时尽量不要引起误导。例如,在一个相对小的样本中,把引用的统计数字保留到两位小数以上常会造成虚假的准确性。"有 65.32%的被调查者偏好我们的产品",这种陈述会让人觉得 65.32%这个数是非常精确的。另外,还应注意的是,对于名义量表和顺序量表不能进行四则运算,对等距量表只能进行加减,不能进行乘除,只有比率量表才能进行加减和乘除。

(3) 修改报告使其便于阅读。

为了提高调查报告的可阅读性,应做到版面设计合理、语言简洁、字迹清晰、书写工整。同时,任何调查报告的阅读和使用都有其特定的对象,因而要结合不同对象的工作性质、文化程度等因素来安排调查报告的写作风格。

报告应当是易读、易懂的。报告中的材料要组织得有逻辑性,使读者能够很容易弄懂报告各部分内容的内在联系。使用简短的、直接的、清楚的句子把事情说清楚,比用"正确的"但含糊难懂的词语来表达要好得多。为了检查报告是否易读、易懂,最好请两三个不熟悉该项目的人来阅读报告并提出意见,反复修改几次之后再呈交给用户。

6.3.2　市场调查报告的写作技巧

市场调查报告的写作技巧主要包括表达、表格和图形表现等方面的技巧。表达技巧主要包括叙述、说明、议论、语言运用四个方面的技巧。

1. 叙述的技巧

市场调查的叙述,主要用于开头部分,叙述事情的来龙去脉,表明调查的目的和根据,以及过程和结果。此外,在主体部分还要叙述调查得来的情况。

市场调查报告常用的叙述技巧有概括叙述、按时间顺序叙述、叙述主体的省略。

(1) 概括叙述。

叙述有概括叙述和详细叙述之分。市场调查报告主要用概括叙述,将调查过程和情况概略地陈述,不需要对事件的细枝末节详加铺陈。这是一种"浓缩型"的快节奏叙述,文字简约,一带而过,给人以整体、全面的认识,以适合市场调查报告快速及时反映市场变化的需要。

(2) 按时间顺序叙述。

在交代调查的目的、对象、经过时,往往用按时间顺序叙述方法,次序井然,前后连贯。如开头部分叙述事情的前因后果,主体部分叙述市场的历史及现状,就体现为按时间顺序叙述。

(3) 叙述主体的省略。

市场调查报告的叙述主体是写报告的单位,叙述中用"我们"第一人称。为行文简便,叙述主体一般在开头部分中出现后,在后面的各部分即可省略,并不会因此而令人误解。

2. 说明的技巧

市场调查报告常用的说明技巧有数字说明、分类说明、对比说明、举例说明等。

(1) 数字说明。市场运作离不开数字,反映市场发展变化情况的市场调查报告,要运用大量数据,以增强调查报告的精确性和可信度。

(2) 分类说明。市场调查中所获材料杂乱无章,根据主旨表达的需要,可将材料按一定标准分为几类,分别说明。例如,将调查来的基本情况,按问题性质归纳成几类,或按不同层次分为几类。每类前冠以小标题,按提要句的形式表述。

(3) 对比说明。市场调查报告中有关情况、数字说明,往往采用对比形式,以便全面深入地反映市场变化情况。对比要清楚事物的可比性,在同标准的前提下,做切合实际的比较。

(4) 举例说明。为说明市场发展变化情况,举出具体、典型事例,这也是常用的方法。在市场调查中,会遇到大量事例,应从中选取有代表性的例子。

3. 议论的技巧

市场调查报告常用的议论技巧有归纳论证和局部论证。

(1) 归纳论证。

市场调查报告是在占有大量材料之后,做分析研究,得出结论,从而形成论证过程。这一过程,主要运用议论方式,所得结论是从具体事实中归纳出来的。

(2) 局部论证。

市场调查报告不同于议论文,不可能形成全篇论证,只是在情况分析、对未来预测中做局部论证。例如,对市场情况从几个方面做分析,每一方面形成一个论证过程,用数据、情况等做论据去证明其结论,形成局部论证。

4. 语言运用的技巧

语言运用的技巧包括用词方面和句式方面。

(1) 用词方面。

市场调查报告中数量词用得较多,因为市场调查离不开数字,很多问题要用数字说明。可以说,数量词在市场调查报告中以其特有的优势,越来越显示出其重要作用。市场调查报告中介词用得也很多，主要用于交代调查目的、对象、根据等方面，如用“为、对、根据、从、在”等介词。此外，还多用专业词，以反映市场发展变化，如“商品流通”“经营机制”“市场竞争”等词。为使语言表达准确，撰写者还需熟悉市场有关专业术语。

(2) 句式方面。

市场调查报告多用陈述句，陈述调查过程、调查到的市场情况，表示肯定或否定判断。祈使句多用在提议部分，表示某种期望，但提议并非皆用祈使句，也可用陈述句。

6.4　运用市场调查口头报告

除了书面报告以外，大多数客户都希望能听到调查报告的口头报告。口头报告在某些情况下更能发挥作用。事实上，对某些公司的决策者来说，他们从来不阅读文字报告，只通过口头报告来了解调查结果，或者是浏览书面报告来验证自己的记忆力。做口头报告的一大好处是可以将多个相关人士召集在一起，通过提问，相互启发，得到一些意外发现。

6.4.1　口头报告的目的

有效的口头报告应以听众为核心展开。汇报者在汇报时要考虑听众的教育背景、时间因素、态度、偏好等。针对相关的词语、概念和某些数字进行适当的解释。

口头报告要达到的目的有两个方面：首先是要形成良好的沟通；其次是要说服听众。良好的沟通是指个体之间能以动作、文字或口语形式传递彼此间意图的过程。沟通的本质在于分享意图及彼此了解。为了达成良好的沟通，必须要了解影响沟通的因素，比如噪音、注意力集中度、选择性知觉等。在进行汇报时，尽量减少噪音，引起听众的兴趣等。口头报告的最终目的是要说服听众，但不是说要歪曲事实，而是要通过调查的发现来强化调查的结论和建议。

6.4.2　口头报告的特点

与书面报告相比，口头报告具有以下几个特点：

(1) 口头报告能用较短的时间说明所需研究的问题。

(2) 口头报告生动，具有感染力，容易给对方留下深刻印象。

(3) 口头报告能与听者直接交流，便于增强双方的沟通。

(4) 口头报告具有一定的灵活性，一般可根据具体情况对报告内容、时间做出必要的调整。

6.4.3　口头报告的准备

有效的口头报告应以听众为核心展开。汇报者要根据听众的特点进行准备，充分考虑听众的背景、兴趣、对研究项目的态度。一场成功的口头报告，其成功的一半应该归功于事前的准备工作，这一点主要体现在两个方面：一是充分考虑听众的偏好、态度、教育背景及其期望；二是对自己的研究材料的内容烂熟于心，要对材料的篇幅进行精简，而且要为陈述准备提纲。

(1) 准备口头报告的过程中应注意的问题。

数据的真正含义是什么?我们能从数据中获得些什么?在现有的条件下,我们应做什么?将来如何才能进一步提高这类研究水平?如何能使这些信息得到更有效的运用?

(2) 口头报告之前应准备的辅助材料。

① 报告提要。最好是除自己外,其他的听众也应该有一份汇报资料的主要部分和主要结论的提要。但在报告提要中注意最好不出现统计资料和图表。

② 视觉辅助。视觉辅助是指依靠现代化的手段,如投影仪、幻灯机等。调查人员能根据听众所提出的问题,展示出“如……那么”的假设情况。摘要、结论和建议也应制作成可视材料。

关于口头报告的辅助材料还包括执行性摘要和最终报告的复印件。

6.4.4 口头报告的技巧

(1) 按照书面调查报告的格式准备好详细的演讲提纲。

(2) 进行充分的练习。

(3) 尽量借助图表来增加效果。

(4) 做报告时要充满自信。

(5) 要使听众易听、易懂。

(6) 要与听众保持目光接触。

(7) 回答问题时机的把握。

(8) 在规定的时间内结束报告。

(9) 口头报告结束后,还要请用户或有关人士仔细阅读书面报告。

增值阅读

最紧急的调查报告

现场调查报告是一种时效性要求特别高的报告,也是目前为止最紧急的报告形式,因此对调查工作者的基本功要求也最高。根据调查报告使用对象和撰写目的的不同,现场调查报告可以分为政治报告或呈阅件、业务总结、医学论文、新闻通稿、简报(通报)等。

现场调查报告特征如下:

1. 时效性

因为时效性要求高,现场调查报告常用于流行病学调查。其报告所要反映的内容,多为疾病预防控制工作中亟待解决的问题,是及时开展深入调查和做出决策的重要依据,所以调查报告特别是发生报告、进程报告、阶段报告、简报等必须在调查后迅速完成,否则时过境迁,难以实现其应有的价值。

2. 真实性

客观真实是调查报告的基础,真实性是调查报告的生命。调查报告的全部写作过程,实际上就是通过客观事实去认识和说明调查事件的过程。调查报告必须以调查所得到的客观资料为依据，经过认真的分析研究，进行合理的推理，得出科学的结论。

3. 科学性

科学性是调查报告在方法论上的特点，论述的内容要具有科学可信性，即写作中一切要遵循科学原理，符合客观实际，一切要讲究理论依据和事实依据。所用的调查方法必须符合科学要求，不能凭主观臆断或个人好恶随意地取舍素材或得出结论，必须根据足够的和可靠的实验数据或现象观察作为立论基础。

4. 实用性

实用性是指所写的调查报告或论文要具有实际应用价值，对社会、对学科有存在价值和推进的动力。具体地说调查报告应对当前工作具有参考价值，对面上或全局工作具有指导意义。

5. 创造性

创造性被认为是论文的生命、灵魂，也是水平的标志。它要求文章所提示的事物现象、属性、特点及事物运动时所遵循的规律，或者这些规律的运用必须是前所未有的、首创的或部分首创的，必须有所发现，有所发明，有所创造，有所前进，而不是简单地对前人工作的复述、模仿或解释。

现场调查报告对时效性、实用性的要求较高，特别对于发生报告和进程报告的撰写，必须做到迅速、及时，并有较强的针对性，只有这样，才能为有关当局和领导做出正确决策，为该起事件的深入研究和及时、有效的反应提供重要依据。真实性、科学性是各类调查报告的基本要求，一般调查报告对创新性往往要求相对较低。

（资料来源：应对突发公共卫生事件论坛论文集，2005.）

任务小结

市场调查报告是以一定形式的载体反映调查所得的市场信息、某些调查结论和建议。市场调查报告是市场调查的最后一步，也是非常重要的一步，书面报告的质量和口头报告的效果，直接影响研究结果能否得到最终的认可并发挥其应有的作用。市场调查的最终目的是写成市场调查报告呈报给企业的有关决策者，以便他们在决策时做参考。一个好的调查报告，能对企业的市场活动提供有效的导向作用。总之，市场调查报告是为社会、企业、各管理部门服务的一种重要形式。

（1）市场调查报告应具备科学性、针对性、时效性和创新性等特点。

（2）市场调查报告是市场调查活动的直接结果，其作用在于展现市场调查的成果，把获得的市场信息传递给决策者和领导者。

（3）调查工作以完成报告书为完结标志。报告书要求快捷及时、简明易懂，而且必须装订提交。一份完整的调查报告的格式主要分为前文、正文和结尾三大部分。

（4）市场调查报告的写作步骤一般包括确定主题、取舍资料、拟订提纲、撰写报告和修改报告等。

(5) 市场调查报告的写作包括叙述、说明、议论、语言运用四个方面的技巧。

(6) 在对研究项目的设计、执行和结果进行归纳总结,完成市场调查的书面报告之后,研究人员还要准备通过口头报告的方式将报告提交给有关决策者,使调查结果能够直接参与决策。

能力自测

一、选择题

1. (　　)是市场调查活动的直接结果。

A. 市场调查　B. 市场预测　C. 市场分析　D. 市场调查报告

2. 调查工作以(　　)作为完结标志。

A. 完成报告书　B. 开始调查工作　C. 调查资料分析　D. 口头报告

3. 以下不属于市场调查研究报告应具备的特点的是(　　)。

A. 科学性　B. 针对性　C. 时效性　D. 稳定性

4. (　　)重点强调的是通过全新的视角,提出以前没有的新的建议和主张。

A. 科学性　B. 针对性　C. 时效性　D. 创新性

5. 市场调查报告能将市场信息传递给(　　)。

A. 决策者　B. 调查者　C. 被调查者　D. 消费者

6. 从调查报告的内容及表现形式进行划分,市场调查报告分为(　　)。

A. 纯资料性调查报告　B. 分析性调查报告

C. 综合调查报告　D. 专题报告

7. 一份完整的调查报告的格式一般可分为(　　)几部分。

A. 前文　B. 正文　C. 结尾　D. 附录

8. 取舍调查材料时应注意以下几点:(　　)。

A. 留下每份材料　B. 材料的充分、完整　C. 经过筛选　D. 多次取舍

9. 市场调查报告常用的说明技巧有(　　)。

A. 数字说明　B. 分类说明　C. 对比说明　D. 举例说明

10. 市场调查报告常用的议论技巧有(　　)。

A. 归纳论证　B. 局部论证　C. 事实论证　D. 结果论证

二、判断题

1. 科学性指的是调查目标有针对性和目标读者的明确性两方面。(　　)

2. 摘要应该放在开头部分,是报告正文各章节的等比例浓缩。(　　)

3. 正文是市场调查报告的主要部分。(　　)

4. CCTV 的很多调查分析报告都是采用提出问题,引入正题的形式。(　　)

5. 每份调查报告都必须包含前文、正文和结尾三大部分。(　　)

6. 调查报告应该是完美无瑕的。(　　)

7. 调查报告的主题必须与调查主题相一致。(　　)

8. 调查报告的主题要尽量大，才能全面反映问题。（　　）

9. 市场调查报告中数量词用得较多，因为市场调查离不开数字，很多问题要用数字说明。（　　）

10. 调查报告中的大多数建议应当是积极的。（　　）

三、简答题

1. 简述市场调查报告的特点。
2. 简述市场调查报告的作用与意义。
3. 简述市场调查报告的类型。
4. 简述市场调查报告的格式与要求。
5. 简述市场调查报告的写作技巧。
6. 简述市场调查口头报告需要注意的问题。

案例分析

一、薪酬数据服务企业发展——2021年二季度北京市人力资源市场薪酬调查报告

2021年7月，北京市人社局继续发布《2021年北京市人力资源市场薪酬调查报告(二季度)》(以下简称《Q2报告》)。报告除继续关注上季度"自贸区""热招岗位""技能人才"三大主题之外，特别针对北京地区2021届高校毕业生就业薪酬状况进行了专题调研。2021年以来，北京市人社局加强推进"市场薪酬季报"工作，结合当前宏观政策，聚焦社会和政府关注热点，持续、动态反映市场相关领域或群体的薪酬变化状况，不断增强薪酬数据信息及时性、指导性。

及时响应企业需求

教育部数据显示，2021届全国普通高校毕业生总规模达到909万人，较2020年增加35万人，应届高校毕业生就业工作任务依然艰巨。企业急需了解最新的市场薪资水平，以制定合理的高校毕业生薪酬制度。《Q2报告》显示，北京市2021届高校毕业生的月薪资水平集中在4 000～11 000元，不同职能类岗位高校毕业生薪酬存在一定差异，技术研发/专业技能类岗位、支持类岗位、业务类岗位、销售类岗位基本工资中位值分别为7 552元/月、6 318元/月、6 734元/月和5 912元/月，整体较2020届高校毕业生有所增长。其中，互联网、金融、电子等热门行业高校毕业生的薪资水平相对较高，而快速消费品、餐饮、酒店、旅游等行业薪资水平相对较低。总体来看，同行业、同类岗位中，学历越高的毕业生薪资水平越高；相同行业、相同学历的毕业生，技术研发/专业技能类岗位薪资最高。

同步当季"高、新"热招岗位

对于常规岗位的薪酬水平，企业普遍能够有效把握，但对于紧缺以及新兴岗位的薪酬水平，企业往往较难有效匹配。为此，北京市人社局在2021年度季报中专门推出"高、新"热招岗位篇章，用于解决企业实际的招人、用人难题。

北京市 2021 届高校毕业生基本工资中位值情况

(单位:元/月)

岗位职能类型	大　专	本　科	硕士及以上
技术研发/专业技能类岗位	6 347	7 552	9 075
支持类岗位	5 541	6 318	7 321
业务类岗位	5 873	6 734	7 830
销售类岗位	5 245	5 912	6 786

"高、新"热招岗位基于企业用户职位发布大数据,根据岗位需求特点、紧缺程度、招聘数量以及岗位新兴程度,进行综合评判后所选出。"高、新"热招岗位薪酬数据,能够在一定程度上反映各行业高端及新职业的薪酬水平,及时、动态、有效地为企业提供薪酬指导和参考。在 2021 年二季度的 26 个"高、新"职业中,仅 4 个职业的月平均薪酬中位值低于 2 万元/月,最高的自然语言处理工程师薪酬中位值达 37 164 元/月。整体来看,在"高、新"热招的岗位中,85%的岗位薪酬中位值在每月 2 万~3 万元区间。在二季度"高、新"热招岗位中,有 7 个新职业上榜,分别为服务机器人应用技术员、工业视觉系统运维员、食品安全管理师、故障分析工程师、模拟集成电路设计工程师、过程改进工程师、传感器融合算法工程师。其中服务机器人应用技术员、工业视觉系统运维员与食品安全管理师 3 个岗位为人社部第四批新职业。2021 年二季度常规热招岗位中,技术类岗位占比为 35.4%,其次为业务类岗位与销售类岗位,占比分别为 24.5%与 20.4%,管理类岗位占比为 13.5%。

持续监测技能人才薪酬

技能人才是企业生存、发展不可缺少的重要组成部分和基础,深入了解技能人才薪资水平及变化情况,有助于进一步带动技能人才培训就业,引导技能人才合理流动。《Q2 报告》显示,技能等级与薪酬水平具有显著的正相关性,随着技能等级上升,薪酬中位值水平也随之上涨。整体来看,初级技能人才与其他技能人才等级的薪酬差异较大。二季度,高级技师、技师、高级技能、中级技能、初级技能人才薪酬中位值分别为 11 222 元/月、10 218 元/月、10 075 元/月、9 610 元/月和 7 292 元/月。二季度各等级技能人才薪酬较一季度均有所上涨,其中初级技能人才薪酬环比涨幅最高,为 4.10%,其他各技能等级人才薪酬环比涨幅不超过 2.50%。

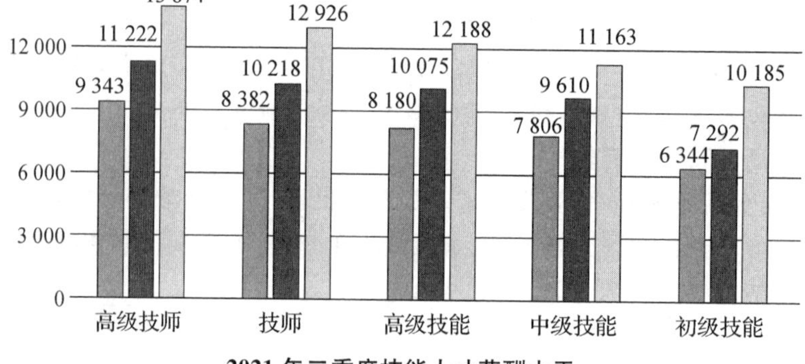

2021 年二季度技能人才薪酬水平

“自贸区”九大产业薪酬水平发布

“自贸区”建设作为“十四五”时期推动高质量发展的重要内容及指标，其重要意义不言而喻。及时了解掌握“自贸区”企业及用人单位的薪酬状况，在微观上可助力企业合理确定职工工资水平，吸引相关对口人才，增强企业竞争力；在宏观层面上也可作为“自贸区”建设过程中的参照指标。《Q2 报告》对“自贸区”规划的航空服务业、健康医疗产业、教育服务产业、金融服务产业等九大产业进行了调查分析，就管理岗、一线职工、专业/技术人员，技能人才等下四分位值、中位值和上四分位值的薪酬不同维度进行了分析，并发布了详细的相关信息。报告更加系统地反映了“自贸区”建设及对于人才的吸引力状况，有利于强化薪酬价位信息对“自贸区”健康发展的指导作用。2021 年二季度，“自贸区”九大重点规划产业薪酬水平较上一季度都有不同程度的增长，金融服务产业依然在九大重点产业中领跑，月平均薪酬中位值为 15 551 元/月，高出第二位数字经济与数字贸易产业薪酬中位值 1 535 元。此外，文旅服务产业月平均薪酬中位值为 9 627 元/月，略落后于其他产业，与商贸服务产业薪酬中位值相差近 2 000 元。

问题：

1. 请分析此报告的类型，并分析和评价此份报告的各部分所包含的具体信息。

2.仔细分析这个报告，你觉得内容是否完整，请给出你的个人意见。

二、腾讯发布《国货美妆 2019 洞察报告》

2019 年，腾讯营销洞察针对 5 657 位美妆消费者进行了调研，发布了《国货美妆 2019 洞察报告》，洞悉国妆发展趋势，多层次解读用户画像及消费习惯，同时也展示了腾讯广告助力国妆品牌突围的全链路营销能力。

1. 质感及个性化造就国妆竞争力

随着国内化妆品市场的迅速发展及消费者不断攀升的预期，越来越多的国货愈加重视多年累积的口碑，并尝试品牌文化的再开发，用创新嫁接时代，赋予品牌更年轻、更活力、更时尚的魅力。相比于十年前价格决定消费力的时代，如今更多的消费者愿意为了质感及个性化而买单，品牌的差异化印记成为撬动溢价力的重要因素。

2. 强敌环伺，国货美妆仍出色

这两年美妆的趋势呈现两极化态势：一方面，各类国外小众护肤品涌入国内市场，另一方面，国内美妆品牌也在迅速崛起。而以高性价比著称，更注重产品功能及口碑测评的国货美妆改变了以往消费者盲目追求品牌归属国的倾向。调查发现，超过 42％的消费者更愿意选择国货美妆，而九成消费者则表示,初次体验国妆后,愿意再次购买。由此可见中国美妆的未来市场前景与发展空间仍有无限的可能。

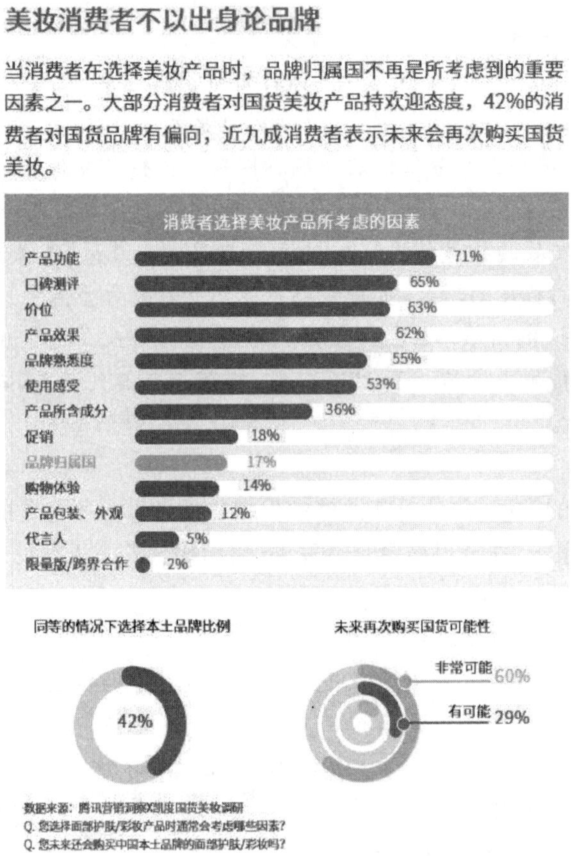

3. 内容营销驱动力,铸就品牌增益

国货美妆近年来借力互联网强势崛起,品牌数量增多,市场份额也有所提升。凭借对中国市场的灵敏嗅觉,国妆品牌在内容营销上持续发力,借助综艺 IP 绑定、明星及 KOL 口碑输出等,实现快速增长。目前国货美妆品牌市场份额已达 56%,占据中国市场半壁江山。

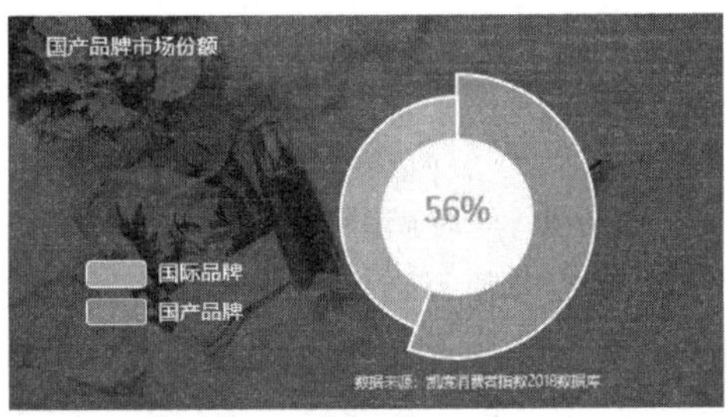

影响本土品牌份额提升主要驱动力

2014－2018年增长比

	本土品牌	国际品牌
内容营销	88%	43%
品牌影响力	59%	21%
广告曝光	46%	7%

数据来源:凯度BrandZ 2007－2018数据库

4. 悦己经济再升级,六大细分客群催熟千人千面营销布局

《国货美妆 2019 洞察报告》数据显示,目前国货美妆消费群遍布 70 后至 00 后,根据其特点及消费习惯可划分为尝新党、生活家、潮流家、真爱粉、品质控及跟随者六大客群。

以 15—25 岁为首的尝新党在选择美妆产品

时更注重消费体验及口碑推荐。对于她们来说，专业口碑种草及 IP 联名爆款等创新营销，能快速捕捉其注意力、满足其猎奇心。此外，针对这类人群的二次元属性，品牌与 IP 的有效融合也会起到很好的移情作用。比如可爱多与腾讯视频《魔道祖师》打造联名爆款，激发了二次元粉丝极大的购买热情，这种兴趣移情对销售转化有很大的助力。

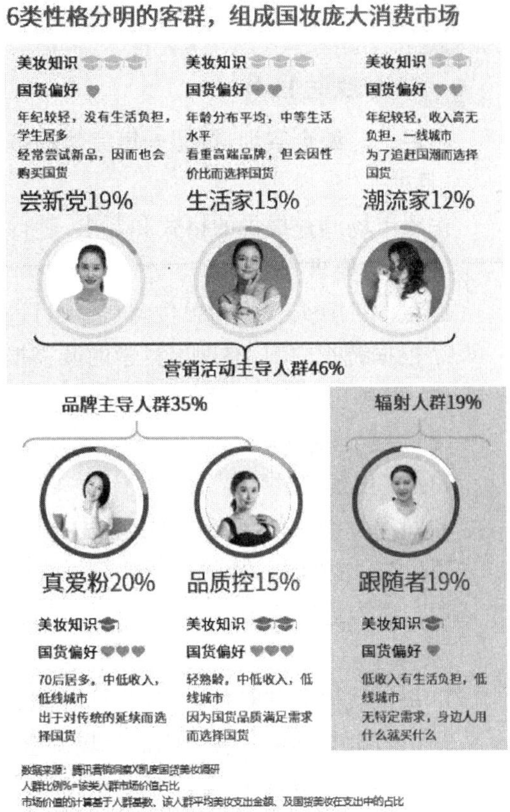

以轻熟龄女性为主的生活家则是国货美妆的中坚力量，她们追随潮流的同时，对于美妆的成分、设计包装和性价比也同样严苛，对于她们来说，性价比及购买体验是选择产品时的决定因素。针对这类人群的特点，借助值得信赖的 KOL 背书、在优质环境下曝光，并借助小程序触达，能有效促进零售转化。

普遍来自大城市、生活水平偏高的潮流家，在选择美妆产品时不仅受潮流驱使，同时也更偏向于有“内涵”的美妆，当下流行的黑科技、高颜值的包装、有民族文化情结的品牌都可能成为她们的囊中之物。针对这类人群“潮新异”的特点，借助社交广告热炒声量、新锐 IP 跨界加持、AR 黑科技互动体验等创新营销方式，可加速人群购买热情。

而以 30～50 岁为主的真爱粉及品质控，则对国货一直存有强烈的认同感，对于她们来说，国货过硬的品质及自带的民族自豪感标签，能让她们在向其他人安利时更有底气。通过捆绑国货爱好者影视兴趣“爆款热剧”实现品牌曝光，并借助 KOL 种草拼团、立减金好友分享等社交链福利互动进行有效扩散，可有效将国货拥趸者们发展为品牌种子客群。

不同于以上 5 类客户人群，跟随者则对于美妆护肤方面没有太多的自主性，在选择产品时往往会追随身边人的选择。结合这种“从众”的心理，品牌可选择定向组合式内容曝光去辐射此类人群。

（资料来源：节选整理自腾讯时尚“国货美妆 2019 洞察报告”，https://fashion.qq.com/a/20190510/000864.htm）

问题：

1. 请分析此报告的类型，并分析和评价此份报告的各部分所包含的具体信息。
2. 该调查报告可以发挥哪些作用？可以有助于哪些主体借鉴并参考？

实践与操作

项目一　综合实训:撰写一篇完整的市场调查报告。

[目的]

按照市场调查报告的格式和要求,进行调查报告的写作。

[内容与要求]

1. 以5～10人小组为单位,自选项目进行调查。

2. 根据调查内容,整理出科学的调查报告。

(1) 开展市场调查;

(2) 总结问题;

(3) 提出建议。

3. 每组提交一份2 000字以上的企业市场调查报告。

项目二　访问相关网站,下载并阅读一份关于正规的调查报告,用本章所讨论的原则对市场调查报告进行评价。

[要求]

1. 每组代表分别对各自的项目进行汇报;

2. 由教师与学生对各小组的市场调查报告进行评估打分;

3. 根据调查报告内容,以学生小组为单位,每个小组推荐一名成员发表演讲。

任务 7　认知市场预测

请扫描二维码观看教学视频

知识目标

为了完成本任务,你需要的理论知识:

1. 市场预测的含义与种类
2. 市场预测的内容与作用
3. 市场预测的原理与程序
4. 市场预测的方法

能力目标

通过完成本任务,你应该能够:

1. 对市场预测的类型进行判断
2. 根据市场预测的内容,开展市场预测工作
3. 运用市场预测的基本原理
4. 具备按照规范程序开展市场预测的能力

项目任务

7.1　认识市场预测的含义与种类

7.2　掌握市场预测的内容与作用

7.3　明确市场预测的原理与程序

7.4　学会市场预测方法的选择

- ◆ 任务导入
- ◆ 相关链接
- ◆ 案例研究
- ◆ 增值阅读
- ◆ 任务小结
- ◆ 能力自测
- ◆ 案例分析
- ◆ 实践与操作

任务导入

趣味阅读

范　　蠡

市场预测产生的历史悠久。根据我国《史记》记载,公元前6世纪到5世纪,范蠡在辅佐勾践灭吴复国以后,即弃官经商,19年之中三致千金,成为天下富翁,他的商场建树取决于他懂得市场预测。例如,“论其存余不足,则知贵贱,贵上极则反贱,贱下极则反贵。”

范蠡(公元前536年—公元前448年),字少伯,华夏族,楚国宛地三户(今南阳淅川县滔河乡)人。春秋末期政治家、军事家、谋略家、经济学家和道家学者,越国相国、上将军。曾献策扶助越王勾践复国,兴越灭吴,后隐去。著《范蠡》兵法二篇,今佚。

范蠡为中国早期商业理论家,楚学开拓者之一。被后人尊称为“商圣”,“南阳五圣”之一。虽出身贫贱,但博学多才、文武双全。与楚宛令文种相识、相交甚深。因不满当时楚国政治黑暗、非贵族不得入仕而一起投奔越国,之后被拜为上大夫、相国,辅佐越国勾践。他帮助勾践兴越国,灭吴国,一雪会稽之耻,成就霸业,又被封为上将军。功成名就之后急流勇退,化名姓为鸱夷子皮,遨游于七十二峰之间。期间三次经商成巨富,三散家财。后定居于宋国陶丘(今山东省菏泽市定陶区南),自号“陶朱公”,公元前448年,范蠡卒,时年88岁。至唐朝唐德宗建中三年(782年),配享武成王庙,被追封为古今六十四名将(武成王庙六十四将)之一,宋朝时期,配享武庙。世人誉之:“忠以为国,智以保身,商以致富,成名天下。”因范蠡一生艰苦创业、三致千金,又能广散钱财救济贫民且淡泊名利的商人形象,以及巨大的经商思想理论的影响力,在范蠡去世后,逐渐被后世尊之为“财神”“商圣”“商祖”,许多生意人皆供奉他的塑像、画像。

市场竞争的激烈程度不亚于战争,故而人们常说“商场如战场”,因此战场的许多战略和谋术也就应运而生了,古人云“知己知彼,百战不殆”,用现代的观点来看就是看谁能更早得到信息,更快处理信息并且迅速做出反应,所有这些都需要依靠市场预测,而谁能做出更加准确的预测,谁就占据了市场的主动。下面我们一起来认识市场预测,掌握市场预测的一些基本知识。

7.1　认识市场预测的含义与种类

7.1.1　市场预测的含义

预测是指根据客观事物的发展趋势和变化规律,对特定对象未来发展的趋势或状态做出科学的推测与判断。换言之,预测是根据对事物的已有认识对未知事件做出预估。具体来说,就是在调查过去和现在情况的基础上,通过分析研究,发现和掌握事物发展过程固有的规律性，用以预计和推断未来。

了解了预测的含义之后，市场预测的含义就容易理解了。市场预测是指人们对拥有的各种市场信息和资料进行分析研究，采取一定的科学方法，对商品生产、流通、销售的未来变化趋势或状态进行的科学推测与判断。市场预测与市场调查的区别在于，前者是人们对市场未来的认识，后者是人们对市场过去和现在的认识。市场预测是经济预测的组成部分，是现代企业生产经营活动的前提，是企业开展市场营销活动的基础。市场预测能够帮助经营者制定适应市场的行动方案，使自己在市场竞争中处于主动地位。

市场预测包含了四个要素，即信息、方法、分析和判断。信息，指的是对有关预测对象进行市场调查得到的情况和数据资料。方法，是指分析信息之间的相互关系，得到未来发展变化结果的科学预测分析方法。它不仅包括先进的数学计量方法，也包括在实践中积累起来的有效的、主观的经验和逻辑判断方法。分析，一是理论上要分析预测结果是否符合经济理论和统计分析的条件；二是在实际上要对预测误差进行精确性分析，并对预测结果的可靠性进行评价。判断，是指对预测结果的采用与否，或对预测结果依据最新的经济动态所做的修正都需要判断。它贯穿市场预测活动的各个环节，是市场预测活动全过程中不可缺少的一环。

[相关链接 7-1]

预测的起源

据 1899 年在安阳小屯出土的甲骨文记载，远在 3 000 多年前的我国商代，就通过占卜展望未来，做出行动的决策。公元前 5 世纪的春秋末年，赵国范蠡便指出："水则资车，旱则资舟。""论其有余不足，则知贵贱，贵上极则反贱，贱下极则反贵。"公元前 6 世纪至公元前 7 世纪的希腊哲学家塞利斯，通过对气象条件的研究，预测到油橄榄将大丰收，便控制榨油机，到时以出租榨油机而获利。这些虽只是仅凭个人的才智、知识和经验所进行的简单预测与决策，但已具有现代市场预测的雏形了。

7.1.2　市场预测的种类

市场预测，实质上是对市场商品需求量与销售量的预测，或者说就是对产品的生产量或商品资源量的预测。预测总是具体的，表现为采用一定的预测方法，对特定商品在一定时间内与一定地域范围内需求量与销售量的预测，或者是对相关供需指标与效益指标的预测。据此，市场预测便可以从以下多个角度进行分类。

1. 按预测活动的空间范围分类

按预测活动的空间范围分类，可以划分为宏观市场预测和微观市场预测。

(1) 宏观市场预测。

宏观市场预测是从国民经济全局出发，对商品的生产和流通总体的发展方向做出的综合性经济预测和市场预测。例如，人口变化、购买力变化、工业机构、基本建设规模、投资规模、经济发展速度等。

[案例研究7-1]

“尿布大王”

日本“尿布大王”尼西齐公司就是通过人口普查资料找到经营思路,并成功地占领市场的。公司董事长川多扒博从日本政府的人口普查资料中发现,日本每年都要出生250万名左右的婴儿。这个数字给了他很大的启示,若每个婴儿每年即使只用两块尿布,那么就是500万条。除此之外,潜在的市场需求也很大。

所以,尼西齐公司转产去专门生产尿布,现在日本婴儿使用的尿布每三条中就有一条是它生产的。不仅这样,公司产品还远销世界70多个国家和地区,被日本政府评为“出口有功企业”,并被誉为“尿布大王”。

尼西齐公司之所以能够成功,主要是因为该公司合理利用调查资料,进行合理预测。

(2)微观市场预测。

微观市场预测是指对企业产品的市场需求量、销售量、市场占有率、价格变化趋势、成本等方面进行的预测。

2. 按预测对象的商品层次分类

按预测对象的商品层次分类,可以划分为单项商品预测、同类商品预测、目标市场预测和市场供需总量预测。

(1)单项商品预测。

这是对某种具体商品的市场状态与趋势的预测,如粮食市场预测、棉花市场预测、食用油市场预测、钢材市场预测、汽车市场预测等。单项商品预测仍需分解和具体化,包括对各单项商品中不同品牌、规格、质量、价格的商品需求量与销售量,以及效益指标等进行具体的预测。

[案例研究7-2]

2022中国汽车市场发展预测

2021年12月14日,“2022中国汽车市场发展预测峰会暨投资合作大会”在宜宾召开。

会上,中国汽车工业协会副秘书长陈士华对2022年中国汽车市场发展做了全面而深入的研判。他认为,总体来看,未来我国汽车市场将保持温和增长态势。从长期发展来看,当前中国市场仍处于普及初期向普及后期过渡阶段,新车销售由增量市场逐步转向存量市场。虽然2018年我国汽车市场出现了波动,但纵观历史,汽车发达国家在普及阶段也出现2～4年左右的波动。根据这一规律判断,中国汽车市场产销目前已处于短期调整的尾声,未来将保持温和的增长态势。

据中国汽车工业协会预测,2021年中国汽车总销量为2 610万辆,同比增长3.1%。其中,乘用车销量为2 130万辆,同比增长5.6%;商用车销量为480万辆,同比下降6.4%;新能源汽车销量为340万辆,同比增长1.5倍。2022年中国汽车总销量为2 750万辆,同比增长 5.4%，其中，乘用车销量为 2 300 万辆，同比增长 8%；商用车销量为 450 万辆，同比下降 6%；新能源汽车销量为 500 万辆，同比增长 47%。

2021、2022 年中国汽车市场预测　（单位：万辆）

	2020	2021F	同比增长	2022F	同比增长
总销量	2 531	2 610	3.1%	2 750	5.4%
乘用车	2 018	2 130	5.6%	2 300	8%
商用车	513	480	−6.4%	450	−6%
新能源汽车	137	340	1.5 倍	500	47%

2021 年预测：汽车总销量为 2 610 万辆，同比增长 3.1%
▶ 乘用车预测：2021 年 2 130 万辆，同比增长 5.6%；
▶ 商用车预测：2021 年 480 万辆，同比下降 6.4%；
▶ 新能源汽车预测：2021 年 340 万辆，同比增长 1.5 倍。

2022 年预测：汽车总销量为 2 750 万辆，同比增长 5.4%
▶ 乘用车预测：2022 年 2 300 万辆，同比增长 8%；
▶ 商用车预测：2022 年 450 万辆，同比下降 6%；
▶ 新能源汽车预测：2022 年 500 万辆，同比增长 47%。

整体来看，“十四五”期间，宏观经济的复苏、中低收入群体经济状况好转、国家政策层面的政策支持等因素都将促进中国汽车市场的良好发展。2025 年，中国汽车市场有望达到 3 000 万辆左右。

（2）同类商品预测。

这是对同类商品的市场需求量或销售量的预测。大的类别有生产资料类预测与生活资料类预测。每一类别又可分为较小的类别层次，如生活资料类预测可分为食品类、衣着类、日用品类、家电类等。按不同的用途与等级，上述各类生活资料还可分为更具体的类别层次，如家电类可分为电视类、音响类、冰箱类、微波炉类等。

（3）目标市场预测。

按不同的消费者与消费者群体的需要划分目标市场，是市场营销策略与经营决策的重要依据。目标市场预测可分为中老年市场预测、青年市场预测、儿童市场预测、男性市场预测、女性市场预测等。

（4）市场供需总量预测。

市场供需总量可以是商品的总量，也可用货币单位表示商品总额。这类预测的目的是为实现社会有支付能力的货币需求与商品供应做到总量上的平衡以及为调节供求关系决策提供依据。

3. 按预测期限的时间长短分类

按预测期限的时间长短分类，可以划分为短期预测、中期预测和长期预测。市场预测是对未来某一段时间内市场的状态与趋势做出的判断与估计,由于预测对象与预测目的不同,预测期限的长短要求存在差异。

(1) 短期预测。

通常指预测期为1～2年以内的市场预测。短期预测是调整生产能力、采购、安排生产作业计划等具体生产经营活动的依据。

(2) 中期预测。

一般指预测期为2～5年的市场预测。中期预测常用于市场潜力、价格变化、商品供求变动趋势等的预测,为企业的中期经营决策提供依据。

(3) 长期预测。

通常指预测期为5年以上的市场预测,也叫远景预测。长期预测是企业长期发展规划、产品开发研究计划、投资计划、生产能力扩充计划的依据。

一般来说,预测期越长,预测结果的准确度便越低。由于企业面对瞬息万变的市场,为降低经营风险,力图使市场预测值尽可能精确,故多侧重于短期预测。

4. 按预测方法的不同性质分类

按预测方法的不同性质分类,可以划分为定性市场预测和定量市场预测。

(1) 定性市场预测。

定性市场预测是根据一定的经济理论与实际经验,对市场未来的状态与趋势做出的综合判断。例如,根据产品生命周期理论,对产品在预测期内处于萌芽期、成长期、饱和期抑或衰退期做出的判断,就是一种定性预测。定性预测是基于事实与经验的分析判断,它无须依据系统的历史数据建立数学模型。

(2) 定量市场预测。

定量市场预测是基于一定的经济理论与系统的历史数据,建立相应的数学模型,对市场的未来状态与趋势做出定量的描述,对各项预测指标提供量化的预测值。

在实际预测工作中,应尽可能将定性预测与定量预测相结合,以提高预测值的准确度与可信度。

7.2 掌握市场预测的内容与作用

7.2.1 市场预测的内容

市场预测的内容十分丰富,不同的市场主体或不同的预测目的,决定了市场预测有不同的侧重点。企业所进行的市场预测,主要包括市场需求趋势预测和市场供应趋势预测两大类。

1. 市场需求趋势预测

市场需求趋势预测是指在特定的时间、特定的范围内,对特定的顾客群体进行货币支付能力的商品需求分析预测。在一定的时间内,在特定的市场环境下,市场需求受人口变动、收入水平、价格变动、消费心理、政策条件等诸多因素的直接影响。因此,市场需求趋势预测的内容也就不能排除上述诸因素的相关预测,具体包括以下几个方面。

(1) 人口趋势预测。

人口趋势预测主要是预测与市场需求相关的若干指标,如人口增长趋势、人口结构趋势,特别是不同区域市场的人口密度、人口层次分布以及人口就业的趋势等。

(2) 社会购买力趋势预测。

市场需求预测最关心的莫过于社会实际购买力。社会实际购买力也就是消费者可以直接用于消费的实际支付能力。社会购买力的大小取决于消费者货币收入及其支出中各部分的比例,因此,社会购买力趋势预测需要考虑的因素有货币收入额,消费者文化生活、劳务费用以及税款等支出,消费者储蓄和现金增减额,商品消费占消费总额的比重等。

(3) 商品需求结构趋势预测。

对商品需求结构趋势的预测可供指导开发新的商品,调节商品的供求比例,组织商品货源,决定商品的投放量等。商品需求结构趋势预测应包括对可能开发的新商品或替代商品的需求预测,消费者对商品新品种、新性能、新款式需求的预测,对需求商品的比例结构及需求量的预测等。

(4) 消费者购买行为预测。

消费者购买行为预测是在消费者调查研究的基础上,对消费者的消费能力、消费水平和消费结构进行预测分析,揭示不同消费群体的消费特点和需求差异,判断消费者的购买习惯、消费倾向、消费偏好、消费者群体对消费者个体需求偏好影响的预测等。

[相关链接 7-2]

赶潮"团购"营销

日前,美国的团购网站 Groupon 在成功进入 35 个国家后毅然进军中国市场,它将与中国 1 700 多家团购网站展开激烈竞争,从"百团大战"到"千团大战",网络团购在中国的市场愈演愈烈。

其实,团购并非新名词,最早是以单位集体购买的形式出现,后来发展到以相识和不相识的且具有同样消费需求的人之间形成的一种联合消费的行为,其基本原理就是量大价优。随着互联网时代的变革,在 2010 年引爆的新型的团购方式——网络团购,正在改变着人们的消费方式。对于企业来说,互联网这种新兴的营销模式将为其带来更多机遇和挑战,也为其品牌形象的提升创造出更大的空间和价值。

2. 市场供应趋势预测

市场供应趋势预测是指在特定时间、特定范围内对未来市场供应量、供应结构、供应变动等因素进行分析预测。市场供应趋势预测主要包括以下几个方面。

(1) 生产能力趋势预测。

生产能力趋势预测应包括生产规模的扩张能力预测、生产要素供应(如资金筹措、固定资产与流动资金变化、能源与原材料供应、劳动力资源、技术水平的提升潜能等)预测、交通运输与货物调配能力预测、通信与信息收集及传输、处理能力预测等。

(2) 商品竞争力趋势预测。

商品竞争力是一种综合实力的评价,是企业将产品推向市场,扩大市场占有率的关键因素。商品竞争力趋势预测应考虑以下几个主要方面:一是产品所处生命周期趋势预测。产品市场生命周期一般经历四个阶段,即投入期、成长期、成熟期和衰退期。通过预测,企业可以掌握产品每个阶段的发展状况,及时调整产品、渠道、价格和促销等策略,从而使企业在激烈市场竞争中处于主动地位,提高产品市场竞争能力,延缓产品市场生命周期。二是产品成本与价格的趋势预测。三是技术开发与产品开发趋势预测。四是政策环境对竞争力影响趋势预测。

(3) 商品价格趋势预测。

对市场商品价格预测的主要目的是预先认识和掌握市场价格变化趋势和变动规律,为企业制定商品价格策略提供信息依据。对商品价格趋势的预测应既包括市场物价总水平、分类商品价格水平、主要商品价格和供求关系变化对价格影响的预测,也包括竞争产品或替代产品价格变动趋势预测、各种生产要素价格变动趋势预测。

[相关链接 7-3]

2021 年扫地机器人行业销售额预测

扫地机器人是智能家用电器的一种,能够自动在房间内完成地板清理工作,又可以称为自动打扫机、智能吸尘器、机器人吸尘器等。扫地机器人上游为零部件厂商,下游包括线上和线下渠道,终端面向消费者。

近年来受益“懒人经济”,扫地机器人在国内迅速兴起。尤其是在 2020 年,新冠疫情的暴发,“宅生活”时间增长,使人们更加注重家庭卫生清洁,为扫地机器人带来新的市场机遇。目前科沃斯/ECOVACS、美的/MIDEA、石头/Roborock、米家/小米、360、iBobot、Panasonic/松下、浦桑尼克/Proscenic、海尔/Haier、俐拓/NEATO 是我国扫地机器人十大品牌。其中科沃斯/ECOVACS 以 9.7 的品牌指数占据行业首位。

根据数据显示,2020 年我国扫地机器人销售量 654 万台;销售额为 94 亿元,同比增长 18%。预计 2021 年销售量将达到 885 万台;销售额将达到 108 亿元,同比增长 15%。

(资料来源:节选整理自网易:2021 年扫地机器人行业发展向好 销量市场不断增长 集中度进一步提升,https://www.163.com/dy/article/GOAV4N250511BT5O.html)

7.2.2 市场预测的作用

在市场经济条件下,任何经济活动都离不开市场预测。从微观来说,企业的一切经营活动都需要建立在市场预测的基础之上。市场预测对企业经营的多重作用主要体现在以下四个方面。

1. 市场预测是企业选择目标市场、制定经营战略决策的基本前提

企业的长远经营决策是否正确及正确程度的高低,是一个企业成败与兴衰的关键,而正确的决策则要以科学的市场预测为前提。首先,市场预测为经营决策提供未来的有关经济

信息；其次，市场预测为经营决策提供决策目标和必要的备选方案；再者，市场预测为经营决策方案实施提供参照系，以利于调整经营措施，确保决策目标的实现。

2. 市场预测是企业合理配置资源、提高竞争力的重要措施

在市场条件下，经济发展中生产、流通、交换、分配的关系，产、供、销的关系，资源配置的关系，都只能以市场为导向，才能求得合理的组合与良性的循环。然而，市场竞争的激烈与变化的无常，若没有科学的资源预测，也就不可能实现资源的有效配置，达不到市场机制的正常运作。科学的市场预测可以帮助企业通过市场调节信号，掌握商品的供求变动与价格趋势，从而正确确定与调整自己的经营方向，制定相应的营销策略，合理安排人、财、物的比例和流向，使资源得到最充分的利用。

3. 市场预测是企业适应市场环境、提高管理科学水平的基本条件

一个企业的经营管理的科学水平，不仅表现在决策水平上，而且还表现在经营计划的水平上。企业经营计划不但离不开企业历史的和现实的状况与轨迹，而且还需要把握企业环境的变化趋势、产品发展的趋势以及市场供需的变化趋势。只有通过科学的市场预测，才能使各项计划指标得以量化并避免主观性和盲目性。

4. 市场预测是企业掌握市场变化趋势、提高经济效益的基本依据

处于市场条件下的企业，其产品开发、生产、销售直到售后服务，都必须从市场需要出发，才能实现效益的最大化。只有充分掌握市场变化趋势，企业所生产的产品才能适销对路，企业的销售收入才能增加，资金周转才能加快，企业的经济效率才能不断得到提高。

[案例研究 7-3]

会预测的日本汽车制造商

美国汽车制造一度在世界上占霸主地位，而日本汽车工业则是 20 世纪 50 年代学习美国发展而来的，但是时隔 30 年，日本汽车制造业突飞猛进，充斥欧美市场及世界各地，为此美国与日本之间出现了汽车摩擦。在 60 年代，当时有两个因素影响汽车工业：一是第三世界的石油生产被工业发达国家所控制，石油价格低廉；二是轿车制造业发展很快，豪华车、大型车盛行。但是擅长市场调查和预测的日本汽车制造商，首先通过表面经济繁荣，看到产油国与跨国公司之间暗中正酝酿和发展着的斗争，以及发达国家消耗能量的增加，预见到石油价格会很快上涨。因此，必须改产耗油小的轿车来适应能源短缺的环境。其次，随汽车数增多，马路上车流量增多，停车场的收费会提高，因此，只有造小型车才能适应拥挤的马路和停车场。再次，日本制造商分析了发达国家家庭成员的用车情况。主妇上超级市场，主人上班，孩子上学，一个家庭只有一辆汽车显然不能满足需要。这样，小巧玲珑的轿车得到了消费者的宠爱。于是日本在调研的基础之上做出正确的决策。在 70 年代世界石油危机中日本物美价廉的小型节油轿车横扫欧美市场，市场占有率不断提高，而欧美各国生产的传统豪华车因耗油大，成本高，销路大受影响。

7.3 明确市场预测的原理与程序

7.3.1 市场预测的原理

市场之所以可以被预测,是因为人们通过长期的认识,积累起丰富的经验和知识,可以逐步了解市场变化规律,然后凭借各种先进的科学手段,根据市场发展历史和现状,推演市场发展的趋势,做出相应的估计和推测。具体而言,市场预测需要以下几条原理作指导。

1. 连贯性原理

连贯性原理又称连续性原理,是指任何事物都会沿着一定的轨迹运动,其发展在时间上都具有连续性,表现为特有的过去、现在和未来这样一个过程。市场作为客观经济事物,其发展在时间上也遵循着连贯性原理,因此企业在进行市场预测时,必须从收集市场的历史资料和现实信息联系中找出固有的规律,然后推测出市场未来的发展趋势。

2. 类推性原理

许多事物相互之间在结构、模式、性质、发展趋势等方面客观存在着相似之处。根据这种相似性,人们可以在已知某一事物的发展变化情况的基础上,通过类推的方法推演出相似事物未来可能的发展趋势。例如,彩色电视机的发展与黑白电视机的发展就有某些类似之处,可以利用黑白电视机的发展规律类推彩电的发展规律。采用类推方法进行预测的关键是分析样本之间是否存在相同或相似之处,相同或相似的程度愈高,则采用该种方法预测的效果愈好。

3. 因果性原理

因果性原理又称相关性原理,是指任何事物都不是孤立存在,而是与周围的各种事物有着或大或小,或直接或间接的联系,这为市场预测带来了一定的科学依据。因此,我们可以在市场预测中,利用市场因素之间相互联系、相互依赖、相互影响的关系来判断事物的未来发展方向。事物间的这种相关关系,在具体事物之间经常表现为变化的因果关系和时间上的先导后致关系。例如,预测生活消费品市场需求量时,可以先预测消费者的收入水平、购买习惯、商品价格、需求弹性等因素的变化,再预测生活消费品的市场需求量。

[案例研究 7-4]

非常规的预测:多来诺比萨饼和五角大楼

有时候非常规的预测方法可用于预测重要事件,如伊拉克战争期间华盛顿披露的一个非常规预测就是这种预测的一个有趣例子。多来诺比萨饼店通常平均一晚上向五角大楼送去 3 个比萨饼。1991 年 1 月 8 日(星期二),该店比萨饼的订购数量开始缓慢上升,到了 13 日(星期日)那一天达到了 20 个,这就打破了五角大楼原先一天订购 19 个的纪录,这是费尔蒂南德·马科斯离开菲律宾之前那个晚上的订购数量。在伊拉克战争开战的前两天(星期一),五角大楼订购了 50 个比萨饼。而后,星期二的数量增加到 101 个,在星期三战争开始的晚上,数量高达 125 个。在此事件发生之前,美国中央情报局(CIA)和白宫也出现了同样的比萨饼订购情况。比萨饼的这种订货方式在华盛顿受到新闻界的密切关注，以至于被称为“多来诺原理”。每当世界危机发生时，华盛顿的多来诺比萨饼店经理就会接到许多个人电话，他们并不是想买比萨饼，而是只想知道白宫或五角大楼订购了多少个比萨饼。人们想知道，给五角大楼送的比萨饼是否会成为机密情报。

4. 统计性原理

统计性原理也称为概率性原理。必然性与偶然性是客观事物之间普遍联系的一种形式。偶然性中隐藏着必然性，必然性通过偶然性表现出来。市场预测的任务就是要通过对预测对象及其诸多影响因素的偶然性分析，揭示预测对象系统内部的必然性联系，即发展的规律性，并运用这种规律性的认识以推断未来的发展趋势。从偶然性中揭示必然性所遵循的是统计规律，预测者通过对预测对象历史数据的偶然性分析，便可找到它的统计规律。因此，建立在概率论基础上的数理统计的原理和方法便成为市场预测理论和方法的重要基石。

7.3.2　市场预测的程序

市场预测的全过程，应遵循以下六个步骤：确定市场预测目标；确定影响因素；搜集整理资料；选择预测方法，建立预测模型；分析修正预测值；编写市场预测报告。

1. 确定市场预测目标

确定预测目标，就是确定预测所需要解决的问题，亦即确定预测课题或项目。确定预测目标，使得预测工作获得明确的方向与内容，可据此筹划该项预测的其他工作。例如，预测某种商品的需求量，就是一个具体的预测目标。确定了这个目标之后，才能为搜集市场资料，选择预测方案，配备技术力量和预算所需费用指明方向。

2. 确定影响因素

预测目标确定之后，必须详细分析影响该预测目标的各种因素，并选择若干最主要的影响因素。例如，为了预测商品的市场需求量，其影响因素应包括人口增长与分布、居民收入水平与实际购买力、消费者购买心理与消费趋势、商品价格与品质、商品所处生命周期的阶段、同类产品与替代产品的竞争趋势、进出口贸易的需求结构、政府相关政策规定等。若为了预测商品的资源量，则应从生产厂家的生产能力与生产条件分析其影响因素。显然，市场需求量与商品供应量预测的影响因素是不同的。

3. 搜集整理资料

搜集整理资料是市场预测的基础性工作。与市场预测有关的资料内容十分广泛，若不分主次一概搜集整理，不仅加大成本，而且也没有必要。因此，依据预测目标确定资料搜集的范围与资料处理的方案就显得十分重要了。

(1) 资料的搜集。

① 历史资料的搜集。

历史资料是指企业已经建档和各级统计机构发布或经报刊、会议文件等其他途径发布的各种经济与社会发展资料，包括宏观的与微观的各种历史统计资料，如人口状况、就业与人均收入的变化情况、社会购买力、货币流通量、商品生产与销售情况、企业经营的各项财务指标等。从历史资料的分析中认识与揭示预测对象系统的运动规律，进而推测未来，是搜集历史资料的主要目的。

② 现实资料的搜集。

现实资料是指当期或预测期内正在发生着的有关经济与社会发展的各种指标数据。通过对社会经济的实际调查、对用户的问卷调查或从消费者的直接反馈而获得的是原始的现实资料，通过各种报表所获得的是初步加工的现实资料。从现实资料的分析中可以把握预测对象的现实状态，并把它作为预测指标的起点。

③ 间接资料的测算。

搜集到的历史资料与现实资料，有时并不完整与系统。此时，可选用某种方法进行测算，以获得基本上能反映预测对象变动趋势的间接资料。间接资料作为搜集到的直接资料的补充，在搜集资料中也是不可忽视的工作。

(2) 资料的整理。

在多数情况下，搜集到的资料还需经过整理才能用于预测。资料整理也就是对资料进行加工使之系统化的工作。

① 对资料的校核。

为了保证资料的准确性，必须进行校核，以去伪存真。对资料的校核包括逻辑性校核和计算性校核。逻辑性校核是指检查搜集到的资料是否符合预测对象变动的逻辑发展，以排除明显的偶发性因素的影响；计算性校核是指检查搜集到的各种指标数据是否有计算错误，或统计与计算口径是否一致等。

② 对资料的分类。

按搜集资料所表征的经济社会现象的特征、结构、性质、规模等方面的差异对资料分类，是资料整理工作的主要环节。按特征分类通常是指按资料所显示的变动规律分类，如直线型变动形态、曲线型变动形态、季节型变动形态等。按结构分类一般指按不同的市场结构层次、商品结构层次等分类，如国际市场容量、全国市场容量、各区域市场容量、各目标市场容量等。按性质分类多指按不同的社会性质、经济性质进行分类，如人口资料、购买力资料、商品销售资料、商品供应资料等。按规模分类是指按市场的容量规模、企业产品的生产规模、销售的盈利规模等进行分类。对资料分类采取何种标准，主要取决于预测的任务与目标，也取决于预测方法的选择。

③ 对变量序列的编制。

经分类整理的资料，用数值表示，按不同的变量排序，形成某变量的大小序列。这种序列可以方便地提供预测与决策所需要的权重分布或概率分布资料，在预测中十分有用。例如，为了预测某种商品的资源供应量，就必须对各生产厂家的生产趋势做出估计，而生产厂家的生产能力则取决于它的规模。不同生产厂家的规模可按产值、利润等作为标志性指标，对不同标志性指标划分不同区段，落在不同区段内的厂家数占该种商品总生产厂家数的百分比，便可作为排序的依据。这种排序实际上就是各个厂家在某商品资源供应量方面的权重排序。

4. 选择预测方法，建立预测模型

市场预测的方法可划分为定性预测方法和定量预测方法两大类。在选择预测方法时，要根据市场预测目标、搜集的预测资料及其可靠程度加以确定，一般应同时采用两种以上的

预测方法进行预测,从而来比较与鉴别预测结果的可信度。在选用定量预测方法预测时,要有经济理论做指导,根据所采用的预测方法建立数学模型,以反映预测目标各影响因素之间的关系,进而用数学方法确定预测值。

5. 分析修正预测值

预测人员在预测中无论采用何种合适的预测方法和预测模型,无论怎样精心计算预测值,预测值与实际值之间也很难达到完全一致。这是因为预测方法和预测模型不可能包罗所有影响预测对象的因素,更何况预测对象和各种影响因素会随时间、地点、条件的变化而变化。因此,预测人员应认真分析客观环境和影响预测对象的因素,全面评价预测值的可信度。如果预测误差较大时,应具体分析原因,及时修正预测值或舍弃。

6. 编写市场预测报告

市场预测报告是对整个预测工作的概括和总结,也是向预测报告的使用者做出的汇报。在市场预测报告中,要对预测目的、预测目标、预测内容、预测方法、预测时间、预测人员、预测结果以及资料来源、评价建议等做出清晰、精炼的阐述与论证,特别是对预测结果应做定性和定量相结合的分析,避免把预测报告做成数据的堆砌。

市场预测程序,如图 7－1 所示。

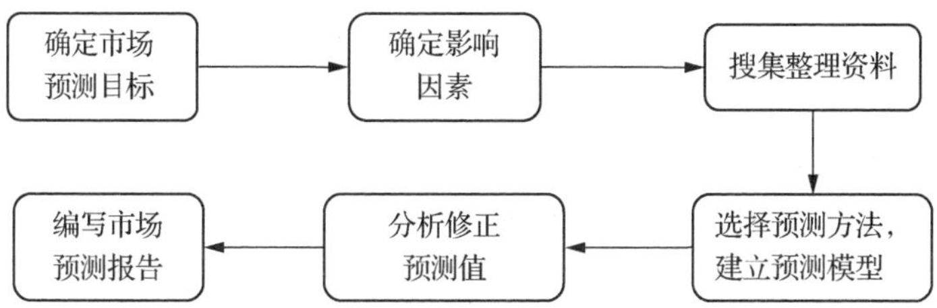

图 7－1　市场预测程序

7.4　学会市场预测方法的选择

7.4.1　市场预测常用方法分类

由于预测的对象、目标、内容和期限的不同,形成了多种多样的预测方法。据不完全统计,目前世界上共有 300 多种预测方法,其中较为成熟的有 150 多种,常用的有 30 多种,用得最为普遍的有 10 多种。市场预测常用方法通常分为定性预测法与定量预测法两大类。

1. 定性预测法

定性预测是指预测者根据已经掌握的部分历史和直观的资料,运用个人的经验和主观判断能力对事物的未来发展做出性质和程度上的预测。它要求在充分利用已知信息的基础上,发挥预测者的主观判断力。定性预测适合预测那些模糊的、无法计量的社会经济现象,并通常由预测者集体来进行。在实际工作中,由于影响市场发展的因素错综复杂,资料难以数量化,甚至根本不可能用数量指标表示。比如,在一定时间内市场形势的发展变化情况,国家某项政策出台对消费倾向、市场前景的影响等,这些情况下的预测,一般只能采用定性预测方法。另外,企业经营活动中的分析经营环境、制定战略规划、技术开发或新产品研制等,往往也只能采用定性预测法。

定性预测法操作简便,易于掌握,而且时间快,费用省,因此得到广泛采用。特别是进行多因素综合分析时,采用定性预测方法,效果更加显著。但是,定性预测方法缺乏数量分析,主观因素的作用较大,预测的准确度难免受到影响。因此,在采用定性预测法时,应尽可能结合定量预测法,使预测过程更加科学,预测结果更加准确。在实际运用中,常用的方法主要有集合意见法、指标预测法以及专家预测法等,其内容将在后续章节中讲述。

[相关链接 7-4]

专家意见集合法

专家意见集合法一般用于对重大事件进行长期预测。前苏联1975—1976年在进行科技发展预测时,就约请不同学科的23位著名专家,组成专家小组进行充分集体讨论,通过集合众位专家的意见来获取预测结果。我国1956年制定我国第一个科学技术发展纲要时,周恩来总理亲自主持并邀请了不同领域的数百位专家进行讨论,集合他们的意见。

2. 定量预测法

这是依据调查研究所得的数据资料,运用统计方法和数学模型,近似地揭示预测对象及其影响因素的数量变动关系,建立对应的预测模型,据此对预测目标做出定量测算的预测方法。定量预测法有两个明显的特点:一是依靠实际观察数据,重视数据的作用和定量分析;二是建立数学模型作为定量预测工具。常见的方法有以下两大类。

(1) 时间序列预测法。这是以连续性预测原理做指导,利用市场现象的时间序列,通过统计分析和建立数学模型,对市场现象进行定量外推的预测方法。定量外推的具体方法可细分为平均数预测法、指数平滑预测法、趋势外推预测法、季节指数预测法等。运用这些方法进行市场预测时,一般都要经过收集资料、编制时间数列、绘制图形、建立预测模型、进行预测计算和评价预测结果等步骤。

[相关链接 7-5]

季节指数预测法

季节指数预测法是根据时间序列中的数据资料所呈现的季度变动规律性,对预测目标未来状况做出预测的方法。

在市场销售中,一些商品,如电风扇、冷饮、四季服装等,往往受季节影响而出现销售的淡季和旺季之分的季节性变动规律。掌握了季节变动规律,就可以利用它来对季节性的商品进行市场需求量的预测。

(2) 回归分析预测法。回归分析预测法是根据预测的因果性原理,借助于数理统计中的回归分析理论和方法，找出预测目标（因变量）与自变量之间的依存关系，建立起回归预测模型用于预测的定量分析方法。在这种定量分析方法中，预测目标即是预测模型（或称回归方程）的因变量，预测目标影响因素即是预测模型的自变量。研究分析因变量与自变量之间的关系，不是确定性的函数关系，而是非确定性的统计相关关系。例如，商品的价格与销售量之间的关系，一般来说，价格提高，销售量就会减少；价格降低，销售量就会增加。但是，并不能断言，商品价格提高多少，销售量就会降低多少，有时候价格提高了，销售量反而会有所增加，这是因为影响销售量的因素除了价格外，还有消费者的个人收入、偏好、季节变化、流行时尚等因素。所以，销售量和价格之间的关系，很难用一个确切的数学表达式来描述，只能通过统计分析的方法找出它们之间的依存关系。

[相关链接 7-6]

定性研究和定量研究的区别

定量研究与定性研究是社会科学领域两种对立的研究范式，两者在研究目标、对象及方法上都存在着明显的区别。

首先，研究目标上，定量研究重视预测控制而定性研究重视对意义的理解；其次，研究对象上，定量研究强调事实的客观实在性而定性研究强调对象的主观意向性；第三，研究方法上，定量研究注重经验证实而定性研究注重解释建构。

由于方法论上的不同取向，导致了在实际应用中定量研究与定性研究存在明显的差别。这主要体现在如下几个方面：

（1）着眼不同：定量研究着重事物量的方面；定性研究着重事物质的方面。

（2）在研究中所处的层次不同：定量研究是为了更准确地定性。

（3）依据不同：定量研究依据的主要是调查得到的现实资料数据；定性研究的依据则是大量历史事实和生活经验材料。

（4）手段不同：定量研究主要运用经验测量、统计分析和建立模型等方法；定性研究则主要运用逻辑推理、历史比较等方法。

（5）科学基础不同：定量研究是以概率论、社会统计学等为基础；定性研究则以逻辑学、历史学为基础。

（6）结论表述形式不同：定量研究主要以数据、模式、图形等来表达；定性研究结论多以文字描述为主。定性研究是定量研究的基础，是它的指南，但只有同时运用定量研究，才能在精确定量的根据下准确定性。

7.4.2　预测方法选择的影响因素

选择合适的预测方法，对于提高预测精度，保证预测质量，有十分重要的意义。影响预测方法选择的因素很多，在选择预测方法时应综合考虑。

1. 预测的目标特征

预测目标用于战略性决策，要求采用适于中、长期预测的方法，但对其精度要求较低。

预测目标用于战术性决策,要求采用适于中、短期预测的方法,对其精度要求较高。预测目标用于业务性决策,要求采用适于近、短期预测的方法,且要求预测精度高。

2. 预测的时间期限

(1) 适用于近期与短期的预测方法有平均数预测法、指数平滑预测法、季节指数预测法、直观判断法等。

(2) 适用于1年以上的短期与中期的预测方法有趋势外推预测法、回归分析预测法、经济计量模型预测法等。

(3) 适用于5年以上长期预测的方法有经验判断预测法、趋势分析预测法等。

3. 预测的精度要求

(1) 满足较高精度要求的预测方法有回归分析预测法、经济计量模型预测法等。

(2) 适于精度要求较低的预测方法有经验判断预测法、平均数预测法、趋势外推预测法等。

4. 预测的费用预算

预测方法的选择,既要达到精度的要求,满足预测的目标需要,还要尽可能节省费用。即既要有高的经济效率,也要实现高的经济效益。用于预测的费用包括调研费用、数据处理费用、程序编制费用、上机费用、专家咨询费用等。

(1) 费用预算较低的方法有经验判断预测法、时间序列分析预测法以及其他较简单的预测模型法。

(2) 费用预算较高的方法有经济计量模型预测法以及大型的复杂的预测模型方法。

5. 资料的完备程度与模型的难易程度

(1) 资料的完备程度。

在诸多预测方法中,凡是需要建立数学模型的方法,对资料的完备程度要求较高的,采用定量预测法。相反,当资料不够完备时,可采用专家调查法等经验判断类预测方法。

(2) 模型的难易程度。

在预测方法中,回归分析预测法都需建立模型,其中有些方法的建模要求预测者有较坚实的预测基础理论和娴熟的数学应用技巧。因此,预测人员的水平难以胜任复杂模型的预测方法时,应选择较为简易的方法。

增值阅读

市场预测报告的编制

市场预测报告一般包括题目、摘要、目的、正文、结论与建议以及附录等部分。

1. 题目

题目是对预测报告内容的高度概括。它应醒目、明确,要与文中的内容相符。有时,题目也可采用"主标题+说明性副标题"的形式来标示。通常,撰写题目可参照下列两条标准:① 经常性预测以反映目标为主。这就是说,如果是按时就一特定题目提出预测报告,预测题目主要是反映预测目的、对象、范围及时间界限。例如,“1985 年第二季度全国经济预测”及“20 世纪 80 年代后半期西欧机床市场需求预测”。② 应急性预测以反映预测结论为主。如果是由于情况发生变化临时做出的预测,或是为了修改原有预测,预测题目就要把新的发现(预测结论)突出反映出来,以引起有关部门的重视。例如,“美国经济第二季度将继续下降,制成品进口需求继续萎缩”以及“英国北海石油价格降低将造成国际市场油价的松动,年内世界石油需求将有所增加”。有重大发现时,为反映新的预测结果,报告的题目可稍长些。

2. 摘要

在预测报告的正文前,通常将调查的主要发现、预测结果及建议采取的对策等予以摘要说明。摘要与题目配合,可引起有关人士对预测的重视。在下述两种情况下,摘要更有特殊的意义:一是当预测分析较多、篇幅较长时,摘要可以使重大结论与行动建议突出;二是当分析和预测过程中运用了较多的技术性语言,如图表、公式、模型或其他专业语言时,摘要可用较通俗的语言扼要介绍主要观点。一般地讲,摘要中的要点应从预测结论和对策意见中提炼概括,切忌以正文内的小标题做简单的罗列。

3. 目的

在正文前简单地交代预测目的或调研目的,以作为正文的引子。

4. 正文

正文包括分析及预测过程、模型及说明、必要的计算方法及图表、预测结论及理由陈述。正文的重点是资料分析。在撰写正文时要紧紧围绕中心论题,保持论题的同一、稳定,使结构紧凑,不要节外生枝。资料及论据必须真实、客观,论证要符合逻辑,结论要明确。

5. 结论与建议

除扼要地说明预测结果外,还要有针对性地提出行动建议及对策。同时,对制约因素和控制条件也要做必要的说明。

6. 附录

附录包括必要的附表、资料来源、较复杂计算方法的说明及其他未列入正文的有关资料。

写好预测报告是预测人员基本功训练的一项重要内容。撰写时还必须注意以下诸点:① 说清问题;② 易于理解;③ 避免使用千篇一律的语言“套话”;④ 注重事实,切忌华而不实、哗众取宠;⑤ 文字精练,篇幅不宜过长。

(资料来源:http://baike.baidu.com/view/1917889.htm)

任务小结

预测是指根据客观事物的发展趋势和变化规律,对特定对象未来发展的趋势或状态做出科学的推测与判断。市场预测作为预测之一,指的是人们对拥有的各种市场信息和资料进行分析研究,采取一定的科学方法,对商品生产、流通、销售的未来变化趋势或状态进行的科学推测与判断。市场预测是经济预测的组成部分,是现代企业生产经营活动的前提,是企业开展市场营销活动的基础。市场预测能够帮助经营者制定适应市场的行动方案,使自己在市场竞争中处于主动地位。

(1) 市场预测的内容主要有市场需求趋势预测和市场供应趋势预测。其中,市场需求趋势预测又可以细分为人口趋势预测、社会购买力趋势预测、商品需求结构趋势预测以及消费者购买行为预测四种。市场供应趋势预测主要包括生产能力预测、商品竞争力趋势预测以及商品价格趋势预测三种。

(2) 在分类上,市场预测可以从方法、对象、时间和空间等多角度对市场预测进行分类。按预测活动的空间范围分类,可以划分为宏观市场预测和微观市场预测;按预测对象的商品层次分类,划分为单项商品预测、同类商品预测、目标市场预测和市场供需总量预测;按预测期限的时间长短分类,划分为短期预测、中期预测和长期预测;按预测方法的不同性质分类,划分为定性市场预测和定量市场预测。

(3) 市场预测的作用主要体现在以下四个方面:市场预测是企业选择目标市场、制定经营战略决策的基本前提;市场预测是企业合理配置资源、提高竞争力的重要措施;市场预测是企业适应市场环境、提高管理科学水平的基本条件;市场预测是企业掌握市场变化趋势、提高经济效益的基本依据。

(4) 市场预测遵循科学的原理,概括起来,主要有连贯性原理、类推性原理、因果性原理以及统计性原理。

(5) 在市场预测原理的指导下,市场预测也必须遵循一定的步骤,概括起来,主要有确定市场预测目标、确定影响因素、搜集整理资料、选择预测方法,建立预测模型、分析修正预测值、编写市场预测报告等六个步骤。

(6) 由于预测的对象、目标、内容和期限的不同,形成了多种多样的预测方法。常用方法通常分为定性预测法与定量预测法两大类。定量预测法主要有时间序列预测法以及回归分析预测法两大类。

(7) 影响预测方法选择的因素主要包括预测的目标特征、预测的时间期限、预测的精度要求、预测的费用预算以及资料的完备程度与模型的难易程度等。

能力自测

一、选择题

1. 在市场预测资料中,企业已经建档和各级统计机构发布或经报刊、会议文件等其他途径发布的各种经济与社会发展资料都属于(　　)。

A. 历史资料　　B. 第一手资料　　C. 第二手资料　　D. 加工资料

2. (　　)是指人们对拥有的各种市场信息和资料进行分析研究,采取一定的科学方法,对商品生产、流通、销售的未来变化趋势或状态进行的科学推测与判断。

A. 市场调查　　B. 市场预测　　C. 市场调研　　D. 营销调研

3. (　　)指的是对有关预测对象进行市场调查得到的情况和数据资料。

A. 分析　　B. 方法　　C. 信息　　D. 判断

4. 对棉花市场预测属于(　　)。

A. 目标市场预测　　B. 市场供需总量预测

C. 同类商品预测　　D. 单项商品预测

5. 中期市场预测的预测期为(　　)。

A. 1 年以内　　B. 1～2 年　　C. 2～5 年　　D. 5 年以上

6. 对产品生命周期的预测属于(　　)。

A. 定性预测　　B. 定量预测　　C. 生产能力预测　　D. 商品竞争力预测

7. 市场预测的任务就是要通过对预测对象及其诸多影响因素的(　　)分析，揭示预测对象系统内部的必然性联系，即发展的规律性，并运用这种规律性的认识以推断未来的发展趋势。

A. 必然性　　B. 因果性　　C. 统计性　　D. 偶然性

8. 市场预测按照预测方法的不同性质可以划分为(　　)。

A. 定性市场预测　　B. 微观市场预测

C. 目标市场预测　　D. 定量市场预测

9. 市场预测的原理包括因果性原理和(　　)。

A. 连贯性原理　　B. 统一性原理　　C. 类推性原理　　D. 统计性原理

10. 按预测活动的空间范围分类，市场预测可以划分为(　　)。

A. 微观市场预测　　B. 目标市场预测　　C. 宏观市场预测　　D. 同类商品预测

二、判断题

1. 预测期越长，预测结果的准确度便越高。(　　)

2. 为降低经营风险，力图使市场预测值尽可能精确，故多侧重于长期预测。(　　)

3. 采用类推方法进行预测的关键是分析样本之间是否存在相同或相似之处，相同或相似的程度愈高，则采用该种方法预测的效果愈差。(　　)

4. 必然性中隐藏着偶然性，必然性通过偶然性表现出来。(　　)

5. 市场预测的主要步骤包括：确定市场预测目标；确定影响因素；搜集整理资料；选择预测方法，建立预测模型；编写市场预测报告。(　　)

6. 市场预测常用方法通常分为定性预测法与定量预测法两大类。(　　)

7. 专家预测法主要包括专家意见集合法、专家意见汇总法以及集体经验判断法三种。(　　)

8. 时间序列分析预测法是以因果性预测原理做指导，利用历史观察值形成的时间数列，对预测目标未来状态和发展趋势做出定量判断的预测方法。(　　)

9. 预测目标用于战略性决策，要求采用适于短期预测的方法，但对其精度要求较低。(　　)

10. 费用预算较高的方法有经验判断预测法、时间序列分析预测法以及其他较简单的预测模型法。(　　)

三、简答题

1. 如何理解市场预测的含义？

2. 市场预测有什么作用？

3. 市场预测的内容包括哪些?
4. 市场预测应遵循哪些基本原理?
5. 市场预测的类型主要有哪几种?
6. 简述市场预测的主要步骤。
7. 市场预测常用方法有哪些?
8. 影响预测方法选择的因素有哪些?

案例分析

一、戴尔的"采购"

戴尔采购工作最主要的任务是寻找合适的供应商,并保证产品的产量、品质及价格方面在满足订单时,有利于戴尔公司。采购经理的位置很重要。戴尔的采购部门有很多职位设计是做采购计划,预测采购需求,联络潜在的符合戴尔需要的供应商。因此,采购部门安排了较多的人。采购计划职位的作用是什么呢?就是尽量把问题在前端就解决。戴尔采购部门的主要工作是管理和整合零配件供应商,而不是把自己变成零配件的专家。戴尔有一些采购人员在做预测,确保需求与供应的平衡,在所有的问题从前端完成之后,戴尔在工厂这一阶段很少有供应问题,只是按照订单计划生产高质量的产品就可以了。所以,戴尔通过完整的结构设置,来实现高效率的采购,完成用低库存来满足供应的连续性。戴尔认为,低库存并不等于供应会有问题,但它确实意味着运作的效率必须提高。

精确预测是保持较低库存水平的关键,既要保证充分的供应,又不能使库存太多,这在戴尔内部被称之为没有剩余的货底。在 IT 行业,技术日新月异,产品更新换代非常快,厂商最基本的要求是要保证精确的产品过渡,不能有剩余的货底留下来。戴尔要求采购部门做好精确预测,并把采购预测上升为购买层次进行考核,这是一个比较困难的事情,但必须精细化,必须落实。

"戴尔公司可以给你提供精确的订货信息、正确的订货信息及稳定的订单,"一位戴尔客户经理说,"条件是,你必须改变观念,要按戴尔的需求送货;要按订货量决定你的库存量;要用批量小,但频率高的方式送货;要能够做到随要随送,这样你和戴尔才有合作的基础。"事实上,在部件供应方面,戴尔利用自己的强势地位,通过互联网与全球各地优秀供应商保持着紧密的联系。这种"虚拟整合"的关系使供应商们可以从网上获取戴尔对零部件的需求信息,戴尔也能实时了解合作伙伴的供货和报价信息,并对生产进行调整,从而最大限度地实现供需平衡。

给戴尔做配套,或者作为戴尔零部件的供应商,都要接受戴尔的严格考核。

戴尔的考核要点如下:

其一,供应商计分卡。在卡片明确订出标准,如瑕疵率、市场表现、生产线表现、运送表现以及做生意的容易度,戴尔要的是结果和表现,据此进行打分。瑕疵品容忍度:戴尔考核供应商的瑕疵率不是以每 100 件为样本,而是以每 100 万件为样本,早期是每 100 万件的瑕疵率低于 1 000 件,后来质量标准升级为 6 - Sigma 标准。

其二，综合评估。戴尔经常会评估供应商的成本、运输、科技含量、库存周转速度、对戴尔的全球支持度以及网络的利用状况等。

其三，适应性指标。戴尔要求供应商应支持自己所有的重要目标，主要是策略和战略方面的。戴尔通过确定量化指标，让供应商了解自己的期望；戴尔给供应商提供定期的进度报告，让供应商了解自己的表现。

其四，品质管理指标。戴尔对供应商有品质方面的综合考核，要求供应商应“屡创品质、效率、物流、优质的新高。”

其五，每三天出一个计划。戴尔的库存之所以比较少，主要在于其执行了强有力的规划措施，每三天出一个计划，这就保证了戴尔对市场反应的速度和准确度。供应链管理第一个动作是做什么呢？就是做计划。预测是龙头，企业的销售计划决定利润计划和库存计划，俗话说，龙头变龙尾跟着变。这也就是所谓的“长鞭效应”。

迈克尔说过，供应商迟一点，意味着太迟了。这说明了戴尔对供应商供货准确、准时的考核非常严格。为了达到戴尔的送货标准，大多数供应商每天要向戴尔工厂送几次货。漏送一次就会让这个工厂停工。因此，如果供应商感到疲倦和迷茫，半途而废，其后果是戴尔无法承受的，任何供应商打个嗝就可能使戴尔的供应链体系遭受重创。然而，戴尔的强势订单凝聚能力又使任何与之合作的供应商尽一切可能规定的要求来送货，按需求变化的策略来调整自己的生产。

在物料库存方面，戴尔比较理想的情况是维持 4 天的库存水平，这是业界最低的库存记录。戴尔是如何实现库存管理运作效率的呢？

第一，拥有直接模式的信用优势，合作的供应商相信戴尔的实力；

第二，具有强大的订单凝聚能力，大订单可以驱使供应商按照戴尔的要求去主动保障供应；

第三，供应商在戴尔工厂附近租赁或者自建仓库，能够确保及时送货。

戴尔可以形成相当于对手 9 个星期的库存领先优势，并使之转化为成本领先优势。在 IT 行业，技术日新月异，原材料的成本和价值在每个星期都是下降的。根据过去 5 年的历史平均值计算，每个星期原材料成本下降的幅度在 0.3%～0.9%。如果取得一个中间值的 0.6%，然后乘上 9 个星期的库存优势，戴尔就可以得到一个特殊的结构，可以得到 5.5%的优势，这就是戴尔运作效率的来源。

戴尔很重视与供应商建立密切的关系。“必须与供应商无私地分享公司的策略和目标。”迈克尔说。通过结盟打造与供应商的合作关系，也是戴尔公司非常重视的基本方面。在每个季度，戴尔总要对供应商进行一次标准的评估。事实上，戴尔让供应商降低库存，他们彼此之间的忠诚度很高。从 2001 年到 2004 年，戴尔遍及全球的 400 多家供应商名单里，最大的供应商只变动了两三家。

戴尔也存在供应商管理问题，并已练就出良好的供应链管理沟通技巧，在有问题出现时，可以迅速地化解。当客户需求增长时，戴尔会向长期合作的供应商确认对方是否可能增加下一次发货数量。如果问题涉及硬盘之类的通用部件，而签约供应商难以解决，就转而与后备供应商商量，所有的一切，都会在几个小时内完成。一旦穷尽了所有供应渠道也依然无法解决问题，那么就要与销售和营销人员进行磋商，立即回复客户，这样的需求无法满足。

“我们不愿意用其他人的方式来作业,因为他们的方法在我们的公司行不通。”迈克尔说。戴尔通过自行创造需求的方法,并取得供应商的认同,已经取得了很好的成绩。戴尔要求供应商不光要提供配件,还要负责后面的即时配送。对一般的供应商来看,这个要求是“太高了”,或者是“太过分了”。但是,戴尔一年200亿美元的采购订单,足以使所有的供应商心动。一些供应商尽管起初不是很愿意,但最后还是满足了戴尔的及时配送要求。戴尔的业务做得越大,对供应商的影响就越大,供应商在与戴尔合作中能够提出的要求会更少。戴尔公司需要的大量硬件、软件与周边设备,都是采取随时需要,随时由供应商提供送货服务。

供应商要按戴尔的订单要求,把自己的原材料转移到第三方仓库,在这个原材料的物权还属于供应商。戴尔根据自己的订单确定生产计划,并将数据传递给本地供应商,让其根据戴尔的生产要求把零配件提出来放在戴尔工厂附近的仓库,做好送货的前期准备。戴尔根据具体的订单需要,通知第三方物流仓库,通知本地的供应商,让他把原材料送到戴尔的工厂,戴尔工厂在8小时之内把产品生产出来,然后送到客户手中。整个物料流动的速度是非常快的。

问题:

戴尔的采购从哪些方面反映了市场预测的作用?

二、2022年旅游市场预测

第二次世界大战结束,已经76年,这也是当代世界旅游发展的过程。20世纪50年代起飞,60年代升级,70年代之后,大众旅游开始普及。在这个历史过程中,对旅游影响最大的就是这次新冠肺炎疫情,堪称和平时期的风暴,不亚于战争风暴带来的影响,风暴所至,旅游垮塌。

按照联合国世界旅游组织的分析,2020年,全世界国际旅游业下降了70%,倒退30年。

2021年仍是充满挑战的一年,1月至7月的全球国际游客人数较2019年同期下降80%。

最新数据显示,国际旅行在2021年的6、7两月出现反弹迹象。这归功于部分国家旅行限制的松绑,以及全球疫苗接种工作取得的进展。

最新的专家调查问卷显示,45%的受访专家认为国际旅行将在2024年甚至更晚才能回到2019年的水平。

当然,这是世界旅游专家评估国际旅游的看法。

从中国的情况来看,2019年,国内旅游60亿人次,收入5.7万亿元,入境旅游1.4亿人次,收入1 300亿美元,总收入6.63万亿元,出境1.5亿人次。2020年,总体下降70%,入境旅游和出境旅游全面停顿。2021年,国内旅游恢复到2019年的六到七成。

和其他行业比较,旅游深度衰退的感觉更加突出。

一是旅游在国民经济中的地位大幅度下降,至少占GDP的比重减半,综合贡献也要大大缩水。

二是增长率的反差加大,多年以来,旅游增长率超过国民经济总体增长,几乎成为常态现象,而这次则是背道而驰,国民经济保持了正增长,旅游则是40%到50%的下降。

三是就业，如果以前的就业与总收入大体符合，这次也会同比例下降，大概有 1 500 万直接就业者待业乃至失业，一年能熬，两年就过不去了。

四是需求，我们说旅游已经成为刚性需求，只要有可能，就会喷发。但是在疫情常态化背景之下，旅游需求不仅是受到压抑，而且已经转向，主流是城市休闲和乡村度假。以前，占据旅游消费重头的商务旅行、会议奖励、景区观光都在淡化。

五是数量众多的供给设施已经建成，供给能力放空。由此，造成了新的供求关系不匹配，存量不仅是设施存量，也是资金沉淀，形成了更深层次的衰退。

疫情所致，我们已经回不到过去了，为什么还要用传统思维方式？

疫情常态，也会形成旅游新常态，为什么还要用传统工作方式？

但是，由于路径依赖，自然会使我们希望疫情尽快过去，一切恢复到从前。

从前回不去，当前很重要，压倒一切的是谋生存。

从供给来看，主体是已经形成的存量资产，也是基础，基本沉淀在住宿和景区领域，形成了重资产，也成为迈不过去的一道坎。

从渠道来看，传统的旅行社渠道基本已被平台替代，自渠道风起云涌，渠道商的概念已经基本消失，只能靠自我转换，自我消化。

从需求来看，潜在需求大把，但是如果始终被压抑，也会产生新的转化。而现实需求的实现，一是疫情的阶段性，形成旅游需求的阶段性实现。二是区域性，从个别地区到部分地区，形成区域性实现。

从企业来看，规模大中小，类型多样化，各有各的生存之道。

共性的东西有几条：

一是转方向。不必都在一棵树上吊着，能转即转。不仅是企业，包括个人，没有前景，早转早主动。客观来看，也是一种结构调整。

二是扩领域，也是一种转型方式，需要开拓思路。只要对应未来，对应需求，就有前景。

三是卖资产。现在正是好时候，美元放水，世界跟进，通货膨胀已经显现。流动性过剩，资本领域和消费领域都感受到。这种时候，好的投资项目难找，一般项目也可以溢价，形成资金的蓄水池。

四是增股东，增资扩股，分担压力。化整为零，利于运作。反正是消费市场受压抑，资本市场找出路，合适的企业也正在上市。

五是重骨干，不管什么时候，骨干都是企业的根基。抗压力靠骨干，创新局也靠骨干。留住骨干要看企业机制，好的机制能够共进退。进一步是育人才，低谷时期学习培训、调整是屡试不爽之策。

六是要政策。先是政策包，乡村振兴政策、教育政策、体育政策、环保政策等，都见到实效，文旅政策只是毛毛雨。所以，越是跨界，越能寻求政策包。其次，通过产业转型，应当产生一系列新政策，不仅是补贴性政策，补贴救急不救穷。根本在于机制性政策，尤其是发展性正常，产生市场活力，对于旅游的小微企业，格外有效。

2020 年 12 月，在一次论坛上，世界旅游城市联合会首席专家、中国旅游协会休闲度假分会会长魏小安说了三句话："2020，熬过来；2021，活下去；2022，火起来。"之后很多人认为，他对 2021 年的形势偏于悲观，实际上大家还是偏于乐观。2021 年已经过去了，疫情起起伏伏,旅游企业能够活下来就不错了。但是,凡是能够活下来的企业,都有顽强的生命力。

到现在,全球新冠病毒感染者已经超过2.5亿人,死亡超过500万人。坏消息是,疫情仍在蔓延,德国等发达国家甚至开始封城。好消息是,疫苗接种面积大,药品正在研发,有望突破,极大鼓舞了世界的信心,另一方面是病死率下降,抗疫曙光在前。

疫情常态化背景之下,需要常态化的市场满足,也需要常态化的旅游应对,转型是为根本。中国是一个大陆型的国家,国土面积大,有战略腹地;情况差别大,有回旋余地。东方不亮西方亮,黑了南方有北方,总可以创造新格局。中国又是世界上抗疫比较成功的国家,现在只是少数地区和少数病例,已经引发全国高度动员。医疗手段和非医疗手段的结合,走在世界前列,保障了民心稳定。内循环和双循环战略的提出,会形成新格局。旅游在疫情影响之下拉了国民经济的后腿,但是在新理念、新阶段和新格局的变化中不能拉后腿,应当走在前列,也完全有基础有条件走在前列。

疫情如同战争,没来之时,大家可以隔岸观火,甚至说点风凉话,一旦来临,是生存第一,生活第二。然而,全球一体化,人类共同体,没有一个国家是无辜的,在一国之内,没有一个公民是无辜的。

目前来看,一是科学家拯救世界,只能看药物的研发进度,同时也要对应新冠病毒的变异情况。二是政治家联合世界,在至暗时刻,政治家如果局限于眼前利益,没有希望。三是企业家动员世界,资源还需要充分利用,生产还是要全面运行。四是老百姓支撑世界,慌乱没有意义,活下来就需要资源,干出来则可能推进变化。

长远来看,疫情没有这么快过去,甚至能不能过去都是问题,因此,必须按照疫情常态化的思路来研究对策,常态化情况之下,则是生活第一,生存第二。更重要的是积累了两年的抗疫经验,使我们可以从容应对,旅游更盼望开放和放开,不必简单粗暴,不必动不动就全面封锁,精准防疫,精细管理,将能够使市场需求得到比较充分的满足。

对应这种需求变化,供给侧也正在变化之中,要求传统旅游企业转换赛道,开拓新局。

问题:

1. 根据以上对疫情的分析,请尝试预测中国2022年的旅游发展的状况和契机。
2. 结合市场预测理论,预测未来旅游业发展将如何转型。

三、春花童装的预测

某市春花童装厂近几年沾尽了独生子女的光,生产销售连年稳定增长。谁料该厂李厂长这几天来却在为产品滞销,资金搁死大伤脑筋。原来,年初该厂设计了一批童装新品种,有男童的香槟衫、迎春衫,女童的飞燕衫、如意衫等。借鉴成人服装的镶、拼、滚、切等工艺,在色彩和式样上体现了儿童的特点,活泼、雅致、漂亮。由于工艺比原来复杂,成本较高,价格比普通童装高出了80%以上,比如一件香槟衫的售价在160元左右。为了摸清这批新产品的市场吸引力如何,在春节前夕厂里与百货商店联合举办了“新颖童装迎春展销”,小批量投放市场十分成功,柜台边顾客拥挤,购买踊跃,一片赞誉声。许多商家主动上门订货。连续几天亲临柜台观察消费者反应的李厂长,看在眼里,喜在心上。不由想到,“现在都只有一个孩子,为了能把孩子打扮得漂漂亮亮的,谁不舍得花些钱?只要货色好,价格高些看来没问题”,决心趁热打铁,尽快组织批量生产,及时抢占市场。

为了确定计划生产量，以便安排以后的月份生产，李厂长根据去年以来的月销售统计数，运用加权移动平均法，计算出以后月份预测数，考虑到这次展销会的热销场面，他决定生产能力的 70% 安排新品种，30% 为老品种。二月份的产品很快就被订购完了。然而，现在已是四月初了，三月份的产品还没有落实销路。询问了几家老客商，他们反映有难处，原以为新品种童装十分好销，谁知二月份订购的那批货，卖了一个多月还未卖出三分之一，他们现在既没有能力也不愿意继续订购这类童装了。对市场上出现的近一百八十度的需求变化，李厂长感到十分纳闷。他弄不明白，这些新品种都经过试销，自己亲自参加市场调查和预测，为什么会事与愿违呢？

问题：

1. 你认为春花童装厂产品滞销的问题出在哪里？
2. 为什么市场的实际发展状况，会与李厂长市场调查与预测的结论大相径庭？

实践与操作

项目一　综合实训：掌握市场预测的步骤

[目的]

通过实训使学生掌握市场预测的步骤。

[内容与要求]

1. 由学生自愿组成小组，每组 5～10 人、利用课余时间，对国内手机市场进行调研。
2. 根据掌握的市场调查资料，选择合适的市场预测方法，预测手机市场的前景(包括价格、需求量、款式等)。
3. 每组提交一份 1 500 字以上的手机市场预测报告。

[成果评定]

1. 班级组织一次交流活动，每个小组推荐一名成员发表演讲；
2. 由教师与学生对各小组的市场预测内容进行评估打分。

项目二　确定大学生消费预测的内容

[要求]

学生以小组为单位对“大学生消费预测的内容”展开讨论，讨论结束之后每个小组推荐一名成员发表演讲。

项目三　学生分组收集相关的市场预测故事，讨论并分析其中的一些细节，看是否体现了市场预测的原理。如果发现市场预测失败，尝试分析失败的原因。

任务 8　掌握定性预测法

请扫描二维码观看教学视频

知识目标

为了完成本任务，你需要的理论知识：

1. 集合意见法的含义、步骤和组织形式
2. 专家预测法的含义和组织形式
3. 指标预测法的含义和形式

能力目标

通过完成本任务，你应该能够：

1. 了解各种定性市场预测方法的运用原理和适用对象
2. 掌握各种定性市场预测方法的操作步骤
3. 熟练运用各种定性预测方法开展市场预测研究工作

项目任务

8.1　学会运用集合意见法

8.2　学会运用专家预测法

8.3　学会运用指标预测法

◆ 任务导入
◆ 案例研究
◆ 相关链接
◆ 增值阅读
◆ 任务小结
◆ 能力自测
◆ 案例分析
◆ 实践与操作

任务导入

趣味阅读

美国兰德公司成功预测朝鲜战争

朝鲜战争爆发前夕，美国兰德公司集中了大量的资金，组织大批专家对朝鲜战争进行评估，研究一个对美国决策有重大意义的课题“美国出兵朝鲜，中国的态度将会如何”。战争爆发前 8 天，兰德公司拿出了研究成果，主要结论只有 7 个字“中国将出兵朝鲜”。研究成果还附有 380 页的资料，详尽地分析了中国的国情，充分论证了中国决不会坐视朝鲜危机而不救，并断定一旦中国出兵，美国将会不光彩地被迫退出这场战争。兰德公司打算把这一成果卖给美国对华政策研究室，价格为 500 万美元，相当于一架最先进的战斗机的价钱。可惜美国对华政策研究室的官员却视之为无稽之谈。在他们看来，当时的新中国无论人力、财力都不具备出兵的可能性。然而，战争的发展和结局却被兰德公司准确言中。

直到美国在朝鲜大败撤退时，有人才想起兰德公司的这个研究成果。美国政府最终以 200 万美元买回了这 7 个字的决策以及一份 380 页的过期研究报告，但是，美国政府出兵朝鲜所造成的重大伤亡，却无论如何都买不回来了。当记者问及从朝鲜战场回来的麦克阿瑟将军对此的看法时，他不无感慨地说：“我国最大的失策是舍得几百亿美元和数十万美国军人的生命，却吝惜一架战斗机的代价。”

这一事件让美国政界、军界乃至全世界都对兰德公司刮目相看。此后，兰德公司又对中美建交、古巴导弹危机、美国经济大萧条和德国统一等重大事件进行了成功预测，这些预测使兰德公司的名声如日中天，被誉为美国的“思想库”“大脑集中营”。兰德公司作为美国政界、军界的首席智囊机构，影响和左右着美国的政治、经济、军事、外交等一系列重大事务的决策。

一提到市场预测，很多人的头脑中就浮现出数字模型或直线、曲线等线性拟合。诚然，定量预测法是一种科学的预测方法，但我们也不能产生一种误解，认为只有数学的方法才是科学的，其预测结果才是可信的。定性预测也是一种科学的预测方法，而且事实证明，很多定量预测是建立在定性预测的基础上的。定性是定量的依据，定性预测是在任何历史时期、任何经济环境下都不能被废弃、不能被取代的一种重要的预测方法。

定性市场预测法主要是根据有关专家对市场情况的了解和对市场未来发展变化的估计，依靠专家的经验、主观判断和综合分析问题能力，对市场未来情况做出预测。在实际工作中，由于影响市场发展的因素错综复杂，资料难以数量化，甚至根本不可能用数量指标表示。比如，一定时间内市场形势的发展变化情况，国家某项政策出台对消费倾向、市场前景的影响，我国加入 WTO 后对我国企业的利弊影响，企业经营活动中的经营环境分析、战略规划制定、技术开发或新产品研制等。这些情况下的预测，一般只能采用定性预测方法。

定性预测要求预测参与者具有从事预测活动的经验，同时要善于收集信息、积累数据资料,尊重客观实际,避免主观臆断,取得良好的预测效果。定性市场预测法是目前应用最广泛的一种预测方法,它具有预测快速、成本低廉、可靠性高等诸多优点,近年来更广泛地与定量预测法相结合,大大提高了预测的准确性。下面我们一起来认知定性市场预测,掌握定性市场预测的方法。

8.1 学会运用集合意见法

8.1.1 集合意见法的含义与特征

1. 集合意见法的含义

集合意见法是指由预测组织者召集企业内外各方面人员(主要是经营管理人员、业务人员等),根据现有信息资料和个人经验,对未来市场情况做出的判断和推测意见,最后由组织者进行归纳、整理、分析来预测现象发展趋势的预测方法。由于经营管理人员、业务人员等比较熟悉市场需求及其变化动向,他们的判断往往能反映市场的真实趋向,因此它是进行短期或近期市场预测常用的方法。

2. 集合意见法的特征

(1) 集合意见法征集各方面了解、熟悉预测项目人员的意见,充分发挥了群体智慧,从而克服了个人或少数人主观判断的片面性和局限性,对提高市场预测准确水平起到积极作用。

(2) 集合意见法简便易操作,预测成本较低,在实际工作中应用频率较高。同时由于综合了企业内外各方面人员意见,有利于调动经营管理人员、业务人员及其他人员的工作积极性。

(3) 集合意见法是根据预测项目的特点,选择对预测项目较熟悉、经验较丰富、判断能力较强的人员参与,因此一般适于做短期或近期的市场预测。

8.1.2 集合意见法的预测步骤

(1) 预测组织者根据企业经营管理的要求,向研究问题的有关人员提出预测项目和预测期限的要求,并尽可能提供有关资料。

(2) 有关人员根据预测要求及掌握的相关背景资料,凭个人经验和分析判断能力,提出各自的预测方案。在此过程中,有关人员应将质的分析与量的分析相结合,力求既有充分的定性分析,又有较准确的定量化描述。一般来说,定性分析包括以下几点:

① 历史生产情况和未来销售趋势。比如,目前市场的状态、品牌占有率、市场饱和度、顾客消费心理变化、顾客流动情况等。

② 各生产厂家的产品适销对路情况,商品资源、流通渠道及供应情况的变化,新产品投入市场的可能性;流动资金来源和运用情况,商品库存结构及相关的有影响力的国家政策因素等。

③ 企业内部组织管理状况,包括改善企业经营管理的具体措施及其可能取得的效果等。

在定性分析基础上，各预测人员将自己的判断结果做出定量化的描述。一般来说，定量分析包括以下几点：

① 确定未来市场的可能状态(两种或两种以上)。

② 确定各种可能状态出现的概率(主观概率)。

③ 确定每种状态下预测目标可能达到的水平(称状态值)。

(3) 预测组织者计算各个预测人员的预测方案的方案期望值。方案期望值等于各种可能状态主观概率与状态值乘积之和。

(4) 将参与预测的有关人员分类，如厂长(经理)类、管理职能科室类、业务人员类(企业内部人员类、企业外部人员类)等，计算各类综合期望值。综合方法一般是采用简单算术平均数、加权算术平均数统计法或中位数统计法。

(5) 确定最终的预测值。当预测组织者采用统计法得到综合预测值后，应当参照当时市场状况，考虑对综合预测值是否需要调整，或进一步向有关人员反馈信息，再经酝酿讨论使预测结果更趋合理。

8.1.3　集合意见法的组织形式

集合意见法在对预测人员的综合选取上，有多种组织形式。目前使用较频繁的可归纳为三种，即集合经营与管理人员意见法、集合业务人员意见法和业务人员意见综合法。

1. 集合经营与管理人员意见法

集合经营与管理人员意见法，即集合经理、管理人员和业务人员三方面的预测方案，加以归纳、分析、判断，从而确定企业的预测方案。其过程如下：

(1) 由经理根据经营管理的需要，向下属管理单位和业务人员提出预测项目和预测期限的要求。

(2) 下属单位和业务人员根据经理提示提出各自的预测方案。

(3) 将经理、管理人员和业务人员的预测方案进行综合分析、判断，定出企业的市场预测值。

这种预测方法，既调动了管理人员和业务人员预测的积极性，又可以上下结合制定出反映客观实际的预测方案。它实际上是领导与群众相结合，质的分析与量的分析相结合的方法，比较适合我国工商企业的经营管理状况。

[案例研究 8－1]

某汽车制造企业下年度整车销售量预测

某汽车制造企业采用集合意见法(集合经营与管理人员意见法)对下一年度汽车整车销售量进行预测。邀请的有关预测人员分别来自经理级别(市场销售部经理、生产制造部经理、财务部经理)、管理职能部门级别(市场销售部主管、生产制造部科员、产品研发部主任、售后服务部专员)以及业务人员级别(普通整车销售人员、大客户销售人员、网络销售人员)。各预测人员在运用已经掌握的背景资料的基础下，结合自身对市场行情的了解，各自提出以下预测方案，如下表所示。

某汽车制造企业下年度整车销售量预测方案综合情况表 (单位:万辆)

预测人员		汽车整车销售量			期望值	权数	综合预测值
		状态	估计值	概率			
经理级	市场销售部	最好 正常 最差	360 320 260	0.2 0.6 0.2	360×0.2+320×0.6+260×0.2=316	0.5	326.4
	生产制造部	最好 正常 最差	400 360 320	0.3 0.4 0.3	400×0.3+360×0.4+320×0.3=360	0.3	
	财务部	最好 正常 最差	320 300 280	0.3 0.5 0.2	320×0.3+300×0.5+280×0.2=302	0.2	
职能部门级	市场销售部主管	最好 正常 最差	380 340 300	0.1 0.5 0.4	380×0.1+340×0.5+300×0.4=328	0.4	296.8
	生产制造部科员	最好 正常 最差	320 280 260	0.3 0.5 0.2	320×0.3+280×0.5+260×0.2=288	0.3	
	产品研发部主任	最好 正常 最差	300 260 240	0.2 0.6 0.2	300×0.2+260×0.6+240×0.2=264	0.2	
	售后服务部专员	最好 正常 最差	320 300 200	0.2 0.4 0.4	320×0.2+300×0.4+200×0.4=264	0.1	
业务人员级	普通整车销售人员	最好 正常 最差	280 240 220	0.3 0.5 0.2	280×0.3+240×0.5+220×0.2=248	0.5	248.8
	大客户销售人员	最好 正常 最差	280 260 240	0.1 0.6 0.3	280×0.1+260×0.6+240×0.3=256	0.3	
	网络销售人员	最好 正常 最差	260 240 220	0.2 0.6 0.2	260×0.2+240×0.6+220×0.2=240	0.2	

由于各类预测人员所处的环境、思考问题的角度以及经验丰富程度等不同,提出的销售量的期望值存在较大差异,所以再将各类预测人员的综合预测值再一次综合。在本例中,采

用加权平均的方法进行综合，设经理级人员的权数为0.5，职能部门级人员的权数为0.2，销售业务人员的权数为0.3，则：

$$综合预测值=\frac{权数与方案期望值乘积之和}{权数之和}$$

该汽车制造企业下年度整车销售量$=326.4\times0.5+296.8\times0.2+248.8\times0.3=297.2$(万辆)

最终，预测小组根据实际市场情况，在综合预测值基础上稍做调整，取最终预测值为297.8万辆。

2. 集合业务人员意见法

集合业务人员意见法，即集合所属经营机构的业务人员、分支机构的业务主管人员、有业务关系的批发企业的业务主管人员以及联合企业的业务主管人员的预测意见而制定市场预测方案。例如，集合专业公司或批发企业集中直属经营机构(采购供应站或批发部)的业务人员、下属分支机构的业务负责人、有供销关系的企业负责人等的预测意见、制定销售预测方案，就属于集合业务人员意见法。

这种方法的预测过程和操作步骤同集合经营与管理人员意见法基本相同。其不同点是：集合业务人员意见法不仅包括了本公司、企业内部业务人员的预测意见，而且还包括了本公司、企业外部有关业务人员的预测意见。因而在对参与预测的有关人员进行分类时，既可按内、外部划分，也可按区域或业务性质划分。在计算各类业务人员的综合期望值时，可采取简单算术平均数的方式，也可根据不同业务人员的重要度差异给予不同的权数而采用加权算术平均数的方式。确定最终预测值时，也应根据不同类别业务人员的重要度确定权数，用加权平均法确定。

采用集合业务人员意见法进行预测，其优点在于：一是业务人员都具有一定的专业知识和业务经验，对市场情况比较熟悉。从企业短、近期角度出发，他们的预测意见较为接近市场的客观实际；二是业务人员都直接从事业务活动，本身都承担实际预测方案的责任，预测目标由他们自己提出，有利于调动他们的积极性，从而使预测方案的实施有可靠广泛的群众基础。但是，由于预测人员是处于业务第一线，直接从事业务活动，其薪金报酬往往与预测综合值密切挂钩，很多企业的业务人员往往由于达不到销售业绩而得不到提成、佣金，所以负有实现预测方案责任的业务人员提出的预测值往往偏低。另外，他们一般不是从事市场研究的专职人员，容易忽视宏观因素对市场的影响。因此，在运用集合业务人员意见法进行预测时，不应当仅对预测数值进行简单综合，还必须在可能的范围内对影响市场需求的各种因素进行分析、判断，对综合的预测方案进行反复调整，以确定符合市场实际的预测值。

3. 业务人员意见综合法

业务人员意见综合法，是指提供预测方案的人员仅限于企业内部的业务人员，如批发企业的采购员和供应员，零售企业的进货员和售货员。这种预测方法的预测过程和操作步骤与上述两种方法类似，但由于仅仅反映了企业内部业务人员的预测意见，所以具有一定的局限性，只适用于市场的短期预测，不适用于近期和中期预测。

综上所述，集合意见法参加人数较多，占有信息量较大，发挥了企业内外不同层次人员的聪明才智,较全面地集中了各方面的意见。但在实际应用中,也存在一些不容忽视的问题,如预测方案提供者的个性因素(是激进派、还是保守派),能力因素(是否有经验、知识面是否够广)、心理因素(是否认真思考判断,还是敷衍了事)等都会使预测的准确性受到影响。

8.2 学会运用专家预测法

8.2.1 专家预测法的含义

专家预测法是指根据市场预测的目的和要求,向有关专家提供一定的背景资料,请他们就市场未来的发展变化做出判断的一种方法。专家预测法的突出特点是紧紧依靠专家的知识、经验和分析判断能力,对过去发生的事件和历史背景资料进行综合分析,从而对预测项目做出判断,提出方案。

8.2.2 专家预测法的组织形式

专家预测法在具体运用中,基本只采用两种组织形式,即专家会议法和德尔菲法(专家调查法)。

1. 专家会议法

(1) 专家会议法的含义。

专家会议法是指根据市场预测的目的和要求,由市场预测组织者邀请或召集有关专家,以座谈会、研讨会等形式汇集与会专家对预测对象发表的信息资料,经整理、分析和推算,得出最终预测结论的预测方法。由于与会专家是群体参与,他们的知识面广,各有所长,能从多角度、多层次提出宝贵意见。采用座谈会、研讨会等方式,也能使专家之间相互交流信息,相互启发思路。因此,预测组织者通过此种形式,能够获得高质量的预测结论,实际误差较小。目前,专家会议法在国内外企业中备受欢迎,特别是在为企业制定战略决策等方面,发挥着重大作用。

(2) 专家会议法的特征。

① 专家会议法能够充分利用专家群体的创造性思维和集体智慧,达到集思广益、博采众长的效果,预测结论比较科学合理。

② 专家会议法的组织形式多样,具体操作较简便灵活,能够节省人力、物力、财力和时间,多适用于缺乏历史资料和时效性较强的市场预测。

③ 专家会议法在实际预测过程中,专家之间能够相互交流,相互启发,从而克服了个人或少数专家判断的主观性、片面性,预测结果较为贴近实际,实际操作风险低。

(3) 专家会议法的预测步骤。

① 邀请专家参加会议。预测组织者应围绕预测项目所涉及的问题全面邀请专家,既要有资深的专业工作者或理论学术专家,也应有实际部门的业务或管理人员。专家人数一般以 10～15 人为宜。受邀专家要有广博的知识,要有与预测对象相关的工作经验,能够独立思考,不受其他权威所左右,思维敏锐,判断力强,语言表达能力较强。同时,也要有一定的市场预测方面的知识和经验。

② 会前提供资料。预测组织者在会议之前要将预测对象的相关资料整理归纳，提供给与会专家，如国家行业相关政策资料，消费者群体变动趋势资料，相关竞争产品的质量、成本、价格、市场占有率对比资料，以及本产品的历史生产、销售资料等。专家们只有在全面深入的了解预测项目的现状后，才能够做出准确且有说服力的发言。预测组织者会前还要拟定会议的实施方案，特别是要依据预测项目的要求事先写好调查提纲，连同相关资料提前送达与会专家，使专家明确要达到的目的和要解决的问题，会前要准备好发言提纲，做到有备而来。

③ 会议主持人提出预测项目。由各位专家充分发表意见，提出各种方案。为确保会议气氛活跃，达到预期目标，务必对讨论的问题提出具体要求，即严格限制问题的范围。会议主持人要善于营造会议气氛，引导和激发专家们畅所欲言，避免少数人支配整个局面。人人发言，集思广益，对别人提出的设想，不论其是否可行，会议主持人均不得发表评论。同时，掌握与会人员发言时间，尽量做到言简意赅。

④ 确定最终预测方案。会议结束后，预测组织者应将专家们提出的所有方案制成一览表，对各种方案进行比较、评价、归类，得出最终预测方案。

(4) 特殊的专家会议法——头脑风暴法。

① 头脑风暴法(Brain Storming)，就是在宽松的环境中，以专题讨论会的形式，通过专家们的自由交流，在头脑中进行智力碰撞，产生新的智力火花，使专家的论点不断集中和深化，以形成最优化预测方案的一种特殊的专家会议法。头脑风暴法本质上仍属于专家会议法的一种具体运用。

[相关链接 8-1]

三个臭皮匠，顶个诸葛亮

头脑风暴法(Brain Storming)，简称为 BS 法，它是美国学者 A·F·奥斯本于 1938 年首创的。它的原意是指精神病人的胡思乱想，A·F·奥斯本用其意并将之延伸为自由奔放、打破常规、创造性地思考问题。头脑风暴法的主要特点在于能够最大限度地挖掘与会专家的潜能，使专家能够无拘无束地表达自己关于某问题的意见和建议，让各种思想火花自由碰撞，好像掀起一场头脑风暴，一些有价值的新观点和新创意由此在“风暴”中产生。

俗话说，三个臭皮匠，顶个诸葛亮。一个人的智慧不够用，两个人的智慧用不完，集体的智慧无穷尽。在思维的领域中，一加一大于二，大于三。智慧的碰撞好比播种，好比催化剂，它会引发大脑思维的连锁反应。一个智慧，可以引发一群智慧；一个小点子，可以收获一大堆智慧果。

头脑风暴法就是典型的集体智慧的碰撞。在美国，从 20 世纪 60 年代末到 80 年代中期，头脑风暴法在各类预测方法中的比重由 6.2%增加到 8.1%。目前，头脑风暴法广泛应用于军事、经济、政治预测中。

② 采用头脑风暴法组织专家会议时，应遵守以下原则。第一，预测组织者要严格限制问题的范围，明确具体要求，以便集中精力；第二，延迟评判，要求与会专家在会上不要对他

人的设想评头论足,不要发表“这主意好极了”“这种想法太离谱了”之类的“捧杀句”或“扼杀句”,把对各种设想的评判和研究放到会议的最后阶段;第三,以量求质,鼓励与会专家尽可能多而广地提出设想,以大量的设想来保证质量较高的设想的存在;第四,不允许与会专家宣读事先准备的发言稿,提倡即席发言(这也是头脑风暴法与普通的专家会议法的区别之处,普通的专家会议法一般要求专家们根据背景资料会前准备好发言提纲),要求与会专家尽可能解放思想,无拘无束地思考问题并畅所欲言,不必顾虑自己的想法或说法是否“离经叛道”或“荒唐可笑”;第五,鼓励专家们对自己已经提出的设想进行改进和综合,为准备修改自己设想的人提供优先发言的机会;第六,创造一种自由的气氛,支持和鼓励专家们解除思想顾虑。

利用头脑风暴法从事预测,通过专家之间直接交换信息,有可能在较短的时间内充分发挥创造性思维,得到富有成效的预测成果。

[案例研究 8-2]

“直升机扇雪”

有一年,美国北部下大雪,积雪压断了高压电线,造成巨大损失。为此某电信公司决定采用头脑风暴法召开会议,希望通过集体智慧找出解决方案。参加会议的都是不同专业的技术人员,在宣布会议的原则和目的后,大家便七嘴八舌地议论开来。

按照头脑风暴法组织会议的规则,有人提出设计一种专用的电线清雪机;有人想到用电热来化解冰雪;也有人建议用振荡技术来清除积雪;还有人提出能否带上几把大扫帚,乘坐直升机去扫电线上的积雪。对于这种“坐飞机扫雪”的设想,大家心里尽管觉得滑稽可笑,但在会上也无人提出批评。相反,有一工程师在百思不得其解时,听到用飞机扫雪的想法后,大脑突然受到启发,一种简单可行且高效率的清雪方法冒了出来。他想,每当大雪过后,出动直升机沿积雪严重的电线飞行,依靠高速旋转的螺旋桨即可将电线上的积雪迅速扇落。他马上提出“用直升机扇雪”的新设想,顿时又引起其他与会者的联想,有关用飞机除雪的主意一下子又多了七八条。不到一小时,与会的 10 多名技术人员共提出 90 多条新设想。

会后,公司组织专家对设想进行分类论证。专家们认为设计专用清雪机,采用电热或电磁振荡等方法清除电线上的积雪,在技术上虽然可行,但研制费用大,周期长,一时难以见效。而由“坐飞机扫雪”激发出来的几种设想,倒是大胆的新方案,如果可行,将是一种既简单又高效的好办法。经过现场试验,发现用直升机扇雪真能奏效,一个久悬未决的难题,运用头脑风暴法得到了巧妙地解决。

③ 采用头脑风暴法组织专家会议时,要注意确定与会专家的人数并合理控制会议进行的时间。经验证明,专家小组规模以 10～15 人为宜,会议时间一般以 20～60 分钟效果最佳。专家的人选应严格限制,如果与会专家相互认识,要从同一职位(职称或级别)的人员中选取。领导人员不应参加,否则可能对与会专家造成某种压力。如果与会专家互不认识,可从不同职位(职称或级别)的人员中选取。这时不应宣布与会专家的职称,不论职称或级别的高低,都应同等对待。通常情况下,头脑风暴法专家小组应由下列人员组成:方法论学

者——专家会议的预测组织者;设想产生者——专业领域的专家;分析者——专业领域的高级专家;演绎者——具有较高逻辑思维能力的专家。

头脑风暴法的与会专家,都应具备较高的联想思维能力。在进行"头脑风暴"(思维碰撞)时,一些最有价值的设想,往往是在已提出设想的基础之上迅速发展起来的。因此,头脑风暴法产生的结果,是专家组这个宏观智能结构互相感染的总体效应。

实践经验表明,头脑风暴法可以排除折中方案,对所讨论问题通过客观、连续的分析,找到一组切实可行的方案。

[相关链接 8-2]

质疑头脑风暴法

头脑风暴法可分为直接头脑风暴法(通常简称为头脑风暴法)和质疑头脑风暴法(也称逆向头脑风暴法)。前者是以专题讨论会的形式,尽可能地激发专家群体的决策创造性,产生尽可能多的设想并最终确定一个最优化预测方案。后者则是同时召开由两组专家组成的两个专题讨论会。其中一个专家组按直接头脑风暴法提出设想,另一个专家组则是对第一个专家组会议的各种设想、方案逐一质疑,分析其现实可行性的方法,从而形成一个更科学、更可行的预测方案。

在质疑头脑风暴法中,第一阶段就是要求与会专家对每一个提出的设想都要提出质疑,并进行全面评论,评论的重点是有碍设想实现的所有限制性因素。在质疑过程中,可能产生一些可行的新设想。其结构通常是:"××设想是不可行的,因为……如要使其可行,必须……"第二阶段,是对每一组或每一个设想,编制一个评论意见一览表,以及可行设想一览表。质疑头脑风暴法应遵守的原则与直接头脑风暴法一样,只是禁止对已有的设想提出肯定意见,而鼓励提出批评和新的可行设想。在进行质疑头脑风暴法时,预测组织者应首先简明介绍所讨论问题的内容,扼要介绍各种系统化的设想和方案,以便把与会专家的注意力集中于对所讨论问题进行全面评价上。质疑过程一直进行到没有问题可以提出为止。质疑中抽出的所有评价意见和可行设想,应专门记录或录在磁带上。第三阶段,是对质疑过程中抽出的评价意见进行考量,以便形成一个对解决所讨论问题实际可行的最终设想一览表。对于评价意见的考量,与对所讨论设想质疑一样重要。因为在质疑阶段,重点是研究有碍设想实施的所有限制因素,而这些限制因素即使在设想产生阶段也是放在重要地位予以考虑的。最终,由预测分析组负责处理和分析质疑结果,得出最优化预测方案。

2. 德尔菲法

(1) 德尔菲法的含义。

德尔菲法(Delphi),也称专家调查法或专家小组法。它是按照一定的程序,采用函询调查的方式,向参与预测的专家分别提出问题,然后将他们回答的意见综合、整理、归纳,再匿名反馈给各个专家,再次征求意见,经过多次的反复循环整理归纳,最后汇总成基本一致的专家看法,作为预测的结果。

德尔菲法是 20 世纪 40 年代由美国兰德公司首创。由于它能够克服专家会议法存在的屈从于权威而盲目服从多数的缺点,因此被广泛应用于科技、军事、医疗保健、市场供求、教育等领域的预测。

[相关链接 8-3]

德尔菲——阿波罗神谕

德尔菲是古希腊的一座城市,位于弗西斯境内,帕尔那索山南坡。据希腊神话记载,宙斯为了确定地球的中心在哪里,从地球的两极放出两只神鹰相对而飞。两只鹰在德尔菲相会,宙斯断定这里是地球的中心,于是将一块圆形石头放在德尔菲作为标志。在古希腊,德尔菲被认为是已知世界的中心,是天堂与大地相接的地方。

德尔菲因有著名的阿波罗神殿而闻名于世。公元前 1000 年左右,阿波罗的到来使得德尔菲发生了巨变。原本守护着大地女神的一条巨蟒,被阿波罗一箭毙命,从此阿波罗成了德尔菲的主人。在希腊众神中,阿波罗(希腊神话中的太阳神)是宙斯之子,也是希腊精神的象征,代表艺术、音乐、诗、美、政治品德。只有他能使人们获知有关宙斯的思想,因而通过预言而传达的阿波罗的信息(阿波罗神谕),就为人类的事务提供了神圣的指引。

在前基督教时代,阿波罗神殿的预言和指示深刻地影响了希腊的文化和历史。最典型的一则预言是:公元前 547 年,里底亚(Lydia)国王不知道该不该和波斯帝国作战,于是便来到德尔菲求神谕。神谕说"里底亚(Lydia)国王库罗伊索斯(Croesus)若跨过哈里斯河(the Halys River),就将摧毁一个伟大的国度"。里底亚国王以为神谕说的大帝国是波斯,大喜之下下令大军出征,结果却遭到惨败。里底亚国王愤怒地又一次来到德尔菲,责问祭司为什么要骗他,祭司回答说:"神谕所说的大帝国,正是您的国家。"紧接着几年,当波斯帝国侵略希腊时,希腊人求助阿波罗神谕,神谕说"樯(船的意思)队胜"。于是希腊人组建爱琴海舰队与强大的波斯舰队对抗,结果大败波斯。

德尔菲法名由此来,即可通过某种定性预测程序事先知晓未来的祸福和消除灾孽的方法,寓意该预测方法的神奇和准确。

(2) 德尔菲法的特征。

① 匿名性。匿名是德尔菲法的极其重要的特点,参与预测的专家不知道其他还有哪些人参加预侧,他们在完全匿名的情况下交流思想。在整个预测过程中,专家之间不发生横向联系。预测组织者与专家之间采用书信方式联系,专家的预测意见也以匿名的形式发表。这样可以使个人的意见得以充分发表,从而克服专家会议法中部分专家对于权威意见的盲从,有利于提高整体预测的质量。在这种匿名形式下,各位专家可以根据情况的变化随时修正自己的意见,无须做出公开说明,无损自己的声望。

② 多次反馈性。专家成员的交流是通过回答预测组织者的问题来实现的,一般要经过若干轮反馈才能完成预测。每一次征询后,预测组织者都要将该轮的预测结果进行汇总、整理,并作为反馈信息寄给各位专家。各位专家可以从反馈信息中获得全局信息,开拓思路,完善和修正自己的判断,提出独立的创新见解。

③ 预测结果的集中性。每一轮征询后,预测组织者都要对专家意见和预测结果进行定

量化的统计分析与归纳，对各种不同类型的预测问题采用相应的数理统计方法进行处理。随着反馈轮次的增加，专家的意见逐渐趋向一致，预测值趋于收敛。

(3) 德尔菲法的预测步骤。

德尔菲法的预测步骤，如图 8－1 所示。

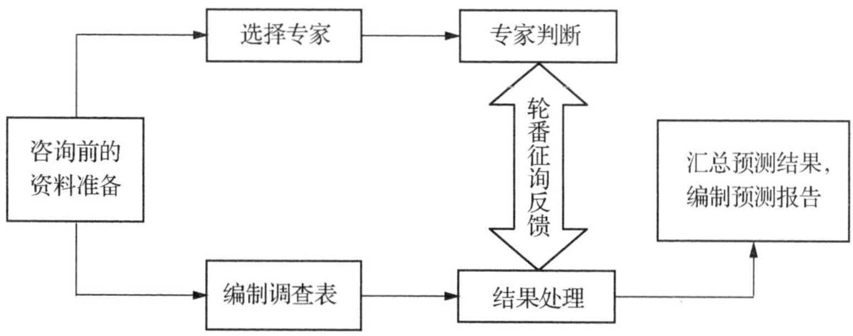

图 8－1　德尔菲法的预测步骤

① 资料准备。在预测开始前，预测组织者应确定预测项目，明确预测所要达到的目的。把与预测有关的各种资料整理、加工后，连同调查表一并寄给专家，在调查表中要把预测的目的和相关问题予以说明，以便专家能全面、系统地考虑问题。

② 选择专家。选好专家是运用德尔菲法的关键，因为预测的准确性在很大程度上取决于参加预测的专家水平。德尔菲法所要求的专家，一般从事的专业工作与预测主题有关，经验丰富，思路开阔，熟悉市场行情，具有一定的预见性和分析能力。

在具体选择专家的过程中，应遵循以下几个原则：第一，专家来源“三三制”，即本企业、本部门对预测问题有研究且了解市场的专家，与本企业、本部门有业务联系且关系密切的行业专家，以及从社会上选取的对市场和行业有研究的专家各三分之一。第二，选择专家时应考虑专家是否有时间和精力，是否自愿参加此项预测活动。只有充分考虑专家的自愿性，才能提高专家的回函率，保证专家充分发挥积极性和聪明才智。第三，选择专家的人数要适度。人数过少，缺乏代表性，信息量不足；人数过多，组织工作困难，成本增加。专家人数的多少，可根据预测项目的大小和涉及面的宽窄而定，一般不超过 20 人。

③ 编制调查表。德尔菲法中的调查表与通常的调查表有所不同。通常的调查表只向被调查者提出问题并要求回答，而德尔菲法的调查表不仅提出问题，还兼有向被调查者提供信息的责任，它是专家们交流思想的工具。

调查表的设计主要是调查内容本身，同时也需要在调查表中说明预测的项目和目的。在设计调查表时应遵循以下几项原则：第一，调查表应有前言，用以说明预测的对象和目的，以及专家的回答在预测中的作用，同时还要对德尔菲法本身做出说明。第二，预测的问题要集中并有针对性，不要过于分散，并且要完整、系统，构成一个有机的整体。第三，在设计调查表时避免出现一些含糊不清的词语，不要使用如“广泛”“普遍”“通常”等缺乏定量概念的用语。例如，“私人家庭到哪一年将普遍拥有小轿车”，这里“普遍”二字比较含糊，有的专家认为 60％属于普遍，有的专家则认为 80％属于普遍，不同的基点提出的评价结果可能相差很大。第四，调查表要简洁明了，应使专家把精力集中用于思考问题，而不是理解复杂和烦琐的调查表。调查表的回答最好采用选择或填空的方式，调查表还应留有足够的地方，以便专家阐明意见。

根据预测项目要求,预测调查表有多种格式,主要包括以下三种:

a. 时间预测调查表。预测某事件的实现(或发生时间),这是最常见的德尔菲预测。例如,某企业生产总值哪一年可以达到20亿元?企业利润哪一年可以达到5 000万元?某种产品的市场占有率哪一年可以达到10%?其预测调查表可编制成如表8-1所示。

表8-1 时间预测调查表

预测项目	实现时间(年)		
	10%概率	50%概率	90%概率
项目一:企业生产总值达到20亿元			
项目二:企业利润达到5 000万元			
项目三:某种产品的市场占有率达到10%			
……			

b. 主观概率预测调查表。主观概率预测是对预测项目发生某种结果的可能性大小的主观估计。在德尔菲法中,某种结果的主观概率由专家本人结合背景资料、自己的经验、专业知识以及在轮番意见反馈中获得的启发估计得出,是专家本人对预测项目可能发生某种结果的预测。其预测调查表可编制成如表8-2所示。

表8-2 主观概率预测调查表

可能结果 \ 主观概率	0.1	0.2	0.3	0.4	0.5	0.6	0.7	0.8	0.9	1.0
预测结果1										
预测结果2										
预测结果3										
……										
预测结果n										

c. 择优预测调查表。在企业经营决策或某种产品开发时,有很多方案可供选择。请专家们择优预测,就是从待选方案中选择对企业最有利的一种。例如,按汽车价格高低档次分,你认为本企业应优先发展哪一档次价格的汽车?其预测调查表可编制成如表8-3所示。

表8-3 汽车档次择优预测调查表 (单位:万元)

汽车档次	<10	10~20	20~40	>40
专家人数				

④ 轮番征询。德尔菲法主要是通过反复地征询专家的预测意见来实现最终预测结果的统一。德尔菲法的预测程序是以轮来说明的,在每一轮中,预测组织者与专家都有各自不

同的任务。

典型的德尔菲法的意见征询一般分四轮进行。第一轮，由预测组织者发给专家第一轮调查表。此表是开放式的，不带任何限制，只提出问题。请专家围绕预测项目提出预测事件。如果限制太多，会漏掉一些重要事件。预测组织者要对专家填好的调查表进行汇总整理，归并同类事件，排除次要事件，用准确术语提出一个预测事件一览表，并作为第二轮调查表发给专家。第二轮，专家对第二轮调查表所列的每个事件做出预测且阐明理由。预测组织者收到第二轮专家意见后，对专家意见做统计处理，整理出第三张调查表。第二轮，把第三张调查表发下去后，请专家再次进行判断与预测，给出自己新的评价。如果修正自己的观点，也请叙述为何改变，原来的理由错在哪里，或者说明哪里不完善。专家们的新评论和新争论返回到预测组织者手中后，组织者的工作与第二轮类似，对专家意见做统计处理，形成第四张调查表。第四轮，请专家对第四张调查表再次评价和权衡，做出新的预测。当第四张调查表返回后，组织者的任务与上一轮的任务相同，即归纳、总结各种意见并做统计处理。

一般情况下，通过这四轮征询，专家们的意见会基本趋于一致。应注意的是，并不是所有预测都要经过四轮。有的预测项目可能在第二轮就达到统一，而不必在第三轮中出现。也有的预测在第四轮结束后，专家们也达不到统一意见，不统一时可以用统计处理做结论。

⑤ 预测结果最终处理。把最后一轮的专家意见加以统计、归纳、整理，得出代表专家意见的预测值和离散程度。然后，预测组织者对专家意见做出分析评价，确定预测方案。在处理数量和时间答案时，当专家回答的是一系列可供比较大小的数据时，统计调查结果可用平均数或中位数来处理，用以求出调查结论的期望值。平均数和中位数表示专家意见的集中程度，极差反映专家意见的离散程度。在处理等级比较答案时，专家是对某些调查项目做重要程度的排序时，通常采用总分比重法进行统计。

[案例研究 8-4]

“自行产销 OR 转让专利”？德尔菲法帮你忙

某公司设计了一种新式儿童玩具。对于这种玩具，该公司可以选择自行产销，也可以选择转让专利。若选择自行产销，该公司要增加一些机器设备，这样需固定成本 3 万元，同时为了扩大销路，加强广告宣传，又需广告费 1 万元。原材料、加工费等每件玩具需可变成本 5 元，准备将销售价格定为 8 元。该公司根据以往经验断定：在此销售价格和广告推广措施下，销售量将在 1 万件～7 万件。若选择转让专利，可直接得到 7 万元的收入(假设不考虑长期收益)。

该公司在自行产销还是转让专利之间犹豫不决。现决定采用德尔菲法，预测该玩具的销售量，进而比较自行产销和转让专利之间的收益差距。具体预测过程如下：

(1) 准备资料：该玩具样品，拟售价格；产品说明书；国内、国外儿童玩具发展情况，特别是类似玩具的情况；过去本公司生产的玩具销售情况。调查内容：把销售量分为三个档次，3 万件以下，3 万件～5 万件，5 万件以上。要求填写销售量在各个档次的可能性(可能性之和为 1)。

(2) 选择本厂技术人员、管理人员、推销人员、社会上知名儿童心理学家及其他方面专家共12人。

(3) 把调查表和参考资料发给各专家,征求意见,填后交回,反复征询4次,意见基本统一,最后一次调查表如下。

新式玩具销售量最后一次调查统计表

专家		销售量在各档次内的可行性		
代号	权重	3万件以下	3万件~5万件	5万件以上
1	1	0.2	0.5	0.3
2	1	0.1	0.3	0.6
3	2	0	0.7	0.3
4	2	0.3	0.4	0.3
5	3	0.1	0.6	0.3
6	3	0.2	0.6	0.2
7	2	0.3	0.5	0.2
8	1	0	0.6	0.4
9	2	0.1	0.7	0.2
10	3	0.1	0.6	0.3
11	2	0.1	0.7	0.2
12	1	0.2	0.5	0.3
加权平均		0.143 5	0.578 3	0.278 3

根据各位专家对本专业的熟悉程度及权威性大小,分别指定权重如上表的第二列所示,然后分别计算三个档次的各专家估计的可能性的加权平均,得:0.143 5,0.578 3,0.278 3,把这三个平均值分别作为真实销售量落在三个档次内的可能性。三个档次的销售量分别取2万件,4万件和6万件作为代表,计算平均销售量:

$2\times0.143\,5+4\times0.578\,3+6\times0.278\,3=4.27$(万件)

这样,如该公司选择自行产销这种玩具,平均可获利:

$(8-5)\times4.27-(3+1)=8.8$(万元)

可见自行产销比转让专利能多获利1.8万元(=8.8−7),该公司应选择自行产销。

德尔菲法同专家会议法既有联系又有区别。德尔菲法能发挥专家会议法的优点,即能充分发挥各位专家的作用,把各位专家意见的分歧点表达出来,取各家之长,避各家之短,预测的准确性高。同时,德尔菲法又能避免专家会议法的缺点:匿名性调查方式使得权威人士的意见不会左右其他一些专家,避免了有些专家碍于情面,不愿意发表与其他人不同的意见或出于自尊心而不愿意修改自己原先提出的不全面的意见。尽管有诸多优点,但德尔菲法也不是完美,也存在一些缺点,最主要的是预测过程比较复杂,花费时间较长。

8.3　学会运用指标预测法

8.3.1　指标预测法的含义

指标预测法，是根据经济发展指标的变化与市场现象变化之间的关系，由经济指标的变化来分析、判断和预测市场未来变化的方法。

指标是对经济现象的描述、衡量，对指标的分析往往能很好地预测市场的发展。比如，炒股时所做的技术分析就是一种典型的指标预测法。指标一般分为经济指标（经济增长率、GDP等）、贸易指标（进出口贸易总额、贸易顺差等）、生产指标（工业生产指数、固定资本投资等）、金融货币指标（货币发行量、汇率、通胀率、利率等）、价格指数（消费者物价指数 CPI 等）。

8.3.2　指标预测法的具体形式

指标预测法在实际运用中，基本只采用两种方式，即领先落后指标法与扩散指数法。

1. 领先落后指标法

（1）领先落后指标法的含义。

领先落后指标法是指根据经济发展有关指标的变化同市场变化之间在时间上的先后顺序来分析、判断、预测市场发展前景的一种方法。按照市场变化的时间先后顺序来看，经济发展指标可以分为领先指标、一致指标、落后指标三类。

① 领先指标，也叫先行指标。在时间上，这类经济指标的变动先于市场的变化，即经济指标先变动，经过一段时间后，市场才发生变化。这一功能使领先指标对一般经济活动的变动始终可起预报或示警作用。许多领先指标反映着对近期和未来经济活动的承诺，如新订单、承包契约、政府颁发的许可证。有些领先指标反映着一些非常敏感的经济活动，如库存变动、股票价格、原料价格等。这些指标的变动往往要比一般经济行情或市场行情的变动提前几个月，因而可以根据领先指标的变动预测未来行情变动。

② 一致指标，也叫同步指标。在时间上，经济指标的变动与市场的变化几乎同时发生，如国民生产总值、工业生产、就业与失业、个人收入、制造业和商业销售等，这些指标是总体经济活动的衡量标志，因此可显示一般经济的进展情况。另如有些商品的批发价格变动，会立即波及零售价格。

③ 落后指标，也叫迟行指标。在时间上，这类经济指标的变动落后于市场经济活动，如单位产品劳动成本、抵押贷款利息率、未清偿债务、库存总水平、长期失业、全部投资支出等。落后指标并不只是从动指标，很多情况下它又造成领先指标的翻转。

（2）领先指标的选择。

市场需求旺盛，企业效益较好，前景相对乐观；市场需求下降，产品产销停滞，企业就会面临困境。根据这一特点，企业可研究并发现一些经济指标同本企业销售的领先落后关系，从而建立一些领先指标，来预测本企业的经营运行是否景气。

① 从企业决策形成角度选择领先指标。企业的决策受市场导向的影响，决策实施后又反作用于市场。就企业投资决策而言，企业根据市场状况、盈利前景和自身条件来决策投资

行为。企业投资的变动会导致企业固定资产投资、物料储备、产成品存货的变动,进而影响市场存货、投资利润率、社会投资总量、社会总产值等的变动,这些变动又影响企业投资决策。在企业决策和宏观经济的波动影响中,必然存在产品结构、价格、存货及成本的变化。因此从企业决策角度选择,领先指标应包括产品结构指标、价格指标、存货指标及成本指标。

② 从企业生产条件角度选择领先指称。固定资产投资来自国家投资和企业自筹投资,其中,企业自筹投资的多少又取决于企业经济活动结果和投资环境,显然投资环境先行于经济产量变动,因此反映固定资产投资状况的领先指标应是国家投资额、资金利润率等。企业流动资金占用状况的指标、劳动报酬、原材料、燃料储备、在制品、半成品库存和产成品库存等,其中,原材料、燃料储备占用比例较大,因此,一般选原材料、燃料储备、流动资金占用指标作为领先指标。

③ 从企业环境约束角度选择领先指标。企业环境约束来自能源、原材料、物流、金融等方面,这些方面的领先指标可选取能源生产量、发电量、钢材、木材、水泥、交通运量和周转量、居民存款、工业贷款、商业贷款、现金流通量等。

2. *扩散指数法*

(1) 扩散指数法的含义。

扩散指数法是根据一批领先指标中呈现上升趋势的指标计算扩散指数,并以此来判断市场未来的景气情况,从而预测企业景气情况。所谓"扩散",指的是扩展到一批领先指标的变化来分析、判断、预测市场未来的发展变化趋势,而不是仅仅依靠少数几个领先指标做判断。

(2) 扩散指数法的预测步骤。

① 根据预测项目,选择一批相关的领先指标,比如工业、交通基本建设投资、农田水利基本建设投资、银行贷款发放额度、商品住宅建设投资、劳动就业人数、工资总额等。

② 结合市场经济实际情况,判断在所选择的领先经济指标中,哪些是上升指标,哪些是下降指标。

③ 计算扩散指数。

$$\text{扩散指数}=\frac{\text{上升的领先指标个数}}{\text{全部领先指标个数}}\times 100\%$$

假设已经选择了 12 项领先经济指标,如果这 12 项领先指标的变动会出现三种情形,如表 8-4 所示。

表 8-4　领先指标变动情况

领先指标	变动情况		
	第一种情况	第二种情况	第三种情况
上升指标数	9	6	3
下降指标数	3	6	9
合计指标数	12	12	12
扩散指数(%)	75	50	25

④ 根据扩散指数的取值范围判断市场未来的景气情况。一般可将扩散指数划分为三种类型,如表 8－5 所示。

表 8－5　扩散指数类型

扩散指数(%)	市场景气情况
60 以上	市场处于上升状态,即市场未来会出现乐观景象
40～60	市场出现转折,即市场未来的发展或由上升而下降,或由下降而上升
40 以下	市场处于下降状态,即市场未来会出现萧条局面

根据表 8－5 中计算的扩散指数,如果出现第一种情形,即扩散指数＝75%,则可认为市场处于上升状态,即市场未来会出现乐观景象。如果出现第二种情形,即扩散指数＝50%,则可认为市场出现转折,即市场未来的发展或由上升转为下降,或由下降转为上升;如果出现第三种情形,即扩散指数＝25%,则可认为市场处于下降状态,未来会出现萧条局面。

8.3.3　指标预测法的特征和局限性

(1) 指标预测法一般可预测行情的上升、下降或转折点,但只能指示未来变动方向,对具体的变化幅度难以估计。

(2) 绝大部分领先指标只是动态上的领先,它只能成为行情上升或下降的先兆,并不一定就是经济周期变动信号。因为影响行情变化的不仅有周期性因素,还有许多非周期性因素。

(3) 个别领先指标波动频繁,甚至发生偏离,从一定程度上给预测分析带来难度,影响市场行情预测的准确性。

增值阅读

主观概率法

在社会和自然界中,某一类事件在相同的条件下可能发生也可能不发生,这类事件称为随机事件。不同的随机事件发生的可能性大小是不同的,在这种情况下,就产生了概率。概率就是用来表示随机事件发生可能性大小的一个量。例如,市场上某种新商品的销售状态就是不确定的随机事件,有畅销、平销或滞销三种可能性,而出现畅销、平销或滞销的可能性,用系数或百分数表示,就是一种概率。概率分为主观概率和客观概率两种。主观概率是指根据市场趋势分析者的主观判断而确定的事件的可能性的大小,反映个人对某件事的信念程度,也是定性的市场预测方法之一。作为一种心理评价,判断中具有明显的主观性。对同一事件,不同人对其发生的概率判断是不同的。谁的判断更接近实际,主要取决于市场趋势分析者的经验,知识水平和对市场趋势分析对象的把握程度。主观概率也必须符合概率论的基本定理:第一,所确定的概率必须大于或等于 0,而小于或等于 1;第二,经验判断所需全部事件中各个事件概率之和必须等于 1。

任务小结

定性市场预测法主要是根据有关专家和人员对市场情况的了解和对市场未来发展变化的估计,依靠专家的经验、主观判断和综合分析问题能力,对市场未来情况做出预测。定性预测要求预测参与者具有从事预测活动的经验,同时要善于收集信息,积累数据资料,尊重客观实际,避免主观臆断,取得良好的预测效果。定性市场预测法是目前应用最广泛的一种预测方法,它具有预测快速、成本低廉、可靠性高等诸多优点,近年来更广泛地与定量预测法相结合,大大提高了预测的准确性。

(1) 集合意见法是指由预测组织者召集企业内外各方面人员(主要是经营管理人员、业务人员等),根据现有信息资料和个人经验,对未来市场情况做出的判断和推测意见,最后由组织者进行归纳、整理、分析来预测现象发展趋势的预测方法。由于经营管理人员、业务人员等比较熟悉市场需求及其变化动向,他们的判断往往能反映市场的真实趋向,因此它是进行短期或近期市场预测常用的方法。

集合意见法在对预测人员的综合选取上,有多种组织形式,目前使用较频繁的可归纳为三种,即集合经营与管理人员意见法、集合业务人员意见法和业务人员意见综合法。

(2) 专家预测法是指根据市场预测的目的和要求,向有关专家提供一定的背景资料,请他们就市场未来的发展变化做出判断的一种方法。专家预测法的突出特点是紧紧依靠专家的知识、经验和分析判断能力,对过去发生的事件和历史背景资料进行综合分析,从而对预测项目做出判断,提出方案。

(3) 专家会议法是指根据市场预测的目的和要求,由市场预测组织者邀请或召集有关专家,以座谈会、研讨会等形式汇集与会专家对预测对象发表的信息资料,经整理、分析和推算,得出最终预测结论的预测方法。

(4) 头脑风暴法(Brain Storming)是一种特殊的专家会议法,其是在宽松的环境中,以专题讨论会的形式,通过专家们的自由交流,在头脑中进行智力碰撞,产生新的智力火花,使专家的论点不断集中和深化,以形成最优化预测方案。

(5) 德尔菲法(Delphi),也称专家调查法或专家小组法。它是按照一定的程序,采用函询调查的方式,向参与预测的专家分别提出问题,然后将他们回答的意见综合、整理、归纳,再匿名反馈给各个专家,再次征求意见,经过多次的反复循环整理、归纳,最后汇总成基本一致的专家看法,作为预测的结果。

(6) 领先落后指标法是指根据经济发展有关指标的变化同市场变化之间在时间上的先后顺序来分析、判断、预测市场发展前景的一种方法。按照市场变化的时间先后顺序来看,经济发展指标可以分为领先指标、一致指标、落后指标三类。

(7) 扩散指数法是根据一批领先指标中呈现上升趋势的指标计算扩散指数,并以此来判断市场未来的景气情况,从而预测企业景气情况。所谓"扩散",指的是扩展到一批领先指标的变化来分析、判断、预测市场未来的发展变化趋势,而不是仅仅依靠少数几个领先指标做判断。

能力自测

一、选择题

1. 集合意见法适合于做(　　)。

A. 中长期预测　　B. 长期预测

C. 中短期预测　　D. 近短期预测

2. 业务人员意见综合法的特点是,提供预测的人员(　　)。

A. 有经理、管理人员和业务人员　　B. 包括企业内外的业务人员

C. 仅限于企业内部的业务人员　　D. 都是管理人员

3. 下类不符合头脑风暴法预测要求的是(　　)。

A. 邀请的专家人数一般在 10～15 人

B. 会议气氛活跃民主,无拘无束,畅所欲言

C. 会上对不认同的意见,可以直接提出批评和质疑

D. 要求与会专家尽可能多地提出预测方案

4. 在市场预测中(　　)。

A. 只能由领先指标预测落后指标

B. 只能由落后指标预测领先指标

C. 既可以由领先指标预测落后指标,也可以由落后指标预测领先指标

D. 领先指标与落后指标在预测中相互无关

5. 当扩散指数值落在 40%～60%时,可以认为(　　)。

A. 市场出现转折,即市场未来的发展或由上升而下降,或由下降而上升

B. 市场处于上升状态,即市场未来会出现乐观景象

C. 市场处于下降状态,即市场未来会出现萧条局面

D. 市场未来不发生任何变化

6. 集合意见法的组织形式主要包括(　　)。

A. 集合经营与管理人员意见法　　B. 集合业务人员意见法

C. 业务人员意见综合法　　D. 以上都是

7. 专家会议法成功的必要条件是(　　)。

A. 选择合适的专家　　B. 合理确定专家人数

C. 激发专家畅所欲言的预测组织者　　D. 轮番征询专家意见

8. 德尔菲法的明显特征包括(　　)。

A. 匿名性　　B. 多次反馈性

C. 时效性　　D. 预测结果的集中性

9. 运用德尔菲法进行市场预测时,选择专家的条件是(　　)。

A. 专业必须与预测项目相符合　　B. 自愿承担预测任务

C. 有经验、能独立表达观点意见　　D. 上述几项都是必需的

10. 在社会主义市场经济条件下,按照经济发展指标同市场变化的先后时间顺序来划

分,可以分为(   )。

A. 领先指标　　B. 一致指标　　C. 落后指标　　D. 时点指标

二、判断题

1. 定性预测法主要是根据有关专家对市场情况的了解和对市场未来发展变化的估计,依靠专家的经验、主观判断和综合分析问题能力,对市场未来情况做出预测。(   )

2. 当预测的变量没有历史数据时,就无法做出合理的预测。(   )

3. 市场预测就是要耗费资源的,所以基本原则中不含经济性。(   )

4. 集合意见法多适用于中长期预测。(   )

5. 专家会议中对参加会议的人数有所限制,一般不超过 20 人。(   )

6. 领先指标包括国民生产总值、工业生产总值和批发价格指数等。(   )

7. 定性预测法是十分有用的,它可以揭示资金需要量与有关因素之间的数量关系。(   )

8. 德尔菲法所邀请的专家互不知道其他专家的身份,因此,能够克服权威效应、情感效应,进行独立思考、独立预测。(   )

9. 德尔菲法是定性预测方法中最重要、最有效的一种方法,轮番信息反馈性是其主要特点之一。(   )

10. 落后指标并不只是从动指标,很多情况下它又造成领先指标的翻转。(   )

三、简答题

1. 什么是定性预测法?

2. 简述利用集合意见法进行预测的基本步骤。

3. 什么是专家会议法?它具有哪些特征?

4. 什么是头脑风暴法?使用头脑风暴法时应遵循哪些原则?

5. 简述德尔菲法及其预测步骤。

6. 简述扩散指数法及其预测步骤。

四、计算题

1. 某服装公司打算对该店下一年度的销售额进行预测,由三名有经验的销售人员组成预测小组,他们的预测结果如下表所示。

某服装公司下一年度销售额预测估计表　　(单位:万元)

预测人员	销售额估计值					
	最高值	概　率	最可能值	概　率	最低值	概　率
销售员 1	8 000	0.3	7 000	0.6	6 800	0.1
销售员 2	7 500	0.2	6 400	0.7	6 000	0.1
销售员 3	7 000	0.1	6 200	0.7	5 800	0.2

根据上表资料,试估算:

(1) 各位预测人员的预测期望值。

(2) 若给予个人的权数分别为:销售员 1 的权数为 0.4,销售员 2 的权数为 0.3,销售员 3

的权数为 0.3，试估算该公司下一年度的预测销售值。

2. 某企业采用集合经营与管理人员意见法对本企业下一计划期的产品销售额做出的初步预测估计，如下表所示。试据此计算该企业下一计划期的产品销售额综合预测值。

某企业下一计划期产品销售额综合预测表　　（单位：百万元）

预测人员		各种销售额预测估计值及相应概率					
		最　高	概　率	最可能	概　率	最　低	概　率
经理	1	16	0.3	14	0.5	10	0.2
	2	15	0.2	13	0.6	10	0.2
科长	1	16	0.3	15	0.5	12	0.2
	2	17	0.3	15	0.6	12	0.1
	3	14	0.2	12	0.6	10	0.2
销售人员	1	10	0.3	9	0.5	7	0.2
	2	12	0.3	10	0.5	8	0.2
	3	11	0.2	9	0.6	7	0.2
	4	13	0.1	11	0.6	9	0.3

案例分析

一、楚襄王集思广益保东地

楚襄王做太子时，在齐国做人质。他父亲怀王死了，太子便向齐王提出要回楚国去，齐王不许，说："你要给我割让东地 500 里，我才放你回去；否则，不放你回去。"太子说："我有个师傅，让我找他问一问。"太子的师傅慎子说："您答应给齐国割让东地 500 里吧。土地是为了安身的，因为爱地，而不为父亲送葬，这是不道义的。所以，我说献地对你有利。"太子便答复齐王，说："我敬献出东地 500 里。"齐王这才放太子回国。

太子回到楚国，即位为王。齐国派了使车 50 辆，来楚国索取东地 500 里。楚王告诉慎子，说："齐国派使臣来索取东地，该怎么办呢？"慎子说"大王明天召见群臣，让大家来想办法吧。"

于是，上柱国子良来拜见楚王，楚王说："我能够回到楚国来办父亲的丧事，又能和群臣再次见面，使国家恢复正常，是因为我答应了给齐国割让东地 500 里。现在齐国派使臣办理交接手续，这可怎么办呢？"子良说："大王不能不给，您说话一字千金，既然亲口答应了万乘的强齐，却又不肯割地，这就失去了信用，将来您很难和诸侯各国谈判结盟。应该先答应给齐国割让东地，然后再出兵攻打齐国。割地，是守信用；攻齐，是不示弱。所以我觉得应该割地。"

子良出朝后，昭常拜见楚王。楚王说："齐国派了使臣来，要求割让东地 500 里，该如何办呢？"昭常说："不能给。所谓万乘大国，是因为土地的广博才成为万乘大国的。如果要割让东地 500 里，这是割让了东国的一半啊！这样楚国虽有万乘之名，却无万乘之实了。所以我说不能给，我愿坚守东地。"

昭常出朝后,景鲤拜见楚王。楚王说:“齐国派了使臣来,要求割让东地500里,该怎么办呢?”景鲤说:“不能给。不过,楚国不能单独守住东地,大王说话一字千金,既然亲口答应了强齐,而又不给割地,这就在诸侯面前违背了大义。楚国既然不能单独守住东地,我愿去求救于秦国。”

景鲤出朝后,太子的师傅慎子进去。楚王把三个大夫出的主意都告诉了慎子,说:“子良说‘不能不给,给了以后再出兵去进攻齐国。’昭常说:‘不能给,我愿去守卫东地。’景鲤说:‘不能给,既然楚国不能单独守住东地,我愿意去求救于秦国。’我不知道他们三个人出的主意,到底采用谁的好?”慎子回答说:“大王都采用。”楚王怒容满面地说:“这是什么意思?”

慎子说:“请让我说出我的道理,大王将会知道确实如此;大王您先派遣上柱国子良带上兵车50辆,到齐国去进献东地500里;在派遣子良的第二天,又任命昭常为大司马,要他去守卫东地;在派遣昭常的第二天,又派景鲤带领战车50辆,往西去秦国求救。”楚王说:“好”。于是派遣子良到齐国去献地,在派遣子良的第二天,又立昭常为大司马,要他去守卫东地,在派遣昭常的第二天,又还派遣景鲤去秦国求救。

子良到了齐国,齐国派武装来接受东地。昭常回答齐国使臣说:“我是主管东地的大司马,要与东地共存亡,我已动员了从小孩到60岁的老人全部入伍,共30多万人,虽然我们的铠甲破旧,武器鲁钝,但愿意奉陪到底。”齐王对子良说:“您来献地,昭常却守卫东地,这是怎么回事呢?”子良说:“我是受了敝国大王之命来进献东地的。昭常守卫东地,这是他假传王命,大王可以去进攻他。”齐王于是大举进攻东地,讨伐昭常。当大军还未到达东地边界时,秦国已经派了50万大军进逼齐国的西境,说:“你们扣押了楚太子,不让回国,这是不讲仁义;又想抢夺楚国东地500里,这是不讲正义。你们如果收兵则罢;不然,我们等着决战一场。”

齐王听了害怕,就请求子良去告诉楚国,两国讲和。又派人出使秦国,声明不进攻楚国,从而解除了齐国的战祸。楚国不用一兵一卒,竟确保了东地的安全。

问题:

1. 楚襄王和群臣们是用了哪种定性预测的方法解决此次割地风波的?
2. 这种预测方法的特点和操作步骤是什么?

二、泛美航空公司的倒闭

泛美航空公司曾经是美国一家航线最长、历史最久的航空企业巨头。在五十多年的发展过程中,泛美从一家全美第三大航空公司、职工人数多达三万余人、拥有一百三十多架各种型号飞机、航线遍布五十多个国家的航母级大型航空企业,落败到一蹶不振,最后竟以破产倒闭而告终。

泛美航空公司的每况愈下源于当时的总裁艾克尔无视市场需求及预测,单凭直觉做战略部署。最初的错误,就是在对飞机机型的选择上。早在20世纪70年代,泛美航空公司就着手淘汰陈旧且耗油量大的波音707客机,而在当时的市场上并没有与波音707的载客量及续航能力等指标相当的机种。泛美的决策者们没有征询专家的意见,主观上做了一些粗略比较后,选择了一家公司的L1105-500型飞机。事实表明,这是一个错误的决定。该类飞机由于油耗大,单位飞行成本高,使泛美的竞争力大打折扣。更糟糕的是,生产商在不久之后便停止了该种飞机的生产,使得维修又成了一个大问题。泛美航空无奈之下在几年之后将此机型忍痛淘汰。

泛美公司随后的一次盲目采购，被证明是致命性的错误。为了争夺国内航线，泛美又开始了新一轮的“大采购”，这次购入的是欧洲“空中客车”A300 型飞机，同时又交换了一批不同型号的飞机。这下可犯了行业的大忌，因为繁杂的机种给航空人员的培训、机械故障的排除、平日的维修、机场的管理等都造成了很大压力，无形中增加了公司的支出。更为严重的是美国国内航空禁令的解除，使得更多航空公司有机会在美国国内航空市场上一展身手。此时的泛美公司早已失去了与对手竞争的能力，高成本经营使其不堪重负，而大量职员所享受的高薪与福利愈发让泛美公司感到腹背受敌。

随后的一次误飞事件，彻底地粉碎了泛美公司想要重振雄风的梦想。1981 年，泛美航空公司无奈宣告破产。

问题：

1. 导致泛美航空公司倒闭的原因是什么？

2. 假如你是泛美航空公司的总裁，你会选择哪种预测方法去预测应该采购何种机型？预测步骤如何？

实践与操作

项目一　综合实训：学会运用德尔菲法

［**目的**］

通过实训使学生熟练掌握德尔菲法的实施步骤，学习最终预测值的计算方法。

［**内容与要求**］

1. 把本班同学分成 12 个小组（每组 4～6 人），分别代表 12 位专家，老师担任预测组织者，运用德尔菲法对本专业毕业生首次就业率进行预测。老师负责提供近 5 年的本专业毕业生就业情况相关资料。

2. 每组需根据课程所学知识，结合对相关资料的分析、判断，完成调查表的内容。要求 12 组（12 位专家）对反馈资料进行讨论，即经过若干轮意见反馈修正，确定最终调查表的内容，并选择合适的统计方法对最终预测值进行处理。

项目二　卡夫食品有限公司是全球第二大食品公司，经营包括饼干、糖果、咖啡和固体速溶饮料在内的四大消费品类。在目前的中国市场上，其生产的饼干已占据市场绝大部分份额。现要求学生从卡夫旗下的饼干品牌中（奥利奥、王子、趣多多、太平梳打、闲趣、乐之、佳钙、优冠）中任选一个，搜集该品牌的产品信息以及消费市场信息，尝试使用任务 8 所讲的一些定性预测方法，为该品牌饼干做下一年度的销售预测。

任务9　掌握时间序列预测法

请扫描二维码观看教学视频

知识目标

为了完成本任务，你需要的理论知识：

1. 时间序列预测法的含义
2. 平均数预测法
3. 指数平滑预测法
4. 季节指数预测法
5. 趋势外推预测法

能力目标

通过完成本任务，你应该能够：

1. 了解时间序列预测法的含义
2. 掌握几种基本的时间序列预测法
3. 能够实施相关的预测
4. 会运用预测技术为企业经营决策服务

项目任务

9.1　认识时间序列预测法

9.2　掌握平均数预测法

9.3　掌握指数平滑预测法

9.4　掌握季节指数预测法

9.5　了解趋势外推预测法

◆ 任务导入

◆ 案例研究

◆ 相关链接

◆ 增值阅读

◆ 任务小结

◆ 能力自测

◆ 实践与操作

任务导入

趣味阅读

2019年广东GDP破10万亿　位列全球GDP第13位

2019年，中国诞生了史上第一个GDP破10万亿元的省份。2019年广东省GDP实际公布数据为107 986.9亿元。据中国外汇交易中心公布的数据，2019年美元/人民币年平均汇率为6.898 5。照此计算，广东省2019年的GDP约为1.56万亿美元。

放到全世界，这是什么水平？从世界银行统计的2018年各国GDP来看，广东以“一省之力”就足以位列全球第13位，紧追韩国(1.62万亿美元)，且领先于澳大利亚、西班牙、荷兰、瑞士等一众发达国家。

“富可敌国”的可不止广东省，2019年江苏省和山东省稳居“榜眼”及“探花”之位。排在全国第4、第5的浙江省和河南省，在2019年各自首次实现了GDP突破6万亿元和5万亿元的大关，换算成美元分别为0.87万亿美元和0.72万亿美元。至此，浙江省与全球排第17位的荷兰(0.91万亿美元)差距进一步缩小，而河南省正好可以“挤掉”瑞士(0.71万亿美元)全球第20的位置。这也意味着，中国有5个省份能与世界前20强的经济体匹敌。

广东省2011—2020年地区生产总值(GDP)趋势图

(数据来源：根据国家统计局网站数据整理得到。)

时间序列预测法可以用于研究经济现象数量方面的变化和发展过程，是一种重要的统计分析方法。通过对比2011—2020年的广东省地区生产总值(GDP)的发展变化，我们可以直观地了解广东省过去和现在的经济增长状况，并可以对未来的经济增长情况做出预测。

9.1　认识时间序列预测法

9.1.1　时间序列含义

1. 时间序列的含义

时间序列也叫时间数列或动态数列,它是将某种统计指标的数值,按时间先后顺序排到所形成的数列,如表 9－1 所示。

表 9－1　2016—2020 年中国 GDP 增长率

年　份	2016	2017	2018	2019	2020
中国 GDP 增长率(%)	6.8	6.9	6.7	6	2.3

从表 9－1 可以看出,时间序列一般由两个要素构成:一是被研究现象所属的时间,如上表中的 2016 年、2017 年等各个年份;二是反映该现象的统计指标数值,如上表中的中国 GDP 增长率。

2. 时间序列的编制原则

为了保证时间序列中指标数值之间具有可比性,在编制时间序列时应遵守以下几个原则:

(1) 时间长短要一致。时间数列指标值的大小和指标包含的时间长短有直接关系。因此,一般要求时期数列指标值包含的时期前后一致,以利于对比。如表 9－1,前后时期一致,都是一年。但这个原则也并不是绝对的,在某些特殊情况下,也可编制时间间隔长短不同的时期数列。

(2) 总体范围应该一致。即对研究对象总体范围必须严格限定,当变化不可避免时,必须做出相应的调整,才具有可比性。

(3) 计算方法和计量单位应该一致。动态数列中各项指标的计算口径、计量单位和计算方法应该一致,保持不变。

(4) 经济内容要一致。一般来说,只有同质的现象才能进行动态对比,才能表明现象发展变化的过程和趋势。有时动态数列的指标在名称上是一个指标,但经济内容和经济含义不同或有了改变,这也是不可比的。

3. 影响市场现象变动的因素

影响市场现象变动的因素按其特点和综合影响结果可以分为四类。

(1) 长期趋势。

长期趋势(T)指现象在一段较长的时间内,由于普遍的、持续的、决定性的基本因素的作用,使发展水平沿着一个方向逐渐向上或向下变动的趋势。例如,人类寿命的延长、生产力的发展、土地面积的缩小等都是全球的长期趋势。认识和掌握事物的长期趋势,可以把握事物发展变化的基本特点。

(2) 季节变动。

季节变动(S)是指现象受季节的影响而发生的变动。其变动的特点是,在一年或更短的时间内随着时序的更换，使现象呈周期重复的变化。引起季节变动的原因有自然因素，也有人为因素，如气候条件、节假日以及风俗习惯等。季节变动的影响有以年为周期的，也有以日、周、月为周期的。认识与掌握季节变动，对于近期行动决策有重要作用。

(3) 循环变动。

循环变动(C)指现象发生周期比较长的涨落起伏的变动。通常所指的循环变动乃经济发展荣衰不绝相替之变动。它与寒暑温凉相继不息的天时循环变动有明显的不同，也不同于朝单一方向持续发展的长期趋势。引起循环变动可能由于不同的原因，使得变动的周期长短不同，常在一年以上甚至七八年、十多年。各期始末亦难定为何年何月，上下波动程度也不相同。比如经济(商业)周期的繁荣、萧条、危机、复苏等阶段更替的周期性变动。

(4) 不规则变动。

不规则变动(I)指现象除了受以上各种变动的影响外，还受临时的、偶然因素或不明原因而引起的非周期性、非趋势性的随机变动。比如，受台风影响，农作物损失严重；又如，受地震的影响，某地区经济严重下降。不规则变动是无法预知的。

9.1.2　时间序列预测法的含义

时间序列预测法是一种定量分析方法，它是在时间序列变量分析的基础上，运用一定的数学方法建立预测模型，使时间趋势向外延伸，从而预测未来市场的发展变化趋势，确定变量预测值的方法。其内容包括：收集与整理某种社会现象的历史资料；对这些资料进行检查鉴别，排成数列；分析时间数列，从中寻找该社会现象随时间变化而变化的规律，得出一定的模式；以此模式去预测该社会现象将来的情况。

9.1.3　时间序列预测法的特点

1. 根据过去的变化趋势预测未来的发展

时间序列预测法是根据过去的变化趋势预测未来的发展，它的前提是假定事物的过去延续到未来。时间序列预测正是根据客观事物发展的连续规律性，运用过去的历史数据，通过统计分析进一步推测未来的发展趋势。事物的过去会延续到未来这个假设前提包含两层含义：一是不会发生突然的跳跃变化，是以相对小的步伐前进；二是过去和当前的现象可能表明现在和将来活动的发展变化趋向。这就决定了在一般情况下，时间序列预测法对于短、近期预测比较显著，但如延伸到更远的将来，就会出现很大的局限性，导致预测值偏离实际较大而使决策失误。

2. 存在规律性与不规律性

时间序列中的每个观察值大小，是影响变化的各种不同因素在同一时刻发生作用的综合结果。从这些影响因素发生作用的大小和方向变化的时间特性来看，这些因素造成的时间序列数据的变动分为四种类型。

(1) 趋势性。某个变量随着时间进展或自变量变化，呈现一种比较缓慢而长期的持续上升、下降、停留的同性质变动趋向，但变动幅度可能不相等。

(2) 周期性。某因素由于外部影响随着自然季节的交替出现高峰与低谷的规律。

(3) 随机性。个别为随机变动,整体呈统计规律。

(4) 综合性。实际变化情况是几种变动的叠加或组合。预测时设法过滤,除去不规则变动,突出反映趋势性和周期性变动。

3. 撇开了市场发展的因果关系去分析市场的过去和未来的关系

预测对象的发展变化受到各种因素的影响,每一种因素的影响都是各不相同的。时间序列预测法将影响预测目标的一切因素都由“时间”综合起来描述,并没有深究其中各因素之间的因果关系。

9.1.4 时间序列预测法的步骤

第一步,收集历史资料,加以整理,编成时间序列,并根据时间序列绘成统计图。时间序列分析通常是把各种可能发生作用的因素进行分类,传统的分类方法是按各种因素的特点或影响效果分为四大类:① 长期趋势;② 季节变动;③ 循环变动;④ 不规则变动。

第二步,分析时间序列。时间序列中的每一时期的数值都是由许许多多不同的因素同时发生作用后的综合结果。

第三步,求时间序列的长期趋势(T)、季节变动(S)和不规则变动(I)的值,并选定近似的数学模式来代表它们。对于数学模式中的诸未知参数,可以使用合适的技术方法求出其值。

第四步,利用时间序列资料求出长期趋势、季节变动和不规则变动的数学模型后,就可以利用它来预测未来的长期趋势值 T 和季节变动值 S,在可能的情况下预测不规则变动值 I。然后用以下模式计算出未来的时间序列的预测值 Y:

$$加法模式:T+S+I=Y$$

$$乘法模式:T\times S\times I=Y$$

如果不规则变动的预测值难以求得,就只求长期趋势和季节变动的预测值,以两者相乘之积或相加之和为时间序列的预测值。如果经济现象本身没有季节变动或不需预测分季分月的资料,则长期趋势的预测值就是时间序列的预测值,即 T=Y。但要注意这个预测值只反映现象未来的发展趋势,即使很准确的趋势线在按时间顺序的观察方面所起的作用,本质上也只是一个平均数的作用,实际值将围绕着它上下波动。

[相关链接 9-1]

机构预测:2033 年,中国人均 GDP 将达到 2.4 万美元

2020 年,中国社会科学院经济研究所的一份研究报告预测,到 2033 年,中国人均 GDP 将达到 2.4 万美元,2050 年将达到 4.1 万美元,中国将成为现代化强国。

报告收录在《宏观经济蓝皮书:中国经济增长报告(2019—2020)》中。中国社会科学院经济研究所中国经济增长前沿课题组创新性地提出了长期经济增长的“S”形经济增长路径这一命题,刻画了中国赶超中的阶段性“规模收益递增”特征,探讨了从工业化转向城市化所导致的动力结构转变、收益特性、政府干预、技术进步等,还探讨了技术进步中的“干中学”效应递减、低成本要素提供不可持续、从“结构性加速”向“结构性减速”转换的机理与挑战等问题。

报告指出，“S”形增长曲线模型本质上就是一个人均 GDP 基于资本要素积累形成的增长的生产函数扩展，扩展为一个因时而变的增长路径，构成了一个逻辑曲线。蓝皮书以我国 2019 年人均 GDP 达到 1 万美元为基数，2020 年以名义增长率为 3.5%和汇率为 7，之后年份假定汇率为 7，并给出未来三个 10 年总体递减的通货膨胀率，计算预测未来 30 年的 GDP 增速。结果显示，到 2033 年，中国人均 GDP 将达到 2.4 万美元，到 2050 年人均 GDP 将达到 4.1 万美元，中国将成为现代化强国。从现在到 2050 年，我国经济增长将逐步从赶超速度向发达国家增长速度收敛，因此衡量财富水平的关键不是速度，而是一国的经济稳定和持续增长。

报告认为，2021 年后，中国将从工业化过程中以“物质”效率供给为核心的发展阶段，转向深度城市化过程中以“人”为中心的发展阶段，即通过消费和服务提升“人”的质量，达到创新和效率提升。由城市化的经济体系向福利社会体系转型，为人提供高质量公共服务。中国 2019 年常住人口城镇化率为 60.6%，户籍人口城镇化率为 44.38%。随着户籍改革深入，预计到 2030 年，常住人口城市化率将达到 70%，而后城市化率将进入自然增长过程。到 2050 年，基本的城市化率将达到 85%的水平。

（资料来源：节选整理自“机构预测：2033 年，中国人均 GDP 将达到 2.4 万美元”，https://new.qq.com/rain/a/20201031a0eugb00）

9.2　掌握平均数预测法

在市场预测方法中，最普遍使用的定量预测技术便是平均数预测法。该方法通过汇总历史数据资料后再求平均数，并以所求平均数为基础，预测未来时期的预测值。这种方法简便易行，是市场预测中常用的方法。

平均数预测法常用的有简单算术平均法、加权算术平均法和移动平均法。

9.2.1　简单算术平均法

简单算术平均法是以一定观察期内预测变量的算术平均数作为下期预测值的预测方法。这种方法适用于趋势比较稳定的时间序列的短期预测。其计算公式为：

$$\bar{x}=\frac{x_1+x_2+\cdots+x_n}{n}=\frac{\sum x}{n} \qquad (公式 9-1)$$

式中，$\bar{x}$ 代表算术平均数；x 代表各期实际数；n 代表期数；$\sum$ 为总和符号。

[例 9-1]　假设某财经大学的就业办公室给本校的本科毕业生们发了一张调查表，调查学生的每月月薪的信息。表 9-2 显示了收集到的数据。

表 9-2　12 个毕业生每月月薪的数据

毕业生	月薪(元)	毕业生	月薪(元)	毕业生	月薪(元)
1	4 350	5	4 255	9	4 440
2	4 450	6	4 210	10	4 825
3	4 550	7	4 390	11	4 420
4	4 380	8	4 630	12	4 380

解:12 个毕业生每月月薪的平均数计算如下：

$$\bar{x}=\frac{\sum x}{n}$$

$$=\frac{4\ 350+4\ 450+4\ 550+4\ 380+4\ 255+4\ 210+4\ 390+4\ 630+4\ 440+4\ 825+4\ 420+4\ 380}{12}$$

$$=4\ 440(\text{元})$$

预测值可以用过去历史数据的简单算术平均值代替,因此可预测财经大学本科毕业生预期的月薪为 4 440 元。

9.2.2　加权算术平均法

加权算术平均法是指将时间序列的各个数据看作对预测值的不同的影响程度,分别给各个数据以不同的权数后计算出加权平均数,并将其作为下期预测值的方法。其计算公式为：

$$\bar{x}=\frac{x_1f_1+x_2f_2+\cdots+x_nf_n}{f_1+f_2+\cdots+f_n}=\frac{\sum xf}{\sum f} \qquad (公式\ 9-2)$$

式中,f 代表权数;其余符号同前。

[例 9-2]　某商场销售额统计表如表 9-3 所示,根据 1～6 月的数据用加权平均法来预测 7 月销售额。

表 9-3　某商场 1～6 月销售额

月　份	1 月	2 月	3 月	4 月	5 月	6 月	7 月预测值(万元)
销售额 x(万元)	26	27	24	28	26	25	25.9
权重(f)	1	2	3	4	5	6	

解:

$$\bar{x}=\frac{\sum xf}{\sum f}=\frac{26\times1+27\times2+24\times3+28\times4+26\times5+25\times6}{1+2+3+4+5+6}=25.9(\text{万元})$$

上例中,考虑到信息与现在越接近,则影响越大,因此越接近预测期的月份赋予其越大的权重，比如赋予 6 月的权重为 6，而赋予 1 月的权重为 1，以此给每个月加个权数，用加权算术平均法来预测 7 月份的销售额为 25.9 万元。

加权平均法的关键是确定适当的权数。只有确定适当的权数，才能得到满意的预测值。而权数的确定，只有根据预测者对时间序列的观察分析而得知。一般情况下，应该考虑：其一，根据预测期的远近，远期观察值权数应该小些，近期观察值权数应该大些；其二，根据时间序列本身的变动幅度大小，对于波动幅度较大的时间序列，给予的权数差异大些，而对于变动幅度小的时间序列，给予的权数差异可以小些。在预测者不能肯定如何分配理想的权数时，可以同时采用几个权数计算，最后视误差大小选择最适当的权数值。

加权算术平均法与简单算术平均法相比具有的优势：根据对各个不同时期数据的具体分析，给予不同的权数。一般情况下，对预测值影响越重要的数据权数越大，反之，越小，权数之间的级差一般根据经验来判断确定。加权算术平均法较能真实地反映时间序列的规律，考虑了事件的长期发展趋势。

9.2.3　移动平均法

移动平均法是指在观察预测对象的历史数据条件下，由远而近采用逐项递移方法，计算一系列平均数，把每期平均数作为下一期预测值的方法。这种方法按一定跨越期逐一求得平均值，随观察值向后推移，平均值也向后移动，形成一个由平均值组成的新的时间序列，对新时间序列中平均值加以调整，可作为观察期内的估计值，最后一个平均值是预测值计算的依据。

移动平均法预测的准确程度，取决于移动跨越期的长短。预测者确定跨越期长短要根据以下两个方面：首先，要根据时间序列本身的特点；其次，根据研究问题的需要。若时间序列观察值的波动主要是由随机因素引起的，是为了反映预测事物的长期变动趋势，跨越期可以适当长些；若时间序列观察值的波动主要不是由随机因素引起的，而是现象本身的变化规律，是为了灵敏地反映历史数据的变动趋势，跨越期可以适当短些。移动平均法主要包括一次移动平均法和二次移动平均法。

1. *一次移动平均法*

一次移动平均法是指对时间序列按一定的观察期，连续移动计算实际值的平均值作为预测值的方法。其计算公式为：

$$\overline{X}_t=\frac{X_{t-1}+X_{t-2}+\cdots+X_{t-n}}{n}\qquad（公式 9-3）$$

式中，$\overline{X}_t$ 为预测值；X_t 为各期实际数；t 为资料的时间数（年、季、月）；n 为移动平均的时间段长。

［例 9-3］　某企业 2010—2020 年销售额如表 9-4 所示，用一次移动平均法来预测 2021 年的销售额。

表 9-4　某企业 2010—2021 年销售量一次移动平均法计算表　（单位：万元）

年　份	销售额（X_t）	一次移动平均值（$\overline{X}_t$）（$n=3$）
2010	71.0	—

续 表

年 份	销售额(X_t)	一次移动平均值($\overline{X}_t$)($n=3$)
2011	60.0	—
2012	74.2	—
2013	74.0	68.4
2014	82.8	69.4
2015	86.8	77.0
2016	85.4	81.2
2017	88.8	85.0
2018	95.8	87.0
2019	91.7	90.0
2020	91.5	92.1
2021	—	93.0

解: $\overline{X}_{2021}=\dfrac{X_{2018}+X_{2019}+X_{2020}}{3}=93$(万元)

通过一次移动平均值,预测该企业2021年的销售额为93万元。

但是,一次移动平均法有其局限性:其一,只能向未来预测一期;其二,对于有明显趋势变动的市场现象时间序列,一次移动平均法是不适合的,它只适用于基本呈水平型变动,又有些波动的时间序列,可以消除不规则变动的影响。

2. 二次移动平均法

二次移动平均法是以一次移动平均值作为时间序列,再计算一次移动平均值,在此基础上建立预测模型,求出预测值的预测方法。其计算公式为:

$$\overline{X}_t^{(2)}=\frac{\overline{X}_t^{(1)}+\overline{X}_{t-1}^{(1)}+\overline{X}_{t-2}^{(1)}+\cdots+\overline{X}_{t-n+1}^{(1)}}{n} \quad \text{(公式 9-4)}$$

利用二次移动平均法进行预测的时间序列线性模型为:

$$Y_{t+T}=a_t+b_tT \quad \text{(公式 9-5)}$$

其中:

$$a_t=2\overline{X}_t^{(1)}-\overline{X}_t^{(2)} \quad \text{(公式 9-6)}$$

$$b_t=\frac{2(\overline{X}_t^{(1)}-\overline{X}_t^{(2)})}{n-1} \quad \text{(公式 9-7)}$$

［例 9 - 4］　某进出口公司 2009—2020 年出口额如表 9 - 5 所示，用二次移动平均法来预测 2021 年的出口额。

表 9 - 5　某进出口公司 2009—2020 年出口额数据表

年　份	时　序	出口额(万元)	$\overline{X}_t^{(1)}(n=4)$	$\overline{X}_t^{(2)}(n=4)$
2009	1	38		
2010	2	45		
2011	3	35		
2012	4	49	41.75	
2013	5	70	49.75	
2014	6	43	49.25	
2015	7	46	52.00	48.19
2016	8	55	53.50	51.13
2017	9	45	47.25	50.50
2018	10	65	52.75	51.38
2019	11	64	57.25	52.69
2020	12	43	54.25	52.88

解：根据模型计算得到：

$$a_{12}=2\overline{X}_{12}^{(1)}-\overline{X}_{12}^{(2)}=2\times 54.25-52.88=55.62$$

$$b_{12}=\frac{2}{n-1}(\overline{X}_{12}^{(1)}-\overline{X}_{12}^{(2)})=\frac{2}{4-1}(54.25-52.88)=0.913$$

所以有：

$$Y_{12+T}=55.62+0.913\times T$$

预测 2021 年出口额：

$$Y_{12+1}=55.62+0.913\times 1=56.53(\text{万元})$$

二次移动平均法与一次移动平均法相比，其优点是大大减少了滞后偏差，使预测准确性提高。但是，二次移动平均法只适用于短期预测，而且只用于 $T\geqslant 0$ 的情形。

9.3　掌握指数平滑预测法

指数平滑预测法是指通过对预测目标历史统计序列的逐层的平滑计算，消除随机因素造成的影响，找出预测目标的基本变化趋势，并以此预测未来的方法。这种方法的优点是只要有上期实际数和上期预测值，就可计算下期的预测值，这样可以节省很多收集数据和处理数据的时间，减少数据的存储量，方法简便，所以应用范围较为广泛，适于短期预测。

它的特点在于：第一，对离预测期最近的市场现象观察值，给予最大的权数，而对离预测期渐远的观察值给予递减的权数。第二,对于同一市场现象连续计算其指数平滑值,对较早期的市场现象观察值不是一概不予考虑,而是给予递减的权数。第三,指数平滑法中的平滑系数,是一个可调节的权数值。预测者可以通过调整它的大小,来调节近期观察值和远期观察值对预测值的不同影响程度。

指数平滑法按市场现象观察值被平滑的次数不同,具体分为一次指数平滑法和二次指数平滑法。

9.3.1 一次指数平滑法

1. 一次指数平滑法的概念

一次指数平滑法是指根据对权数递增快慢的要求,选择权数(平滑系数)α($0\leqslant\alpha\leqslant1$),对本期的实际值加权平均来推算下一期的预测值的一种预测方法。其计算公式为:

$$\bar{x}_t=\alpha x_{t-1}+(1-\alpha)\bar{x}_{t-1} \qquad \text{(公式 9-8)}$$

上式也可表示为:

$$\bar{x}_t=\bar{x}_{t-1}+\alpha(x_{t-1}-\bar{x}_{t-1}) \qquad \text{(公式 9-9)}$$

式中,$\bar{x}_t$ 为第 t 期的预测值;$\bar{x}_{t-1}$为第 $t-1$ 期的预测值;x_{t-1}为第 $t-1$ 期的实际值;α 为平滑系数($0\leqslant\alpha\leqslant1$)。

2. 一次指数平滑法的特点

(1) 一次指数平滑法不需要存储最近 n 期的实际值,只需要第 $t-1$ 期的实际值 x_{t-1}和预测值 $\bar{x}_{t-1}$,再由预测者选择一个合适的平滑系数 α 即可求得第 t 期的预测值,一次指数平滑法的这种特点,不论是用手工计算还是用计算机计算,都省去了由于储存数据过多带来的不便,计算过程简便,计算工作量不会过大。

(2) 指数平滑法得到的预测值是对整个序列的加权平均,且权数符合近期大、远期小的要求,当实际数据很多时,其权数之和接近等于 1。这从客观上保证了各加权系数的一致性,消除了权数确定的随意性。

3. 平滑系数 α 的选择

在应用指数平滑法时,正确选取 α 值很重要。α 值越大,则近期资料影响越大;反之,则近期资料影响越小。α 取值的一般原则是:时间序列长期趋势处于稳定的状态,α 取值应较小,如 0.1~0.3;时间序列具有迅速且明显的变化倾向,α 取值应适中,如 0.3~0.5;时间序列波动呈明显的上升或下降的斜坡趋势时,α 取值应较大,如 0.6~0.8;在实际应用中,可取若干个 α 值进行比较,选择预测误差最小的 α 值。合适的 α 值要根据过去的数据经过试算和误差分析求得。在一次指数平滑预测中,通过用不同的 α 值对一次指数平滑值的测算,可以明确两个问题:首先,可以确定被研究市场现象是否适合用一次指数平滑法进行预测;其次,可以通过误差大小的比较,得到最优 α 值作为确定的平滑系数。

4. 一次指数平滑法的应用

[例 9-5] 某企业某种产品 2021 年 1~11 月的销售额如表 9-6 所示,α 取值分别为 0.2、0.8,试运用一次指数平滑法预测 2021 年 12 月的销售额。

表 9-6　一次指数平滑预测表　　(单位:万元)

序　号 (1)	月　份 (2)	销售额 (3)	$\alpha=0.2$		$\alpha=0.8$	
			$\bar{x}_{t-1}$(4)	$\bar{x}_t$(5)	$\bar{x}_{t-1}$(6)	$\bar{x}_t$(7)
1	1	38	38.00		38.00	
2	2	45	39.40	38.00	43.60	38.00
3	3	35	38.52	39.40	36.70	43.60
4	4	49	40.62	38.52	46.54	36.70
5	5	70	46.50	40.62	65.31	46.54
6	6	43	45.80	46.50	47.46	65.31
7	7	46	45.84	45.80	46.29	47.46
8	8	55	47.67	45.84	53.26	46.29
9	9	45	47.13	47.67	46.65	53.26
10	10	65	50.71	47.13	61.33	46.65
11	11	64	53.36	50.71	63.47	61.33
12				53.36		63.47

解:(1) 选择平滑系数(如 $\alpha=0.2$)和时间序列观察期 $n=11$;

(2) 确定初始预测值(=38);

(3) 计算各期的一次指数平滑数;

(4) 进行预测。

当 $\alpha=0.2$ 时,

$\bar{x}_2=0.2\times38+(1-0.2)\times38=38$

$\bar{x}_3=0.2\times45+(1-0.2)\times38=39.4$

$\bar{x}_4=0.2\times35+(1-0.2)\times39.4=38.52$

……

$\bar{x}_{11}=0.2\times65+(1-0.2)\times47.13=50.71$

计算 12 月的预测值:

$\bar{x}_{12}=0.2\times64+(1-0.2)\times50.71=53.36$

当 $\alpha=0.8$ 时,同理,依上述步骤进行预测。

从上例计算过程中,我们可以发现,一次指数平滑法在计算每一个平滑值时,只需用一个实际观察值和一个上期的平滑值就可以了,它避免了由于储存历史数据过多带来的不便,计算过程简便。但一次指数平滑法也有明显不足,它只能向未来预测一期,这在很多情况下造成了预测的局限性,不能满足市场预测的需要。此外,第一个平滑值和平滑系数仅是根据经验来确定的,尚无严格的数学理论加以证明,所以也具有不确定性。它对于无明显趋势变动的市场现象进行预测是适合的,但对于有趋势变动的市场现象则不适合。当市场现象存在明显趋势时,不论平滑系数取值多大,其一次指数平滑值也会滞后于实际观察值。对于一次指数平滑法的不足,二次指数平滑法就可以克服。

9.3.2 二次指数平滑法

1. 二次指数平滑法的概念

二次指数平滑法(也称布朗指数平滑法或多重指数平滑法)是在一次指数平滑的基础上再进行一次平滑,利用两次平滑值建立的线性趋势模型进行预测。其计算公式为:

二次指数平滑法的计算公式为:

$$S_t^2 = \alpha S_t^1 + (1-\alpha)S_{t-1}^2 \qquad \text{(公式 9-10)}$$

式中,S_t^2 为第 t 期的二次指数平滑值;S_{t-1}^2 为第 $t-1$ 期的二次指数平滑值;S_t^1 为第 t 期的一次指数平滑值,即 $\bar{x}_t$;α 为平滑系数($0 \leqslant \alpha \leqslant 1$)。

二次指数平滑法对于具有明显线性趋势的时间序列,不但可以用于短期预测,而且可以用于近期或中期的市场预测。它与一次指数平滑法相比是更先进的方法。

二次指数平滑法的预测模型,实际上是近似的线性方程形式,趋势方程的形式为:

$$Y_{t+T} = a_t + b_t T \qquad \text{(公式 9-11)}$$

式中,Y_{t+T} 为第 $t+T$ 期的预测值;a_t 为趋势方程的截距;b_t 为趋势方程的斜率;T 为时间 t 到预测期的时间间隔。

二次指数平滑预测模型可以通过以下公式表示:

$$a_t = 2S_t^1 - S_t^2 \qquad \text{(公式 9-12)}$$

$$b_t = \frac{\alpha}{1-\alpha}(S_t^1 - S_t^2) \qquad \text{(公式 9-13)}$$

2. 二次指数平滑法的特点

(1) 可以完成一次指数平滑法不能解决的带趋势变动的市场现象的预测。

(2) 可用于一期以上预测值的计算。

(3) 与一次指数平滑法一样,也具有储存数据少的优点,给预测者带来很大方便。

[案例研究 9-1]

某地区是个海滨城市,海产品出口占某市全部出口额的 60%,现有 2014—2020 年的数据如下表,用二次指数平滑法建立预测模型(假设平滑系数 α 为 0.8)。

某地区 2014—2020 年海产品出口额数据表 (单位:千万元)

年 份	时序 t	海产品出口额	$S_t^{(1)}$	$S_t^{(2)}$
2014	1	40	41.534	42.655
2015	2	47	45.906	45.256
2016	3	56	53.981	52.236
2017	4	65	62.796	60.684

续　表

年　份	时序 t	海产品出口额	$S_t^{(1)}$	$S_t^{(2)}$
2018	5	70	68.559	66.984
2019	6	75	73.712	72.366
2020	7	82	80.342	78.747

解:这是一个应用二次指数平滑法的案例题,假定根据该地区海产品出口的历史资料,若 $\alpha=0.8$,根据上述公式解题如下:

$$a_7=2S_7^{(1)}-S_7^{(2)}=2\times 80.342-78.747=81.937$$

$$b_7=\frac{\alpha}{1-\alpha}(S_7^{(1)}-S_7^{(2)})=\frac{0.8}{1-0.8}(80.342-78.747)=6.38$$

$$Y_{7+T}=a_7+b_7T=81.937+6.38T$$

通过求得的这个预测模型,就可以预测 2020 年以后各年的出口额,完成我们的预测任务。

9.4　掌握季节指数预测法

9.4.1　季节指数预测法的概述

1. 季节变动的含义及特点

季节变动是指某些市场现象由于受自然气候、生产条件、生活习惯等因素的影响,在一定时间中随季节的变化而呈现出周期性的变化规律。

季节变动的特点是每年都重复出现,各年同月(或季)具有相同的变动方向,变动幅度一般相差不大。若将这种逐年各期重复出现的季节变动的方向和幅度加以归纳,则形成季节变动模型。因此,研究市场现象的季节变动,搜集时间序列的资料一般应以月(或季)为单位,且至少需要有 3 年或 3 年以上的市场现象各月(各季)的资料,才能观察到季节变动的一般规律性。

2. 季节指数法的含义

季节指数法是根据预测目标各年按月(或季)编制的时间序列资料,以统计方法测定出反映季节变动规律的季节指数,并利用季节指数进行预测的预测方法。在市场销售中,一些商品,如空调、冷饮、四季服装等,往往受季节影响而出现销售的淡季和旺季之分的季节性变动规律。掌握了季节变动规律,就可以利用它来对季节性的商品进行市场需求量的预测。

利用季节指数预测法进行预测时,时间序列的时间单位或是季,或是月,变动循环周期为 4 季或是 12 个月。

运用季节指数进行预测,首先,要利用统计方法计算出预测目标的季节指数,以测定季节变动的规律性;然后,在已知季度的平均值的条件下,预测未来某个月(季)的预测值。

9.4.2 简单季节指数法

1. 简单季节指数法的含义

简单季节指数法是根据呈现季节变动的时间序列资料,用求算术平均值方法直接计算各月或各季的季节指数,据此达到预测目的的一种方法。

简单季节指数中,一年4个季度的季度指数之和为400%,每个季度季节指数平均数为100%。季节变动表现为各季的季节指数围绕着100%上下波动,表明各季销售量与全年平均数的相对关系。例如,某种商品第一季度的季节指数为125%,这表明该商品第一季度的销售量通常高于年平均数25%,属旺季;若第三季度的季节指数为73%,则表明该商品第三季度的销售量通常低于年平均数27%,属淡季。

2. 简单季节指数法的一般步骤

(1) 收集历年(通常至少3年)各月或各季的统计资料(观察值)。

(2) 求出各年同月或同季观察值的平均数(用 A 表示)。

(3) 求历年间所有月份或季度的平均值(用 B 表示)。

(4) 计算各月或各季度的季节指数,即 $C=\frac{A}{B}$,C 为季节指数。

(5) 根据未来年度的全年趋势预测值,求出各月或各季的平均趋势预测值,然后乘以相应季节指数,得出未来年度内各月和各季包括季节变动的预测值。

$$Y_t=(a+bT)C_i \quad \text{(公式 9-14)}$$

式中,C_i 为第 i 季度的季节指数($i=1,2,3,4$);Y_t 为第 t 季度的销售量;a 为待定系数;b 为待定系数;T 为预测期季度数。

9.4.3 季节比例法

1. 季节比例法的含义

季节比例法是为了消除趋势变动和剩余变动的影响,利用各月(或季)的实际值与趋势值之比计算季节指数来分析和确定各月(或季)预测值的一种方法。

2. 季节比例法的步骤

(1) 求趋势值。

(2) 计算各期的趋势比率。

(3) 计算季节指数。

(4) 进行预测。

[案例研究 9-2]

某商场2018—2020年的销售情况如下表所示,用季节比例法预测2021年的销售额。

某商场 2018—2020 年销售情况表　　(单位:万元)

年　份	时序(t)	销售额(x)	t^2	tx	趋势值	趋势比率(TI)
2018	1	32	1	32	25.09	1.28
	2	18	4	36	26.21	0.69
	3	21	9	63	27.33	0.77
	4	39	16	156	28.45	1.37
2019	5	36	25	180	29.37	1.22
	6	21	36	126	30.69	0.68
	7	24	49	168	31.81	0.75
	8	44	64	352	32.93	1.34
2020	9	39	81	351	34.05	1.15
	10	25	100	250	35.17	0.71
	11	28	121	308	36.29	0.77
	12	48	144	576	37.41	1.28
合　计	78	375	650	2 598		

解:(1) 求趋势值。

假定各季度销售量呈直线趋势变化,根据最小二乘法建立直线趋势预测模型:

$$\hat{x}_t = a + bt$$

利用上表中数据可求得:

$$b = \frac{n\sum tx - \sum t \sum x}{n\sum t^2 - (\sum t)^2} = \frac{12 \times 2\ 598 - 78 \times 375}{12 \times 650 - 78^2} = 1.12$$

$$a = \frac{\sum x}{n} - b\frac{\sum t}{n} = \frac{375}{12} - 1.12 \times \frac{78}{12} = 23.97$$

即得直线趋势预测数学模型:

$\hat{x}_t = 23.97 + 1.12t$

(2) 根据直线趋势预测模型计算各期趋势值。

$\hat{x}_1 = 23.97 + 1.12 \times 1 = 25.09$

$\hat{x}_2 = 23.97 + 1.12 \times 2 = 26.21$

……

$\hat{x}_7 = 23.97 + 1.12 \times 7 = 31.81$

……

$\hat{x}_{13} = 23.97 + 1.12 \times 13 = 38.53$

$\hat{x}_{14} = 23.97 + 1.12 \times 14 = 39.65$

$\hat{x}_{15}=23.97+1.12\times 15=40.77$

$\hat{x}_{16}=23.97+1.12\times 16=41.89$

(3) 计算各期趋势比率。

趋势比率的计算公式是:

$$TI_i=\frac{x_i}{\hat{x}_i}$$

所以有:

$$TI_1=\frac{x_1}{\hat{x}_1}=\frac{32}{25.09}=1.28$$

$$TI_2=\frac{x_2}{\hat{x}_2}=\frac{18}{26.21}=0.69$$

$$TI_3=\frac{x_3}{\hat{x}_3}=\frac{21}{27.33}=0.77$$

……

$$TI_{11}=\frac{x_{11}}{\hat{x}_{11}}=\frac{28}{36.29}=0.77$$

$$TI_{12}=\frac{x_{12}}{\hat{x}_{12}}=\frac{48}{37.41}=1.28$$

(4) 计算季节指数,季节指数等于同季趋势比率和与资料年份数的比。所以有:

$$SI_1=\frac{1.28+1.22+1.15}{3}=1.22$$

$$SI_2=\frac{0.69+0.68+0.71}{3}=0.69$$

$$SI_3=\frac{0.77+0.75+0.77}{3}=0.76$$

$$SI_4=\frac{1.37+1.34+1.28}{3}=1.33$$

(5) 进行预测。

根据上述计算结果,2021 年各季度的销售额预测值如下。

预测公式为:

$$\hat{X}_t=(a+bt)SI_i=\hat{x}_{12+i}\times SI_i$$

所以有:

$\hat{X}_1=(a+bt)SI_1=\hat{x}_{13}\times SI_1=38.53\times 1.22=47$

$\hat{X}_2=(a+bt)SI_2=\hat{x}_{14}\times SI_2=39.65\times 0.69=27$

$\hat{X}_3=(a+bt)SI_3=\hat{x}_{15}\times SI_3=40.77\times 0.76=31$

$$\widehat{X}_4=(a+bt)SI_4=\hat{x}_{16}\times SI_4=41.89\times 1.33=56$$

9.5　了解趋势外推预测法

趋势外推预测法又称数学模型法，是指通过建立一定的数学模型，对时间序列拟合恰当的趋势线，将其外推或延伸，用以预测经济现象未来可能达到的水平。趋势外推预测法具体可分为直线趋势外推法（线性趋势外推法）和曲线趋势外推法（非线性趋势外推法）。

9.5.1　直线趋势外推预测法

直线趋势外推预测法是最简单的一种外推法，根据时间序列数据的长期变动趋势，运用数理统计方法确定待定的参数，建立直线预测模型，并用之进行预测的一种定量预测分析方法，适用于时间序列观察值数据呈直线上升或下降的情形。此时，该变量的长期趋势就可用一条直线来描述，并通过该直线趋势的向外延伸，估计其预测值。最小二乘法是直线趋势外推预测法最常用的求解参数的方法，利用数学上的微分求极值原理，将离差平方和趋于最小时的拟合直线作为最佳的一条预测直线方程，从而提高预测的精度。

设拟合直线方程为：

$$\hat{y}_t=\hat{a}+\hat{b}x_t \tag{公式 9 - 15}$$

式中，$\hat{y}_t$ 为第 t 期的预测值；x_t 为自变量，表示第 t 期的编号的取值；$\hat{a}$ 为趋势直线在 y 轴上的截距；$\hat{b}$ 为趋势直线的斜率。

$$\hat{a}=\frac{\sum_{t=1}^{n}y_t}{n}=\bar{y} \tag{公式 9 - 16}$$

$$\hat{b}=\frac{\sum_{t=1}^{n}x_t y_t}{\sum_{t=1}^{n}x_t^2} \tag{公式 9 - 17}$$

［案例研究 9 - 3］

某家用电器厂 2010—2020 年利润额数据资料如下表所示，试预测当时间变量的编号分别为：－5，－4，－3，－2，－1，0，1，2，3，4，5 和 0，1，2，3，4，5，6，7，8，9 时，2021、2022 年企业的利润各为多少万元？

(1) 绘制时间序列数据散点图。观察各散点的变化趋势是否可用直线方程来拟合。

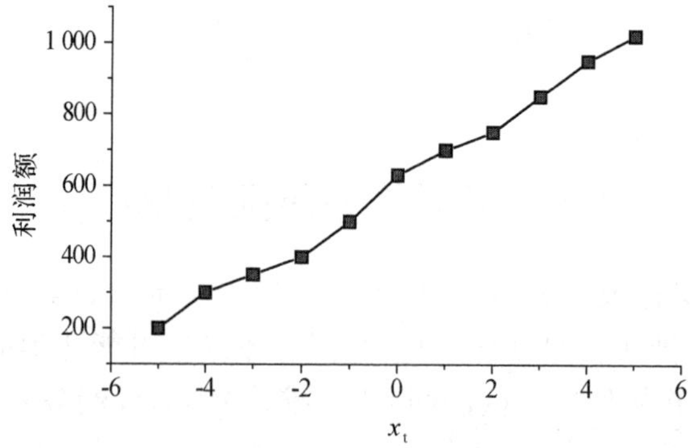

某家用电器厂年利润散点图

(2) 列表计算求待定系数所需的数据资料。

某家用电器厂 2010—2020 年利润及最小二乘法计算表 (单位:万元)

年 份	利润额 y_t	x_t	x_t^2	x_ty_t	$\hat{y}_t$	x_t	x_t^2	x_ty_t	$\hat{y}_t$
2010	200	−5	25	−1 000	191.0	0	0	0	191.0
2011	300	−4	16	−1 200	273.7	1	1	300	273.7
2012	350	−3	9	−1 050	356.4	2	4	700	356.4
2013	400	−2	4	−800	439.1	3	9	1 200	439.1
2014	500	−1	1	−500	521.8	4	16	2 000	521.8
2015	630	0	0	0	604.5	5	25	3 150	604.5
2016	700	1	1	700	687.2	6	36	4 200	687.2
2017	750	2	4	1 500	769.9	7	49	5 250	769.9
2018	850	3	9	2 550	852.6	8	64	6 800	852.6
2019	950	4	16	3 800	935.3	9	81	8550	935.3
2020	1 020	5	25	5 100	1 018.0	10	100	10 200	1 018.0
合 计	6 650	0	110	9 100		55	385	42 350	

上表的左边以 $\sum_{t=1}^{n} x_t = 0$ 来进行自变量 x_t 的取值,求得 $\sum_{t=1}^{n} y_t = 6\ 650$,$\sum_{t=1}^{n} x_t^2 = 110$,$\sum_{t=1}^{n} x_ty_t = 9\ 100$。上表的右边以 0,1,2,…,10 对自变量 x_t 进行取值,并求得 $\sum_{t=1}^{n} x_t = 55$,$\sum_{t=1}^{n} x_t^2 = 385$,$\sum_{t=1}^{n} x_ty_t = 42\ 350$。

(3) 确定待定系数,建立预测模型。

① 按上表左边的时间变量编号方法,有:

$$\hat{a} = \frac{\sum_{t=1}^{n} y_t}{n} = \bar{y} = \frac{6\ 650}{11} = 604.5$$

$$\hat{b}=\frac{\sum_{t=1}^{n}x_t y_t}{\sum_{t=1}^{n}x_t^2}=\frac{9\ 100}{110}=82.7$$

直线方程为：

$$\hat{y}_t=604.5+82.7x_t$$

② 按上表右边的时间变量编号法，有：

$$\hat{a}=\bar{y}_t-\hat{b}\bar{x}_t=191.0$$

$$\hat{b}=\frac{n\sum_{t=1}^{n}x_t y_t-\left(\sum_{t=1}^{n}x_t\right)\left(\sum_{t=1}^{n}y_t\right)}{n\sum_{t=1}^{n}x_t^2-\left(\sum_{t=1}^{n}x_t\right)^2}=82.7$$

直线方程为：

$$\hat{y}_t=191.0+82.7x_t$$

(4) 用拟合直线方程求预测值。

按直线方程 $\hat{y}_t=604.5+82.7x_t$ 进行预测：

$$\hat{y}_{2021}=604.5+82.7\times 6=1\ 100.7(\text{万元})$$

$$\hat{y}_{2022}=604.5+82.7\times 7=1\ 183.4(\text{万元})$$

按直线方程 $\hat{y}_t=191.0+82.7x_t$ 进行预测：

$$\hat{y}_{2021}=191+82.7\times 11=1\ 100.7(\text{万元})$$

$$\hat{y}_{2022}=191+82.7\times 12=1\ 183.4(\text{万元})$$

可见，由于两种时间序列编号方法不同，两条直线方程式的截距也不同，但斜率相同，两个拟合直线方程所求得的预测结果完全一样。

9.5.2　曲线趋势外推预测法

在很多情况下，变量间的关系由于受众多因素的影响，其变动趋势并非总是一条简单的直线方程，往往会呈现出不同形态的曲线变动趋势。

曲线外推预测法是指根据时间序列数据资料的散点图的走向趋势，选择恰当的曲线方程确定待定的参数，建立曲线预测模型，并用它进行预测的方法。

常见的曲线外推趋势预测法有二次曲线法、三次曲线法和生长曲线法。

假设曲线趋势外推预测模型为：

$$\hat{y}_t=\hat{a}+\hat{b}x_t+\hat{c}x_t^2+\hat{d}x_t^3+\hat{e}x_t^4+\cdots \qquad (\text{公式 } 9-18)$$

式中,$\hat{y}_t$ 为第 t 期某变量的预测值(因变量);x_t 为时间变量(自变量),$t=1,2,\cdots,n$。

(1) 当 $\hat{c}=\hat{d}=\cdots=0$ 时,$\hat{y}_t=\hat{a}+\hat{b}\hat{x}_t$,即为线性趋势外推预测法的模型;

(2) 当 $\hat{d}=\hat{e}=\cdots=0$ 时,$\hat{y}_t=\hat{a}+\hat{b}x_t+\hat{c}x_t^2$,即为二次曲线外推预测法的模型。

本书主要介绍二次曲线趋势外推预测法。

二次曲线外推预测法是研究时间序列观察值数据随时间变动呈现一种由高到低再到高(或由低到高再到低)的趋势变化的曲线外推预测方法。由于时间序列观察值的散点图呈现抛物线形状,故也称之为二次抛物线预测模型。

与拟合直线外推预测法相同,二次曲线外推预测法也是根据使其误差最小的标准,确定其待定系数。下面分别介绍如何最小二乘法确定待定参数。

1. 参数的确定

设 y_t 表示第 t 期的时间序列的观察值;$\hat{y}_t$ 为第 t 期的预测值;e_t 为第 t 期的离差;Q 为离差平方和。则二次曲线外推预测法的模型方程式是:

$$\hat{y}_t=\hat{a}+\hat{b}x_t+\hat{c}x_t^2 \qquad (公式 9-19)$$

参数求解公式是:

$$\hat{a}=\frac{\sum_{t=1}^{n}x_t^4\sum_{t=1}^{n}y_t-\sum_{t=1}^{n}x_t^2\sum_{t=1}^{n}x_t^2y_t}{n\sum_{t=1}^{n}x_t^4-(\sum_{t=1}^{n}x_t^2)^2} \qquad (公式 9-20)$$

$$\hat{b}=\frac{\sum_{t=1}^{n}x_ty_t}{\sum_{t=1}^{n}x_t^2} \qquad (公式 9-21)$$

$$\hat{c}=\frac{n\sum_{t=1}^{n}x_t^2y_t-\sum_{t=1}^{n}x_t^2\sum_{t=1}^{n}y_t}{n\sum_{t=1}^{n}x_t^4-(\sum_{t=1}^{n}x_t^2)^2} \qquad (公式 9-22)$$

2. 预测步骤

[例 9-6] 某公司 2012—2020 年的商品销售收入如表 9-7 所示,试预测该公司 2021 年的销售收入。

表 9-7 某公司 2012—2020 年商品销售收入数据表 (单位:万元)

年 份	2012	2013	2014	2015	2016	2017	2018	2019	2020
销售收入	545	641	764	923	1 107	1 322	1 568	1 836	2 140

解:(1) 绘制散点图,如图 9-1 所示。

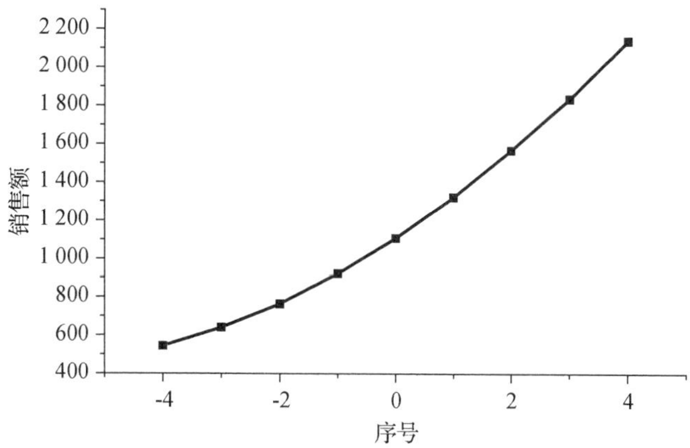

图 9－1　某公司商品销售收入额散点图

(2) 根据观察值的散点图的变化趋势确定其属于二次曲线变化趋势后，列表计算二次曲线待定参数所需的数据。计算结果如表 9－8 所示。

表 9－8　某公司商品销售收入及有关数据计算表　(单位：万元)

年　份	x_t	销售额 y_t	x_t^2	x_t^4	$x_t y_t$	$x_t^2 y_t$	$\hat{y}_t$	$(y_t-\hat{y}_t)^2$
2012	－4	545	16	256	－2 180	8 720	543.89	1.23
2013	－3	641	9	81	－1 923	5 769	640.73	0.07
2014	－2	764	4	16	－1 528	3 056	766.91	8.47
2015	－1	923	1	1	－923	923	922.43	0.32
2016	0	1 107	0	0	0	0	1 107.29	0.08
2017	1	1 322	1	1	1 322	1 322	1 321.49	0.26
2018	2	1 568	4	16	3 136	6 272	1 565.03	8.82
2019	3	1 836	9	81	5 508	16 524	1 837.91	3.65
2020	4	2 140	16	256	8 560	34 240	2 140.13	0.02
合　计	0	10 846	60	708	11 972	76 826		22.92

(3) 计算待定参数，建立预测模型，并计算预测值。

利用表 9－8 中的有关数据，代入上述公式，计算得：

$\hat{a}=1\,107.29$，$\hat{b}=199.53$，$\hat{c}=14.67$

该例的二次曲线趋势外推预测模型为：

$\hat{y}_t=1\,107.29+199.53x_t+14.67x_t^2$

当 $x_t=5$ 时，代入上式得：

$\hat{y}_{2021}=1\,107.29+199.53\times 5+14.67\times 25=2\,471.89$(万元)

增值阅读

机构预测 2021 年中国实际 GDP 增速为 8.0%

来自海关部门的统计显示,2021 年前三季度我国货物贸易进出口总值 28.33 万亿元,比去年同期增长 22.7%。其中,出口 15.55 万亿元,增长 22.7%。与 2019 年同期相比,我国外贸进出口增长 23.4%。基于上述数据,国际评级机构穆迪预测,2021 年中国实际 GDP 增长为 8.0%。早前,国家统计局曾对前三季度国民经济运行情况进行了通报。经初步核算,前三季度国内生产总值 823 131 亿元,按可比价格计算,同比增长 9.8%,两年平均增长 5.2%,比上半年的两年平均增速回落 0.1 个百分点。

穆迪分析称,今年第三季度我国实际 GDP 同比增长 4.9%,环比增长 0.2%,环比数据表明,近几个月 GDP 的增长势头已有所放缓。今年以来国际能源价格大幅上涨,使煤炭、天然气、原油的价格屡创新高,这加剧了国内电力和煤炭企业供应偏紧的现状。对此,中央高度重视,国务院常务会也对进一步做好能源的生产供应工作做出部署和安排。今年 8 月,穆迪曾预测中国 2021 年实际 GDP 增速为 8.3%,在经济增长势头弱于预期的情况下,穆迪认为今年以来,通货膨胀的意外上升已在一定程度上打击了全球经济复苏的乐观情绪。

(资料来源:节选整理自"机构预测 2021 年中国实际 GDP 增速为 8.0% 略低于早前水平",https://finance.sina.com.cn/jjxw/2021-11-17/doc-iktzqtyu7895324.shtml)

任务小结

时间序列预测法是市场预测中最广泛使用的一种预测技术,它能将所掌握的历史资料充分利用,依据时间的不同,所对应信息的可靠程度也相应有所改变。在进行预测时,预测者可根据所得信息资料的特征,如稳定与否、有无周期性等,同时考虑预测的目的和要求而采用相应的预测技术,要求预测结果的精确度符合预测目的而决定加快预测速度、降低预测难度、控制预测费用,更好地服务于企业的生产经营或政府的决策。

(1) 时间序列预测法是一种定量分析方法,它是在时间序列变量分析的基础上,运用一定的数学方法建立预测模型,使时间趋势向外延伸,从而预测未来市场的发展变化趋势,确定变量预测值的方法。

(2) 时间序列预测法具有三个特点,根据这三个特点,时间序列预测可分四个步骤来进行。

(3) 时间序列预测法有平均数预测法、指数平滑预测法、季节指数预测法和趋势外推预测法。

(4) 对于有明显趋势变动的时间序列,可以使用平均数预测法测定这种变动,并用移动平均数作为下一时期的预测值。对于拥有明显季节变动的时间序列,可以使用季节指数法计算预测值。对于不同的时间序列和预测目的,应采用不同的预测方法。

（5）我们在运用预测方法时，一定要明确预测不是目的，而是为了企业经营决策服务的。

能力自测

一、选择题

1. 时间序列的构成要素包括（　　）。

A. 所属时间　　B. 指标数值

C. 数量标志　　D. 数量指标

2. 元宵的销售一般在“元宵节”前后达到旺季，1 月份、2 月份的季节指数将（　　）。

A. 小于 100%　　B. 大于 100%

C. 等于 100%　　D. 大于 120%

3. 空调的销售量一般在夏季前后最多，其主要原因是空调的供求（　　），可以通过计算（　　）来测定夏季期间空调的销售量高出平时的幅度。

A. 受气候变化的影响；循环指数　　B. 受经济政策调整的影响；循环指数

C. 受自然界季节变化的影响；季节指数　　D. 受消费心理的影响；季节指数

4. 移动平均法是测定（　　）的一种较为简单的方法。

A. 长期趋势　　B. 循环变动

C. 季节变动　　D. 不规则变动

5. 本地区 2016—2020 年人均消费水平(元)为：4 000，4 090，4 200，4 350 和 4 560。则 2021 年的三期移动平均预测值为（　　）。

A. $4\ 090+4\ 200+4\ 350=12\ 640$　　B. $4\ 200+4\ 350+4\ 560=13\ 110$

C. $\dfrac{4\ 090+4\ 200+4\ 350}{3}=4\ 213$　　D. $\dfrac{4\ 200+4\ 350+4\ 560}{3}=4\ 370$

6. 当时间序列在长时期内呈现连续的不断增长或减少的变动趋势，其逐期增减量又大致相同时，对该时间序列未来的发展前景进行预测，应使用（　　）。

A. 直线趋势外推预测模型　　B. 曲线趋势外推预测模型

C. 指数曲线趋势预测模型　　D. 对数曲线趋势预测模型

7. 平滑系数 α（　　）。

A. 越大越好　　B. 越小越好

C. 取值范围在−1 到 1 之间　　D. 取值范围在 0 到 1 之间

8. 按时间序列中各种可能发生作用的因素进行分类，时间序列包含（　　）。

A. 短期趋势　　B. 长期趋势

C. 季节变动　　D. 循环变动

E. 不规则变动

9. 季节指数（　　）。

A. 大于 100%表示各月(季)水平比全期水平高，现象处于旺季

B. 大于100%表示各月(季)水平比全期平均水平高,现象处于旺季
C. 小于100%表示各月(季)水平比全期水平低,现象处于淡季
D. 小于100%表示各月(季)水平比全期平均水平低,现象处于淡季
E. 等于100%表示无季节变化

10. 利用时间序列数据进行预测时,指数平滑法( )
A. 给予每个观测值不同的权数
B. 遵循"离预测期越近的观测值给予越小的权数"的原则确定权数
C. 遵循"离预测期越远的观测值给予越小的权数"的原则确定权数
D. 遵循"离预测期越近的观测值给予越大的权数"的原则确定权数
E. 遵循"离预测期越远的观测值给予越大的权数"的原则确定权数

二、判断题

1. 时间序列是指将某种现象的一系列观测值按照时间先后顺序排列所形成的序列。 ( )
2. 若原数列的指标数值出现周期性的变化,应以周期变化的长度作为移动平均数的项数。 ( )
3. 趋势外推预测法具体可分为直线趋势外推预测法和曲线趋势外推预测法。 ( )
4. 时间序列包含长期趋势、季节变动、循环变动和不规则变动。 ( )
5. 在时期序列中,各项指标数值不能相加。 ( )
6. 移动平均法是测定循环变动的一种较为简单的方法。 ( )
7. 在指数平滑法中,α 取值越大越好。 ( )
8. 季节指数如果等于0,表示无季节变化。 ( )
9. 季节指数用来说明各月(或季)水平比全期平均水平高或低的程度。 ( )
10. 如果时间序列在长时期内呈现连续的不断增长或减少的变动趋势,其逐期增长量又大致相同时,宜使用直线趋势外推预测模型。 ( )

三、简答题

1. 影响市场现象变动的因素有哪些?
2. 简述时间序列预测法的步骤。
3. 时间序列预测法有哪些?
4. 直线趋势外推预测法的模型是什么?

四、计算题

1. 平均数预测法。

下表是某轮胎生产企业最近16个月的销售情况,试分别取移动间隔 $n=5$ 与 $n=7$ 计算各期销售量的预测值,并判断哪个移动间隔更合适一些。设最近月份的权重为3,第2个月的权重为2,第3个月的权重为1。用3项加权移动平均法预测表中第17个月的轮胎销售量。

某轮胎生产企业的销售量　　(单位:万个)

月份排序	销售量	月份排序	销售量
1	9 612.7	9	10 176.5
2	9 765.4	10	9 823.1
3	10 197.2	11	9 999.2
4	10 930.1	12	10 211.1
5	9 116.7	13	9 789.4
6	9 740.3	14	10 426.7
7	11 098.3	15	9 136.1
8	10 325.8	16	10 590.1

2. 指数平滑预测法。

下表是一家旅馆过去 18 个月的营业额数据,采用指数平滑法,分别用平滑系数 $\alpha=0.3$、$\alpha=0.4$ 和 $\alpha=0.5$ 预测各月的营业额,分析预测误差,说明用哪一个平滑系数预测更合适。

某旅馆过去 18 个月的营业额数据

月份排序	营业额(万元)	月份排序	营业额(万元)
1	295	10	473
2	283	11	470
3	322	12	481
4	355	13	449
5	286	14	544
6	379	15	601
7	381	16	587
8	431	17	644
9	424	18	660

3. 季节指数预测法。

某企业 2010—2020 年主营销售收入资料如下表所示,分析该企业的主营销售收入有无季节变动。

某企业 2010—2020 年主营销售收入　　(单位:万元)

年份	1 月	2 月	3 月	4 月	5 月	6 月	7 月	8 月	9 月	10 月	11 月	12 月	全年合计
2010	556	388	365	424	499	472	510	479	430	371	494	359	5 347
2011	745	579	678	588	610	630	546	551	570	487	316	165	6 465

续 表

年份	1月	2月	3月	4月	5月	6月	7月	8月	9月	10月	11月	12月	全年合计
2012	1130	626	703	692	729	705	873	944	670	690	481	290	8 533
2013	804	836	967	989	1024	954	856	842	967	738	735	495	10 207
2014	951	861	1 011	895	840	1 342	1 412	1 431	1 641	1 571	1 539	1 403	14 897
2015	1 161	1 972	1 533	1 608	1 892	1 900	1 773	1 893	2 043	1 842	2 129	1 272	21 018
2016	2 903	1 934	1 822	2 009	2 135	1 846	1 366	1 448	1 735	2 524	2 508	2 423	24 653
2017	2 111	1 803	2 215	2 268	2 144	2 046	1 939	1 882	2 328	2 249	2 216	1 336	24 537
2018	2 415	2 273	2 012	2 645	2 338	2 480	2 186	2 190	1 711	1 692	1 789	1 199	24 930
2019	1 844	1 565	1 776	2 427	2 449	2 611	2 752	2 647	2 016	2 521	2 330	2 145	27 083
2020	2 115	2 352	2 717	2 881	2 786	3 138	2 556	2 715	2 459	2 670	2 560	2 041	30 990

4. 趋势外推预测法。

假设某地区商品零售额资料如下表所示。用最小二乘法分析此时间序列的发展趋势，并预测第九年的商品零售额将会是多少。

某地区历年商品零售额资料

年份排序	商品零售额(万元)
第一年	250
第二年	320
第三年	390
第四年	465
第五年	538
第六年	610
第七年	684
第八年	756
合　计	4 013

实践与操作

项目一　综合实训:季节指数预测法的应用

[实训目的]

使学生掌握季节指数预测法的应用,培养学生运用季节指数预测法进行市场预测的能力。

［**实训要求**］

1. 熟悉季节指数预测法的相关知识；

2. 掌握季节指数预测法的应用；

3. 能够结合实际，制定季节指数预测法的实施方案，完成预测报告。

［**实训课题**］

从以下参考题目中选择实训课题，也可以另选课题：

(1) 校内某便利店销售额预测调查；

(2) 某旅游企业某路线业务预测调查；

(3) 某空调专卖店销售额预测调查。

［**实训步骤**］

第一步：由学生自愿组成小组，每组 5～10 人，确定小组长，成员名单汇报给老师。

第二步：选择力所能及的市场调查课题和具体的调查对象。

第三步：以小组为单位，设计调查方案，并上交指导老师。调查方案应包括以下内容：① 调查目标；② 调查内容；③ 调查方法；④ 调查对象；⑤ 小组分工；⑥ 日程安排；⑦ 资料来源；⑧ 数据分析方法；⑨ 经费预算；⑩ 其他。

第四步：各小组利用课余时间开展调研，分析数据，进行预测，写调查报告。

第五步：各小组在老师指定时间向全班报告，解答老师和同学对报告的疑问，老师点评和总结。

第六步：各小组以及每位学生上交实训总结给指导老师。实训总结应包括以下内容：① 实训项目；② 实训目的；③ 实训中自己承担的任务及任务完成情况；④ 实训过程、分结与论析；⑤ 实训心得体会。

第七步：老师评定本次实训成绩。

［**成绩评定**］

同组成员和老师根据小组和学生个人在设计方案、实施调查、汇报总结等过程中具体表现进行评分。

学生个人成绩＝(表 9－17 的成绩)×40%＋(表 9－18 的成绩)×60%

同组成员互评成绩表

小组成员互评成绩 / 小组成员姓名	优秀 (90～100 分)	良好 (80～89 分)	中等 (70～79 分)	及格 (60～69 分)	不及格 (低于 60 分)

教师评价成绩表

评价内容	分值(分)	评分(分)
调查方案是否体现调查目的和要求	20	
调查方案的可操作性	20	
预测方案的完整性和科学性	30	
预测方案的质量和效果	30	
合　计	100	

注:满分为 100 分,90～100 分为优秀,80～89 分为良好,70～79 分为中等,60～69 分为及格,低于 60 分为不及格。

项目二　时装行业销售额的季节变动较大,请同学们以小组为单位,调查某一时装店夏装和冬装一年四季的销售情况,尽可能收集准确数据,运用季节指数预测法,对下一季度的销售额进行预测,写好分析报告,每个小组推荐一名成员向全班汇报。

任务 10　掌握回归分析预测法

请扫描二维码观看教学视频

知识目标

为了完成本任务，你需要的理论知识：

1. 回归分析预测法的含义
2. 回归分析预测法的分类
3. 回归分析预测法的一般步骤
4. 回归分析预测法的基本方法

项目任务

10.1　认识回归分析预测法

10.2　运用一元线性回归分析预测法

10.3　了解多元线性回归分析预测法

10.4　了解非线性回归分析预测法

能力目标

通过完成本任务，你应该能够：

1. 判断现象之间的相关关系
2. 建立回归模型和回归方程
3. 求解模型参数，检验模型误差
4. 用回归分析法进行市场预测

◆ 任务导入

◆ 相关链接

◆ 案例研究

◆ 增值阅读

◆ 任务小结

◆ 能力自测

◆ 实践与操作

任务导入

趣味阅读

“回归分析”概念的来历

“回归分析”理论的创始人是英国著名生物学家兼统计学家高尔顿(Galton)。1855 年，高尔顿发表《遗传的身高向平均数方向的回归》一文，他和他的学生通过观察 1 078 对夫妇，以每对夫妇的平均身高作为自变量，取他们的一个成年儿子的身高作为因变量，分析儿子身高与父母身高之间的关系，发现父母的身高可以预测子女的身高，两者近乎一条直线。当父母越高或越矮时，子女的身高会比一般儿童高或矮，他将儿子与父母身高的这种现象拟合出一种线形关系，其回归直线方程为 $y=33.73+0.516x$，这种趋势及回归方程表明父母身高每增加一个单位时，其成年儿子的身高平均增加 0.516 个单位。

有趣的是，通过观察，高尔顿还注意到，尽管这是一种拟合较好的线形关系，但仍然存在例外现象：矮个父母所生的儿子比其父母高，身材较高的父母所生子女的身高却回降到多数人的平均身高。换句话说，当父母身高走向极端，子女的身高不会像父母身高那样极端化，其身高要比父母的身高更接近平均身高，即有“回归”到平均数的趋势。

“回归”现象广泛存在于自然界和社会生活中。市场经济环境下很多现象看似复杂多变，其实现象的变化往往受某种或者几种相关因素的影响，如果人们能找到其中的相关变化规律，建立有效的回归模型，就可以对这些现象的发展进行预测。下面我们通过学习回归分析预测法的一般步骤和方法，掌握运用回归分析法进行市场预测的基本能力。

10.1　认识回归分析预测法

10.1.1　回归分析预测法的含义

回归分析预测法是指在分析现象自变量和因变量之间相关关系的基础上，建立数学模型，根据自变量的变化对因变量进行预测的方法。

回归分析预测法是一种重要的市场预测方法。当我们在对市场的某种现象的未来发展状况进行预测之前，如果能找到影响这种市场现象的主要因素，取得可靠和充分的数据资料，就可以采用回归分析预测法对这种市场现象进行预测。

10.1.2　回归分析预测法的分类

(1) 根据自变量的个数不同，可将回归分析预测法分为一元线性回归分析预测法和多元线性回归分析预测法。一元线性回归分析预测法涉及的自变量只有一个，而在多元线性回归分析预测法涉及的自变量有多个。

（2）根据自变量和因变量的关系不同，可将回归分析预测法分为线性回归分析预测法和非线性回归分析预测法。如果现象之间的数量变化在坐标平面上近似地表现为一条直线，通过拟合直线方程对现象进行预测，称之为线性回归分析预测法。如果现象之间的数量变化在坐标平面上近似地表现为一条曲线，通过拟合曲线方程对现象进行预测，称之为非线性回归分析预测法。

10.1.3　回归分析预测法的步骤

回归分析预测法在市场调查实践中的一般应用步骤如下：

1. 根据预测目标，确定因变量和自变量

在回归分析预测法中，因变量是指代表预测目标的变量。确定了具体的预测目标，也就确定了因变量。自变量是指影响预测目标（因变量）的各种因素。通过市场调查和分析资料，寻找和预测目标相关的影响因素，并从中选出主要的因素作为自变量。例如，预测某种产品下半年的销售利润总额，那么这种产品下半年的销售利润总额就是因变量，由于销售利润总额的变化可能受到成本费用、销售单价、销售量等多种因素的影响，因此可以选成本费用、销售单价、销售量作为自变量。

2. 进行相关分析，建立回归分析预测模型

相关分析是对预测目标（因变量）与其影响因素（自变量）的相关程度的数理统计分析。只有当因变量和自变量确实存在数理关系时，建立回归分析预测模型才有意义。因变量和自变量是否相关，相关程度如何，以及判断这种相关程度的把握有多大，是建立回归分析预测模型之前必须解决的问题。确认预测目标与影响因素之间的相关关系后，计算相关系数，通过充分的数据分析，确定预测目标与影响因素变化的趋势线类型，建立回归分析预测模型。

3. 求解模型参数，检验模型误差

由于回归分析预测模型往往表现为回归方程，求解模型参数也就是解方程的过程。最小二乘法是求解回归方程的常用方法。

通过检验回归分析预测模型，计算预测误差，可以判断回归分析预测结果的准确度。回归方程只有通过规范的检验，预测误差较小，才能被作为预测模型。

4. 利用回归分析预测模型进行预测

利用回归分析预测模型计算预测值，对预测结果进行综合分析。预测通常有两种情况：一种是点预测，即求得的预测值为一个值；另一种是区间预测，即所求得的预测值有一个数值范围。

10.2　运用一元线性回归分析预测法

10.2.1　一元线性回归分析预测法的含义

一元线性回归分析预测法是指两个具有线性关系的变量，通过建立回归分析预测模型，根据自变量的变动来预测因变量变动的方法。一元线性回归分析预测法是回归分析预测法中最基本、应用最广泛的方法，是学习其他回归分析预测法的基础。

10.2.2 一元线性回归分析预测法的步骤

1. 进行相关分析，确定因变量和自变量

预测目标往往同时受多种因素的影响，只有从中找出对预测目标有决定性影响的因素作为自变量，才能使用一元线性回归分析预测法。例如，通过相关分析，发现成本费用、销售单价、销售量这几种因素中，销售量与利润额的相关程度最高，销售量对利润额起了决定性的作用，则可以把利润额作为因变量，把销售量作为自变量。

因变量 y 和自变量 x 的相关程度可以通过计算 x 和 y 的相关系数来判断。

x 和 y 的相关系数的计算公式是：

$$r=\frac{n\sum xy-\sum x\sum y}{\sqrt{n\sum x^2-\left(\sum x\right)^2}\sqrt{n\sum y^2-\left(\sum y\right)^2}} \quad \text{(公式 10 - 1)}$$

式中，相关系数 r 表示 x 与 y 之间相关关系的密切程度，r 的绝对值越接近 1，x 与 y 之间相关关系越密切；r 的绝对值越接近 0，x 与 y 之间线性相关越不密切。

[相关链接 10 - 1]

运用 Excel 计算相关系数

从上面的题目可以看出，如果用传统的方法计算相关系数，计算量非常大，而且容易算错。如果借助 Excel 软件，就可以简单、快捷、准确地计算出变量之间的相关系数。

根据图 1 的数据，利用 Excel 软件计算销售额和广告费的相关系数的操作步骤是：

(1) 新建 Excel 工作簿，输入销售额和广告费的数据，如图 1 所示。

	A	B	C	D
1	销售额	广告费		
2	208	19		
3	239	25		
4	265	36		
5	295	53		
6	313	55		
7	359	82		
8	431	129		
9	479	148		
10	566	162		
11	653	233		

图 1 销售额和广告费数据表

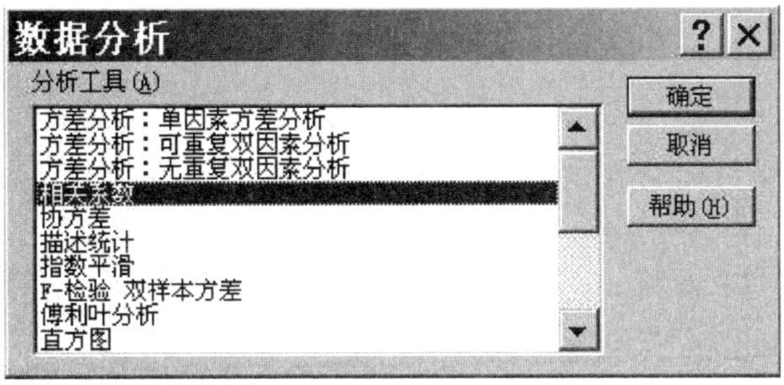

图 2　“数据分析”对话框中的“相关系数”选项

(2) 选择“工具”菜单中的“数据分析”命令弹出“数据分析”对话框，如图 2 所示。如果“工具”菜单中找不到“数据分析”命令，可通过原软件安装程序加载此项功能。

(3) 在“数据分析”对话框中选择“相关系数”选项，单击“确定”按钮后，出现“相关系数”对话框。按住鼠标从 A2 单元格一直拉选到 B11 单元格(如果按住鼠标从 A1 单元格一直拉选到 B11 单元格，就必须选中“标志位于第一行”复选框)，如图 3 所示，“分组方式”默认选中“逐列”，“输出选项”默认选中“新工作表组”，单击“确定”按钮就可以得到和上面题目计算结果一致的相关系数，如图 4 所示。

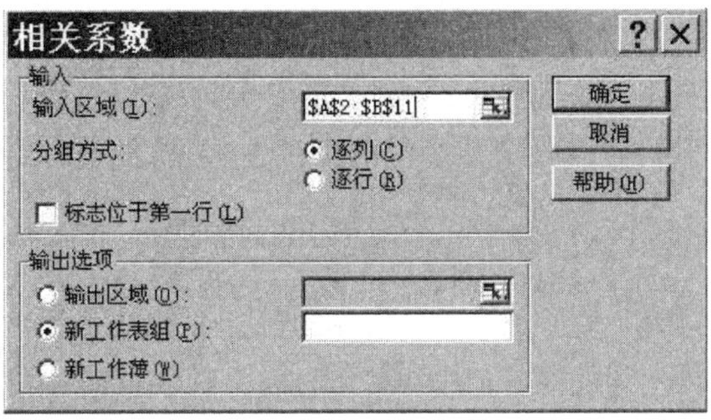

图 3　“相关系数”对话框

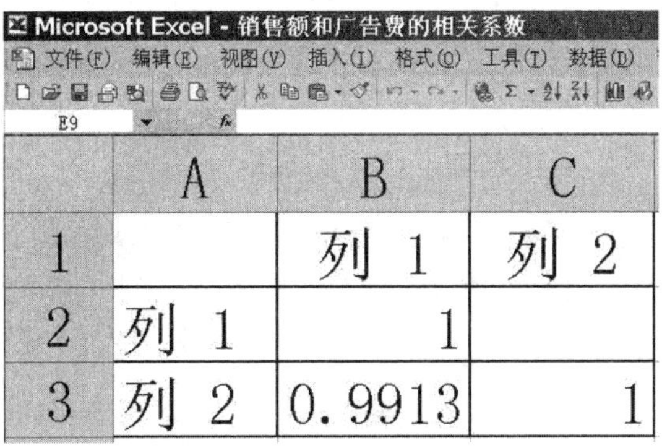

	A	B	C
1		列 1	列 2
2	列 1	1	
3	列 2	0.9913	1

图 4　Excel 计算的“相关系数”结果

2. 建立回归模型和回归方程

如果因变量 y 和自变量 x 的相关系数很高，就可以建立一元线性回归分析预测模型的回归方程：

$$y = a + bx \quad \text{(公式 10-2)}$$

式中，y 是因变量；x 是自变量；a、b 是回归模型的参数。

3. 求解模型参数，检验模型误差

一元线性回归模型的参数 a、b 的计算公式是：

$$b = \frac{n\sum xy - \sum x \sum y}{n\sum x^2 - \left(\sum x\right)^2} \quad \text{(公式 10-3)}$$

$$a = \frac{\sum y}{n} - \frac{b\sum x}{n} \quad \text{(公式 10-4)}$$

建立回归分析预测模型后，应该检验回归模型的精确度，因为由回归方程进行预测或多或少会存在误差。误差越小，说明回归方程越精确；误差越大，说明回归方程越不精确。估计标准误差是检验回归模型的误差的常用指标，其计算公式是：

$$S_y = \sqrt{\frac{\sum (y_i - \hat{y}_i)^2}{n-k-1}} \quad \text{(公式 10-5)}$$

式中，S_y 是估计标准误差；n 是观察期的个数或观察次数；k 是自变量的个数。

估计标准误差与一元线性回归模型相应的计算公式是：

$$S_y = \sqrt{\frac{\sum y^2 - a\sum y - b\sum xy}{n-k-1}} \quad \text{(公式 10-6)}$$

S_y 值越小，回归方程的误差越小，回归模型的精确度就越高，预测就越准确。

4. 利用模型进行预测，并估计置信区间

如果检验结果表明回归模型精确度很高，就可以根据自变量的取值，代入模型得到因变量的预测值 y_c。但是因变量的实际值并不完全等于 y_c，而是在 y_c 附近变动，因此应根据预测的目标和预测者期望的可靠程度来确定预测值的变动范围——置信区间。

$$\text{置信区间} = (y_c - tS_y, y_c + tS_y) \quad \text{(公式 10-7)}$$

式中，y_c 是因变量的预测值；S_y 是估计标准误差；t 是置信度，t 的大小取决于可靠程度 $F(t)$ 的大小。如果已知 $F(t)$ 值，就可以通过正态分布概率表查到 t 值。比如当 $F(t)=68.27\%$ 时，$t=1$；当 $F(t)=95.45\%$ 时，$t=2$；当 $F(t)=99.73\%$ 时，$t=3$。

[例 10-1] 某公司 2011—2020 年的销售额和广告费用支出的数据，如表 10-1 所示。

表 10-1 某公司 2011—2020 年的销售额和广告费用支出的数据

年 份	2011	2012	2013	2014	2015	2016	2017	2018	2019	2020
销售额(万元)	208	239	265	295	313	359	431	479	566	653
广告费(万元)	19	25	36	53	55	82	129	148	162	233

请对表中数据进行相关分析，判断该公司广告费支出对销售额有没有显著的作用。如果该公司 2021 年准备支出广告费 251 万元，请建立回归模型预测该公司 2021 年的销售额，并计算估计标准误差。如果预测值的可靠程度是 99.73%，请计算预测值的置信区间。

解：根据表 10 - 1，计算相关的数据，如表 10 - 2 所示。

表 10 - 2　销售额与广告费用回归分析数据表

年　份	销售额 y(万元)	广告费用 x(万元)	xy	x^2	y^2
2011	208	19	3 952	361	43 264
2012	239	25	5 975	625	57 121
2013	265	36	9 540	1 296	70 225
2014	295	53	15 635	2 809	87 025
2015	313	55	17 215	3 025	97 969
2016	359	82	29 438	6 724	128 881
2017	431	129	55 599	16 641	185 761
2018	479	148	70 892	21 904	229 441
2019	566	162	91 692	26 244	320 356
2020	653	233	152 149	54 289	426 409
合　计	3 808	942	452 087	13 3918	1 646 452

(1) 计算相关系数，进行相关分析。

根据公式 10 - 1，可得：

$$r=\frac{n\sum xy-\sum x\sum y}{\sqrt{n\sum x^2-\left(\sum x\right)^2}\sqrt{n\sum y^2-\left(\sum y\right)^2}}$$

$$=\frac{10\times 452\ 087-942\times 3\ 808}{\sqrt{10\times 133\ 918-942^2}\ \sqrt{10\times 1\ 646\ 452-3\ 808^2}}=0.991\ 3$$

r 的绝对值非常接近 1，x 与 y 之间相关关系非常密切，说明该公司广告费用支出对销售额有显著的作用。

(2) 建立回归模型，求解模型参数。

根据公式 10 - 2，建立回归模型：

$$y=a+bx$$

根据公式 10 - 3 和 10 - 4，求解模型参数：

$$b=\frac{n\sum xy-\sum x\sum y}{n\sum x^2-\left(\sum x\right)^2}=\frac{10\times 452\ 087-942\times 3\ 808}{10\times 133\ 918-942^2}=2.066\ 7$$

$$a=\frac{\sum y}{n}-\frac{b\sum x}{n}=\frac{3\ 808}{10}-\frac{2.066\ 7\times 942}{10}=186.124\ 0$$

因此该公司广告费用支出对销售额的一元线性回归分析预测模型可表示为:

$y=186.124\ 0+2.066\ 7x$

(3) 检验模型误差。

根据公式 10-6,此回归模型的估计标准误差是:

$$S_y=\sqrt{\frac{\sum y^2-a\sum y-b\sum xy}{n-k-1}}$$

$$=\sqrt{\frac{1\ 646\ 452-186.124\ 0\times 3\ 808-2.066\ 7\times 452\ 087}{10-1-1}}$$

$=20.609\ 0$(万元)

和 y 相比,S_y值较小,说明回归模型的误差较小。

(4) 利用模型进行预测,并估计置信区间。

如果该公司 2021 年支出广告费 251 元,该公司的 2021 年销售额预测值是:

$y=186.124\ 0+2.066\ 7x=186.124\ 0+2.066\ 7\times 251=704.865\ 7$(万元)

根据公式 10-7,如果预测值的可靠程度是 99.73%,则:

置信区间$=(y_c-tS_y, y_c+tS_y)$

$=(704.865\ 7-3\times 20.609\ 0, 704.865\ 7+3\times 20.609\ 0)=(643.038\ 7, 766.692\ 7)$

这说明如果该公司 2021 年支出广告费 251 万元,那么该公司 2021 年有 99.73%的可能性其销售额在 643.038 7 至 766.692 7 万元之间。

[案例研究 10-1]

小心伪回归发现的假关系
——以冰激凌销量和溺水儿童数为例

回归分析的目的是为了找到自变量和因变量之间的相关性。比如在选股或者预测股票收益率时,人们常常使用宏观经济数据或公司基本面数据等对收益率回归,以期找出能够解释收益率的自变量(又称为因子)。然而,当我们对时间序列进行回归分析时,必须要警惕一类陷阱,它就是伪回归(spurious regression),它指的是自变量和因变量之间本来没有任何因果关系,但由于某种原因,回归分析却显示出它们之间存在统计意义上的相关性,让人错误地认为两者之间有关联,这种相关性称作伪关系(spurious relationship)。

伪回归在生活中随处可见,来看下面这个例子:冰激凌销量和溺水儿童数。

某个夏天,人们发现镇上的冰激凌销量和溺水儿童数量同步上升。如果拿冰激凌销量对溺水儿童数量进行线性回归,得到的结论是前者是后者的一个很好的解释变量。但从现实生活中的逻辑来看,这两者应该有所谓的“冰激凌卖得好,溺水儿童数就多”的关系吗?这是否意味着“游泳池的儿童都在吃冰激凌”?正确的答案是:这仅仅是一个伪回归。

在本例中,伪回归的成因是存在干扰因素(confounding factor,或称潜在变数 lurking variable)。当两个变量同时受第三个因素影响时,这两个变量间可能存在误导性的相关性,这第三个因素称为干扰因素。本例中干扰因素是夏天炎热的高温。高温造成了冰激凌销量的上升；此外高温也使得更多的儿童去公共泳池从而造成溺水事故增多。高温是造成冰激凌销量和溺水儿童数上升的共同因素；但冰激凌销量和溺水儿童数两者本身之间并没有相关性。伪回归告诉我们：我们不能仅仅因为两个时间序列共同运动就说它们之间一定存在相关性。

当伪回归出现时，回归分析得到的残差序列(residual)不满足平稳性，我们可以以此作为判别伪回归的依据：如果回归分析的残差是非平稳的，说明发生了伪回归。因此，对时间序列做回归时，一定要检验平稳性。

10.3　了解多元线性回归分析预测法

10.3.1　多元线性回归分析预测法概述

许多市场现象的变动往往受到多种因素的影响。例如，预测商品的销售量时，商品价格、当地居民收入水平和人数等都是应该重点考虑的因素。如果存在两个或两个以上因素(自变量)对预测目标(因变量)有非常显著的影响，就适合采用多元线性回归分析预测法。多元回归是分析一个因变量和多个自变量之间相互关系的预测方法。由多个自变量共同预测一个因变量，往往比只用一个自变量进行预测更有效，因此多元线性回归分析预测法比一元线性回归分析预测法更具实际意义。

多元线性回归分析预测法是根据回归分析原理，寻找预测对象与多个影响因素之间的变化规律，建立回归模型做预测的方法。多元线性回归模型的一般公式是：

$$y=a+b_1x_1+b_2x_2+b_3x_3+\cdots+b_ix_i \qquad (公式 10-8)$$

由于多元线性回归分析预测法的计算和分析非常复杂，因此下面着重讨论二元线性回归分析预测法。

10.3.2　二元线性回归分析预测法

二元线性回归模型的公式是：

$$y=a+b_1x_1+b_2x_2 \qquad (公式 10-9)$$

式中，因变量 y 是预测目标；自变量 x_1 和 x_2 是影响预测目标的主要因素；a、b_1 和 b_2 是参数，求解这三个参数的公式是：

$$b_1=\frac{\sum x_1y\sum x_2^2-\sum x_2y\sum x_1x_2}{\sum x_1^2\sum x_2^2-\left(\sum x_1x_2\right)^2} \qquad (公式 10-10)$$

$$b_2=\frac{\sum x_2y\sum x_1^2-\sum x_1y\sum x_1x_2}{\sum x_1^2\sum x_2^2-\left(\sum x_1x_2\right)^2} \qquad (公式 10-11)$$

$$a=\frac{\sum y-b_1\sum x_1-b_2\sum x_2}{n}\qquad(\text{公式 }10-12)$$

[例 10-2] 某公司通过市场调查收集到某地区 2011—2020 年变频空调的销售量与新建立家庭数以及户均收入的有关资料,如表 10-3 所示。

表 10-3 某地区 2011—2020 年的销售额与新建立家庭数以及户均收入的数据

年 份	2011	2012	2013	2014	2015	2016	2017	2018	2019	2020
变频空调销售量 y(万台)	6.9	7.3	7.9	8.3	8.7	9.1	9.9	10.9	11.1	11.5
新建立家庭数 x_1(万户)	197	212	232	247	271	282	297	327	346	356
户均收入 x_2(万元)	4.4	4.2	4.7	5.2	5.4	5.7	5.9	6.2	6.5	6.6

如果该地区 2021 年新建立家庭 428 万户,户均收入 7.1 万元,请建立回归模型预测该地区 2021 年变频空调的销售量,并计算估计标准误差。如果预测值的可靠程度是 95.45%,请计算预测值的置信区间。

解:根据表 10-3,计算相关的数据,如表 10-4 所示。

表 10-4 该地区变频空调预测销售量回归分析计算表

年 份	y	x_1	x_2	x_1y	x_2y	x_1x_2	x_1^2	x_2^2
2011	6.9	197	4.4	1 359.3	30.36	866.8	38 809	19.36
2012	7.3	212	4.2	1547.6	30.66	890.4	44 944	17.64
2013	7.9	232	4.7	1 832.8	37.13	1 090.4	53 824	22.09
2014	8.3	247	5.2	2 050.1	43.16	1 284.4	61 009	27.04
2015	8.7	271	5.4	2 357.7	46.98	1 463.4	73 441	29.16
2016	9.1	282	5.7	2 566.2	51.87	1 607.4	79 524	32.49
2017	9.9	297	5.9	2 940.3	58.41	1 752.3	88 209	34.81
2018	10.9	327	6.2	3 564.3	67.58	2 027.4	106 929	38.44
2019	11.1	346	6.5	3 840.6	72.15	2 249	119 716	42.25
2020	11.5	356	6.6	4 094	75.9	2 349.6	126 736	43.56

(1) 进行相关分析。

从表 10-3 可以看出,该地区 2011—2020 年变频空调的销售量与新建立家庭数以及户均收入存在密切的线性相关关系。

(2) 建立回归模型,求解模型参数。

根据公式 10-2,建立回归模型:

$$y=a+b_1x_1+b_2x_2$$

根据公式 10-10、10-11 和 10-12,求解模型参数 a、b_1 和 b_2:

$$b_1=\frac{\sum x_1y\sum x_2^2-\sum x_2y\sum x_1x_2}{\sum x_1^2\sum x_2^2-(\sum x_1x_2)^2}=\frac{4\ 094\times 43.56-75.9\times 2\ 349.6}{126\ 736\times 43.5-2\ 349.6^2}=0.031\ 8$$

$$b_2=\frac{\sum x_2y\sum x_1^2-\sum x_1y\sum x_1x_2}{\sum x_1^2\sum x_2^2-(\sum x_1x_2)^2}=\frac{75.9\times 126\ 736-4\ 094\times 2\ 349.6}{126\ 736\times 43.5-2\ 349.6^2}=-0.160\ 3$$

$$a=\frac{\sum y-b_1\sum x_1-b_2\sum x_2}{n}=\frac{11.5-0.031\ 8\times 356-(-0.160\ 3)\times 6.6}{10}=1.246\ 5$$

因此该地区变频空调的销售量与新建立家庭数以及户均收入的一元线性回归分析预测模型可表示为：

$y=1.246\ 5+0.031\ 8x_1-0.160\ 3x_2$

(3) 检验模型误差。

计算与此回归模型估计标准误差相关的数据，如表 10-5 所示。

表 10-5　回归模型估计标准误差计算表

年　份	y	x_1	x_2	模型预测值 y_c	$y-y_c$	$(y-y_c)^2$
2011	6.9	197	4.4	6.805 8	0.094 2	0.008 9
2012	7.3	212	4.2	7.314 8	−0.014 8	0.000 2
2013	7.9	232	4.7	7.870 7	0.029 3	0.000 9
2014	8.3	247	5.2	8.267 5	0.032 5	0.001 1
2015	8.7	271	5.4	8.998 7	−0.298 7	0.089 2
2016	9.1	282	5.7	9.300 4	−0.200 4	0.040 2
2017	9.9	297	5.9	9.745 3	0.154 7	0.023 9
2018	10.9	327	6.2	10.651 2	0.248 8	0.061 9
2019	11.1	346	6.5	11.207 4	−0.107 4	0.011 5
2020	11.5	356	6.6	11.509 3	−0.009 3	0.000 1
合　计						0.237 8

根据公式 10-5，此回归模型的估计标准误差是：

$$S_y=\sqrt{\frac{\sum(y_i-\hat{y}_i)^2}{n-k-1}}=\sqrt{\frac{0.237\ 8}{10-2-1}}=0.184\ 3(\text{万台})$$

和 y 相比，S_y 值很小，说明回归模型的误差很小。

(4) 利用模型进行预测，并估计置信区间。

如果该地区 2021 年新建立家庭 428 万户，户均收入 7.1 万元，那么该地区 2021 年变频空调的销售量的预测值是

$$\begin{aligned}y&=1.246\ 5+0.031\ 8x_1-0.160\ 3x_2\\&=1.246\ 5+0.031\ 8\times 428-0.160\ 3\times 7.1=13.718\ 8(\text{万台})\end{aligned}$$

根据公式 10－7,如果预测值的可靠程度是 95.45％,则：

置信区间$=(y_c-tS_y, y_c+tS_y)$

$=(13.718\ 8-2\times0.184\ 3, 13.718\ 8+2\times0.184\ 3)=(13.350\ 2, 14.087\ 4)$

这说明如果该地区 2021 年新建立家庭 428 万户,户均收入 7.1 万元,那么该地区变频空调 2021 年有 95％的可能性其销售额在 13.350 2 至 14.087 4 万台之间。

10.4　了解非线性回归分析预测法

10.4.1　非线性回归分析预测法概述

人们在市场调查中发现,经济现象的变量之间的关系往往是非线性的。如果直接用线性回归模型来预测非线性的现象,预测结果很可能会出现较大的误差。预测非线性的现象应该采用非线性回归分析预测法。

非线性回归分析预测法是分析因变量与自变量之间非线性关系的预测方法。非线性回归分析预测法的基本步骤是判断相关性、建立模型、求解参数、检验误差、进行预测,关键是要把非线性回归模型转化为线性回归模型,以便于求解参数。

10.4.2　非线性回归分析预测法的分类

常见的非线性回归模型主要有以下几种。

1. 指数曲线回归模型

指数曲线回归模型的数学表达式是：

$$y=ab^x \qquad \text{(公式 10－13)}$$

以上公式两端取对数,得：

$$\ln y=\ln a+x\ln b$$

设 $y'=\ln y, a'=\ln a, b'=\ln b$,则指数曲线回归模型可转换为线性回归模型：

$$y'=a'+b'x$$

用原有数据先算出 y',然后用线性回归的计算方法求出 a'、b' 的值,再由 $a=e^{a'}$、$b=e^{b'}$ 求出 a、b 的值,代入指数曲线回归模型。

2. 对数曲线回归模型

对数曲线回归模型的数学表达式是：

$$y=a+b\ln x \qquad \text{(公式 10－14)}$$

设 $y'=y, x'=\ln x$,则对数曲线回归模型可转换为线性回归模型：

$$y'=a+bx'$$

用原有数据先算出 x',然后用线性回归的计算方法求出 a、b 的值,代入指数曲线回归模型。

3. 双曲线回归模型

双曲线回归模型的数学表达式是：

$$y = a + \frac{b}{x} \quad \text{(公式 10-15)}$$

设 $y' = y, x' = \frac{1}{x}$，则双曲线回归模型可转换为线性回归模型：

$$y' = a + bx'$$

用原有数据先算出 x'，然后用线性回归的计算方法求出 a、b 的值，代入指数曲线回归模型。

4. 三角函数曲线回归模型

三角函数曲线回归模型的数学表达式是：

$$y = a + b\sin x，或\ y = a + b\cos x，或\ y = a + b\tan x，或\ y = a + b\cot x \quad \text{(公式 10-16)}$$

设 $y' = y, x' = \sin x$（或 $x' = \cos x$，或 $x' = \tan x$，或 $x' = \cot x$），则三角函数曲线回归模型可转换为线性回归模型：

$$y' = a + bx'$$

用原有数据先算出 x'，然后用线性回归的计算方法求出 a、b 的值，代入指数曲线回归模型。

5. 幂函数曲线回归模型

幂函数曲线回归模型的数学表达式是：

$$y = ax^b \quad \text{(公式 10-17)}$$

以上公式两端取对数，得：

$$\ln y = \ln a + b\ln x$$

设 $y' = \ln y, a' = \ln a, b' = b, x' = \ln x$，则指数曲线回归模型可转换为线性回归模型：

$$y' = a' + b'x'$$

求解过程与指数曲线回归模型类似。

6. 多项式回归模型

多项式回归模型的数学表达式是：

$$y = a + b_1x + b_2x^2 + \cdots + b_nx^n \quad \text{(公式 10-18)}$$

设 $x_1 = x, x_2 = x^2, x_n = x^n$，则多项式回归模型可转换为多元线性回归模型：

$$y = a + b_1x_1 + b_2x_2 + \cdots + b_nx_n$$

用多元线性回归模型的计算方法可以求出 $a, b_1, b_2, \cdots, b_n$ 的值。

[**例 10-3**]　某公司通过市场调查收集到某洗衣粉 2021 年 1 月至 8 月的价格与销量的

数据,如图 10-1 所示。请预测价格降到 2.9 元时的销量。

解:(1) 判断相关性。根据图 10-1 的数据,绘制散点图(见图 10-2),从散点图中可直观地看出,价格与销量存在近似指数曲线的相关关系。

Microsoft Excel - 某洗衣粉价格与销量数据表

	A	B	C
1	月份	价格x(元)	销量y(万包)
2	1月	3.9	7.17
3	2月	3.8	7.36
4	3月	3.7	7.56
5	4月	3.6	7.76
6	5月	3.5	7.96
7	6月	3.4	8.18
8	7月	3.3	8.4
9	8月	3.2	8.62

图 10-1　价格与销量数据表

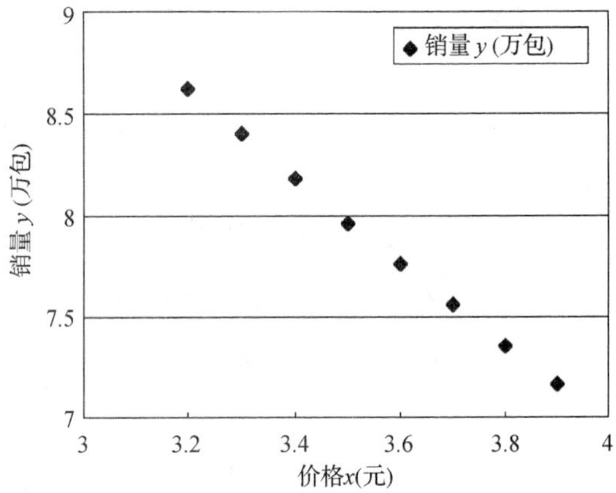

图 10-2　价格与销量的散点图

(2) 建立模型。指数曲线回归模型的数学表达式是:

$$y = ab^x$$

以上公式两端取对数,得:

$$\ln y = \ln a + x\ln b$$

设 $y' = \ln y, a' = \ln a, b' = \ln b$,则指数曲线回归模型可转换为线性回归模型:

$$y' = a' + b'x$$

(3) 求解参数。相关的数据计算过程,如表 10-6 所示。

表 10-6　价格与销量回归分析计算表

月　份	1月	2月	3月	4月	5月	6月	7月	8月	合　计
价格 x(元)	3.9	3.8	3.7	3.6	3.5	3.4	3.3	3.2	28.4
销量 y(万包)	7.17	7.36	7.56	7.76	7.96	8.18	8.4	8.62	63.01
$y' = \ln y$	1.969 9	1.996 1	2.022 9	2.049	2.074 4	2.101 7	2.128 2	2.154 1	16.496 3
xy'	7.682 6	7.585	7.484 6	7.376 3	7.260 5	7.145 8	7.023 2	6.893 1	58.451 1
x^2	15.21	14.44	13.69	12.96	12.25	11.56	10.89	10.24	101.24

根据公式 10-3 和 10-4,求解参数:

$$b' = \frac{n\sum xy' - \sum x \sum y'}{n\sum x^2 - \left(\sum x\right)^2} = \frac{8 \times 58.451\ 1 - 28.4 \times 16.496\ 3}{8 \times 101.24 - 28.4^2} = -0.263\ 3$$

$$a' = \frac{1}{n}\sum y' - b' \times \frac{1}{n}\sum x = \frac{1}{10} \times 16.496\,3 - (-0.263\,3) \times \frac{1}{10} \times 28.4 = 2.996\,9$$

$$a = e^{a'} = e^{2.996\,9} = 20.023\,4$$

$$b = e^{b'} = e^{-0.263\,3} = 0.768\,5$$

由此得出价格与销量的指数曲线回归模型：

$$y = 20.023\,4 \times 0.768\,5^{x}$$

(4) 检验误差。根据公式 10－5，计算出此回归模型的估计标准误差接近零。

(5) 进行预测。当预测价格降到 2.9 元时，销量是：

$$y = 20.023\,4 \times 0.768\,5^{x} = 20.023\,4 \times 0.768\,5^{2.9} = 9.330\,5\text{(万包)}$$

[相关链接 10－2]

通过绘制散点图，判断变量的相关性

根据图 10－5 的数据，利用 Excel 软件绘制散点图的操作步骤如下：

(1) 建立 Excel 工作簿，输入价格与销量的数据，如图 10－5 所示。

(2) 在快捷工具栏中单击“图表向导”按钮，打开“图表向导－4 步骤之 1－图表类型”对话框，在“标准类型”选项卡的“图表类型”下单击“XY 散点图”选项，并在“子图表类型”中选择最上面的一种，如图 1 所示。

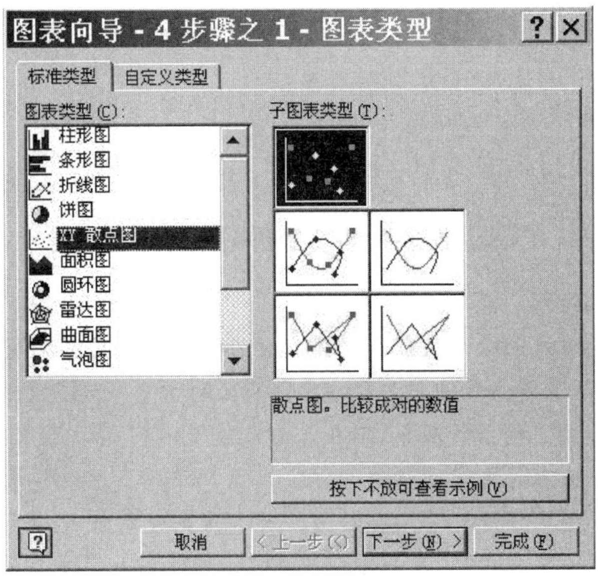

图 1　“标准类型”选项卡

(3) 单击“下一步”按钮，出现“图表向导－4 步骤之 2－图表源数据”对话框后，按住鼠标从 B1 单元格一直拉选到 C9 单元格，然后选择“系列产生于：列”，如图 2 所示。

(4) 单击“下一步”按钮，出现“图表向导－4 步骤之 3－图表选项”对话框，输入相关数据。单击“下一步按钮”,出现“图表向导-4步骤之4-图表位置”对话框,选择图表存放的位置。单击“完成”按钮,就得到散点图,如图2所示。

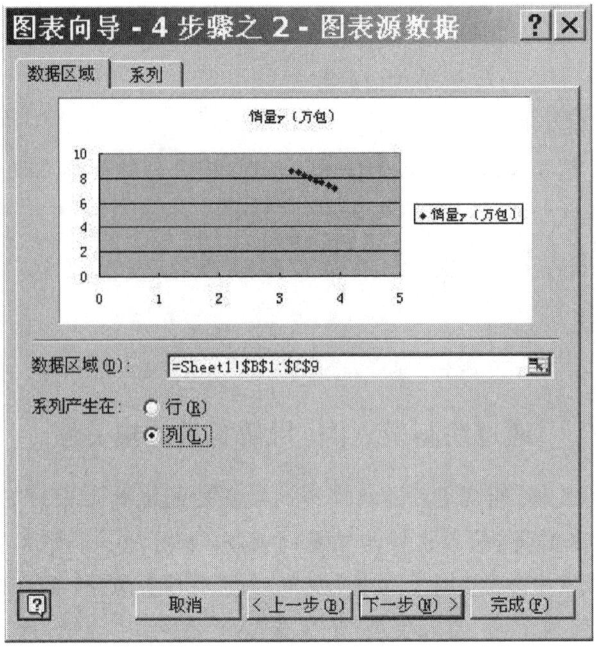

图2 “图表数据源”对话框

增值阅读

回归分析与相关分析的联系和区别

一、回归分析与相关分析的联系

(1) 相关分析是回归分析的基础和前提。假若对所研究的客观现象不进行相关分析,直接做回归分析,则这样建立的回归方程往往没有实际意义。只有通过相关分析,确定客观现象之间确实存在数量上的依存关系,而且其关系值又不确定的条件下,再进行回归分析,在此基础上建立回归方程才有实际意义。

(2) 回归分析是相关分析的深入和继续。对所研究现象只做相关分析,仅说明现象之间具有密切的相关关系是不够的,统计上研究现象之间具有相关关系的目的,就是要通过回归分析,将具有依存关系的变量间的不确定的数量关系加以确定,然后由已知自变量值推算未知因变量的值,只有这样,相关分析才具有实际意义。

二、回归分析与相关分析的区别

(1) 相关分析所研究的两个变量是对等关系,回归分析所研究的两个变量不是对等关系,必须根据研究目的确定其中的自变量、因变量。

(2) 对于变量 x 与 y 来说，相关分析只能计算出一个反映两个变量间相关密切程度的相关系数，计算中改变 x 和 y 的地位不影响相关系数的数值。回归分析有时可以根据研究目的不同分别建立两个不同的回归方程。

(3) 相关分析对资料的要求是，两个变量都是随机的，也可以是一个变量是随机的，另一个变量是非随机的。而回归分析对资料的要求是，自变量是可以控制的变量(给定的变量)，因变量是随机变量。

任务小结

回归分析预测法是指在分析现象自变量和因变量之间相关关系的基础上，建立数学模型，根据自变量的变化对因变量进行预测的方法。

(1) 根据自变量的个数不同，可将回归分析预测法分为一元线性回归分析预测法和多元线性回归分析预测法。根据自变量和因变量的关系不同，可将回归分析预测法分为线性回归分析预测法和非线性回归分析预测法。

(2) 回归分析预测法在市场调查实践中的一般应用步骤是：① 根据预测目标，确定因变量和自变量；② 进行相关分析，建立回归分析预测模型；③ 求解模型参数，检验模型误差；④ 利用回归分析预测模型进行预测。

(3) 一元线性回归分析预测法是指两个具有线性关系的变量，通过建立回归分析预测模型，根据自变量的变动来预测因变量变动的方法。一元线性回归分析预测法是回归分析预测法中最基本、应用最广泛的方法，是学习其他回归分析预测法的基础。

(4) 多元线性回归分析预测法是根据回归分析原理，寻找预测对象与多个影响因素之间的变化规律，建立回归模型做预测的方法。由多个自变量共同预测一个因变量，往往比只用一个自变量进行预测更有效，因此多元线性回归分析预测法比一元线性回归分析预测法更具实际意义。

(5) 非线性回归分析预测法是分析因变量与自变量之间非线性关系的预测方法。经济现象的变量之间的关系往往是非线性的。预测非线性的现象应该采用非线性回归分析预测法。

(6) 常见的非线性回归模型主要有：指数曲线回归模型、对数曲线回归模型、双曲线回归模型、三角函数曲线回归模型、幂函数曲线回归模型、多项式回归模型。

能力自测

一、选择题

1. 一元线性回归分析预测法涉及的自变量有(　　)个。

A. 1　　B. 2　　C. 3　　D. 无数

2. 以下属于非线性回归模型的是(　　)。

A. 多项式回归模型　　B. 指数曲线回归模型

C. 三角函数曲线回归模型 D. 幂函数曲线回归模型

3. 以下关于回归系数 r 的正确表述是(　　)。

A. r 的绝对值越接近 1,变量之间相关关系越不密切

B. r 的绝对值越接近 1,变量之间相关关系越密切

C. r 的绝对值越接近 0,变量之间相关关系越密切

D. r 的绝对值越接近 0,变量之间相关关系越不密切

4. 以下关于估计标准误差 S_y 的正确表述是(　　)。

A. S_y 值越小,回归模型的精确度就越高

B. S_y 值越大,回归模型的精确度就越高

C. S_y 值越小,回归模型的预测就越准确

D. S_y 值越大,回归模型的预测就越准确

5. 以下观点正确的是(　　)。

A. 人们在市场调查中发现,经济现象的变量之间的关系往往是线性的

B. 人们在市场调查中发现,经济现象的变量之间的关系往往是非线性的

C. 直接用线性回归模型来预测非线性的现象,预测结果出现误差的可能性不大

D. 预测非线性的现象应该采用非线性回归分析预测法

6. 非线性回归分析预测法的基本步骤是(　　)。

A. 建立模型、判断相关性、求解参数、检验误差、进行预测

B. 判断相关性、求解参数、建立模型、检验误差、进行预测

C. 判断相关性、建立模型、求解参数、检验误差、进行预测

D. 建立模型、求解参数、判断相关性、检验误差、进行预测

7. $y=ab^x$ 是(　　)回归模型的数学表达式。

A. 对数曲线 B. 指数曲线 C. 双曲线 D. 三角函数

8. $y=a+b_1x+b_2x^2+\cdots+b_nx^n$ 是(　　)回归模型的数学表达式。

A. 对数曲线 B. 指数曲线 C. 双曲线 D. 多项式

9. 以下属于三角函数曲线回归模型的数学表达式的有(　　)。

A. $y=a+b\sin x$ B. $y=a+b\cos x$

C. $y=a+b\tan x$ D. $y=a+b\cot x$

10. 对数曲线回归模型的数学表达式是(　　)。

A. $y=ab^x$ B. $y=a+b\ln x$ C. $y=a+\frac{b}{x}$ D. $y=ax^b$

二、判断题

1. 一元线性回归分析预测法是回归分析预测中最基本的方法。(　　)

2. 一元线性回归分析预测法比多元线性回归分析预测法更具实际意义。(　　)

3. 根据自变量和因变量的关系不同,可将回归分析预测法分为一元线性回归分析预测法和多元线性回归分析预测法。(　　)

4. 根据自变量的个数不同,可将回归分析预测法分为线性回归分析预测法和非线性回归分析预测法。(　　)

5. 一元线性回归模型的参数 a 的计算公式是 $a=\frac{\sum x}{n}-\frac{b\sum y}{n}$。（　　）

6. 估计标准误差的计算公式是 $S_y=\sqrt{\frac{\sum (y_i-\hat{y}_i)^2}{n-k-1}}$。（　　）

7. 非线性回归分析预测法的关键是要把非线性回归模型转化为线性回归模型。

（　　）

8. 如果直接用线性回归模型来预测非线性的现象，预测结果很可能会出现较大的误差。

（　　）

9. 双曲线回归模型的数学表达式是 $y=ax^b$。（　　）

10. 幂函数曲线回归模型的数学表达式是 $y=a+\frac{b}{x}$。（　　）

三、简答题

1. 如何理解回归分析预测法的含义？
2. 回归分析预测法可分成哪几类？
3. 简述回归分析预测法的一般步骤。
4. 如何求解一元和二元线性回归模型方程的参数？
5. 常见的非线性回归模型主要有哪些？

四、计算题

1. 一元线性回归分析预测法。

某公司 2015—2020 年的销售额和成本的数据如下表所示。

某公司 2015—2020 年的销售额和成本的数据表

年　份	2015	2016	2017	2018	2019	2020
销售额 x(万元)	380	460	400	480	520	560
成本 y(万元)	200	240	220	250	280	290

请对表中数据进行分析，判断该公司销售额和成本的相关关系。如果该公司 2021 年需要销售额达到 500 万元，请建立回归模型预测该公司 2021 年的成本，并计算估计标准误差。如果预测值的可靠程度是 95.45%，请计算预测值的置信区间。

2. 多元线性回归分析预测法。

某公司 2016—2020 年销售额(y)与推销员人数(x_1)以及广告费(x_2)的有关资料如下表所示。

销售额与推销员人数以及广告费的数据表

年　份	2016	2017	2018	2019	2020
销售额 y(万元)	158	170	172	180	188
推销员人数 x_1(人)	9	10	10	10	11
广告费 x_2(万元)	1.9	2.0	2.1	2.5	2.58

请对表中数据进行分析，判断该公司销售额与推销员人数的相关关系。如果该公司2021年推销员人数12人，广告费3万元，请建立回归模型预测该公司2021年销售额，并计算估计标准误差。如果预测值的可靠程度是99.73%，请计算预测值的置信区间。

3. 非线性回归分析预测法。

某产品2020年1月至12月的月产量 x 与单位成本 y 的数据如下表所示。

月产量与单位成本数据表

月　份	1	2	3	4	5	6	7	8	9	10	11	12
月产量 x(吨)	10	16	20	25	31	36	40	45	51	56	60	65
单位成本 y(元)	160	151	114	128	85	91	75	76	66	60	61	60

请对表中数据进行分析，判断该公司月产量与单位成本的相关关系。请建立回归模型预测月产量70吨时的单位成本。

实践与操作

项目一　综合实训:用回归分析法进行市场预测

[实训目的]

使学生掌握回归分析预测法的步骤，培养学生运用回归分析法进行市场预测的能力。

[实训要求]

收集某种商品的年销售量与销售价格的数据资料，计算销售量与销售价格的相关系数，判断其相关程度，求出价格对销售量的回归方程，预测当销售量提高某个数值的时候，价格应该下降到什么数值。

[实训步骤]

第一步:由学生自愿组成小组，每组5～10人，确定小组长，成员名单汇报给老师。

第二步:选择力所能及的市场调查范围(大到某个城市，小到某家便利店)和具体的调查对象。

第三步:以小组为单位，设计调查方案，并上交指导老师。调查方案应包括以下内容:① 调查目标;② 调查内容;③ 调查方法;④ 调查对象;⑤ 小组分工;⑥ 日程安排;⑦ 资料来源;⑧ 数据分析方法;⑨ 经费预算;⑩ 其他。

第四步:各小组利用课余时间开展调研，分析数据，建立回归模型，进行预测，写调研报告。

第五步:各小组在老师指定时间向全班报告，解答老师和同学对报告的疑问，老师点评和总结。

第六步:各小组以及每位学生上交实训总结给指导老师，实训总结应包括以下内容:① 实训项目;② 实训目的;③ 实训中自己承担的任务及任务完成情况;④ 实训过程、分析与结论;⑤ 实训心得体会。

第七步：老师评定本次实训成绩。

［**成绩评定**］

同组成员和老师根据小组和学生个人在设计方案、实施调查、汇报总结等过程中的具体表现进行评分。

学生个人成绩＝（表 1 的成绩）×40％＋（表 2 的成绩）×60％

表 1　同组成员互评成绩表

小组成员互评成绩 / 小组成员姓名	优秀（90～100 分）	良好（80～89 分）	中等（70～79 分）	及格（60～69 分）	不及格（低于 60 分）

表 2　教师评价成绩表

评价内容	分值（分）	评分（分）
调查方案是否体现调查目的和要求	20	
调查方案的可操作性	20	
预测方案的完整性和科学性	30	
预测方案的质量和效果	30	
合　计	100	

注：满分为 100 分，90～100 分为优秀，80～89 分为良好，70～79 分为中等，60～69 分为及格，低于 60 分为不及格。

项目二　近年来房价逐年上涨的原因是人们讨论的热门话题。请同学们以小组为单位，在力所能及的范围内开展市场调查，找出影响该地区房价上涨的一个或者几个因素，判断这个（些）因素与房价的相关程度，建立回归模型，求解回归方程，对该地区未来的房价进行预测。

参考文献

[1] 赵轶,韩建东.市场调查与预测[M].北京:清华大学出版社,2007.

[2] 罗纳德・扎加,约翰尼・布莱尔.抽样调查设计导论[M].重庆:重庆大学出版社,2007.

[3] 赵轶.市场调查与分析[M].北京:北京交通大学出版社,2008.

[4] 周宏敏.市场调研案例教程[M].北京:北京大学出版社,2008.

[5] 范冰,范伟达.市场调查教程[M].上海:复旦大学出版社,2008.

[6] 全洪臣.市场调研原理与应用[M].大连:东北财经大学出版社,2009.

[7] 杨凤荣.市场调研实务操作[M].北京:北京交通大学出版社.2009.

[8] 高微,冯花兰.市场调查与预测[M].北京:首都经济贸易大学出版社,2009.

[9] 袁卫,庞皓,曾五一.统计学[M].北京:高等教育出版社,2010.

[10] 王立杰.统计学原理[M].北京:清华大学出版社,2010.

[11] 卞毓宁.统计学概论[M].3版.北京:高等教育出版社,2010.

[12] 刘雅漫.新编统计基础[M].大连:大连理工大学出版社,2011.

[13] 邓红.统计学基础[M].北京:北京理工大学出版社,2011.

[14] 钟新联.统计学原理习题与实训[M].大连:东北财经大学出版社,2011.

[15] 林红菱.市场调查与顶测[M].北京:机械工业出版社,2012.

[16] 王豪杰,谢家发.市场调查与预测[M].郑州:郑州大学出版社,2012.

[17] 延静.调查技能与分析[M].北京:清华大学出版社,2013.

[18] 闰秀荣.市场调查与预测[M].上海:上海财经大学出版社,2013.

[19] 赵志群.职业教育工学结合一体化课程开发指南[M].北京:清华大学出版社,2014.

[20] 纳雷希・马尔霍特拉.市场营销研究[M].北京:电子工业出版社,2014.

[21] 刘红.市场调查与预测[M].北京:北京交通大学出版社,2015.

[22] 邓剑平.市场调查与预测[M].北京:高等教育出版社,2015.

[23] 丁洪福.市场调查与预测[M].吉林:东北财经大学出版社,2016.

[24] 刘红霞.市场调查与预测[M].北京:科学出版社,2016.

[25] 罗红群.市场调查与预测[M].北京:北京大学出版社,2016.

[26] 刘一书.市场调查与预测[M].北京:清华大学出版社,2018.

[27] 徐映梅.市场调查理论与方法[M].北京:高等教育出版社,2018.

[28] 简明.市场调查方法与技术[M].4 版.北京:中国人民大学出版社,2018.

[29] 李昊,熊科.市场调查与预测[M].2 版.北京:中国人民大学出版社,2019.

[30] 元明顺.市场调查与预测[M].3 版.北京:清华大学出版社,2020.

[31] 庄贵军.市场调查与预测[M].3 版.北京:北京大学出版社,2020.

[32] 刘红霞.市场调查与预测[M].5 版.北京:科学出版社,2021.

[33] 陈克斌.市场调查与预测[M].北京:人民邮电出版社,2021.

[34] 王秀娥.市场调查与预测[M].北京:清华大学出版社,2021.

[35] 吕亚荣.市场调查与预测[M].北京:人民大学出版社,2021.

图书在版编目(CIP)数据

市场调查与预测 / 赖文燕，李伟只主编. —2 版.
—南京：南京大学出版社，2022.7
ISBN 978-7-305-25586-1

Ⅰ.①市… Ⅱ.①赖… ②李… Ⅲ.①市场调查②市场预测 Ⅳ.①F713.52

中国版本图书馆 CIP 数据核字(2022)第 050557 号

出版发行 南京大学出版社
社　　址 南京市汉口路 22 号　　邮　　编 210093
出 版 人 金鑫荣

书　　名 市场调查与预测
作　　者 赖文燕　李伟只
责任编辑 武　坦　　编辑热线 025-83592315

照　　排 南京开卷文化传媒有限公司
印　　刷 常州市武进第三印刷有限公司
开　　本 787×1092　1/16　印张 18.25　字数 456 千
版　　次 2022 年 7 月第 2 版　2022 年 7 月第 1 次印刷
ISBN 978-7-305-25586-1
定　　价 49.00 元

网　　址：http://www.njupco.com
官方微博：http://weibo.com/njupco
微信服务号：njuyuexue
销售咨询热线：025-83594756
